Stephan Stein

Zwischen Heil und Heilung

Zur frühen Tradition des Yangsheng in China

Meister Rote Kiefer
in Übereinstimmung
mit dem Dao

ML VERLAG
MEDIZINISCH LITERARISCHE VERLAGSGESELLSCHAFT MBH · UELZEN

Die Deutsche Bibliothek – CIP-Einheitsaufnahme

Stein, Stephan
Zwischen Heil und Heilung : zur frühen Tradition des Yangsheng in China / Stephan Stein
Uelzen : Med.-Literarische Verl.-Ges., 1999
Zugl.: Bonn, Univ., Diss., 1998
ISBN 3-88136-195-2

ISBN 3-88136-195-2

Druck: Druckerei Buchheister KG, Lüneburg

Stephan Stein – Zwischen Heil und Heilung
Zur frühen Tradition des Yangsheng in China

Inhaltsverzeichnis

Vorwort

Entwürfe darüber, in welcher Weise das menschliche Dasein durch eine bestimmte Ordnung gestaltet werden soll, sind in Abhängigkeit von den spezifischen philosophischen, religiösen, politischen und heilundlichen Vorstellungen zu sehen, die in der untersuchten Kultur vorherrschend sind. Die Leiblichkeit des Menschen bildet den Mittelpunkt der Betrachtungen in der Heilkunde. Eingebunden in die allgemein vorherrschende Anthropologie, formuliert sie Erkenntnisse über Gesundheit und Krankheit und die sie bedingenden Faktoren, um daraus abgeleitet Strategien zur Behandlung von Erkrankungen und Bewahrung der Gesundheit zu entwickeln. Der antiken westlichen und der traditionellen chinesischen Medizin gemeinsam ist das Prinzip der Vorrangigkeit der *Prävention* vor der Therapie und damit verbunden die Bedeutung, die der individuellen Lebensführung im Hinblick auf die Entstehung und Vermeidung von Krankheit zubemessen wird.

In der griechischen Antike begann sich mit den Anfängen einer wissenschaftlich-rationalen Medizin etwa im 5. Jh.v.u.Z., die mit dem Namen Hippokrates verbunden ist, das Konzept einer Heilkunde als Gesundheitslehre herauszubilden, deren vorrangiges Ziel die Bewahrung der Gesundheit und erst an zweiter Stelle ihre Wiederherstellung durch die Behandlung aufgetretener Störungen darstellte. So postulierte beispielsweise der berühmte Galen im 2. Jh.u.Z., daß ein Arzt vornehmlich der Erkenntnisse darüber bedürfe, in welcher Weise die vorhandene Gesundheit zu schützen sei und die geschwundene wiedererlangt werden könne. Diesem Ziel diente die Diätetik als Lehre von der gesunden Lebensweise und Lebensordnung. Sie basierte vor allem auf der Einsicht, daß der Mensch durch seine Lebensführung Einfluß auf die Gesundheit und Krankheit bedingenden Faktoren zu nehmen vermag. In China ist diese Erkenntnis verbunden mit der in die ausgehende Zhouzeit (4., 3. Jh.v.u.Z.) datierenden Herausbildung einer auf den kosmologischen Theorien von Yin und Yang und den Fünf Wandlungsphasen basierenden Medizin der systematischen Entsprechungen, die ab der Hanzeit im „Inneren Klassiker des Gelben Ahnherrschers" *(Huangdi neijing)* kanonisiert wurde. Das Streben nach „Kultivierung des Lebens" *yangsheng* oder „Nähren des Lebensprinzips" (H. Maspero) ist aber nicht auf die Heilkunde beschränkt, sondern es verbindet sich mit den Vorstellungen über Lebensverlängerung und Unsterblichkeit, die sich bis ins 8. Jh.v.u.Z. zurückverfolgen lassen. Bereits in den Jahrhunderten vor der Hanzeit entwickelten sich unterschiedliche Techniken und Methoden der Lebenspflege, deren Reichhaltigkeit in den Mawangdui-Manuskripten eindrucksvoll dokumentiert ist. In der späten Hanzeit verbanden sich Lebenspflege und Unsterblichkeitsstreben mit dem Namen Laozis und fanden Eingang in den religiösen Daoismus, der sich ab dem 2. Jh.u.Z. herauszubilden begann. Die doppelte Natur des Yangsheng, das zum einen eingebunden in die religiöse Praxis ist, zum anderen als Diätetik einen wesentlichen Bestandteil der Heilkunde bildet, wird in dem „Kompendium der wesentlichen Prinzipien und Methoden zur Kultivierung des Lebens" *(Yangsheng yaoji)* deutlich, das den Gegenstand der vorliegenden Arbeit bildet. Die Übersetzung und Kommentierung dieses Sammelwerkes läßt wichtige grundlegende Aspekte der frühen Tradition des Yangsheng-Denkens erkennbar werden, das zu den geistigen Strömungen gehört, die die Kultur der Epoche zwischen Han- und Tangzeit prägten.

Bonn, im August 1998 Stephan Stein

Die vorliegende Arbeit ist eine Dissertation an der Philosophischen Fakultät der Rheinischen Friedrich-Wilhelms-Universität Bonn; die Publikation in Buchform wurde von der Medizinischen Gesellschaft für Qigong Yangsheng e.V. Bonn unterstützt.

stimmte religiös-magische Praktiken, so zum Beispiel das Einnehmen spezifischer Haltungen zur Abwehr von Dämonen, als Vorformen therapeutisch wirksamer Übungen betrachtet, wie sie sich später entwickelten. In diesen Bereich gehört auch das Element der Tiermimikry in Form von Maskentänzen, die Bestandteil der religiösen Praxis waren und die Konzeption von Übungen zur Vertreibung von Krankheiten in Form von Tiernachahmungen beeinflußt haben.
Auch die Entwicklung der Drogenkunde ist in Verbindung mit dem Streben nach Langlebigkeit und Unsterblichkeit und damit den Kreisen der Meister der Techniken bzw. Rezeptkundigen zu sehen, von denen sich ein Teil auf die Anwendung pflanzlicher Drogen spezialisiert zu haben scheint. Dieser Ansatz fand seinen Niederschlag in dem zur Späten Hanzeit (25-220 u.Z.) kompilierten „Klassiker der Drogenkunde von Shennong" 神農本草經 *(Shennong bencao jing)*, das sämtliche Drogen in drei Klassen ordnet, wobei die oberste Klasse jene als „Herrscher" bezeichneten Stoffe umfaßt, die dem Nähren des Lebens im Sinne einer Verlängerung der Lebensspanne dienen, jene Drogen aber, die arzneiliche Wirkkraft besitzen und zur Heilung von Krankheiten eingesetzt werden, der unteren Klasse zugeordnet sind.[14]
Wenn sich seit der Han-Zeit das Streben nach Unsterblichkeit insbesondere mit dem Daoismus verbindet, insofern es allen seinen unterschiedlichen Strömungen gemeinsam ist, so machen Quellen aus der Shang- und Zhouzeit (darunter Inschriften, archäologische Funde etc.) jedoch deutlich, daß diese Praktiken und Techniken früheren Ursprunges sind und sich unabhängig von diesem entwickelt haben. Eine eigenständige Mythologie der Unsterblichen, wie sie sich in der Zhouzeit herausgebildet hat, wird durch Werke wie das *Shanhai jing* 山海經 („Klassiker der Berge und Meere") bezeugt. Die Langlebigkeitsmythologie wurde ebenso in den Daoismus übernommen wie auch die Praktiken aus dem Umkreis der *fangshi* und *wu*. Die als „Schritt des Yu" 禹步 *(Yubu)* bezeichnete exorzistische Praktik stellt ein interessantes Beispiel für die Überführung magisch religiöser Techniken in gesundheitsbewahrende und therapeutische Praktiken zum einen und die Integration in das daoistische Ritual andererseits dar.
Der Unsterblichkeitskult erreichte seinen Höhepunkt in der Hanzeit, die geradezu ein „Zeitalter der Verherrlichung der Unsterblichkeit und des Strebens nach langem Leben" darstellt.[15] Zeitgleich mit dem Kult des ewigen Lebens traten aber auch eine Reihe von Denkern als entschiedene Kritiker auf, die es sich zur Aufgabe machten, die allseits verbreiteten „daoistischen Unwahrheiten"[16] zu entlarven und die gleichsam flügelbewachsenen Phantasien und Phantasiegestalten der Zeitgenossen auf das natürlich-sterbliche Maß zurückzuführen. Neben Wang Chong 王充 sind zum Beispiel Lu Jia 陸賈 (216-176 v.u.Z.), Yang Xiong 揚雄 (53. v.-18 u.Z.), Huan Tan 桓譚 (gest. 25. u.Z.) und Xun Yue 荀悅 (148-209) zu nennen, die ebenfalls die Möglichkeit der Erlangung physischer

14 S. hierzu Unschuld 1973, 19ff.
15 I. Robinet 1991, 55.
16 So Forkes Übersetzung des Kapitels Daoxu im *Lunheng* von Wang Chong (Forke 1962, 332).

Unsterblichkeit verneinten. Wang, dessen Kritik stellvertretend angeführt sei, faßt diese am Schluß des Daoxu-Kapitels im *Lunheng* 論衡 („Abwägung von Lehrmeinungen") in folgende Analogie: „Das Leben des Menschen gleicht dem Wasser. Gefriert das Wasser, wird es zu Eis, sammelt sich das Qi, entsteht daraus der Mensch. Nach einem Winter schmilzt das Eis, der Mensch lebt einhundert Jahre, um dann zu sterben. Kann man den Menschen dazu bringen, nicht zu sterben oder das Eis, nicht zu schmelzen? All jene, die sich dem Studium der Unsterblichkeitstechniken widmen und diese als eine Methode ansehen, dem Tode zu entgehen, werden gewißlich scheitern, so wie es unmöglich ist, das Schmelzen des Eises zu verhindern".[17]

Der frühe Daoismus

Wang Chong und andere Autoren der Hanzeit sind durch die in ihren Werken vorgetragene Kritik, die immer auch zugleich den Gegenstand beschreibt, an den sie sich richtet, wichtige Quellen, die Kenntnisse über konkrete Methoden zur Lebensverlängerung und Erlangung von Unsterblichkeit, die in entsprechenden Kreisen praktiziert und über diese hinaus bekannt waren, vermitteln. So erwähnt Wang im 7. Kapitel des *Lunheng* folgende Langlebigkeitstechniken: Nähren der Essenz und Hegen des Qi, Enthaltsamkeit von Getreide, Aufnahme des Qi, Leiten des Qi (im Sinne des Leitens und Dehnens) und die Einnahme von Drogen.[18] An gleicher Stelle weist er auf die Verbindung dieser Praktiken mit dem Namen Laozis hin, von dem es hieß, er habe durch Ruhe und Begierdelosigkeit, das Nähren der Essenz und Hegen des Qi Unsterblichkeit erlangt.[19] Erst mit Wang Chong, also im 1. Jh. u.Z., läßt sich eine Assoziation des Unsterblichkeitsstrebens mit dem Daoismus *daojia* 道家 konstatieren, eine Bezeichnung, mit der sich Sima Tan 司馬談 in seiner bekannten „Abhandlung über die sechs Schulen" in den „Aufzeichnungen der Historiographen" 史記 *(Shiji)* auf die synkretistische Huang-Lao-Strömung bezogen hatte.[20] Der Huang-Lao-Daoismus stellt eine relativ späte Phase innerhalb der Entwicklung des frühen Daoismus etwa in der Zeit zwischen dem 4. und dem späten 2. Jh.v.u.Z., dar, die sich nach H. Roth in drei Phasen einteilen läßt. Gemäß seinem in Anlehnung an A.C. Graham entworfenen Modell sind für jede der drei chronologisch angeordneten Phasen spezifische Schriften repräsentativ, darunter vor allem auch solche Texte, die nicht als „daoistisch" klassifiziert und aus diesem Grunde in ihrer Bedeutung für den frühen Daoismus bislang nicht genügend berücksichtigt wurden.[21] Der erste, als „individualistische Phase" bezeichnete Abschnitt, der in

---

17 *Lunheng* 24, 74; Forke, ebd., 350.

18 *Lunheng* 7 (Daoxu), 73; Forke 346ff.; s. auch Sakade 1983, 245.

19 Vgl. hierzu Seidel 1969, 26f.

20 Zu Wang Chong, s.a. Creel 1970, 19; Sima Tans Abhandlung (*Shiji* 130, 3288ff.) wird in Roth 1991a, 86ff. diskutiert.

21 Roth 1991, 607f.; s.a. ders. 1991a, 1996 und Graham 1989, 170ff. Die nachfolgenden Ausführungen basieren auf den genannten Arbeiten.

die Mitte des 4. Jh.v. datiert, wird repräsentiert durch die authentischen *Zhuangzi*-Kapitel und das Neiye-Kapitel („Das innere Werk") aus dem *Guanzi*, einem umfangreichen, zwischen der Mitte des 4. und 2. Jh. v.u.Z. kompilierten Werk, das als legalistisch klassifiziert wird, jedoch daoistische Kapitel enthält. Das Neiye-Kapitel beschreibt kosmologische Vorstellungen im Zusammenhang mit Techniken zur Selbstkultivierung bzw. „Selbstverwandlung", deren Ziel Roth als „mystical gnosis" bezeichnet.[22] Im Kontext seiner Untersuchung der Mawangdui-Schriften zur Sexualhygiene kommt D. Harper aufgrund von sprachlichen Ähnlichkeiten, die vor allem die Verwendung einer kryptischen Metaphorik betreffen, zu dem Schluß, daß das ursprünglich in Versform geschriebene *Guanzi*-Kapitel und auch der *Laozi* 老子 als Kanon der Theorie zur Selbstkultivierung („physical cultivation") rezitiert und von einer schriftlich oder auch mündlich tradierten exegetischen Tradition begleitet worden seien, wie sie beispielsweise der Heshanggong-Kommentar zum *Laozi* darstelle.[23]
Die zweite, „primitivistische" Phase findet Ausdruck in den von A. Graham als „primitivist essays" identifizierten Anteilen des *Zhuangzi*[24] und dem *Laozi*, kompiliert um 250 v.u.Z.[25], die zusätzlich zu den für die erste Phase charakteristischen Elementen eine politische Philosophie der Rückkehr zu schlichten Lebensformen enthalten.
Die dritte, „synkretistische" Phase, die nach B. Schwartz die später als Huang-Lao-Daoismus bezeichnete Strömung darstellt[26], verbindet dieselbe Kosmologie und Philosophie der Selbstkultivierung, die sich jedoch an den Herrscher richtet, mit einer synkretistischen sozialpolitischen Philosophie, in der Elemente aus dem Legalismus und Konfuzianismus in den Kontext der daoistischen Kosmologie integriert werden. Sie ist repräsentiert in den Huang-Lao-Manuskripten aus Mawangdui, in einigen *Guanzi*-Essays, Anteilen des *Zhuangzi* und dem *Huainan zi* 淮南子, einem aus 21 Essays über Kosmologie, Politik und Selbstkultivierung bestehenden Wissenskompendium für den Herrscher, das unter Liu An 劉安 (ca. 180-122 v.u.Z.) kompiliert wurde. Das alle drei Phasen verbindende und von anderen Denkrichtungen unterscheidende Element, so Roth, sei ein gemeinsames Vokabular zur Kosmologie und Selbstkultivierung als den Bestandteilen, die in die daoistische Religion integriert wurden.[27] Die Huang-Lao-Richtung, entstanden aus einer Verschmelzung des Legalismus mit den Lehren des *Laozi*, die noch nicht in Verbindung mit dem erst etwa ab dem Ende der Hanzeit das Interesse der Gelehrten auf sich ziehenden *Zhuangzi* gebracht wurden, nahm ihrerseits die von den „Meistern der Techniken" *(fangshi)* propagierte Yin-Yang-Kosmologie auf und bildete so ein wesentliches Element der

22 Roth 1996, 123.
23 Harper 1987, 559f.
24 S. Graham 1989, 173; vgl, hierzu auch Schwartz 1985, 216.
25 Graham, a.a.O., 170, 216f.
26 Schwartz, a.a.O.
27 Roth 1996, 124.

„Lehre vom Dao" 道教 *(daojiao)*.[28] Für die „Geburt" dieses Daoismus prägend waren, um das Bild mit I. Robinet zu vervollständigen, neben dem „'philosophischen Daoismus' die Techniken der Ekstase, deren hauptsächliche Repräsentanten das *Chuci* 楚辭 („Elegien aus Chu") und *Zhuangzi* sind, die Praktiken der Langlebigkeit und der physischen Unsterblichkeit und schließlich der Exorzismus".[29]
Auch wenn die moderne sinologische Textforschung die heterogene Natur der daoistischen Klassiker *Laozi* und *Zhuangzi* nachgewiesen hat, so wurden diese Werke innerhalb der chinesischen Tradition freilich als einheitlicher Text rezipiert und kommentiert. Im Hinblick auf den Einfluß und die Wirkungsgeschichte innerhalb des „religiösen" Daoismus ab dem 2. Jh.u.Z. scheint die Frage nach der „ursprünglichen, authentischen" Bedeutung, beispielsweise die Frage, ob im *Laozi* tatsächlich die Idee der Langlebigkeit und physischen, durch Verwandlung des Körpers erlangten Unsterblichkeit zu finden sei, zweitrangig zu sein.[30] So wurden wenigstens drei Kommentare zu dem letztgenannten Werk verfaßt, die es im Sinne der Langlebigkeitspraktiken interpretieren.[31] Das Buch *Zhuangzi*, das vielfach als ein Werk des in einem mißverständlichen Gegensatz zum sogenannten „religiösen" Daoismus konstruierten philosophischen Daoismus gilt[32], stellt eine wesentliche Quelle für eine ganze Reihe von Vorstellungen, Begriffen und Techniken dar, die in den daoistischen Schulen und Strömungen entwickelt wurden, wie sie sich seit der Hanzeit herauszubilden begannen. So verdankt sich die Kenntnis von der Existenz der Techniken zur Erlangung der Langlebigkeit vor allem auch den Erwähnungen im *Zhuangzi*; das „Fasten des Herzens" 心齋 *(xinzhai)*, das „Sitzen in Vergessenheit" 坐忘 *(zuowang)* und das „Bewahren des Einen" 守一 *(shouyi)* als Bezeichnungen religiös-daoistischer Formen der Meditation sind nur einige der begrifflich-inhaltlichen „Anleihen". Im *Zhuangzi* werden Vorstellungen über das Leben als „Ansammlung von Qi", das „Bewahren der Essenz" und bestimmte Formen der Atmung entwickelt, die grundlegende Elemente der Lebenskultivierung bilden.[33] So erscheint auch der Begriff des Yangsheng zum ersten Mal im *Zhuangzi*, nämlich als Überschrift eines der „authentischen" Kapitel, die dem Philosophen Zhuang Zhou zugeschrieben werden.[34] Eines der gemessen an Einfluß und Nachwirkung bedeutendsten Elemente des Werkes ist die Gestalt des Heiligen 聖人 *(shengren)*, dessen Beschreibung im *Zhuangzi* einen breiten Raum einnimmt. Als Verkörperung der aus der Einheit mit dem Dao gewonnenen absoluten Freiheit und Unsterblichkeit wird das Ideal des *shengren* dem daoistischen Adepten zum Leit- und

---

28 Graham 1989, 170f.
29 Robinet 1991, 47.
30 Diese Frage wird u.a. von Henricks (1989, XXVIIff.) erörtert.
31 Es handelt sich um die Kommentare von Heshang gong, *Xiang'er* und *Jiejie*; s. hierzu Robinet 1977, 24-55.
32 S. hierzu Robinet 1983, 59f. und 1991, 11.
33 Die Beziehung zwischen dem Werk *Zhuangzi* und dem „religiösen" Daoismus analysiert ausführlich I. Robinet 1983; s.a. dies. 1991, 37ff.
34 S. Roth 1991, 80. Zur Bedeutung des Yangsheng bei *Zhuangzi*, s.u., S. 18.

Vorbild.[35] Die Idealfigur des daoistischen Heiligen bildet eines der hervorstechenden Elemente, an denen der Einfluß daoistischer Lehren auf die Heilkunde erkennbar wird. Eingang gefunden haben entsprechende Vorstellungen in den seit dem 1. Jh. v.u.Z. kompilierten „Inneren Klassiker des Gelben Ahnherrschers" 黃帝内經 *(Huangdi neijing)*, der sich gleich im Anfangskapitel von dem Heiligen inspirieren läßt, wie ihn das 15. *Zhuangzi*-Kapitel als Gegenbild zu den nach Langlebigkeit strebenden Adepten in der Nachfolge des Pengzu entwirft. Was ihn auszeichnet, ist das Prinzip des Nicht-Strebens und Nicht-Eingreifens; er folgt den natürlichen Gegebenheiten, durch Ruhe, Gelassenheit und Freisein von Begehren nährt er seinen Geist und nicht seine Gestalt und ist so gefeit gegen pathogene Einflüsse.[36] Mit ähnlichen Worten beschreibt der „Innere Klassiker" den Heiligen, der das verlorengegangene Ideal einer Lebensweise in Übereinstimmung mit dem Dao verkörpert.[37] An anderer Stelle wird auf dieses Thema ausführlicher einzugehen sein.[38] Zur Rolle der Lebenspflege innerhalb der Heilkunde sei hier nur bemerkt, daß die Bedeutung des Yangsheng-Denkens im Sinne einer auf die Bewahrung der Gesundheit hin ausgerichteten Lebensordnung im Zusammenhang mit einem Wandel im Verständnis von den Krankheitsursachen zu sehen ist, durch den die alten Auffassungen über das Krankheiten verursachende Einwirken von Geistern und Dämonen nicht vollständig ersetzt, sondern vielmehr ergänzt wurden. Die Erkenntnis, daß für die Entstehung von Krankheiten solche Faktoren wie Umwelt, Klima und Ernährung bedeutsam waren, führte zu der Schlußfolgerung, daß sich durch eine den natürlichen Gesetzmäßigkeiten Rechnung tragende Lebensweise Krankheiten verhindern und bis zum gewissen Grade auch heilen lassen. Der Gesunderhaltung wurde eine Vorrangstellung vor der Behandlung bereits bestehender Erkrankungen zuerkannt. Der im *Neijing* formulierte Gedanke der Prävention, der sich in einer auf der Grundlage der Entsprechungssystematik entworfenen Lebensweise konkretisiert, beschränkt sich allerdings nicht auf die Heilkunde, sondern ist auch in politisch-sozialen Ordnungsvorstellungen konfuzianischer Prägung bedeutsam.

Körper - Leib - Geist

Die Schriften zur Kultivierung des Lebens, seien sie nun mehr heilkundlicher oder religiös-philosophischer Natur, enthalten Beschreibungen von Methoden und Techniken des Yangsheng, die auf bestimmten Annahmen über das Wesen des Menschen, seine Physiologie und die Beziehung seiner wesentlichen Bestandteile zueinander basieren. Für den Entwurf einer spezifischen Lebensordnung ist die Frage von Belang, ob der Mensch als ein Wesen vorgestellt wird,

---

35 Zur Rolle des Heiligen im Shangqing-Daoismus, s. Robinet 1991, 131ff.

36 *Zhuangzi* 15, 396; Watson 1968, 168f.

37 S. die idealtypische Beschreibung zu Beginn des 1. Kapitels im *Suwen*.

38 S. Kap. 2, Abschnitt 5 der vorliegenden Arbeit.

dem eine natürliche Lebensspanne zugedacht ist, die unabdingbar mit dem Tod endet, oder aber ihm Möglichkeiten erwachsen, seine Lebensjahre zu vermehren, gar bis hin zu einer Überwindung des Todes in der Erlangung von Unsterblichkeit. Beiden Ansätzen entsprechen unterschiedliche Anthropologien, eine medizinische und eine daoistische, die sich bis zu einem gewissen Grade auch überschneiden; gemeinsam ist ihnen die Bedeutung, die dem Leiblichen zubemessen wird, auf dessen Begrifflichkeit kurz einzugehen ist.
Der wesentliche Begriff ist *shen* 身, der das Individuum, die Person, individuelle Persönlichkeit, das Ich bezeichnet; er verweist auf das Ich als „entire psychosomatic person"[39]. *Shen* ist in seiner Bedeutung umfassender als das rein körperlich verstandene griechische *soma*, das im Chinesischen eine Entsprechung in dem selten verwendeten Wort *qu* 軀 hat.[40] Ein Hinweis auf die Korrelation von Physischem und Geistigem, die in der vorliegenden Arbeit durch die Übersetzung als „Leib" angedeutet ist, läßt sich aus den Homophonen *shen* 伸 „strecken, dehnen", und *shen* 神 „Geist", ableiten.[41] „Das Ich", so faßt R. Ames zusammen, „wurde holistisch als ein psychosomatisches Geschehen betrachtet", in dem „Körper und Geist keine voneinander verschiedene Daseinsweise" besitzen.[42]
Ti 體 bezeichnet den Körper als gegliederten Leib. Laut dem in der Hanzeit von Liu Xi 劉熙 kompilierten *Shiming* („Erklärung der Bezeichnungen") bedeutet *ti* „geordnete Folge *di* 第, Knochen, Fleisch, Haare und Blut, die inneren und äußeren Bereiche, große und kleine Teile, all dies steht zueinander in geordneter Folge".[43] *Ti* wird auch im Sinne von Gliedmaßen gebraucht.[44]
Die Gestalt, der Körper als sichtbare Form, wird mit *xing* 形 bezeichnet; als Bestandteil eines Binomens findet sich das Zeichen in den Begriffen *xingti* („Körper") und *xinghai* („Knochenstruktur").[45] Der Körper ist jedoch, so R. Ames, „mehr ein 'Prozeß' als ein Ding, etwas, das mehr getan [vollzogen] wird, als daß man es besitzt".[46] Der Körper, so ist im Hinblick auf das bereits angesprochene „Körper-Geist-Kontinuum" zu ergänzen, wird auch als Wohnstatt des Geistes *(shen)*, bzw. nach daoistischer Vorstellung der Körpergottheiten *(shen)* bezeichnet.[47] Aus diesem Konzept läßt sich die Notwendigkeit der Fürsorge für den Körper herleiten, die allen Bestrebungen zur Pflege des Lebens gemeinsam ist.

---

39 Ames 1993, 165. Ames nennt als mögliche Übersetzung auch „body" im Sinne des „lived body" in Unterscheidung von „body as corpse".
40 Sivin 1995, 14.
41 Ames, a.a.O., der auf die Definition von Person *shen* als *shen* „strecken" im hanzeitlichen *Shiming* verweist.
42 Ames, a.a.O., 163.
43 *Shiming* 8, S. 12.
44 S. beispielsweise *Liji*, Kap. Liyun, in dem von den *siti* 四體 gesprochen wird; vgl. auch den Kommentar zum Eintrag *ti* in *Shiming*, a.a.O., der auf ein Zitat von Liu Xi im *Wenxuan* verweist, in dem er *ti* als „vier Glieder" 四支 glossiert.
45 Sivin, a.a.O.
46 Ames, a.a.O., 168.
47 Hier zeigt sich deutlich die Vielschichtigkeit von *shen*; „Geist" sowohl als „Körpergottheiten" verweisen auf zwei unterschiedliche Bedeutungsaspekte desselben Begriffes.

In einem Passus aus dem 1. Kapitel des *Huainan zi* wird die Beziehung Körper-Geist durch ein drittes Element, das Qi, ergänzt. Dort heißt es: „Die Gestalt *(xing)* ist die Wohnstatt des Lebens, das Qi ist das, was das Leben erfüllt und der Geist ist es, der das Leben kontrolliert. Wenn eines von diesen seiner Stellung verlustig geht, so erleiden alle drei Schaden".[48] Eine ähnliche Aussage enthält Sima Tans „Abhandlung über die sechs Schulen"; seine Erörterung der daoistischen Lehren schließt mit folgender Ausführung über die Beziehung zwischen Körper und Geist:

> *Das, wodurch der Mensch Leben erhält, ist der Geist; das, worauf sich der Geist stützt, ist der Körper* (die Gestalt, xing). *Wird der Geist in großem Maße aktiviert, so erschöpft er sich; unterwirft man den Körper großen Anstrengungen, dann führt dies zum Tode. Trennen Geist und Körper sich voneinander, dann tritt der Tod ein. Einen Toten vermag man nicht wieder zum Leben zu erwecken. Was sich getrennt hat, läßt sich nicht wieder zurückbringen, und so wertschätzt der Heilige* [Körper und Geist]. *Von daher betrachtet ist es der Geist, der die Wurzel des Lebens bildet, und der Körper ist sein Werkzeug* (ju).[49]

Am Schluß verweist Sima Tan im Sinne der Huang-Lao-Philosophie auf den Zusammenhang zwischen Selbstkultivierung und Ordnung des Reiches, als deren Voraussetzung die Festigung 定 *(ding)* von Geist und Körper genannt wird. Eine interessante inhaltliche Abwandlung erhält dieser Passus in den „Aufzeichnungen über die Kultivierung der natürlichen Anlagen und die Lebensverlängerung" 養性延命錄 *(Yangxing yanming lu)*, in denen das individuelle Streben nach Langlebigkeit an die Stelle des Bezuges auf die Ausübung von Herrschaft tritt. Das Zitat wird dort um den folgenden Satz erweitert: „Noch nie habe ich davon gehört, daß es möglich ist, in seiner Lebensdauer Himmel und Erde gleichzukommen, wenn Geist und Körper frühzeitig verfallen".[50]
Von der Gestalt als „Behausung des Geistes" spricht auch Ge Hong 葛洪 (284-344) in seinem *Baopu zi* 抱朴子 („Der Meister, der die Schlichtheit umfaßt") und greift anschließend das bereits von Wang Fu 王符 (ca. 90-165) gebrauchte Bild von der Kerze und der Flamme auf, die erlischt, sobald ihre materielle Grundlage aufgezehrt ist.[51]
Die Konstruktion des Leibes ist immer, so N. Sivin, „ein Werk der Imagination, das sowohl von sozialen Idealen als auch physischen Gegebenheiten geformt wird".[52] So ist denn auch die Entstehung eines neuen Verständnisses von Struktur und Funktion des Organismus in Beziehung zu den politisch-sozialen Wandlungen der ausgehenden Zhouzeit, die 221. v.u.Z. zur Errichtung des

48 *Huainan zi* 1, 17; Larre 1993, 71.
49 *Shiji* 130, 3292.
50 YYML, 1. 1, 5a-b.
51 BPZ 5 (Zhili), Waro, 98.
52 Sivin 1995, 12.

ersten Kaiserreiches durch den Herrscher der Qin führten, zu sehen.[53] In der vorausgehenden Phase wurde zwar die Existenz den Körper durchziehender Bahnen oder Gefäße angenommen, in denen die Vitalkräfte in Form von Qi und Blut flossen, doch waren diese, wie die heilkundlichen Manuskripte aus Mawang dui deutlich machen, nicht miteinander verbunden. Mit der Entwicklung der Entsprechungsmedizin in der Hanzeit, die, basierend auf den in der Zhanguo-Zeit entwickelten theoretischen Paradigmen der Yinyang-Philosophie und Fünf-Wandlungsphasen-Lehre, ein naturalistisches Konzept von Krankheit entwarf, wurde nun der Leib als ein komplexer, aus Speichern 臟 *(zang)*, Palästen 腑 *(fu)* und Leitbahnen 經 *(jing)* bestehender Organismus aufgefaßt, dessen einzelne Bestandteile, gleich den Ministern und Beamten im Staatswesen, für den harmonischen Ablauf sämtlicher Funktionen zu sorgen hatten: „Diese 12 Beamte [i.e. die Speicher und Paläste] sollten es nicht unterlassen, sich gegenseitig zu unterstützen. Ist der Herrscher klug, so lebt das Volk in Ruhe und Frieden; wird solcherart das Leben genährt, dann erlangt man Langlebigkeit und entgeht allen Gefahren".[54]

Eng verbunden mit den Konzepten von Gesundheit und Krankheit sind die Vorstellungen der Zirkulation innerhalb des Systems der Haupt-, Neben- und Tertiärleitbahnen und des Austausches, beispielsweise in Form von Atmung und Nahrung, zwischen dem Organismus und seiner Umgebung. Die Gesundheit steht somit, vereinfacht zusammengefaßt, in Abhängigkeit zur ungehinderten Zirkulation der Vitalstoffe innerhalb des Körpers und der Vermeidung ihres Entweichens. Innerhalb des Entsprechungssystems, das der „Innere Klassiker des Gelben Ahnherrschers" *(Huangdi neijing)* darlegt, wird der Organismus in Beziehung zum Makrokosmos gesetzt. Eine umfassende Aufzählung der zwischen Himmel und Erde (Natur) und dem Menschen gedachten Entsprechungen enthält der *Lingshu*-Teil 靈樞 („Zentrum der Wirkkraft") des *Huangdi neijing.* Auf die Frage Huangdis nach diesen Entsprechungen formuliert Bo Gao folgende Antwort:

> *Der Himmel ist rund, die Erde eckig, in Entsprechung dazu ist der Kopf des Menschen rund und seine Füße sind eckig. Am Himmel gibt es Sonne und Mond, der Mensch hat zwei Augen; die Erde ist in neun Distrikte eingeteilt, der Mensch besitzt neun Körperöffnungen. Der Himmel hat Wind und Regen, der Mensch Freude und Zorn; der Himmel hat Donner und Blitz, der Mensch besitzt Töne und Sprache. Dem Himmel sind vier Jahreszeiten eigen, dem Menschen vier Gliedmaßen; der Himmel hat die fünf Töne, der Mensch fünf Speicherorgane. Der Himmel hat sechs Tonhöhen, der Mensch sechs Palastorgane; der Himmel kennt Winter und Sommer, der Mensch Kälte und Hitze. Der Himmel hat den Zyklus von zehn Tagen, der Mensch zehn Finger; den zwölf Doppelstunden entsprechen beim*

---

53 S. zu den folgenden Ausführungen Unschuld 1980, 48ff., 1995, 11ff., Harper 1990 und Sivin 1987, 43ff.

54 SW 8, (Linglan midian lun), I, 78.

Menschen zehn Zehen, Membrum und Skrotum. Der Frau fehlen diese beiden Gliederteile, doch vermag sie, neues Leben [wörtl. menschliche Gestalt] *auszutragen. Der Himmel hat Yin und Yang, der Mensch Mann und Frau; das Jahr hat dreihundertfünfundsechzig Tage, der Mensch ebenso viele Glieder. Die Erde hat hohe Berge, der Mensch Knie und Schultern; die Erde besitzt tiefe Täler, der Mensch Achselhöhlen und Kniekehlen. Die Erde hat zwölf Flüsse, der Mensch zwölf Leitbahnen; die Erde besitzt Quellströme, der Mensch Wehr-Qi. Die Erde hat Gräser und Pflanzen, der Mensch feines Körperhaar. Der Himmel hat Tag und Nacht, der Mensch Zeiten der Ruhe und Zeiten der Aktivität; der Himmel besitzt die Reihung der Sterne, der Mensch hat Zähne. Auf der Erde gibt es kleine Berge, der Mensch hat kleine Glieder; die Erde hat Berggipfel, der Mensch hervortretende Knochen. Die Erde hat Wälder, der Mensch Membrane und Sehnen. Auf der Erde gibt es Städte in denen sich Menschen sammeln, der Mensch besitzt Verdickungen von Muskeln und Fleisch. Das Jahr hat zwölf Monate, der Mensch zwölf Teilglieder; die Erde bringt zuweilen keine Vegetation hervor, manche Menschen sind kinderlos. Dies sind die Entsprechungen zwischen dem Menschen und Himmel und Erde.*[55]

In Verbindung mit dem heilkundlichen Leibmodell ist die Vorstellung von der natürlichen Lebensspanne des Menschen zu sehen. In dem nicht ausschließlich in medizinischen Schriften verwendeten Begriff „Himmelsjahre“ 天年 *(tiannian)* klingt die Vorstellung von einer natürlich festgesetzten Dauer menschlicher Existenz im Rahmen seiner physiologischen Gegebenheiten an. So heißt es beispielsweise im 2. Kapitel des *Liezi* 列子 (komp. 3., 4. Jh.) über die Lebensdauer: „Die höchste Grenze menschlichen Lebens sind hundert Jahre. Hundert Jahre erreicht unter Tausenden nicht einer“.[56]
Die Bedingungen für das Ausleben der zubemessenen Lebensspanne, beschreibt folgender Passus aus dem „Inneren Klassiker des Gelben Ahnherrschers“, in dem gleichsam die Fragilität des Organismus, seine potentielle Anfälligkeit für mannigfaltige Störungen mit anklingt. Gesundheit bedeutet hier ein harmonisches Gleichgewicht aller vitalen Funktionen:

Die fünf Speicher sind fest und stabil, die Leitbahnen des Blutes werden harmonisch reguliert, Muskeln und Gewebe sind glatt und geschmeidig, die Haut ist fein und dicht, nährendes und abwehrendes Qi werden in ihrer natürlichen Aktivität nicht beeinträchtigt, Einatmung und Ausatmung geschehen fein und gelassen, das Qi fließt im rechten Maß, die sechs Paläste wandeln das Nahrungs-Qi um und die jin- *und* ye-*Säfte werden gleichmäßig verteilt. Wenn alle genannten Aspekte derart im Lot sind, dann vermag der Mensch lange zu leben.*[57]

55 LS 71 (Xieke), 454.
56 *Liezi* 2, 77; Wilhelm 1992, 136.
57 LS 54 (Tiannian), S. 375.

Neben der Analogie Leib-Kosmos findet sich die Vorstellung vom Leib als Abbild des Staates, der selbst eine organische Ganzheit darstellt: die Vitalkräfte des Leibes, Geist, Blut und Qi werden in Entsprechung zum Herrscher, dessen Ministern und dem Volk gesetzt. Das Volk zu lieben sichert den Bestand des Staates, so wie das Nähren des Qi den Leib intakt hält, denn wie kein Staat ohne Volk existieren kann, so wenig hat ein Leib Bestand, dessen Qi erschöpft ist.[58] Diese Analogie ist freilich, darauf weist N. Sivin hin, nicht im Sinne magischer Entsprechungen zu verstehen, sondern sie formuliert die Vorstellung, daß der Selbstkultivierung und Leibesregulierung dieselben Prinzipien zugrunde liegen wie der Regierung des Staates. „Wer es versteht, seinen Leib zu ordnen, der versteht sich auch auf die Ordnung eines Staates" formuliert Ge Hong im *Baopuzi*.[59]

Daoistische Physiologie

Die spezifisch „daoistische Physiologie" basiert auf dem Leibmodell der chinesischen Heilkunde mit seinen Speichern, Palästen und Leitbahnen und der Vorstellung des Hortens und der Zirkulation der Vitalkräfte. Während sich die Medizin jedoch damit begnügt, ein harmonisches Funktionsgleichgewicht innerhalb des Organismus und zwischen diesem und den Rhythmen der Natur aufrechtzuerhalten, strebt der Daoismus nach Transformation des Leibes im Sinne einer Rückkehr zum uranfänglichen Zustand der Einheit. Drei „Visionen des Leibes" lassen sich nach L. Kohn unterscheiden, die drei „spezifischen Formen der Meditation und geistigen Traditionen innerhalb des Daoismus" entsprechen.[60] Der Leib als Entsprechung zum bürokratischen System wird bereits im *Huangdi neijing* beschrieben; ausführlicher entwickelt das *Laozi zhongjing* 老子中經, eine Schrift aus der Zeit der Sechs Dynastien, und in der Analogisierung von Körper und Staat vor allem der Heshanggong-Kommentar 河上公注 diese Vorstellung. Als kosmische Landschaft und Wohnstatt der Gottheiten erscheint der Leib in den Huangting-Schriften, deren älteste, der „Klassiker des äußeren Glanzes der Gelben Halle" 黃庭外景經 *(Huangting waijing jing)* aus dem 3. Jh. datiert.[61] Spezielle Techniken der Meditation und Visualisation zielen darauf ab, die Körpergottheiten im Leib zu bewahren.[62] Dazu schreibt A. Seidel: „Selon le concept taoïste, le corps est un microcosme qui abrite chacune des divinités du cosmos. La communication sans entrave entre les divinités du corps physique et leurs prototypes macrocosmiques constitue le principe fondamental de toutes

---

58 S. dazu beisp. BPZ 18 (Dizhen), S. 326.
59 Ebd.
60 Kohn 1991, 230ff.
61 Zu den Körpergottheiten im *Huangting jing*, s. Homann 1971.
62 Zur daoistischen Physiologie, s. Maspero 1971, 358ff., 491ff.; die Techniken der Meditation und Visualisation im Zusammenhang mit dem *Huangting jing* analysiert I. Robinet 1979, 85ff.

les pratiques d'immortalité taoïstes".[63] Die dritte, buddhistisch beeinflußte Richtung, sieht den Leib als Abbild des Kosmos und identifiziert ihn mit dem vergotteten Laozi 老君 (Laojun). Die Identifikation des Adepten mit dem Dao besteht in einem Prozeß der „Depersonalisierung", der Aufgabe des personalen Ich 身 *(shen)* und die Rückgewinnung des *xing* 形 als „kosmischer Gestalt".[64] Ein charakteristisches daoistisches Konzept sei ergänzend noch erwähnt, nämlich die Vorstellung der „drei Würmer" 三虫 *(sanchong*, auch Kadaver, 尸 *shi)*, bei denen es sich um dämonische Wesen handelt, die als Verkörperung des Todes den Adepten an der Verwirklichung des Heils zu hindern suchen.[65] Eine spezielle Diät, vor allem die „Enthaltsamkeit von Getreide", von dem sich die „drei Würmer" ernähren, und die Einnahme nach genauen Rezepten hergestellter Drogen zielt auf ihre Vernichtung als Voraussetzung zur Erlangung der Unsterblichkeit ab.[66] Diese wenigen Anmerkungen zu den spezifisch daoistischen Konzepten sollen genügen, sollen sie doch nurmehr dazu dienen, einen Kontrast zu den Entwürfen und Praktiken der Lebenspflege herzustellen, wie sie anhand der untersuchten Quellen darzustellen sein werden.

Der Begriff der Lebenspflege an sich - *yangsheng* - sagt noch nichts Genaueres darüber aus, was genährt wird und mittels welcher Praktiken und Methoden dies geschieht. Daß das menschliche Leben genährt werden muß, kann unbestreitbar als eine existentielle Erfahrung gelten, die keiner theoretischen Überformung bedarf. Das Konzept oder die Lehre von der Lebenspflege wird zweifellos also mehr sein als eine Ökonomie der Befriedigung elementarer Bedürfnisse. Eine erste Information zum Begriff des Nährens liefert das hanzeitliche Wörterbuch „Erklärung der Linien und Zeichen" 說文解字 *(Shuowen jiezi)*, in dem das Zeichen *yang* 養, das zusammengesetzt ist aus dem Bedeutungselement *shi* 食 und dem Lautelement *yang* 羊, als *gongyang* 供養 glossiert wird, zu übersetzen als „nähren, versorgen, darbringen" im Sinne des Nährens und Versorgens und der Versorgung der Verstorbenen durch Darbringung von Opfern.[67] Weiterführende Hinweise auf die Bedeutung der Lebenspflege wird man bei *Zhuangzi* finden, der, wie bereits erwähnt, den Begriff zum ersten Mal verwendet. Das zu den „authentischen" Kapiteln des Werkes gehörende 3. Kapitel trägt den Titel „Yangsheng zhu"[68] 養生主 und beginnt mit folgender Passage:

---

[63] Seidel 1995, 21. („Nach daoistischem Verständnis stellt der Leib einen Mikrokosmos dar, der alle kosmischen Gottheiten beherbergt. Die ungehinderte Verbindung zwischen den Gottheiten des Leibes und ihren makrokosmischen Urbildern bildet das grundlegende Prinzip aller daoistischen Unsterblichkeitspraktiken.")

[64] Kohn 1991, 244.

[65] S. die Beschreibung in Maspero 1971, 366ff.

[66] S. hierzu auch Schipper 1982, 179ff.

[67] SWJZ, S. 107.

[68] *Yangsheng zhu*, von R. Wilhelm übersetzt als „Pflege des Lebensprinzips" (Wilhelm 1969, 53), „The Secret of Carying for Life" bei B. Watson (1968, 50), „What matters in the nurture of life" bei A.C. Graham (1981, 62) und als „le maître qui nourrit sa vie" von I. Robinet (1983, 64).

Mein Leben ist begrenzt, doch das Wissen ist ohne Grenzen. Mit dem Begrenzten dem, was ohne Grenzen ist, nachzustreben, birgt Gefahr; dessen ungeachtet nach Wissen zu streben, ist von großer Gefahr. Gutes vollbringen und sich von Ruhm fernhalten, Schlechtes tun und der Bestrafung entweichen, der Hauptader folgen und sie als Standard nehmen, solcherart vermag man seinen Leib zu bewahren, das Leben zu erfüllen, die Eltern zu nähren und seine Lebensjahre zu vollenden.[69]

Die Begrifflichkeit der Schlußsentenz ist die der *quansheng*-Schule 全生, die mit dem Namen Yang Zhu 楊朱verbunden ist. Möglicherweise war Zhuang Zhou selbst ein Anhänger dieser Richtung, die die Bewahrung des eigenen Lebens als höchsten Wert postulierte und die Zurückgezogenheit des „privaten" den Fährnissen des öffentlichen Daseins vorzog. Das Grundaxiom der von ihr vertretenen, nach Graham eher individualistisch als egoistisch zu nennenden Lebenseinstellung, wird in dem nachfolgenden Passus konzise formuliert: „Nun gehört mein Leben auch mir, und der Nutzen, den es für mich hat, ist ganz besonders groß. Es ist so wichtig für mich, daß selbst ein Kaiserthron dagegen nicht in Betracht kommt. Es ist so wertvoll für mich, daß ich es selbst für den Besitz der ganzen Welt nicht eintauschen kann".[70] Das *Huainan zi* faßt in seinem 13. Kapitel die Lehren des Yang Zhu folgendermaßen zusammen: „Seine Natur vollständig machen, seine Wahrhaftigkeit *(zhen)* bewahren und seine Gestalt nicht durch Dinge verstricken lassen, dies sind die von Meister Yang aufgestellten Lehren, die Menzius ablehnt".[71] Sie entsprechen recht genau den Themen verschiedener Kapitel des *Lüshi chunqiu*, die zusammen mit den Kapiteln 28 bis 31 des *Zhuangzi* als literarische Dokumente dieser Strömung identifiziert worden sind.[72] Im Zusammenhang dieser Arbeit ist auf diese Richtung, deren Programm bereits in den Kapitelüberschriften des *Lüshi chunqiu*, „Das Leben wertschätzen", „Sich selbst wichtig nehmen" etc. Ausdruck findet, nicht näher einzugehen. Vielmehr soll der Blick zurück auf das schon angesprochene Yangsheng-Kapitel des *Zhuangzi* gelenkt werden, in dem ein für das spätere Yangsheng-Denken wesentlicher Gedanke Ausdruck findet. In der bekannten Anekdote des ochsenzerteilenden Koches Ding wird die Spontaneität als Prinzip der „daoistischen Lebenskunst" vermittelt, Spontaneität im Sinne eines kundigen Einvernehmens mit den Dingen, das aus der Aufgabe des Sehens zugunsten der Einsicht des Geistes erwächst und so spontan der „Hauptader" zu folgen

---

69 *Zhuangzi* 3, 94f.; Watson 50; Graham 1981, 62. In seinen Anmerkungen weist Chen Guying auf eine abweichende Interpretation des letzen Satzes hin, dergemäß *qin* 親 („Eltern"), das im Zusammenhang des gesamten Kapitels wenig sinnvoll erscheint, durch *shen* 身 zu ersetzen ist, s. Zhuangzi 3, 95, Anm. 8.

70 LSCQ 1. 3, 33; Wilhelm 1979, 6; zu einer Interpretation der Yang-Zhu-Lehren, s. Graham 1989, 56ff.

71 HNZ 13, 218; vgl. Fung 1952, 134 u, Graham 1989, 54.

72 Im LSCQ sind dies die Kap. 1. 2, „Das Leben als Grundlage betrachten" *(Bensheng)*, 1. 3, „Wichtignehmen des Selbst" *(Zhongji)*, 2. 2, „Das Leben wertschätzen" *(Guisheng)*, 2. 3, „Die wesentlichen Begierden" *(Qingyu)* und 21. 4, „Prüfung des Handelns" *(Shenwei)*; s. Fung 1952, 137ff. und Graham 1989, 55, der sich auf Fung bezieht.

weiß.[73] In einem späteren Kapitel des *Zhuangzi* kommt das Nähren des Lebens erneut zur Sprache. Auf die Frage des Herzogs Wei, wie sein Lehrer sich dem Nähren des Lebens widmet, antwortet Tian Kaizhi: Ich habe meinen Meister sagen hören 'Wer sich auf das Nähren des Lebens versteht, der ist wie ein Schafhirte, er hält Ausschau nach Nachzüglern und gibt ihnen die Peitsche".[74] Die aus den im Anschluß erzählten Anekdoten zu ziehende Lehre mag wohl die sein, daß einen mittleren Weg einzuschlagen geboten ist und man sich der Einseitigkeit einer Sorge ausschließlich um das Innere oder nur das Äußerliche enthalten solle. Dabei erscheint im *Zhuangzi* die Pflege des Lebens mehr das Streben nach Übereinstimmung mit den Gesetzmäßigkeiten des Dao zu sein, wie es der Heilige verkörpert, der „seinen Geist nährt" 養神 *(yangshen)* im Gegensatz zu den in abfälligem Ton beschriebenen Adepten der Methoden und Techniken zur „Kultivierung der Gestalt" 養形 *(yangxing).*[75] Die im *Zhuangzi* formulierte Priorität des Geistes ist eines der wesentlichen Elemente, das ihn mit der Tradition der Lebenspflege verbindet. Eine eindeutige Hierarchisierung in dieser Hinsicht kommt im 20. Kapitel des *Huainan zi* zum Ausdruck, das zur Analogie der Ordnung von Selbst und Staat folgendes sagt:

> *Bei der Ordnung des Selbst ist das Nähren des Geistes das wichtigste, dann erst kommt das Nähren der Gestalt. In der Ordnung des Staates steht an erster Stelle das Nähren und Erziehen* [des Volkes], *Verwaltungsmaßnahmen und Gesetze sind dem nachgeordnet. Die Klarheit des Geistes, die Ausgewogenheit der Emotionen und die Harmonie sämtlicher Glieder, dies bildet beim Nähren der natürlichen Anlagen die Grundlage. Muskeln und Haut üppig machen, den Bauch füllen und Vorlieben und Begierden befriedigen, das sind für das Nähren des Lebens periphere Aspekte.*[76]

In nahezu identischer Formulierung, allerdings auf das Ordnen des Selbst beschränkt, findet sich dieser Passus in dem daoistischen Text *Wenzi* 文子 (3./4. Jh.), der in der Yangsheng-Literatur verschiedentlich zitiert wird.[77] Schließlich heißt es im *Xisheng jing* 西升經 aus dem 5. Jh.: „Das falsche Dao lehrt, wie die Gestalt zu nähren ist, das wahre Dao lehrt das Nähren des Geistes".[78]
Die Idee des Yangsheng anhand ausgewählter Texte darzustellen und so dem Begriff inhaltliche Konturen zu geben, ist die Aufgabe der nachfolgenden Kapitel, weshalb ich mich an dieser Stelle auf wenige Anmerkungen beschränken kann. Auf das Thema der Analogie von Leib und Staat soll hier noch einmal kurz eingegangen werden, weil sich mit ihm einige interessante Vorstellungen im

---

[73] S. hierzu Graham 1989, 186f.
[74] *Zhuangzi* 19, 475; Watson 1968, 201.
[75] *Zhuangzi* 15, 393ff.; Watson, 167-169.
[76] *Huainanzi* 20 (Taizu xun), S. 356.
[77] Der Passus wird z.B. im Yangsheng-Kapitel des *Ishimpō* (Is. 27, S. 449) zitiert; zum *Wenzi*, s. Kandel 1974.
[78] Zu diesem daoistischen Werk, s. L. Kohn 1991, zum angeführten Zitat s. ebd., S. 239.

Zusammenhang mit dem Begriff *zhi* 治, „ordnen, regulieren, heilen", aufzeigen lassen. Daß Leib und Staat als analoge „Organismen" betrachtet wurden, wird in der gemeinsamen Begrifflichkeit deutlich, die den Aussagen über Ordnung und Störung zugrunde liegt.[79] In der Weise, wie ein Staat nur dann Bestand haben kann, wenn der Herrscher das Volk nährt 養民 *(yangmin)* und es hegt 愛 *(ai)*, so bedarf das Qi des einzelnen Organismus der Hege und Fürsorge.[80] Ein Gleichgewicht aller Funktionen und Prozesse ist nur gewährleistet, und dies gilt für kosmologische, politische und medizinische Vorstellungen gleichermaßen, wenn die Zirkulation, der ungehemmte Fluß der Lebenskräfte gewährleistet ist. Ursachen für Störungen des individuellen und gesellschaftlichen Kreislaufes werden mit Begriffen wie Mangel, Blockade und Stauung bezeichnet. In seiner Beschreibung dieser Zusammenhänge verwendet das *Lüshi chunqiu* noch einen anderen Terminus, *yu* 鬱, den man als „Stagnation" oder „Hemmung" übersetzen kann, und führt dazu im Kapitel über die „Befreiung aus der Stagnation" aus:

> *Die Menschen besitzen 360 Gelenke, neun Öffnungen, fünf Speicher und sechs Paläste. Die Haut soll dicht sein, die Leitbahnen des Blutes durchlässig, Sehnen und Knochen fest, Herz und Wille harmonisch, Essenz und Qi aktiv. Ist dies der Fall, dann können Krankheiten sich nicht einnisten und Übel vermag nicht zu entstehen. Das Einnisten von Krankheiten und die Entstehung von Übel resultieren aus einer Stagnation von Essenz und Qi. Staut sich das Wasser, so wird es schlammig; sind Bäume von Stauung befallen, können Würmer darin wachsen; Stauung in den Gräsern läßt sie faulen. Auch in einem Staat kann es Stauungen geben. Wenn die Tugendkraft des Herrschers nicht das Volk durchdringt und dessen Wünsche nicht vor den Herrscher gelangen, dann sind dies Stagnationen in einem Staat.*[81]

Aus dieser Erkenntnis über ein identisches Ursachenprinzip läßt sich das im selben Werk an anderer Stelle formulierte Postulat ableiten, daß „die Ordnung des Leibes und die Ordnung des Staates eine Kunst *(shu)* sind, die auf identischen Prinzipien beruht".[82] Der Begriff 治 *(zhi)*, hier mit „ordnen" wiedergegeben, ist mit der Vorstellung des Eingreifens verbunden, das auf das Staatswesen bezogen ein „ordnendes und regulierendes Eingreifen" ist, oder aber ein „therapeutisches Eingreifen" bei Störungen, die den einzelnen betreffen und dann im Sinne des Behandelns 治病 *(zhibing)* zu verstehen ist. Die Kunst des Regierens und die des Heilens besitzen eine weitere Gemeinsamkeit in dem Ideal des vorbeugenden Handelns, das sowohl den weisen Herrscher als auch den fähigen Arzt kennzeichnet. Die Vorrangigkeit des präventiven Eingreifens stellt ein wesentliches Charakteristikum der traditionellen Heilkunde dar, doch ist diese

---

79 S. hierzu auch weiter oben, S. 22.

80 Zu *yangmin*, siehe z. B. *Shangshu*, Kap. Da Yumo, *Zhuangzi* 11, 278; vom „Hegen des Volkes" spricht beispielsweise BPZ 18, 326.

81 LSCQ 20. 5, 264f.; R. Wilhelm 1979, 358.

82 LSCQ 17. 1, 198; Wilhelm, 262.

Idee ebenso Bestandteil eines allgemeinen Ideenfundus' und nicht an eine Denkrichtung gebunden wie die Mikro-Makrokosmos-Analogie, und läßt sich somit in recht unterschiedlichen Quellen auffinden. So heißt es bei Laozi „Handle, bevor es entsteht, ordne, wenn noch kein Chaos da ist"[83], und das *Huainan zi* führt dazu aus: „Ein guter Arzt heilt *(zhi)* Krankheiten, wenn sie noch nicht ausgebrochen sind, und so bleiben Krankheiten aus; der Heilige reguliert *(zhi)* Unheil, bevor es manifest wird, und so stellt sich kein Unheil ein".[84] Der Primat des präventiv-reguliereden Eingreifens findet in dem berühmten Passus aus den „Reinen Fragen" des „Inneren Klassikers des Gelben Ahnherrschers" seine klassische Formulierung:

> *Die Gesetze von Yin und Yang zu befolgen, das bedeutet Leben, ihnen zuwiderzuhandeln bedeutet Tod. Das ist damit gemeint, wenn es heißt, die Heiligen im Altertum behandelten nicht diejenigen, die bereits erkrankt waren, sondern diejenigen, die noch nicht krank waren; sie griffen nicht dort ordnend ein, wo bereits Unruhen ausgebrochen waren, sondern dort, wo noch keine Unruhen herrschten.*[85]

Als letztes Beispiel sei ein Zitat aus dem *Baopuzi* angeführt, in dem Ge Hong über den „vollkommenen Menschen" 至人 *(zhiren)* sagt: „Der vollkommene Mensch beseitigt Unheil, noch bevor es sich zeigt und er heilt Krankheiten, bevor sie akut werden; er wendet seine Heilkunde dann an, wenn sich die Dinge noch nicht ereignet haben und folgt nicht dem nach, was bereits vergangen ist".[86] Das hier in der Person des vollkommenen Menschen oder des Heiligen verkörperte Vermögen ist auf die Vermeidung von Unheil, Unruhen und Krankheit, das heißt auf die Bewahrung einer Ordnung gerichtet, die sich im politischen Sinne im Bestand des Staatswesens manifestiert und auf der individuellen Ebene als Zustand der Gesundheit darstellt. Eine Variation dieser Vorstellung, die den Arzt als universalen Heiler idealisiert, findet sich im 8. Kapitel der „Diskurse eines Einsiedlers" 潛夫論 *(Qianfu lun)*, von Wang Fu (ca. 90-165), das die Analogie von Staatskunst und Heilkunst um das in der Kapitelüberschrift benannte Sujet des „Weisen" 賢 *(xian)* entwickelt. Darin wird dem guten Arzt 上醫 *(shangyi)* die Aufgabe zuteil, den Staat zu behandeln 醫 *(yi)*, während der gemeine Arzt 下易 *(xiayi)* die Krankheiten verarztet (ebenfalls *yi)*. Mit dem Hinweis auf Laozis Sentenz über den Heiligen, der „eine Störung als Störung erkennt, und so frei von Störungen ist"[87], formuliert auch Wang Fu das Prinzip der Prävention: „Der Gelehrte, der die Langlebigkeit kultiviert, nimmt Heilmittel ein, bevor eine Erkrankung auftritt; der Herrscher, der das Volk nährt, betraut den Weisen mit

---

83 *Laozi* 64, 166; Henricks 1989, 150.
84 *Huainan zi* 16, S. 274
85 SW 2 (Siqi tiaoshen dalun), I, 27.
86 BPZ 18, S. 326.
87 *Laozi* 71, 182; Henricks 1989, 168f:, der *bing* 病 als „flaw" übersetzt; vgl, auch Schwartz 1980, 121.

einem Amt, noch bevor es zu Unordnung kommt".[88] *Yang* 養, das hier in Verbindung mit der Langlebigkeit als „kultivieren" übersetzt wird, ist in der Zusammensetzung *yangshi* 養世 als Synonym für *zhi* aufzufassen, denn an anderer Stelle im selben Kapitel legt Wang dar, daß dem „Ordnen des Zeitalters" 治世 *(zhishi)* die kanonischen Schriften des Konfuzius zugrunde liegen, das „Ordnen des Leibes" 治身 *(zhishen)* dagegen auf der Kunst des Gelben Ahnherrschers, das heißt auf den heilkundlichen Werken, die sich auf ihn berufen, gründet.[89] Sowohl der Vorgang des Ordnens und der aus ihm resultierende Zustand der Ordnung werden mit demselben Wort *zhi* bezeichnet. Als Antonym findet sich im politischen Kontext der Begriff *luan* 亂, der die Störung der gesellschaftlich-politischen Ordnung, das Chaos, bezeichnet. In der heilkundlichen Literatur bezeichnet *bing* 病 den der Ordnung des Organismus entgegengesetzten Zustand, der eine Störung der Gesundheit darstellt. Die Bedeutung von *bing* wird in der Definition Wang Fus weiter gefaßt und geht über die von „Krankheit" hinaus. Dazu heißt es: „Krankheit 疾 *(ji)* [90] ist eine Störung *(bing)*, die den Leib befällt, Chaos ist eine Störung, die den Staat betrifft".[91] Interessanterweise findet sich in der heilkundlichen Literatur auch der Terminus *luanqi* 亂氣 als Bezeichnung für das aus der Ordnung geratene Qi.[92] Die Vorstellung des Ordnens und Regulierens, die bei Wang Fu und auch in anderen Werken (beispielsweise dem *Lüshi chunqiu)* entwickelt wird, findet sich in den heilkundlichen Manuskripten aus Mawang dui und ebenso in der „Schrift über das Leiten und Dehnen" 引書 *(Yinshu)* wieder, auf die im 2. Kapitel der vorliegenden Arbeit ausführlicher einzugehen ist.

Konfuzianismus und Yangsheng

Stellt man die Frage nach der Rolle der Lebenspflege innerhalb des Konfuzianismus, so wird man ganz allgemein sagen können, daß *yangsheng* die leiblichen Aspekte der Kultivierung des Selbst bzw. der Persönlichkeit darstellt, die im Sinne einer moralischen Selbstvervollkommnung, die zur vollen Realisierung der im Menschen wesensmäßig vorhandenen Anlagen führt, zu verstehen ist.[93] Die Selbstkultivierung bildet die Grundlage für die Ordnung von Familie und Staat, in der dem sittlich Gebildeten besondere Verantwortung als Herrscher und Beamter zukommt. Interessanterweise ist es genau diese Verantwortung,

---

88 *Qianfu lun* 8, 32. Wang Fu benutzt hier den Terminus *yangshi* 養世, wörtl. „das Zeitalter nähren", womit das Volk gemeint ist (vgl. den Ausdruck shiren 世人).

89 *Qianfu lun*, ebd.; Wang bezieht sich hier vermutlich auf die im *Hanshu* erwähnten Werke *Huangdi neijing* und *Huangdi waijing*, s. HS 30, 1776.

90 Bei *ji* und *bing* 病 handelt es sich nach dem *Shuowen jiezi* um Synonyme, S. SWJZ, S.154.

91 *Qianfu lun*, ebd; zur Bedeutung von *bing*, vgl. auch Sivin 1987, 99f.

92 S. hierzu den Abschnitt „Übersetzung aus dem *Yinshu*" in Kap. 2 der vorliegenden Arbeit.

93 Zur Beziehung zwischen Konfuzianismus und Yangsheng, s. unter anderem Liao Guo 1993, 172ff u. Yoshimoto 1996, 113ff.

die den Konfuzianer dazu führt, der Pflege des Lebens, das heißt vor allem zunächst einmal der Erhaltung des Leibes, Bedeutung beizumessen. So ist in den „Aufzeichnungen über die Sitte“ 禮紀 *(Liji)* folgendes zu lesen: „[Der Schriftgelehrte] hütet sich vor einem (frühzeitigen) Tode, denn er harrt einer Gelegenheit zum Handeln; er nährt seinen Körper, da er eine Aufgabe zu erfüllen hat“.[94] Deutlich ist hier ausgesprochen, daß die Pflege des Lebens nicht etwa Selbstzweck ist oder der Lebensverlängerung dient, sondern vielmehr die Voraussetzung gesellschaftlichen Handelns bildet. Dabei kann es zu einem Konflikt unterschiedlicher Werte kommen. Das weiter oben angeführte Zitat aus dem Mawangdui-Text „Zehn Fragen“, das Shun als Antwort auf die von Yao gestellte Frage nach dem Wertvollsten auf der Welt, in den Mund legt, daß dies das „Leben *(sheng)*“ sei[95], steht in deutlichem Widerspruch zu dem bekannten Passus aus dem Buch *Mengzi* 孟子, in dem diese Aussage im Sinne einer Hierarchie der Werte relativiert wird. Es heißt dort: „Ich liebe das Leben, und ich liebe auch die Pflicht. Wenn ich nicht beides vereinigen kann, so lasse ich das Leben und halte mich an die Pflicht. Ich liebe wohl auch das Leben, aber es gibt etwas, das ich mehr liebe als das Leben, darum suche ich es nicht mit allen Mitteln zu erhalten“.[96] Freilich ließe sich dieser Widerspruch dadurch auflösen, daß man die erste Aussage als Postulat eines Spezialisten der Heilkunde und Lebenspflege ansieht, der sich den Namen einer idealen Herrscherfigur ausborgt, um seiner Schrift größere Autorität zu verleihen, oder aber dahingehend interpretiert, daß das Leben nur in einem relativen Sinne das Wertvollste darstellt, in der Weise, daß seine Bewahrung notwendigerweise die Voraussetzung für eine Wahl zwischen verschiedenen Optionen bildet.

Die Vorrangigkeit des Moralischen innerhalb des konfuzianischen Denkens läßt sich an verschiedenen Passagen verdeutlichen, die das Thema des „Nährens“ ansprechen. Zuvor aber sei der bekannte Ausspruch des Konfuzius angeführt, in dem er auf die förderlichen Wirkungen praktizierter Mitmenschlichkeit verweist. Es heißt „Wer *ren* 仁 praktiziert, der lebt lange“.[97] Das Zeichen *shou* ("langes Leben“) bedeutet, wie bereits erwähnt, im allgemeinen das Ausleben der zubemessenen, das heißt natürlichen Lebensspanne, und ist nicht im Sinne einer Lebensverlängerung zu verstehen. Die zitierte *Lunyu*-Stelle kommentiert Dong Zhongshu 董仲書 (ca. 179-104 v.u.Z.) in seinem „Üppigen Tau der Frühling- und Herbstannalen“ 春秋繁露 *(Chunqiu fanlu)* mit folgenden Worten: „Der Grund, warum der Mitmenschlichkeit Übende häufig seine Lebensspanne erfüllt, ist der, daß er äußerlich keine Begehrlichkeit zeigt und im Inneren klare Ruhe hegt, sein Herz ist ausgewogen und harmonisch, und er geht der Mitte und Aufrichtigkeit nicht verlustig“.[98] Auch von späteren Gelehrten wurde die Frage nach dem Zusammenhang zwischen *shou* und *ren* gestellt. So beantwortet

---

94 *Liji*, Kap. Ruxing; R. Wilhelm 1981, 195.
95 S. oben, S. 10 und Zhou, Xiao 1989, 379.
96 *Mengzi* 6A. 10, 461; Wilhelm 1982, 166; vgl. auch Lau 1984, 235.
97 *Lunyu* 6. 23, 127; Moritz, 67.
98 *Chunqiu fanlu* 16 (Xuntian zhi dao), 10b.

Xun Yue sie mit folgenden Ausführungen: „Jemand, der Mitmenschlichkeit übt, schädigt im Inneren nicht seine natürlichen Anlagen, und äußerlich fügt er den Dingen keinen Schaden zu. Er handelt nicht dem Himmel oben und nicht den Menschen unten zuwider. Er weilt in Aufrichtigkeit und harrt in der Mitte. Körper und Geist sind in Harmonie und so zieht er keine schlechten Omina an und sammelt positive Verdienste. Darin besteht die Kunst des langen Lebens".[99]
Die von beiden Exegeten verwendete Terminologie - Ruhe, Ausgewogenheit, Harmonie, Mitte - weist interessante Parallelen zur Begrifflichkeit der Yangsheng-Literatur auf, was sicherlich auch damit zusammenhängt, daß zum einen Werte wie Maß und Harmonie nicht ausschließlich dem Konfuzianismus eigen sind, sondern auch vom Daoismus vertreten werden. Zum anderen übten konfuzianische Vorstellungen Einfluß auf andere Bereiche, beispielsweise heilkundliche Konzepte der Entsprechungsmedizin, aus.[100] Die Unterschiede sind wohl eher in den angewandten Mitteln, als dem angestrebten Ziel zu sehen. Ein abschließendes Zitat verweist noch einmal auf das Vorherrschen moralischer Vorstellungen. Im 12. Kapitel des Werkes *Fayan* 法言 gibt Yang Xiong auf die Frage „Läßt sich langes Leben fördern?" in knapp-bejahender Form die Antwort „Durch Tugend 德 *(de)*".[101]
Neben dem moralischen Aspekt spielt aber auch die konkrete Sorge um das Wohl des Leibes eine nicht unwichtige Rolle, wovon das 10. Kapitel des *Lunyu* ausführlich Zeugnis gibt. Eine neben der Beachtung allgemein verbreiteter, das heißt nicht spezifisch konfuzianischer Regeln der Hygiene, beispielsweise im Zusammenhang mit der Ernährung, deutlich erkennbare Tendenz ist die zur Ritualisierung des Verhaltens im Sinne einer Achtung, die nicht auf das Selbst in seiner Leiblichkeit beschränkt ist, sondern vor allem auch in der Beziehung zu anderen erkennbar wird. Die zentrale Bedeutung der Riten bzw. der Sitte 禮 *(li)* auch in bezug auf alltägliche Dinge wie Speise und Kleidung wird von *Xunzi* 荀子 (ca. 298-235 v.u.Z.) formuliert: „Für das Essen und Trinken, für Kleidung, Wohnen, Tätigkeit und Ruhe gilt, daß Harmonie und Maß vorherrschen, wenn der Sitte entsprechend gehandelt wird [...] Ein Mensch ohne Sitte vermag nicht zu leben, ein Unternehmen ohne Sitte kommt nicht zum Abschluß".[102] Es finden sich freilich in den „Gesprächen" und in späteren Quellen auch direkte Verhaltensmaximen, die man im weitesten Sinne als Anweisungen zur Lebenspflege verstehen kann. Hierzu nur zwei Beispiele: so mahnt Konfuzius, bestimmte, die Vitalität 血氣 *(xieqi)*[103] schädigende und nach Lebensaltern unterschiedene Verhaltensweisen zu unterlassen: „Der Edle hütet sich vor drei Dingen: in der Jugend, wenn seine Vitalkräfte noch nicht gefestigt sind, hütet er sich vor sinnlichen Vergnügungen; im Mannesalter, wenn seine Vitalkräfte ihre größte Stärke erlangt haben, hütet er sich vor Streitigkeiten; im vorgerückten Alter, wenn die

---

99 *Shenjian* 3, 18; Ch'en Ch'i-yun 1980, 160.
100 Zu Maß, Mitte und Harmonie im konfuzianischen Kontext, s. Roetz 1992, 173ff.
101 *Fayan* 12, S. 40.
102 *Xunzi* 2, 14; Köster 1967, 12f.
103 Zur Deutung von *xieqi* 血氣, s. Sivin 1987, 46.

Vitalkräfte zu verfallen beginnen, hütet er sich vor Geiz".[104] Erneut auf den Zusammenhang zwischen moralischem Verhalten und der Lebensspanne, die nach der allgemeinen Vorstellung vom Himmel bestimmt wird, verweist ein Abschnitt in den von Wang Su 王肅 im 3. Jh. kompilierten „Familiengesprächen des Konfuzius" 孔子家語 *(Kongzi jiayu)*, der drei Ursachen für den nicht schicksalsbestimmten 非命 *(feiming)*, sondern „selbstverschuldeten" 已取 *(jiqu)* Tod aufzählt. Der Text schließt mit der Forderung nach Beachtung bestimmter Regeln, an denen der „kluge Junker und Mitmenschlichkeit übende Mensch" ihr Verhalten ausrichten sollen: dem Leib Mäßigung auferlegen, Aktivität und Ruhe an der Rechtlichkeit ausrichten, Freude und Zorn zur angemessenen Zeit zeigen und seine natürlichen Anlagen nicht schädigen.[105]
In den konfuzianischen Klassikern bezeichnet das Wort *sheng* auch „die Lebenden", so beispielsweise im „Menzius", wo es heißt: „Die Pflege der Lebenden (i.e. der Eltern) ist noch nicht der größte Dienst. Erst das Geleit, das man den Toten gibt: das ist der größte Dienst".[106] Die Pflege der Eltern und der Dienst an den Toten in Form von Bestattung und Ahnendienst sind wesentliche Inhalte der Tugend der „Pietät" bzw. des „Gehorsams" 孝 *(xiao)*. Die Pflege *(yang)* der Eltern ist der Aspekt von *xiao*, der sich als „Fürsorge" bezeichnen läßt, eine Fürsorge, von der es im *Lunyu* heißt, daß sie sich mit Ehrfurcht und Achtung 敬 *(jing)* verbinden muß, um sich von der Versorgung, die man auch Tieren angedeihen läßt, zu unterscheiden.[107] Die detaillierte Ausführung zur „rechten Art der Pflege", die Gegenstand der Ritenklassiker ist, bildet ein Thema in den „Betrachtungen zu pietätvollem Verhalten" 孝行覽 (Xiaoxing lan) des *Lüshi chunqiu*, aus denen ein Auszug aus dem Grunde zitiert sei, weil darin das Motiv des Nährens mit einer Akribie entwickelt wird, die auch die Yangsheng-Kompendien der Lebenspflege-Tradition kennzeichnet, mit dem Unterschied freilich, daß die Fürsorge hier auf den anderen bezogen ist, während der Yangsheng-Adept diese dem eigenen Leib zuwendet. In den „Betrachtungen" heißt es:

> *Die Pflege* (der Eltern) *geschieht auf fünffache Weise: man richtet ein Haus her, sorgt für eine bequeme Bettstatt und angemessene Speisen. Auf diese Weise geschieht die Pflege des Leibes* (yangti). *Man bereitet fünffarbige Dinge, sorgt für bunte Bemalung und geschmackvolle Verzierung. Auf diese Weise geschieht die Pflege des Auges* (yangmu). *Man ordnet die sechs Tonarten, stimmt die fünf Noten ab und teilt sie den acht Arten von Musikinstrumenten zu. Auf diese Art geschieht die Pflege des Ohrs* (yang'er). *Man gart die fünf Getreidesorten, gart die sechs Arten von Haustieren und stellt Gebratenes und Gekochtes richtig zusammen. Auf*

104 *Lunyu* 16. 7, 359; Moritz, 123.
105 *Kongzi jiayu* 1 (Wuyi jie), zit. nach Wang Maohe, I, 38.
106 *Mengzi* IV B. 13, 329; Wilhelm 1982, 126.
107 Zur Pietät als „respektvoller Fürsorge" und den entsprechenden Stellen der „Gespräche", s. Roetz 1992, 84f.

diese Weise geschieht die Pflege des Mundes (yangkou). *Man befleißigt sich freundlicher Mienen, heiterer Worte und eines ehrfurchtsvollen Benehmens. Auf diese Art geschieht die Pflege des Willens* (yangzhi). *Diese fünf abzuwechseln und großzügig anzuwenden, läßt sich als rechte Art die Eltern zu pflegen bezeichnen.*[108]

Neben dem bereits erwähnten Gefühl der gesellschaftlichen Verantwortung rührt ein weiteres mögliches Motiv zur Pflege des Selbst aus der sich ebenfalls mit der „Pietät" verbindenden Vorstellung her, daß der „Leib kein persönlicher Besitz, sondern die uns von den Eltern hinterlassene Gestalt" sei.[109] In ihr ist das Gebot begründet, den Leib in Vollständigkeit zu bewahren und ihn vor Schaden und Verunstaltung zu schützen.
Die „konfuzianische" Position einer geistigen bzw. „gesellschaftlichen" im Unterschied zur physischen Unsterblichkeit findet in folgendem Passus aus dem *Zuozhuan* 左傳 („Zuo-Kommentar zu den Frühling- und Herbstannalen") Ausdruck, der über die Unvergänglichkeit räsoniert: „In einem Diktum der Altvorderen heißt es: 'Tot, jedoch unvergänglich (unsterblich)', was ist damit gemeint? [...] Ich habe gehört, der beste Weg ist es, Tugendhaftigkeit zu begründen, der zweitbeste Weg ist der, Verdienst zu erwerben, und dann folgt das Errichten von Lehren. Wenn diese drei die Zeiten überdauern, so kann man von Unvergänglichkeit sprechen".[110]

Buddhismus und Yangsheng

Zur Rolle hygienischer und gesundheitsfördernder Praktiken innerhalb des Buddhismus soll nur eine kurze Anmerkung gemacht werden.[111] Der indische Buddhismus maß der Medizin und Gesunderhaltung einen hohen Stellenwert bei, denn das Freisein von Krankheiten und ein langes Leben wurden als wichtige Voraussetzung für das Erlösungsstreben des Mönches angesehen. Die Begriffe Krankheit und Heilung besitzen im buddhistischen Schriftgut verschiedene Bedeutungsaspekte: zum einen ist dies der physische Aspekt der Vermeidung und Behandlung von Krankheit durch die Beachtung bestimmter Regeln zur Ernährung und die Einnahme von Heilmitteln, zum anderen spielt die Beachtung geistig-psychischer Ursachen von Erkrankungen und im Zusammenhang damit die Heilkraft von Meditation und Rezitation eine Rolle, und schließlich dient die Krankheit als Metapher für den Zustand der Unwissenheit des Nicht-Erleuchteten, für den Buddha zum höchsten Arzt und die Lehre *(dharma)* zur wirkungsvollsten Medizin wird.[112] In der frühen Phase der Verbreitung des

---

108 LSCQ 14. 1, 732; R. Wilhelm 1979, 177f.
109 LSCQ, ebd., 733; Wilhelm, S. 178.
110 *Zuozhuan*, 24. Jahr des Herzogs Xiang; Übers. nach Chan 1969, 13; s. hierzu auch Bauer 1996, 253-256.
111 S. hierzu Birnbaum 1982 und 1985.
112 Birnbaum 1982, 19-37.

Buddhismus in China (2. bis 4. Jh.) war das heilkundliche Wissen der Mönchs-Ärzte ein wichtiges Instrument der Missionierung, insbesondere auch in den Kreisen der aristokratischen Oberschicht Südchinas zur Zeit der Östlichen Jin-Dynastie (317-420). Eine prominente Figur war dabei neben anderen der aus einer Gentry-Familie stammende „aristokratische Mönch" Zhi Dun 支遁(auch Zhi Daolin 道林, 314-366), dessen Lehren stark von der Xuanxue-Philosophe 玄學 beeinflußt waren.[113] Sein Name erscheint in Verbindung mit verschiedenen daoistischen Schriften zur Lebenspflege, in denen sich möglicherweise auch Einflüsse indischer Körpertechniken widerspiegeln.[114] In besonderer Weise scheint Zhi Dun die physischen Aspekte der religiösen Praxis und die Integration heilkundlicher Vorschriften in die monastische Lebensweise betont zu haben.[115]

Frühe Quellen der Yangsheng-Tradition

Die vorliegende Arbeit versucht sich nicht in einer erschöpfenden Darstellung des frühen Yangsheng-Denkens, sondern beschränkt sich auf jene Aspekte, die in dem ihr zugrundeliegenden Textkorpus dargelegt werden. Die Entstehung der Techniken zur Lebenspflege vollzieht sich unabhängig vom Daoismus; die zahlreichen Methoden und Techniken der Kultivierung des Lebens und der Gesundheitsbewahrung, deren Existenz schon im *Zhuangzi* dokumentiert ist, sind nicht charakteristisch für den Daoismus, sondern bilden einen Bestandteil eines allgemeinen Fundus von Praktiken, deren Ausübung nicht an spezifische Gruppen gebunden oder auf diese beschränkt war. Die frühesten Dokumente über spezifische Techniken lassen sich mit einiger Wahrscheinlichkeit dem Milieu der *fangshi* und *wu*, den „Meistern der Techniken" und „Schamanen" zuordnen, die neben anderen Disziplinen auch Medizin und Magie praktizierten und sich dem Streben nach Langlebigkeit und der Erlangung der Unsterblichkeit widmeten. Für die frühe Tradition des Yangsheng sind weniger die Suche nach Unsterblichkeit verleihenden Elixieren, aus denen die spätestens seit der Hanzeit dokumentierte chinesische Alchemie hervorging, oder die ekstatischen Flüge der „Elegien aus Chu" 楚辭 *(Chuci)* von Belang, die wesentliche Elemente des Daoismus ab der Späten Hanzeit bilden, sondern vielmehr die Praktiken der Sexualhygiene und Ernährung, die Techniken des Qi und die Übungen des Leitens und Dehnens 導引 *(daoyin)*. Mit den Manuskripten aus dem Mawangdui-Grab Nr. 3 (bei Changsha in der Provinz Hunan) wird eine frühe Entwicklungsphase der Lebenspflege faßbar, die offensichtlich einen Bestandteil der Heilkunde bildete. Sieben der insgesamt fünfzehn, zum Teil auf Seide, zum Teil auf Bambustafeln geschriebenen Manuskripte, deren Redaktion in das späte 3.,

113 Zhi Dun wird erwähnt in Birnbaum, ebd., 288, Anm. 11; zu Leben und Wirken Zhi Duns, s. Zürcher 1972, 116ff.
114 S. hierzu C. Despeux 1989, 231f.
115 L. Kohn 1992, 122.

frühe 2. Jh.v.u.Z. datiert, lassen sich als Yangsheng-Werke im engeren Sinne bezeichnen. Von besonderem Interesse innerhalb dieser Textgruppe sind die Schriften zur Sexualhygiene, die den Gegenstand des zweiten Kapitels der vorliegenden Arbeit bilden. Eine vollständige Übersetzung dieser Texte wird nicht vorgelegt, vielmehr werden unter dem Aspekt der Lebenspflege solche Auszüge daraus wiedergegeben, die vor allem die „theoretischen" Grundlagen der Sexualität als einer Methode des Yangsheng formulieren.[116] Die Sexualität bildet einen zentralen Bereich der Lebenspflege, der mit anderen Techniken das Bestreben gemeinsam hat, Essenz 精 *(jing)* und Qi zu nähren und einem Mangel dieser Vitalsubstanzen vorzubeugen.[117] Über diese frühe „sexologische" Literatur schreibt D. Wile in „The Art of the Bedchamber": „The further back one goes chronologically in the sexual literature the greater is the preponderance of empirical material and the lesser the symbolic or ritual. Elements in the *Ishimpō* and thereafter that strike the modern reader as superstitious or sexist are almost entirely absent from Ma Wang tui."[118] Betrachtet man die Mawangdui-Literatur zur Sexualhygiene als die Vorläufer der sexologischen Handbücher, die zur Zeit der Sechs Dynastien verbreitet waren, so wird man in der „Schrift über das Leiten und Dehnen" 引書 *(Yinshu)* das früheste überlieferte Dokument einer heilkundlich ausgerichteten Literatur zur Lebenspflege sehen können, deren Anfänge in dieselbe Zeit datieren. Das *Yinshu* ist Teil eines 1984 in einer frühhanzeitlichen Grabanlage in der Provinz Hubei gefundenen Manuskriptkonvolutes. Bei dem Werk handelt es sich um eine nicht später als 186 v.u.Z.

---

[116] D. Harper (University of California) hat eine vollständige Übersetzung der Mawangdui-Texte angefertigt (s. Hinweis in Unschuld 1995, 19), die mir bis zur Fertigstellung der vorliegenden Arbeit nicht vorlag und deshalb nicht berücksichtigt werden konnte.

[117] Im Zusammenhang mit den hier behandelten Schriften zum Yangsheng bezeichne ich Qi und *jing* ganz allgemein als Vitalsubstanzen. In unterschiedlichen Quellen werden beide jeweils als „Wurzel" oder „Grundlage" des Leibes bezeichnet. Der Begriff „Essenz" (Feinststoff) besitzt in ähnlicher Weise wie der des Qi unterschiedliche Bedeutungen, die vom jeweiligen Kontext abhängig sind. Als feinstoffliche Grundlage der Funktionen des Organismus muß *jing* gehortet und bewahrt werden, worauf bereits im *Zhuangzi* verwiesen wird, denn „ein Mangel an Essenz verursacht Krankheiten, erschöpft sie sich, so tritt der Tod ein". Im engeren Sinn bezeichnet *jing* die Samenessenz, die durch übermäßige sexuelle Aktivität verausgabt werden kann. Ebenfalls im *Zhuangzi* findet sich die Aussage, dergemäß die Ansammlung von Qi Leben, seine Zerstreuung hingegen Tod bedeutet, und nach Ge Hong lebt der Mensch inmitten von Qi. Vor allem auch durch die Atmung steht der Mensch im Austausch mit seiner Umwelt, mit der er in einem großen „Qi-Kontinuum" verbunden ist. So gehören denn auch Atemtechniken und das Führen des Qi zu den Methoden, die bereits in der frühen Manuskriptliteratur als Techniken der Lebenspflege beschrieben werden. Neben der Kultivierung von Qi und Essenz ist das „Nähren des Geistes" *(shen)* von zentraler Bedeutung, wobei Geist allgemein die bewußten geistigen und emotionalen Regungen bezeichnet, die wesensmäßig nicht von den Funktionen des Körpers verschieden sind und mit diesen in einem Verhältnis wechselseitiger Beeinflussung stehen. S. hierzu Sivin 1987, 43ff., Engelhardt 1987, 1-9, Roth 1991, 61ff. u. Kubny 1995.

[118] Wile 1992, 77. („Je weiter man chronologisch zurückgeht in der Literatur über Sexualität, desto stärker überwiegt das empirische Material und desto geringer ist der Anteil des Symbolischen und Rituellen. Elemente im *Ishimpō* und in späteren Quellen, die dem modernen Leser abergläubisch oder sexistisch erscheinen, fehlen fast vollständig in den Mawangdui-Texten.")

entstandene Abschrift eines Urtextes, dessen exakte Datierung zum jetzigen Zeitpunkt nicht möglich ist. In seinem Hauptteil besteht es aus einer detaillierten Beschreibung einer großen Zahl therapeutisch-prophylaktischer Übungen, die eine wichtige Ergänzung der bisherigen Kenntnisse über die Entwicklung des Daoyin darstellen. Für die vorliegende Darstellung sind insbesondere jene Teile des *Yinshu* von Interesse, die sich mit allgemeinen Regeln der Lebenspflege befassen und darüber hinaus ätiologische und prophylaktische Zusammenhänge erörtert. In seinen Darlegungen zur „Regulierung des Leibes", die allgemeine Vorschriften zur Hygiene, Ernährung, den Wechsel von Aktivität und Ruhe und Sexualität umfassen, und so dem Praktiker des Yangsheng ein detailliertes methodisches Instrumentarium zur Beseitigung und Vermeidung von Störungen in Form von Gymnastik, Massage und Atemtechnik an die Hand gibt und darüber hinaus auch Kenntnisse über Ursachen der Krankheitsentstehung vermittelt, die auf einem rational-naturalistischen, von magisch-religiösen Elementen freien Verständnis des Organismus basieren, verweist das *Yinshu* auf spätere Werke der Yangsheng-Literatur, die den Gegenstand des dritten Kapitels der vorliegenden Arbeit bilden.
Im Mittelpunkt steht dabei ein als „Kompendium der wesentlichen Prinzipien und Methoden zur Kultivierung des Lebens" 養生要集 *(Yangsheng yaoji)* betitelter Text aus dem 4. Jh., als dessen Kompilator in der Bibliographie der „Dynastiegeschichte der Sui" 隋書 *(Suishu)* ein gewisser Zhang Zhan 張湛 genannt wird.[119] Als Kommentator solch bedeutender daoistischer Schriften wie dem *Zhuangzi*, *Wenzi* und dem *Liezi*, gehört Zhang in den Kreis der Xuanxue-Denker des 4. Jh. Aus den wenigen erhaltenen biographischen Angaben wird erkennbar, daß er auch über heilkundliche Kenntnisse verfügte. Das *Yangsheng yaoji* versammelt Quellen, die aus der Zeit der Dynastien Han, Wei und Jin datieren, also einen Zeitraum vom 2. Jh. v.u.Z. bis zum 4. Jh. u. Z. umfassen. Das „Kompendium" ist nicht vollständig erhalten, doch ermöglicht es die relativ große Zahl von Zitaten daraus, die vor allem das *Ishimpō* 醫心方 („Wesentliche Methoden der Medizin") des Japaners Tamba no Yasuyori 丹波康頼 (912-995) enthält, wesentliche Inhalte des ursprünglich zehn Kapitel umfassenden Textes zu rekonstruieren. Seine Bedeutung liegt darin, daß mit ihm wohl zum ersten Mal eine Systematisierung der Prinzipien und Techniken des Yangsheng unternommen und ein Entwurf der Lebenspflege als einer umfassenden Lebensordnung konstruiert wird. Das *Yangsheng yaoji* bündelt gleichsam

---

119 Ein sehr kurzer Verweis auf Zhang, der als Liezi-Kommentator und Autor eines „Werkes über daoistische physiologische Alchemie" Beiträge zur philosophischen und religiösen Tradition des Daoismus geleistet habe, findet sich bei Needham 1974, 83, Anm b. Die einzig mir bekannte ausführlichere Arbeit zum *Yangsheng yaoji* ist der Aufsatz von Sakade 1986; Zhu Yueli behandelt in seinem Aufsatz zum *Yangxing yanming lu* auch Fragen bezüglich der Kompilation des „Kompendiums". T. Barrett (1980, 1982) widmet sich demselben Thema, zu dem er in sehr knapper Form wichtige Anmerkungen macht. In ihrer Arbeit über „Gymnastics" weist C. Despeux (1995) auf die Bedeutung des Werkes innerhalb der Yangsheng-Literatur hin. Teile des *Yangsheng yaoji* in englischer Übersetzung enthält die Übertragung mehrerer Kapitel des *Ishimpō* von Hsia u.a. (1986).

unterschiedliche Überlieferungsstränge, die durch Material ergänzt werden, dessen Herkunft nicht genannt wird, also möglicherweise auf Zhang Zhan selbst zurückgeht. Zhangs Kompendium erlangte offensichtlich einige Bekanntheit und wurde vor allem auch in daoistischen Kreisen rezipiert, wofür seine Erwähnung in verschiedenen Schriften zur Lebenspflege spricht, die daraus zitieren. Vermutlich ging das Werk in der späten Tangzeit verloren, denn es wird in keiner späteren Bibliographie mehr erwähnt.
Die bedeutendste Quelle zur Rekonstruktion des *Yangsheng yaoji* stellen neben dem *Ishimpō* die im „Daoistischen Kanon" 道藏 *(Daozang)* erhaltenen „Aufzeichnungen über die Kultivierung der natürlichen Anlagen und die Lebensverlängerung" 養性延命錄 *(Yangxing yanming lu)* dar, die Tao Hongjing 陶洪景 (456-536) oder Sun Simiao 孫思邈(581-682) zugeschrieben werden, möglicherweise aber noch später kompiliert wurden. Die Bedeutung dieses Werkes im Zusammenhang mit der Überlieferung des „Kompendiums" liegt darin, daß es sich in seinem Vorwort auf dieses bezieht und sich als eine gekürzte Fassung desselben darstellt. Bestätigung findet dieser Hinweis in der beträchtlichen Anzahl identischer Textpassagen in beiden Werken; gleichwohl lassen sich spätere Hinzufügungen durch den Kompilator des *Yangxing yanming lu* nicht ausschließen. Ungeachtet der hier nurmehr angedeuteten Fragen bezüglich Verfasserschaft, Datierung und Authentizität, stellen beide genannten Werke wichtige Sammlungen von Quellen zur Yangsheng-Tradition der Epoche zwischen Han- und Tang-Dynastie dar, deren Erschließung das Bild über Theorie und Praxis der Lebenspflege in wesentlichen Details zu bereichern vermag.

Lebenspflege - diaita

Der Begriff der „Kultivierung des Lebens", den Zhang Zhan seinem Werk zugrunde legt, ist ein umfassender; er bezieht sich nicht allein auf spezielle Methoden - Atemtechniken, Massage, körperliche Übungen, Führen des Qi usw. - sondern erstreckt sich vielmehr auf sämtliche, auch die „banalsten" Aspekte des Daseins, von schlichten hygienischen Anweisungen über Ernährungsvorschriften bis hin zu Regeln für den Bereich des Schlafgemaches. In seinem Entwurf einer „Kunst der Lebenspflege" 養生術 *(yangsheng shu)*, die auf zwei Grundannahmen beruht, dem Primat der Gesunderhaltung und der Verantwortlichkeit des Einzelnen für sein „Schicksal", steht Zhang Zhans Yangsheng in unmittelbarer Nähe zur antiken Diätetik, wenn man diese in ihrer ursprünglichen Bedeutung als „Lebensweise" *(diaita)* und davon abgeleitet als „Kunst der Lebensführung" versteht, die das medizinische Denken bis in die Neuzeit hinein beeinflußte und erst im 19. Jh. zur „Diät verkümmerte", so daß der Begriff in seinem heutigen Gebrauch speziell die Ernährungslehre bezeichnet.[120] Es soll an dieser Stelle kein umfas-

---

120 Zu einer Darstellung der Diätetik, s. Schipperges 1970, 100ff., ders. 1990, 221ff., Schneck 1994 u. Harig, Kollesch 1971. Zur „Verkümmerung" der Diätetik zur Diät, s. Schipperges 1970, 105, wo es im Zusammenhang heißt: „Bereits Ende des 19. Jahrhunderts war der

sender Vergleich zwischen antiker griechischer und traditioneller chinesischer Medizin, oder spezieller, zwischen antiker Diätetik und frühem Yangsheng-Denken geleistet werden, ein Verfahren, das immer Gefahr läuft, ähnlich Erscheinendes aus seinem Kontext herauszulösen und als vergleichbar nebeneinander zu stellen.[121] Die folgenden Ausführungen zur griechischen Heilkunde wollen nicht mehr als darauf verweisen, daß in dem Wort Diätetik eine durchaus adäquate Entsprechung für den chinesischen Begriff Yangsheng zu sehen ist. Dies scheint zumindest für den in der vorliegenden Arbeit betrachteten Zeitraum und die gesichteten Quellen zuzutreffen. Wenn auf den nachfolgenden Seiten von Diätetik und diätetischer Lebensweise die Rede ist, so bezieht sich dies stets auf die ursprüngliche, das heißt umfassende Bedeutung des Wortes, die es kurz zu erläutern gilt.

Die mit dem Namen Hippokrates (460-375 v.u.Z.) verbundene wissenschaftliche Medizin, die aus der empirisch begründeten frühgriechischen Heilkunde hervorging, basiert zum einen auf der Humorallehre (Lehre von den vier Körpersäften), zum anderen liegt ihr die Auffassung zugrunde, daß zwei Faktoren das menschliche Leben determinieren, die „physis" als die angeborenen Anlagen und natürlichen Gegebenheiten, und der „nomos", das heißt die erworbenen Sitten und Bräuche und die als „res non naturales" bezeichneten Bereiche, die der Mensch durch sein Handeln zu beeinflussen vermag.[122] In der humoralpathologischen Begrifflichkeit wurde Krankheit allgemein als „Dyskrasie" bezeichnet, die Störung des natürlichen Gleichgewichtes und ausgewogenen Mischungsverhältnisses der Säfte („Eukrasie"), die auf natürlichen Ursachen wie beispielsweise Umwelteinflüssen und Ernährung beruht.[123] Die Gesundheit erfuhr allgemein eine außerordentliche Wertschätzung, aus der sich die Vorrangigkeit der Diätetik als ein Teilgebiet der Medizin erklärt. Nach Angaben des römische Enzyklopädisten Celsus (1. Jh. u.Z.) wurden entsprechend den unterschiedlichen therapeutischen Verfahrensweisen drei Bereiche der Heilkunde unterschieden: „Der erste umfaßt die Behandlung durch die Lebensweise, der zweite die Behandlung durch Arzneien, der dritte die Behandlung mit der Hand. Den ersten nannten die Griechen Diätetik, den zweiten Pharmazeutik, den dritten Chirurgie".[124] Die Diätetik, abgeleitet von *diaita*, „Lebensweise", richtete sich vornehmlich an den Gesunden und vermittelte ihm in den Vorschriften und Ratschlägen zur Ernährung, Körperpflege, Bekleidung, Ruhe und Aktivität, Sexualität und zum Umgang mit den Emotionen eine regelrechte „Kunst der Lebensführung", deren Ziel die Erhaltung und Wiederherstellung der Gesundheit bildete. Eine Weiterentwicklung und alle Bereiche der antiken Heilkunde umfas-

---

Begriff der Diätetik zur 'Diät' verkümmert, die nur noch das bißchen Ornament an Speis und Trank meinte. Alles Diätetische trägt auch heute noch allzusehr den faden Geschmack der Schleimsüppchen an sich oder läßt schließen auf abwegiges Sektierertum".

121 S. hierzu Sivin 1995 (I) u. 1995a, 31ff.

122 Zu einer Darstellung der hippokratischen Medizin, s. Schipperges 1970, 84ff., Winter 1968, 52ff., Kollesch, Nickel 1994, 11ff.

123 Schipperges, a.a.O., 93.

124 Zit. nach Schipperges, ebd., 91.

sende Systematisierung vollzog im 2. Jh. u.Z. der in Rom wirkende Arzt Galen (129-199), der den Grundgedanken der Diätetik folgendermaßen formulierte: „Da der Zeit wie der Wertschätzung nach die Gesundheit vor der Krankheit kommt, müssen wir doch wohl zuerst darauf schauen, wie man sie bewahren kann, und erst in zweiter Linie, wie man Krankheiten am besten ausheilen kann".[125]
Das auf ihn zurückgehende Grundmuster diätetischen Handelns, dessen Kerngedanke sich als Vermeidung gesundheitsschädigender Extreme durch die Wahrung des rechten Maßes, des „zuträglichen Maßes der Mitte" formulieren läßt, umfaßte die folgenden sechs Bereiche[126]:

– *Luft*, womit im weitesten Sinne die Einflüsse der Umwelt wie z.B. Wetter und Klima gemeint sind; die Abhängigkeit von der Umwelt wird besonders in der Atmung augenfällig, die direkten Einfluß auf die Lebensfunktionen nimmt.

– *Bewegung und Ruhe* als der Wechsel von körperlicher Anstrengung, beispielsweise in Form gymnastischer Übungen, die wesentlicher Bestandteil einer gesunden Lebensweise waren[127], und Erholung; die „Rhythmisierung des gesamten Alltags" [128] soll vor allem der Erschöpfung und abrupten Übergängen von Bewegung zur Ruhe („Das Allmähliche ist immer gefahrlos") vorbeugen.[129]

– *Schlaf und Wachen* werden ebenfalls von bestimmten Rhythmen und dem Streben nach dem rechten Maß im Einklang mit individuellen Faktoren wie Lebensalter und Konstitution bestimmt.

– *Speise und Trank* nehmen eine wesentliche Stellung in der diätetischen Lebensführung ein; dabei geht es mehr als um Quantität - das richtige Maß spielt gleichwohl natürlich auch eine Rolle - um die Qualität der Lebensmittel, das heißt ihre Wirkung auf den Organismus. Die heilkundliche Relevanz der Ernährung wird in der vorherrschenden Ansicht deutlich, daß Lebensmittel immer auch Heilmittel sind, „der Übergang ist fließend".[130]

– *Anfüllen und Entleeren* bezieht sich auf den Bereich der Ausscheidungen und Absonderungen des Körpers, zu der auch die Sexualhygiene gerechnet wird. Überflüssiges und für den Körper schädigende Stoffe gehören zu den notwendigen Ausscheidungen, denen als „niedere" Funktionen auch Aufmerksamkeit zu schenken ist.

---

125 Zit. nach Schneck 1994, 117.
126 S. hierzu Schneck, ebd., 122ff., und für die mittelalterliche Diätetik Schipperges 1990, 231ff.
127 S. beisp. das aus den Schriften des Diokles von Karystos (4. Jh. v.u.Z.) erhaltene Fragment, das den idealen, ausschließlich der Gesunderhaltung gewidmeten Tagesablauf beschreibt, s. Kollesch, Nickel 1994, 185-193.
128 Schipperges 1990, 239.
129 Zum Zitat aus den Aphorismen des Hippokrates, s. Schneck 1994, 122.
130 Schipperges, a.a.O., 234.

– *Gemütsregungen* galten im Übermaß als dem körperlichen Befinden abträglich. Ein wesentlicher Aspekt dieses Bereiches ist eine auf der Humorallehre gründende Charakterologie als Ausgangspunkt für das diätetische Bemühen um ein Gleichgewicht der Säfte.

War die diätetische Lebensführung anfänglich eine auf den kleinen Kreis der Oberschicht beschränkte Angelegenheit, so erfuhr sie in späteren Jahrhunderten eine Popularisierung, an der wesentlich die römischen Enzyklopädisten durch „populärwissenschaftliche“ Darstellungen in Form praktischer-medizinischer Anleitungen wirkten.[131] Die Heilkunde Galens, und als deren Bestandteil die Diätetik, wurde in der arabisch-islamischen Medizin rezipiert und weiterentwickelt und fand von dort Eingang in die mittelalterliche scholastische Medizin, die der „Kunst der vernünftigen Lebensführung“ große Bedeutung zumaß und diese in zahlreichen Gesundheitsbüchern und „Regimina“ darlegte.[132] Über die gesundheitserzieherische Literatur des 15. und 16. Jh. wurde das diätetische Wissen bis in Neuzeit tradiert, in der es, und mit ihm der Gedanke der Prävention, weitgehend verschwand oder aber zur Diät reduziert wurde.
Die traditionelle chinesische Medizin verstand sich wesentlich als eine Präventivmedizin, das heißt eine Heilkunde, in der weniger das Heilen bereits bestehender Krankheiten als vielmehr deren Vermeidung im Vordergrund stand und somit Praktiken zur Bewahrung und Stärkung der Gesundheit notwendig eine vorrangige Stellung einnehmen mußten. So galt als der beste Arzt, wer das Entstehen von Erkrankungen zu verhindern wußte und darin dem Weisen glich, der ordnend eingriff in dem Zustand, „in dem es noch nicht zu einem Aufruhr gekommen ist“.[133] Aus den einführenden Anmerkungen zu Vorstellungen über Gesundheit, langes Leben und Unsterblichkeit und der Skizze vorhandener Quellen ist freilich deutlich geworden, daß eine Betrachtung des Yangsheng-Denkens sich nicht auf den Bereich der Heilkunde und sein Schriftgut beschränken läßt, sondern daß vielmehr eine enge Verflechtung zwischen philosophischen Lehren, religiösen Vorstellungen und heilkundlichen Konzepten bestanden hat, so daß aus der philosophischen Betrachtung gewonnene Erkenntnisse über den Menschen das heilkundliche Denken und Handeln beeinflußten, wie auch das ärztliche Wissen wiederum auf die philosophische Reflexion und die religiöse Praxis zurückwirkte.

---

131 S. Harig 1976.

132 Das bekannteste und verbreitetste volkstümliche Gesundheitsbuch ist das im 13. Jh. kompilierte „Regimen Sanitatis Salernitanum“, auf das viele der auch heute noch bekannten diätetischen Spruchweisheiten zurückgehen („Aufgewärmte Speise, Ärzte, die nicht weise, und die bösen Weiber sind Gesundheitsräuber“, „Nach dem Essen sollst Du ruhn oder tausend Schritte tun“ etc.), s. Schipperges 1990, 226f.; Schneck 1994, 124f.

133 SW 2 (Siqi tiaoshen dalun), I, 25ff.; Übers. in Unschuld 1980, 224.

Zweites Kapitel

Die Kultivierung des Lebens in der heilkundlichen Literatur der Frühen Hanzeit

1. Die Anfänge der Lebenspflege

Praktiken zur Lebenspflege im Sinne einer allgemeinen Hygiene lassen sich bereits in den shangzeitlichen Orakelknocheninschriften nachweisen. Ein wichtiger Bereich war die Pflege des Körpers durch Waschen und Baden, für den eine ganze Reihe unterschiedlicher Zeichen gebildet wurden, die nach Art und Weise der Reinigung oder auch nach dem zu reinigenden Bereich des Körpers differenziert werden.[1] In der Zhou- und Hanzeit wird die Hygiene zum Bestandteil der für die Angehörigen der Oberschicht geltenden Vorschriften in bezug auf Etikette und Sitte, wie sie in den hanzeitlichen Ritenklassikern, beispielsweise dem *Liji* 禮記, dargelegt sind. So finden sich darin Bestimmungen über die Häufigkeit des Hände- und Haarewaschens und gemäß den zur Hanzeit gültigen Regulationen für die Beamten erhielten diese alle fünf Tage einen freien Tag, der zur Rekreation und zum Baden genutzt wurde. Die Häufigkeit des Badens und Waschens war allerdings nicht nur eine Angelegenheit der Hygiene, sondern man versprach sich durch die Beachtung kalendarischer Vorschriften über glückverheißende bzw. ungünstige Tage ganz konkrete positive Wirkungen.[2] Die Verbreitung des Buddhismus ab der Späten Hanzeit brachte neue Aspekte bezüglich Reinheit und Reinheitsgeboten nach China. Die in einen rituellen Kontext eingebundene Reinigung kennt auch der Daoismus.[3]

Die Anfänge spezifischer Techniken der Lebenspflege sind eng mit den als *wu*-Schamanen und „Meister der Techniken" *(fangshi)* bezeichneten Spezialisten religiös-magischer Praktiken und Vermittler esoterischer Traditionen verbunden. Bevor der Bereich rituell-ekstatischer Techniken, aus dem Formen therapeutischer Übungen hervorgegangen sind, kurz beschrieben wird, sei auf Erwähnungen über den legendären Ursprung bestimmter Tänze in verschieden Quellen hingewiesen. Neben der rituellen wird dem Tanz auch eine therapeutische Funktion zugewiesen, was dazu geführt hat, ihn als eine Früh- oder Vorform

---

1 Yoshimoto 1996, 34f. Zur Terminologie des Waschens und Badens s. die Anmerkungen im Abschnitt über das *Yinshu* des vorliegenden Kapitels.
2 S. Needham 1970, 366, Yoshimoto, a.a.O., 48f.
3 Needham, a.a.O., 366f.

des Daoyin anzusehen. Die bekannteste diesbezügliche Erwähnung enthält das Werk „Frühling und Herbst des Lü Buwei", in dem davon berichtet wird, daß der legendäre Herrscher Yao den Tanz erfunden hat, um sein Volk, das an Qi-Stauung und Bewegungsmangel litt, wieder zur Bewegung anzuleiten.[4] In ganz ähnlicher Form beschreibt auch das songzeitliche *Lushi* 路史 von Luo Mi 羅泌 den Ursprung des „Großen Tanzes", dessen Funktion im Dehnen der Glieder und Leiten des gestauten Qi besteht und damit im wesentlichen mit den angestrebten Wirkungen der Übungen zum Leiten und Dehnen übereinstimmt.[5]

Die „Meister der Techniken" widmeten sich der Astrologie, der Medizin, der Magie und Divination, der Geomantik und dem Streben nach Unsterblichkeit. Es existieren wohl unterschiedliche Überlieferungslinien dieses esoterischen Wissens, doch wird man nicht von Schulen sprechen können. Die *fangshi* sind, so I. Robinet, zum einen die Erben der Archivare der Shang- und Zhouzeit, die „die einzigen Verwalter des Wissens von der Divination und der Schrift waren", zum anderen gehören auch die Magier von Yan und Qi, die im Besitz von Unsterblichkeitstechniken waren, zu ihren Ahnen. Eine wesentliche Funktion der *wu*-Schamanen war der Exorzismus, der auch von den *fangshi* ausgeübt wurde. Manuskriptfunde aus dem 3. Jh. v.u.Z. ermöglichen es, dem bisherigen Wissen über die magisch-religiösen Vorstellungen und Praktiken der Zhouzeit neue Aspekte hinzuzufügen. Für die Frage nach dem Ursprung therapeutisch wirksamer Übungen sind die Mitte der 70er Jahre gefundenen Shuihudi-Manuskripte von einiger Relevanz.[6] Das Grab Nr. 11 in Shuihudi 睡虎地 (Provinz Hubei), das in das Jahr 217 v.u.Z. datiert wird, enthielt neben einer größeren Anzahl von Bambus-Manuskripten zu Rechts- und Verwaltungsfragen auch zwei „okkulte" Texte unterschiedlichen Inhalts. Das unbetitelte Manuskript A enthält neben einer Dämonographie Angaben über astrologische, divinatorische und magisch-religiöse Belange; Manuskript B, betitelt als *Rishu* 日書, ist kalendarisch-divinatorischen Inhaltes. Zu den beschriebenen Techniken gehört der „Schritt des Yu" 禹步 *(Yubu)*, ein mit dem legendären Herrscher Yu assoziierter schamanistischer Tanz zur Vertreibung von Krankheitsdämonen, der als apotropäische Praktik Eingang in den nach-hanzeitlichen Daoismus gefunden hat. Die Erwähnung derselben Technik in dem heilkundlichen Mawangdui-Manuskript „Rezepturen gegen 52 Arten von Krankheiten" 五十二病方 *(Wushi'er bingfang)* verweist auf die Bedeutung exorzistischer Praktiken im Rahmen einer weitgehend

---

[4] Dazu heißt es: „Am Anfang des Herrschers Tao Tang staute sich die dunkle Kraft in hohem Grade und sammelte sich in der Tiefe. Der Lauf des Lichten wurde gehemmt, so daß es sich nicht mehr der Ordnung nach auswirken konnte. Die Stimmung des Volkes wurde trübe und träge, die Sehnen und Knochen entspannten sich und gehorchten nicht mehr. Da erfand er den Tanz, um die Menschen wieder zur Bewegung anzuleiten", LSCQ 5, 51; Wilhelm 1979, 63.

[5] *Lushi, qianji* 路史前紀, Kap. 9, zit. nach Yoshimoto 1996, 37. Zu dieser Funktion des Tanzes s. auch Despeux 1989, 238.

[6] Zu einer Beschreibung und inhaltlichen Analyse der Shuihudi-Manuskripte, s. den Aufsatz von Harper 1985, auf dem die nachfolgenden Ausführungen wesentlich basieren.

von den Vorstellungen über Dämonen als Krankheitsverursacher beherrschten Medizin.[7]

Der Prolog zum dämonographischen Teil des Manuskriptes A zählt verschiedene Körperhaltungen zur Abwehr von Dämonen auf, deren Namen, so zeigt Harper, sie mit den als Daoyin („Leiten und Dehnen") bezeichneten therapeutischen Übungen in Beziehung bringen. Die Begriffe „in gebeugter Haltung liegen" 屈臥 *(quwo)* und „sitzen wie eine Kornschwinge 箕坐 *(jizuo*, „sitting like a winnowing basket"*)* sind beide in späteren Quellen belegt. Das gleiche gilt auch für das „angelehnte-einbeinige Stehen". Interessanterweise ergibt sich durch den Ausdruck *jizuo* eine Verbindung zu Sexualtechniken, wie sie in den nach-hanzeitlichen Sexualhandbüchern beschrieben sind.[8] In einem der folgenden Abschnitte, die sich mit den Mawangdui-Manuskripten befassen, wird die Frage der Terminologie im Zusammenhang der beschriebenen Techniken aufzugreifen sein. Die früheste belegbare Form von Übungen sind Tiernachahmungen (das „Gleiten des Bären" und „Strecken des Vogels"), die im Kontext der „Kultivierung des Körpers" Erwähnung finden.[9] Diese Form der Tiermimikry leitet sich nach Harper von den religiösen Maskentänzen her, deren magisch-exorzistische Funktion bei der als No 儺 bezeichneten Austreibung zu Neujahr besonders deutlich ist. Die Konzeption therapeutisch wirksamer Tiernachahmungen läßt sich als eine Übertragung aus der religiös-rituellen, kollektiv ausgeübten Praxis auf den Bereich der vom einzelnen ausgeführten, therapeutisch wirksamen Übungen verstehen, wobei die exorzistische Funktion dasjenige Element darstellt, das beide Aspekte miteinander verbindet.[10] Damit ist freilich noch nichts über die Bedeutung bzw. den Symbolgehalt der Tiere, die im Maskentanz oder in der Übungsform dargestellt werden, gesagt. Der in der Zhouzeit aufgeführte Kranichtanz beispielsweise wird als symbolischer Triumph über den Tod interpretiert. Der Kranich, der später zu einem wichtigen ikonographischen Merkmal der Unsterblichen wurde, eignete sich als Symbol der Todesüberwindung aus dem Grunde, so erläutert eine hanzeitliche Quelle, weil „er kein Qi des Todes besitzt".[11]

Ein bedeutendes Zeugnis für die Existenz bestimmter Praktiken zur Beeinflussung des Qi ist die als „Inschrift über das Führen des Qi" 行氣銘 oder auch „Gürtelanhänger aus Jade mit einer Inschrift über das Führen des Qi" 行氣玉佩銘 bezeichnete Beschreibung einer Atemtechnik, die in die Zhanguo-Zeit (481-221 v.u.Z.) datiert wird[12]. Gemäß der Beschreibung von Guo Moruo han-

---

7 Harper, a.a.O., 496f. In einer Fußnote (S. 470, Anm. 25) weist Harper darauf hin, daß M. Granet als erster die Bedeutung dieser Techniken für die Entwicklung der daoistischen Sekten ab dem 2. Jh. erkannte. Zum *Wushi'er bingfang*, s. Harper 1982, darin zum „Schritt des Yu", S. 98-101.

8 Harper 1985, 483-85.

9 *Zhuangzi* 15 (*Keyi*), S. 393.

10 Harper, a.a.O., S. 487f.

11 *Chunqiu fanlu*, Kap. 16, zit. in Despeux 1989, 239. Zur Symbolik des Kranichtanzes s. Despeux, ebd., S. 238, die sich auf M. Granets Darstellung und Deutung in *Danses et légendes* bezieht.

delt es sich bei dem Gegenstand um zwölf Nephritplättchen, in die jeweils drei Schriftzeichen in großer Siegelschrift graviert sind. Die ursprüngliche Funktion dieses Gegenstandes läßt sich zwar nicht mit Gewißheit bestimmen[13], doch verweist der Inhalt der Inschrift auf das Milieu jener Adepten des Pengzu, die sich durch das Praktizieren bestimmter Techniken lebensverlängernde Wirkungen erhofften, ihre „Gestalt zu nähren" *(yangxing)* suchten, wie es im Keyi-Kapitel des *Zhuangzi* heißt.[14] Bei Einrechnung der eingefügten Wiederholungszeichen ergibt sich ein Text, der insgesamt aus fünfundvierzig Zeichen besteht. H. Wilhelms Übersetzung der Inschrift basiert auf der von Guo Moruo angefertigten Transkription. Eine zweite Version, die Chen Banghuai vorgelegt hat, zeichnet sich dadurch aus, daß sie den Reimcharakter des Textes deutlicher werden läßt.[15] Dieser Punkt ist von Bedeutung, denn die Textstruktur führt unmittelbar zur Frage nach der Verwendung und Zuordnung. Zunächst sei aber, ausgehend von der Chen-Transkription, die Inschrift übersetzt:

> *Das Führen des Qi: wird das Qi aufgenommen, sammelt es sich; hat es sich gesammelt, so dehnt es sich aus; hat es sich ausgedehnt, so bewegt es sich nach unten; nachdem es sich nach unten bewegt hat, kommt es zur Ruhe; ist es zur Ruhe gekommen, festigt es sich; ist es gefestigt, beginnt es zu keimen; nachdem es gekeimt ist, dehnt es sich aus; hat es sich ausgedehnt, kehrt es zurück; ist es zurückgekehrt, so gelangt es zum Himmel. Die Wurzel des Himmels ist oben, die Wurzel der Erde ist unten; wer dem folgt, der lebt, wer dem entgegenhandelt, der stirbt.*[16]

Der Text besteht aus elf dreisilbigen Versen, unterbrochen nach dem neunten Vers durch zwei fünfsilbige Einschübe. Harper weist in seiner Untersuchung der Mawangdui-Manuskripte zur Sexualhygiene auf die strukturelle Ähnlichkeit des Textes „Die Vereinigung von Yin und Yang" 合陰陽 *(He Yinyang)* mit der Jadeinschrift hin, die er als Beispiele für „esoterische Verse über Techniken zur Kultivierung des Leibes" betrachtet.[17] Im Unterschied zur „kryptischen Dichtung" der erstgenannten Schrift, in der die beschriebenen Techniken „kodiert" und so dem Verständnis des Uneingeweihten entzogen werden, ist die Sprache der Inschrift

---

[12] Zu dieser Inschrift s. den Aufsatz von Hellmut Wilhelm (1948), der auf Guo Moruos Artikel '行氣銘'釋文*'Xingqi ming' shiwen* (verfaßt 1947, abgedruckt in Guo 1954, 626-629) basiert; vgl. auch Zhang Rongming 1992, 68-70.

[13] H. Wilhelm (1948, 385) faßt die Interpretationen von Luo Zhenyu und Huang Jun zusammen, wonach es sich um ein „Zierstück der Schwertscheide" oder den „Knauf am Stab eines Taoisten oder Magiers" gehandelt haben könnte; vgl. die kritischen Anmerkungen von Guo Moruo 1954, 629.

[14] *Zhuangzi* 15, S. 393; Wilhelm 1982, 170; Watson 1968, 167f.

[15] Chen Banghuai 1982, 187-193.

[16] Der chinesische Text lautet: 行氣: 吞則蓄[5], 蓄則伸, 伸則[10] 下, 下則定, 定[15] 則固, 固則明[20], 明則長, 長則[25] 復, 復則天, 天[30] 其本在上, 地[35]其本在下, 順[40] 則生, 逆則死. Die Transkription von Guo Moruo unterscheidet sich hiervon an folgenden Stellen: 3. 吞= 深, 20. 明= 萌, 26. 復= 退, 30.-32. 天其本= 天幾春, 35.-37. 地其本 = 地幾春; s. Guo 1954, 628 und Zhang 1992, 70.

[17] Harper 1987, 563ff.

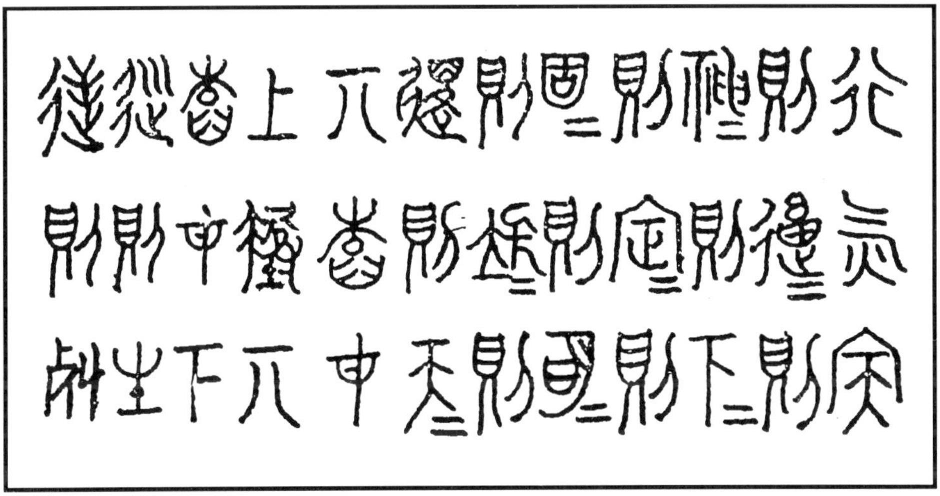

„Inschrift über das Führen des Qi“ *(Xingqi ming)*

weder obskur noch metaphorisch. Ihre Funktion wird darin bestanden haben, als memorierter Text dem Adepten die verschiedenen Stufen der Technik zum Führen des Qi gegenwärtig zu machen. Die konkrete Ausführung ist freilich nur mit weiterführenden Anweisungen, die wahrscheinlich mündlich gegeben wurden, möglich. Die vor der Hanzeit entstandene dreisilbige Versform fand innerhalb des Daoismus auch in späteren Jahrhunderten Anwendung.[18]

2. Von der Dämonen- zur Entsprechungsmedizin

Die Entwicklung des heilkundlichen Denkens von den durch Orakelknocheninschriften der Shangzeit faßbaren Anfängen bis hin zur Kompilation des „Innerern Klassikers des Gelben Ahnherrschers" in der Hanzeit verläuft in verschiedenen Stadien, die P. Unschuld als Ahnenheilkunde, Dämonenmedizin und Medizin der systematischen Entsprechungen bezeichnet hat.[19] Für das allgemeine Verständnis der chinesischen Heilkunde ist die Einsicht wichtig, daß die Abfolge neuer Erkenntnismodelle über physiologische Zusammenhänge und Verfahren zur Beseitigung von Störungen mehr dem Prinzip der Akkumulation als dem der Verdrängung folgt, das heißt neues Wissen lagert sich an alte Vorstellungen an und führt zu einer Erweiterung des theoretisch-therapeutischen Spektrums, das auch durch die Gleichzeitigkeit sich zum Teil widersprechender Auffassungen gekennzeichnet ist.[20] Der Mawangdui-Text „Rezeptvorschriften gegen 52 Arten von Erkrankungen" *(Wushi'er bingfang)* ist mit seinem Nebeneinander von Verfahren, die auf dämonologischen und magischen Vorstellungen basieren, und Rezeptvorschriften, deren Grundlage erfahrungswissenschaftliche Erkenntnisse bilden, ein geeignetes Beispiel für diese Verfahrensweise. Das Werk datiert in die Epoche der ausgehenden Zhouzeit, die im Bereich der Medizin den Übergang von der Dämonen- zur Entsprechungsmedizin markiert.[21]
War diese Phase bis zu den umfangreichen Manuskriptfunden in Mawangdui, Zhangjiashan und anderen Orten Chinas kaum greifbar, so vermittelt dieser reichhaltige Korpus heilkundlicher Literatur Erkenntnisse über jenes Entwicklungsstadium, das der Kanonisierung des entsprechungssystematischen Denkens im *Huangdi neijing* vorausgeht. Mit den Wandlungen innerhalb des heilkundlichen Denkens eng verknüpft ist auch die Entwicklung des Yangsheng-Denkens, das zunehmende Beachtung innerhalb der Entsprechungsmedizin erfährt. Die Gewichtung der Lebenspflege als eines „regimen sanitatis", einer umfassenden diätetischen Lebensordnung, gründet auf einem veränderten Verständnis über

---

[18] Ebd., S. 565.
[19] S. die Kapitel 1 bis 3 in Unschuld 1980.
[20] Unschuld 1995, 9.
[21] Ein anschauliches Beispiel für den Übergang von der Dämonen- zur Entsprechungsmedizin stellt die Wind-Ätiologie dar. Ursprünglich dämonologisch begründet, wurde sie später in die „rein naturgesetzliche Systematik der Entsprechungen eingefügt" (Unschuld 1982, 108).

das Wesen von Gesundheit und Krankheit, das nicht an die Stelle der bis dahin gültigen Auffassungen über das Krankheit verursachende Einwirken von Geistern und Dämonen tritt, sondern diese vielmehr ergänzt. In der Ahnenheilkunde wurde „Krankheit" nicht von dem allgemeineren Begriff des „Unheils" getrennt, das, verursacht duch eine Störung im Verhältnis zwischen den Lebenden und den Toten, die als Ahnen auf die Geschicke der Nachkommen einzuwirken vermochten, den einzelnen als Erkrankung ebenso befallen konnte wie die ganze Gemeinschaft, beispielsweise in Form von Katastrophen. Auf dieses Unheil mußte mit Maßnahmen zur Wiederherstellung der gestörten Harmonie (Beschwörung, Opfergeschenke, Austreibung) reagiert werden. Die dämonologisch begründete Heilkunde basiert hingegen auf der Vorstellung von dem Einwirken bedrohlicher und böswilliger Dämonen (Krankheit wurde bezeichnet als „vom Bösen getroffen sein", „Dämonenangriff" etc.), denen man mit Talismanen und Amuletten, mit Exorzismus und Anrufung der Götter, die in die Zuständigkeit der *wu*-Schamanen gehörten, mit Arzneisubstanzen und dem Stechen von Nadeln an den dämonisch befallenen Körperstellen begegnete.[22] Die Entdeckung, daß für die Entstehung von Krankheiten weder die Ahnen noch dämonische Einwirkungen, sondern vielmehr solche Faktoren wie Umwelt, Klima und Ernährung bedeutsam waren, ließ den Schluß zu, daß sich durch eine entsprechende Lebensweise, die den natürlichen Gesetzmäßigkeiten Rechnung trägt, Krankheiten verhindern und bis zum gewissen Grade auch heilen lassen. Erst innerhalb der Medizin der systematischen Entsprechungen spielte die Lebensweise und damit das Verhalten des einzelnen eine Rolle.[23] Insbesondere Umwelteinflüssen wurde ein den Organismus schädigendes Potential zubemessen, dem der Mensch durch entsprechendes Verhalten zu begegnen in der Lage war. Damit wurde ihm in hohem Maße Eigenverantwortlichkeit für die Bewahrung und den Verlust der eigenen Gesundheit zuerkannt. Bei der Gestaltung einer durch harmonische Eingliederung und maßvolle Abstimmung determinierten Lebensweise sind zwei Bereiche zu berücksichtigen, die sich ganz allgemein als „außen" (dazu gehören z.B. Klima, Ernährung) und „innen" (Emotionen, Essenz, Qi und Geist) bezeichnen lassen. In welcher Weise sie bei der Formulierung physiologischer und ätiologischer Zusammenhänge relevant sind, und insbesondere welche Schlußfolgerungen daraus für die Gestaltung einer auf Erhaltung der Gesundheit ausgerichteten Lebensweise gezogen werden, wird anhand der untersuchten Quellen zu zeigen sein. Dabei ist auch die Frage interessant, ob innerhalb einer Regulierung der Lebensführung, wie sie die frühen Schriften darlegen, der Aspekt des moralischen Verhaltens eine Rolle spielt, ob also durch die Diätetik, in der Formulierung von P. Unschuld, „der Ansatzpunkt gegeben [war] für die Wiedereinführung der Moral in das Verständnis von Gesundheit und Kranksein".[24]

---

22 Zu einer ausführlichen Darstellung der shang- und zhouzeitlichen Heilkunde, s. Unschuld 1980, 18ff., und in gedrängter Form ders. 1995, 8-11.
23 Unschuld 1982, 98.
24 Ebd., S. 111.

Innerhalb des heilkundlichen Schriftgutes sind zwei Linien zu unterscheiden: eine präventiv-frühkurative, die auf die Vermeidung von Krankheiten und deren Beseitigung in einem frühen Stadium abzielt, und zum anderen eine therapeutische, die sich mit der Behandlung bereits manifestierter Erkrankungen befaßt. Die im vorliegenden Kapitel zu unternehmende Sichtung der Mawangdui- und Zhangjiashan-Manuskripte konzentriert sich auf den erstgenannten Aspekt der Prävention durch eine Kultivierung des Leibes, die im Rahmen einer medizinischen Anthropologie nicht allein theoretisch gefaßt, sondern auch methodisch dargelegt wird. Innerhalb der Mawangdui-Schriften stehen mehrere Texte in enger Beziehung zu den Techniken der Lebenspflege. Die Bedeutung der „Schrift über das [Leiten und] Dehnen" *(Yinshu)* ist darin zu sehen, daß es in seiner Beschreibung physischer Übungen sowohl präventive als auch therapeutische Anwendung vereint und darüber hinaus allgemeine Regeln zur Gestaltung einer auf Erhaltung der Gesundheit abzielenden Leibesordnung in Verbindung mit Erkenntnissen über die Entstehung von Erkrankungen als Voraussetzung zu deren Vermeidung darlegt. Mit dieser Schrift haben wir das erste diätetische Spezialwerk aus der Zeit der Qin- oder Frühen Han-Dynastie vor uns.

Die Kultivierung des Lebens als präventive Gesundheitspflege stellt auch im *Huangdi neijing* einen wichtigen Aspekt heilkundlichen Denkens dar. Die grundlegende Bedeutung, die der Bewahrung eines ausgewogenen Funktionsgleichgewichtes innerhalb des Organismus sowie dessen harmonischer Einfügung in die Bedingungen seiner Lebensumwelt zukommt, ergab sich konsequenterweise aus dem Selbstverständnis der traditionellen chinesischen Medizin, in der die Vermeidung und Vorbeugung von Störungen der Behandlung und Beseitigung bereits manifester Erkrankungen übergeordnet war. So werden im *Neijing* fundamentale Prinzipien der Lebenspflege formuliert, die in der späteren Yangsheng-Literatur Grundaxiome diätetischen Handelns bilden. Verwiesen sei an dieser Stelle beispielhaft nur auf die Einbindung der Lebensordnung in den Ablauf der kosmischen Ordnung, die sich im zyklischen Wechsel der Jahreszeiten manifestiert.

Die Bibliographie des *Hanshu* 漢書 („Dynastiegeschichte der Han") enthält ein Inventar der im 1. Jh. u.Z. existenten heilkundlichen Literatur. Verzeichnet ist sie in der Rubrik der „Rezepte und Techniken" *(fangji* 方技*)*, die folgende vier Kategorien umfaßt:

1. Yijing 醫經, „Kanonische Schriften der Heilkundigen", mit 7 Werken, darunter das *Huangdi neijing*;
2. Jingfang 經方, „Standardrezepturen", i.e. Werke der Rezeptliteratur, darunter ein *Shennong Huangdi shijin* 神農黃帝食禁, insgesamt 11 Titel;
3. Fangzhong 房中, „Innere Gemächer", i.e. Sexualhygiene, 8 Schriften, und
4. Shenxian 神仙, „Unsterbliche", umfaßt 10 Werke über Langlebigkeit und die Erlangung der Unsterblichkeit.[25]

[25] HS 30, S. 1776-1780.

Sämtliche der aufgelisteten Schriften sind vollständig oder zu großen Teilen verloren gegangen; einzige Ausnahme bildet das *Huangdi neijing*, das freilich auch nicht in der hier angeführten Textfassung, sondern nur in Form einer späteren Bearbeitung auf uns gekommen ist.[26]
In den 70er- und 80er-Jahren wurden bei einer Reihe von Ausgrabungen wertvolle Grabfunde zutage gefördert, unter denen sich auch eine Fülle schriftlicher Dokumente befand, die für das Verständnis der Kultur der ausgehenden Zhouzeit von kaum zu überschätzender Bedeutung sind. Neben den bereits im vorangehenden Kapitel erwähnten Shuihudi-Manuskripten enthält ein Manuskriptfund aus dem Grab Nr. 1 in Fangmatan, Tianshui (Provinz Gansu), das in die Zeit kurz nach der Reichseinigung durch die Qin datiert wird, wertvolles Material, das Aufschlüsse über die Beziehung zwischen den „okkulten Künsten" und heilkundlichen Vorstellungen gibt.[27] Im Zusammenhang mit der Frage nach frühen Konzeptionen der Lebenspflege sind freilich die in Mawangdui gefundenen medizinischen Schriften und ein Werk über therapeutische Übungen aus Zhangjiashan, Jiangling (Provinz Hubei) von größerem Interesse, denn zum einen spiegeln sie ein im Vergleich zum *Huangdi neijing* früheres Entwicklungsstadium der chinesischen Medizin wider[28], und zum anderen enthalten sie bereits wesentliche Konzepte eines auf die Kultivierung des Lebens im Sinne einer vorsorgenden Gestaltung der Lebensbedingungen hin ausgerichteten diätetischen Denkens.
Bezüglich einer Datierung der Mawangdui- und Zhangjiashan-Manuskripte lassen sich folgende Angaben machen: die Schließung der Grabanlage von Mawangdui ist durch einen in Grab Nr. 3 gefundenen Vermerk für das Jahr 168 v.u.Z. eindeutig gesichert, der somit einen *terminus ante quem* für die Textfunde liefert.[29] Der inhaltliche Vergleich mit dem „Klassiker des Gelben Ahnherrschers" und eine Analyse der Schrift deuten auf das späte 3. Jh. v.u.Z. als Entstehungszeit hin.[30] Bei dem als „Schrift über das Leiten und Dehnen" 引書 *(Yinshu)* betitelten

---

[26] S. Yamada 1979, 67f., der die These äußert, daß die in der Rubrik der „kanonischen Schriften" aufgeführten Werke die Existenz dreier unterschiedlicher heilkundlicher Schulen (Huangdi-, Bian Que- und Baishi-Schulen) widerspiegelt. In Form von Zitaten zumindest teilweise erhalten ist möglicherweise das *Shennong Huangdi shijin* 神農黃帝食禁 („Ernährungsvorschriften des Göttlichen Landmannes und des Gelben Ahnherrschers"; HS 30, S. 1777), das Sun Simiao 孫思邈 (581-682?) direkt oder indirekt als Quelle für das Kapitel über „Ernährungstherapie" in seinen „Rezeptvorschriften, die tausend Goldstücke wert sind" 千金要方 *(Qianjin yaofang)* genutzt hat; s. dazu ausführlicher den Abschnitt über „Ernährung" im 3. Kapitel der vorliegenden Arbeit.

[27] Zu den Shuihudi-Funden, s. oben, S. 42; das Fangmatan-Manuskript erwähnt Harper im Rahmen seiner Zusammenfassung der neuzeitlichen Textfunde, s. Harper 1990, 213-215.

[28] In seinem Vergleich eines Teils der Mawangdui-Texte mit entsprechenden Passagen des *Huangdi neijing* stellt Yamada Keiji (1979, 78f.) fest, daß zwischen der in die frühe Qinzeit anzusetzenden Kompilation der Seidentexte und dem *Huangdi neijing* eine beachtliche Zeitspanne der Umwandlung anzunehmen ist. Die entsprechenden Texte sind somit kaum früher als Mitte des 2. Jh. v.u.Z. zu datieren, s. Unschuld 1982, 96.

[29] S. Unschuld 1983, 391 (das dort angeführte Datum 186 v. als 12. Jahr der Regierungszeit des Han-Kaisers Wendi muß auf 168 v. korrigiert werden); s. auch Harper 1990, 213f.

Werk aus Zhangjiashan handelt es sich, so die Angabe von Peng Hao[31], um eine nicht später als 186 v. entstandene Abschrift eines älteren Urtextes, dessen Redaktion wahrscheinlich ebenfalls in das 3. Jh. v.u.Z. datiert werden kann. Auf der Grundlage der genannten Manuskripte soll nachfolgend versucht werden herauszuarbeiten, in welcher Weise das Yangsheng-Denken im Rahmen der heilkundlichen Vorstellungen dieser Epoche entwickelt und in seinen theoretischen und praktisch-methodischen Aspekten dargestellt wird.
Zu den Manuskripten als Grabbeigaben sei eine kurze Anmerkung gemacht. Die Tatsache, daß die erwähnten Schriften in Gräbern gefunden wurden, wirft die Frage auf, ob es sich dabei um speziell für den Anlaß eines Begräbnisses verfaßte Texte, also eine Art Grabliteratur, handelt. Eine solche existierte ja in Form von Unterweltsdokumenten und Geleitbriefen für die Toten, in denen sich die hanzeitlichen Jenseitsvorstellungen spiegeln. Das im Mawangdui-Grab Nr. 3 gefundene, an die Verwaltung des Totenreiches gerichtete Dokument, das auch Aufschluß über den Sinn der Grabbeigaben gibt, liefert ein Beispiel für diese Form von Literatur.[32] Zu dieser gehören die Manuskripte aus Mawangdui (und Shuihudi) nicht; vielmehr handelt es sich bei diesen Texten um Gebrauchsbücher der Oberschicht, die sich aufgrund des „magisch-spirituellen" Charakters von Büchern allgemein als Grabbeigaben eigneten und als solche Verwendung fanden.[33]

3. Die Mawangdui-Manuskripte

Die 1973 in der Nähe von Changsha (Provinz Hunan) freigelegte Grabanlage des Marquis Dai umfaßte insgesamt drei Gräber, in denen sich reichhaltige Grabbeigaben fanden.[34] Von größter Bedeutung für die chinesische Medizingeschichte sind die Manuskriptfunde in Grab Nr. 3, bei denen es sich um insgesamt 14 auf Seidenstoff, Holz- und Bambustäfelchen geschriebene Texte handelt.[35] Es handelt sich um Abschriften, die nicht später als 168 v.u.Z. angefertigt wurden. 11 der fünfzehn Manuskripte sind auf 3 Seidenbahnen zusammengefaßt, 4 Texte sind auf Holz- bzw. Bambustäfelchen geschrieben. Sämtliche Manuskripte waren ursprünglich unbetitelt.

---

30 Unschuld, a.a.O., 413 und Harper, ebd., 213.

31 Peng Hao 1990, 87; vgl. auch Lian Shaoming (1989, 75), der die Abschrift des 2. Zhangjiashan-Textes („Schrift über die Gefäße" 脈書 *Moshu*) in den Beginn der frühen Hanzeit datiert.

32 S. hierzu den Aufsatz von A. Seidel 1985.

33 Harper 1985, 470, Anm. 26.

34 Die Manuskripte sind nach ihrem Fundort benannt, einem als „König-Ma-Hügel" 馬王堆 (Mawang dui) bezeichneten Erdaufwurf, der Bestattungsort des Königs Ma Yin von Chu aus dem 10. Jh. gewesen sein soll; s. Unschuld 1983, 390f.

35 Ein Text, das *Yinyang shiyi mo jiujing*, ist in zwei nahezu identischen Abschriften vorhanden, so daß der Fund 15 Manuskripte umfaßt, bei denen es sich um 14 unterschiedliche Texte handelt.

Bahn A, fünf Werke:
1. *Zubi shiyi mo jiujing* 足臂十一脈灸經, „Schrift über die Kauterisationsbehandlung von elf Fuß- und Hand-Leitbahnen".
2. *Yinyang shiyi mo jiujing (jiaben)* 陰陽十一脈灸經甲本, „Schrift über die Kauterisationsbehandlung von elf nach Yin- und Yang-Zugehörigkeit geordneten Leitbahnen", Version A.
3. *Mofa* 脈法, „Behandlungsverfahren für die Leitbahnen".
4. *Yinyang mo sihou* 陰陽脈死侯, „Symptomatik des Todes in den Yin- und Yang-Leitbahnen".
5. *Wushi' er bingfang* 五十二病方, „Rezeptvorschriften für 52 Arten von Krankheiten".

Bahn B, drei Werke:
1. *Quegu shiqi* 却穀食氣, „Über die Abstinenz von Getreide und die Aufnahme von Qi".
2. *Yinyang shiyi mo jiujing (yiben)* 陰陽十一脈灸經乙本, „Schrift über die Kauterisationsbehandlung von elf nach Yin- und Yang-Zugehörigkeit geordneten Leitbahnen", Version B.
3. *Daoyin tu* 導引圖, „Plan mit Abbildungen zu Übungen des Leitens und Dehnens".

Bahn C, drei Werke:
1. *Yangsheng fang* 養生方, „Vorschriften zur Lebenspflege".
2. *Zaliao fang* 雜療方, „Vorschriften für verschiedene Behandlungen".
3. *Taichan shu* 胎產書, „Schrift über Fötus und Geburt".

Auf Bambus- bzw. Holztäfelchen geschrieben sind folgende vier Texte:
1. *Shi wen* 十問, „Zehn Fragen".
2. *He yinyang* 合陰陽, „Die Vereinigung von Yin und Yang".
3. *Zajin fang* 雜禁方, „Verschiedene magisch wirksame Rezepturen".
4. *Tianxia zhidao tan* 天下至道談, „Abhandlung über das höchste Dao der Welt".[36]

In diesem umfangreichen Textkonvolut lassen sich sieben Werke im engeren Sinne als Schriften über Techniken zum Nähren des Lebens identifizieren.[37] Eine andere Gruppe von Manuskripten behandelt das Thema der Sexualhygiene, die, so zeigt die Überschneidung beider Textgruppen, als ein wesentlicher Bestandteil der Lebenspflege zu sehen ist. Bei den sexualhygienischen Yangsheng-Werken handelt es sich um die Texte *Shiwen*, *He Yinyang*, *Tianxia zhidao tan*, *Yangsheng fang* und *Zaliao fang*. Das *Taichan shu* („Schrift über Fötus und Geburt") und das *Zajin fang* („Verschiedene magisch wirksame Rezepturen") sind, ebenfalls zum Kanon der Sexualschriften gehörig, ohne engeren Bezug

---

36 S. die Einleitung in Zhou, Xiao 1989, 1ff.; Unschuld 1983; Harper 1982, 7f.
37 Harper 1987, 541, 545ff.

zum Yangsheng.[38] Wichtige Texte über Lebenspflege-Praktiken sind hingegen der Text „Über die Abstinenz von Getreide und die Aufnahme von Qi" und das Seidenbild „Plan mit Abbildungen zu Übungen des Leitens und Dehnens".[39] Bevor im folgenden auf einzelne wichtige Aspekte genauer eingegangen wird, soll zunächst eine kurze inhaltliche Übersicht über die genannten Yangsheng-Manuskripte gegeben werden.

1. *Yangsheng fang* („Vorschriften zur Lebenspflege")[40]

Von dem ursprünglichen Text ist etwa die Hälfte erhalten.[41] Er ist in 32 Abschnitte gegliedert, von denen 27 entziffert werden können, den Schluß des Textes bildet ein Inhaltsverzeichnis. Die darin enthaltenen medizinischen Vorschriften dienen der allgemeinen Stärkung der Konstitution durch Einnahme bestimmter Nahrungsmittel und Heilmittelzubereitungen sowie durch Bewegungsübungen und zur Behandlung von Störungen der männlichen und weiblichen Sexualorgane; sie umfassen Rezepturen zur Stärkung der Virilität, Vorschriften für den Beischlaf und allgemeine Ausführungen über Sexualhygiene, die ihrem Inhalt nach Ähnlichkeit mit der dialogischen Form der Darstellung in den Manuskripten *He Yinyang* und *Tianxia zhidao tan* haben.[42]

2. *Zaliao fang* („Vorschriften für verschiedene Behandlungen")[43]

Im ersten Teil werden äußerlich und innerlich zu applizierende Rezepturen zur Stärkung der Sexualfunktionen von Mann und Frau beschrieben; der zweite Abschnitt enthält Anweisungen zum richtigen Umgang mit der Placenta nach der Geburt eines Kindes und Vorschriften zum Schutz vor giftigen Lebewesen.[44]

3. *Shiwen* („Zehn Fragen")[45]

Der aus zehn Dialogen zwischen einem Fragesteller, einer mythischen (Abschnitte 1 bis 8) oder historischen Herrscherfigur (9 und 10) und einem Lehrer

---

[38] Eine Auflistung und Beschreibung der fangzhong-Manuskripte findet sich in Li Ling 1992, 149ff. Das *Taichan shu* („Schrift über Fötus und Geburt", Zhou, Xiao 1989, 344-364; die Übersetzung des Titels stammt von Unschuld 1983, 406.) enthält Methoden und Vorschriften im Zusammenhang mit Schwangerschaft, Geburt und dem Vergraben der Plazenta, begleitet von zwei Diagrammen, von denen das eine zur Bestimmung des Schicksals eines Neugeborenen anhand der Zeit der Geburt dient und das zweite im Zusammenhang mit der Beseitigung der Plazenta steht, die ja auch ein Thema des *Zaliao fang* ist; s. Li Ling, S. 154f., Harper 1987, 559.

[39] Harper 1987, S. 545-560.

[40] Zhou, Xiao 1989, 256-312.

[41] S. hierzu die tabellarische Übersicht von Ma Jixing, zit. in Unschuld 1983, 400.

[42] Li Ling, McMahon 1992, 151-153; Harper 1987, 557f.

[43] Zhou, Xiao 1989, 313-343.

[44] Li Ling, McMahon 1992, 153f.; Harper 1987, 558.

[45] Zhou, Xiao 1989, 365-397.

bestehende Text behandelt spezielle Aspekte der Sexualhygiene, enthält aber auch allgemeine Ausführungen über das Nähren des Lebens, insbesondere zu Atemtechniken und zur Ernährung.

4. *He Yinyang* („Die Vereinigung von Yin und Yang")[46]

Diese Schrift umfaßt einen Prolog und sieben Abschnitte über verschiedene Details der sexuellen Vereinigung, beispielsweise die positiven physiologischen Wirkungen bei Zurückhaltung der Essenz, Stellungen, Variationen der Penetration und Reaktionen der Frau bei sexueller Erregung. Die Verwendung numerischer Kategorien („zehn Bewegungen" 十動 *(shidong)*, „zehn Stellungen" 十節 *(shijie)*, „acht Reaktionen" 八動 *(badong)* etc.) ist typisch für die sexualhygienischen Handbücher der Hanzeit und der Epoche der Sechs Dynastien, die auch in Stil und Inhalt Ähnlichkeiten mit ihren frühen Vorläufern, insbesondere dem vorliegenden Text, den „Zehn Fragen" und dem nachfolgenden Werk, zeigen.[47]

5. *Tianxia zhidao tan* („Abhandlung über das höchste Dao der Welt")[48]

In seiner Darlegung verschiedener Aspekte des Beischlafes zeigt die „Abhandlung" Übereinstimmungen mit dem vorhergehenden Text, doch sind die Unterschiede zwischen den parallelen Passagen groß genug, um daraus zu schliessen, so Harper, daß es sich nicht um zwei Versionen desselben Urtextes, sondern vielmehr um unabhängig voneinander entstandene Werke handelt.[49]

6. *Quegu shiqi* („Über die Abstinenz von Getreide und die Aufnahme von Qi")

Bei diesem Text handelt es sich um eine etwa zur Hälfte erhaltene Abhandlung über die Enthaltsamkeit von Getreide, die Praxis bestimmter Formen der Atmung und die jahreszeitlich differenzierte Aufnahme bzw. Vermeidung unterschiedlicher Arten von Qi, deren Bezeichnungen in den „Gesängen aus Chu" 楚辭 *(Chuci)* und einem nur fragmentarisch erhaltenen hanzeitlichen Text über Qi-Techniken, dem *Lingyang ziming jing* 陵陽子明經, zu finden sind.[50] Der Begriff *quegu* 却穀 ist in seiner Bedeutung identisch mit *pigu* 辟穀 und einer Reihe weiterer Termini, die sämtlich den Verzicht auf den Genuß von Getreide bezeichnen,

---

46 Zhou, Xiao, ebd., 398-409.

47 Harper 1987, 541, 543. Zur Übersetzung des *He Yinyang*, s. Wile 1992, 78f.

48 Zhou, Xiao, a.a.O., 415-442.

49 Harper, a.a.O., 555. Eine Übersetzung des gesamten Textes enthält Wile, a.a.O., 79-83.

50 S. hierzu Ma Jixing 1992, 832ff., zu den erwähnten Werken, S. 839ff; vgl. auch die Hinweise bei Harper, a.a.O., 556, Anm. 36. Bei der „Aufnahme des Qi" 食氣 *(shiqi)* zu beachtende Verbote werden auch im 4. Abschnitt der „Zehn Fragen" 十問 *(Shiwen)* genannt, s. Zhou, Xiao 1989, 375.

der, nach der Beschreibung im *Zhuangzi* und anderen Quellen, ein Kennzeichen der Unsterblichen sein soll.[51] Die Enthaltsamkeit von Getreide wurde offenbar nicht isoliert, sondern in Verbindung mit anderen Techniken praktiziert. In den „Aufzeichnungen der Historiographen" *(Shiji)* heißt es beispielsweise in der Biographie von Zhang Liang 張良: „Er enthielt sich des Getreides und praktizierte [die Übungen des] Leitens und Dehnens, um den Körper leicht zu machen".[52] Mit dem vorliegenden Mawangdui-Text läßt sich dieses Ineinandergreifen der Methoden für das Ende des 3., Anfang des 2. Jh. v.u.Z. sicher dokumentieren. Ein weiterer Hinweis darauf mag in dem Umstand zu sehen sein, daß *Quegu shiqi* zusammen mit dem „Plan zum Leiten und Dehnen" *(Daoyin tu)* und der „Schrift über die Kauterisationsbehandlung von elf nach Yin- und Yang-Zugehörigkeit geordneten Leitbahnen" *(Yinyang shiyi mo jiujing)* auf einer Seidenbahn zu finden ist. Sie gehören möglicherweise in dem Sinne zusammen, daß *Quegu shiqi* Techniken der Qi-Kultivierung beschreibt, der Leitbahnentext den Verlauf der Qi-Bahnen darlegt und das *Daoyin tu* die äußerlichen Übungen illustriert, die diese Qi-Praktiken begleiten.[53] Der Verzicht auf den Genuß von Getreide wird begleitet von einer sich in der Dosierung verändernden Einnahme eines als *Shiwei* 石韋[葦] bezeichneten pflanzlichen Heilmittels[54] und geht einher mit der Ausführung bestimmter Arten der Ausatmung, die aus dem Grunde von besonderem Interesse sind, weil sie die „Schrift über das Leiten und Dehnen" ebenfalls beschreibt. Die als *xu* und *chui* bezeichnete Ausatmung kann, so wird im ersten Abschnitt des Textes ausgeführt, von dem Adepten, der die Enthaltsamkeit von Getreide praktiziert, zur Beseitigung von Symptomen wie Schwere des Kopfes und Leichtigkeit in den Füßen praktiziert werden. Bei der Aufnahme des Qi gilt es, *xu* und *chui* zu bestimmten Zeiten des Tages, vor dem Schlafen und nach dem Erwachen, in einer vorgegebenen Anzahl von Wiederholungen zu üben. Dazu heißt es „Im Alter von 20 führt man [*xu* und *chui*] morgens zwanzigmal und abends zwanzigmal und an jedem zweiten Tag abends zweihundertmal aus. Mit dreißig praktiziert man morgens dreißigmal und abends dreißigmal und an jedem dritten Tag abends dreihundertmal. Für die übrigen Altersstufen gilt die entsprechende Anzahl".[55] Die Funktion dieser spezifischen Form der Ausatmung besteht in der Regulierung des Qi, in der Weise, daß *xu* das Ausstoßen von warmem und *chui* das Ausatmen von kaltem Qi bezeichnet.[56] Ma Jixing fügt in seiner Interpretation den Aspekt der geöffneten *(chui)* bzw. mehr geschlossenen Mundstellung *(xu)* bei der Ausatmung hinzu.[57]

---

51 Zur „Enthaltsamkeit von Getreide", s. Lévi 1983, Engelhardt 1987, 157ff.; die entsprechende Terminologie erläutert Ma Jixing 1992, 827f. *Pigu* als eine Technik im Rahmen daoistischer Askese beschreibt Eskildsen 1994.

52 *Shiji* 55, 2048; Zhou, Xiao 1989, 228ff.

53 Harper 1982, 12.

54 *Shiwei* ist im *Shennong bencao jing* aufgelistet (s. Ma Jixing 1992, 823) und wird von M. Porkert als *Herba Pyrrosiae* identifiziert, s. Engelhardt 1987, 159 u. 271, Anm. 468; P. Unschuld (1995, 20) spricht dagegen von „einer heute nicht mehr identifizierbaren Pflanze".

55 Zhou, Xiao 1989, 229; Ma Jixing 1992, 829ff.

56 Zhou, Xiao, a.a.O., 231, Anm. 9.

7. *Daoyin tu* („Plan zum Leiten und Dehnen")[58]

Das *Daoyin tu* stellt die früheste erhaltene bildliche Darstellung der als „Leiten und Dehnen" bezeichneten Übungen dar. Auf einer etwa 1 Meter breiten und einen halben Meter hohen Seidenbahn sind in vier übereinander angeordneten Reihen 44 männliche und weibliche Figuren in unterschiedlichen Übungshaltungen abgebildet. Neben den Figuren finden sich teilweise erhaltene Inschriften, entweder in Form von kurzen Übungsbezeichnungen, etwa das „Strecken des Vogels" oder das „Gleiten des Bären", die bereits in vor-hanzeitlichen Quellen *(Zhuangzi)* dokumentiert sind, oder aber knappe Erläuterungen, die zum Teil Hinweise auf die therapeutische Anwendung der Bewegungen enthalten.

3.1. Die Manuskripte zur Sexualhygiene

Die Bibliographie des *Hanshu* listet insgesamt acht Werke zur Sexualhygiene auf, von denen freilich keines erhalten ist. Die Rubrik der *fangzhong*-Texte wird von folgendem Kommentar begleitet:

> *Die 'Kunst der inneren Gemächer' bildet den höchsten Punkt menschlicher Emotionen, und berührt den Bereich des höchsten Dao. Deshalb regulierten die Heiligen die äußeren Freuden des Menschen, um seine inneren Emotionen zu beschränken, und sie verfaßten ausführliche Regeln [für den Verkehr der Geschlechter]. In der Überlieferung heißt es 'Die frühen Könige schufen die Freuden, um so sämtliche Angelegenheiten zu kontrollieren'. Legt man den Freuden Beschränkungen auf, dann erlangt man harmonische Ausgewogenheit und genießt ein langes Leben. Wenn man sich allerdings von ihnen verleiten und alle Regeln unbeachtet läßt, dann entstehen Krankheiten und das Leben nimmt Schaden.* [59]

Bereits die bibliographische Einordnung macht deutlich, daß die Sexualhygiene nicht in Verbindung mit dem Daoismus gebracht wurde, sondern vielmehr zusammen mit der Heilkunde einen Bestandteil der „Rezepturen und Techniken" 方技 *(fangji)* in der Tradition der *fangshi* bildete. Dies gilt nicht nur für die „Kunst der inneren Gemächer", sondern für andere Techniken der Lebenspflege und Kultivierung der Langlebigkeit, beispielsweise das Leiten und Dehnen, Methoden der Atmung etc., in gleicher Weise. „Daoistisch" im Sinne einer Assoziation dieser Praktiken mit der Figur des Laozi werden sie erst in der Späten Hanzeit, und spätestens mit Ge Hong beginnt eine umfassende Integration in den organisierten Daoismus, die freilich nicht in allen Schulen in gleichem Maße stattfindet.

---

57 Ma Jixing, a.a.O., 826.
58 Zu einer Beschreibung des *Daoyin tu* und Interpretation der Inschriften s. Zhou, Xiao, a.a.O., 243-255; Tang Lan 1979 und Ma Jixing, a.a.O., 849-866.
59 HS 30, 1779; Übers. in van Gulik 1974, 70f.

Drei Werke aus dem Korpus der sexualkundlichen Schriften sind aus dem Grunde besonders interessant, weil sie in einiger Ausführlichkeit die Relevanz des Bereiches Sexualität für die Lebenspflege begründen und gleichzeitig methodische Anweisungen darüber formulieren, in welcher Weise die Angelegenheiten der inneren Gemächer dem Ziel der Gesunderhaltung und Langlebigkeit nutzbar gemacht werden können. Es handelt sich um die „Zehn Fragen" *(Shiwen)*, die „Vereinigung von Yin und Yang" *(He Yinyang)* und die „Abhandlung über das höchste Dao der Welt" *(Tianxia zhidao tan)*. Der erstgenannte Text stellt den umfangreichsten dar. Er besteht aus zehn, jeweils durch eine Frage eingeleiteten Abschnitten, die ausführliche Unterweisungen zu dem formulierten Thema enthalten. Diese Struktur erinnert an die „Reinen Fragen" des *Huangdi neijing*, die sich in Weiterentwicklung des einfachen Frage-Antwort-Musters der Dialogform bedienen, wie sie für die rhetorisch-didaktische Literatur der Zhanguo-Zeit typisch ist.[60] In den „Zehn Fragen" treten neben dem Gelben Ahnherrscher (Huangdi) auch Yao, Wang Ziqiao, Di Pangeng, Yu, Wen Zhi und Qin Zhaowang als Fragesteller auf, das heißt neben legendären Herrscherfiguren finden sich historische Gestalten - der shangzeitliche Herrscher Pangeng, der berühmte Arzt Wen Zhi aus der Zeit der Streitenden Reiche, der Zhou-Prinz Wang Ziqiao und König Zhao von Qin (reg. 306-251 v.u.Z.). Mehrere der genannten Personen stehen in Verbindung mit den in der Bibliographie des *Hanshu* aufgelisteten Titeln von Werken zur Sexualhygiene, beispielsweise das dem Fangzhong-Spezialisten Rongcheng zugeschriebene *Rongcheng yindao* 容成陰道 („Der Weg des Yin von Rongcheng") oder das *Yao Shun yindao* 堯舜陰道 („Der Weg des Yin von Yao und Shun").[61] Da keines der aufgelisteten Werke erhalten ist, scheint es schwierig, Vermutungen über ihren Inhalt zu machen, doch wird man annehmen können, daß die „Zehn Fragen" auf Quellen dieser Art beruhen. Einige wesentliche Aspekte bezüglich der allgemeinen Prinzipien und konkreten Praktiken, wie sie die drei genannten Texte darstellen, sollen im folgenden zusammengefaßt werden.

Den Ausgangspunkt bildet das in der von Shun auf die von Yao gestellte Frage nach dem wertvollsten Gut auf der Welt formulierte Axiom, daß das „Leben" *(sheng)* den höchsten Wert darstelle (Shiwen 5).[62] Diese Aussage, die eine Entsprechung in den Yang Zhu-Kapiteln des *Lüshi chunqiu* hat[63], bildet, indem sie in den Mund eines der heiligen Urherrscher gelegt wird, gleichsam die Legitimation für die Kultivierung und Regulierung *(zhi)* 治 des Lebens, die, so führt Shun weiter aus, auf der Erforschung der Gesetzmäßigkeiten von Yin und Yang beruht.[64] Diese Gesetzmäßigkeiten sind, so heißt es an anderer Stelle, der Maß-

---

60 S. Harper 1987, 546f.

61 HS 30, 1778.

62 Die in Klammern angegebenen Zahlen verweisen auf die Nummerierung der Texte im anschließenden Übersetzungsteil.

63 S. beisp. LSCQ 1. 2, „Das Leben als Grundlage betrachten" 本生 und 2. 2, „Das Leben wertschätzen", 貴生.

64 *Shiwen* 5, Zhou, Xiao, 379.

stab für sämtliche Wesenheiten; sich an ihm auszurichten, sichert üppiges Gedeihen, wohingegen sein Verlust Bruch und Ende bedeutet.[65] Als kosmologisches Ordnungsschema symbolisieren Yin und Yang die Gesamtheit des Seins in seiner polar-komplementären Struktur. Die Sexualität als „Vereinigung von Yin und Yang" *(he yinyang)* bildet dabei eine Variationsform der Wechselbeziehungen der Polaritäten, und so ließe sich die Antwort von Shun auch in einem engeren Sinne als Hinweis auf die essentielle Bedeutung der Sexualität für die Pflege des Leben verstehen, die in dem sich anschließenden Abschnitt der „Zehn Fragen" thematisiert wird.[66] Die Sexualität gehört gemäß der „Abhandlung über das höchste Dao der Welt" zu dem Bereich menschlichen Tuns, der im Unterschied zu solch instinkthaft-natürlichen Vorgängen wie Atmung und Nahrungsaufnahme durch „Lernen und Praktizieren" erworben wird. Die Ernährung fördert das Leben, doch vermag die Sexualität ihm Schaden zufügen, womit die Heraushebung des Eros aus dem Bereich des rein Triebhaften und seine Überformung als „Technik" oder „Kunst" begründet ist („Abhandlung", 10). Das Anliegen der Sexualhygiene geht freilich über das der Vermeidung von Schädigung hinaus, denn kein Qi des Menschen kommt der „Essenz des Membrums" 竣精 *(junjing)* gleich, deren vitale Funktion für die Gesundheit und Langlebigkeit von Pengzu dargelegt wird (Shiwen 6). Die Sammlung und Speicherung von *jing* erfordert eine Disziplin der Lust, die die Begierden einer Kontrolle unterwirft und dem „Gebrauch des Membrums" Mäßigung auferlegt. Das Prinzip der Mäßigung bezieht sich sowohl auf die Häufigkeit sexueller Aktivität als auch auf die Beschränkung bei der Emission von *jing* („Essenz"). Führt Zügellosigkeit zum Funktionsverlust der (männlichen) Sexualorgane, so gilt es, maßvoll zu sein und ihnen Fürsorge angedeihen zu lassen, eine Fürsorge, die in ihrer anthropomorphisierenden Diktion (lieben, wertschätzen, bewahren, nähren) die vitale Bedeutung des Membrums, denn um dieses geht es, offensichtlich macht.[67] Im *Shiwen* wird in Anspielung an einen auch im Laozi verwendeten Topos seine Pflege mit dem Nähren eines Säuglings *(chizi)* 赤子 verglichen.[68] Sexualhygiene bedeutet vor allem eine Ökonomisierung von *jing*, deren unkontrollierter Verlust die Gesundheit schädigende Folgen zeitigt und frühzeitigen körperlichen Verfall herbeiführt. Als Folge bestimmter Verhaltensweisen im Zusammenhang mit dem sexuellen Akt, bezeichnet als die „sieben Schädigungen" 七損 *(qisun)*, beschreibt die „Abhandlung" die Pathologie der sexuellen Unvernunft. Dem Adepten der Lebenspflege wird jedoch in Form der „acht Nutzen" 八益 *(bayi)* ein therapeutisches Instrumentarium an die Hand gegeben, dessen Wirksamkeit im Hinblick auf eine Beförderung der Gesundheit und die Mehrung der

65 *Shiwen* 1, Zhou, Xiao, 365; vgl. auch Wei, Hu 1992, II, 94, Anm. 3 und 4.

66 S. Übersetzungsteil, S. 60f.

67 *Shiwen* 5, Zhou, Xiao, S. 380. Interessanterweise wird an dieser Stelle dasselbe Verb *zhi* (hier als „Fürsorge" übersetzt) gebraucht, das zu Anfang des Abschnittes in dem Ausdruck „das Leben regulieren" *(zhi sheng)* verwendet wird.

68 Zhou, Xiao, S. 381; zu *chizi*, s. ebd., Anm. 52; vgl. auch Übersetzungsteil, S. 61, Anm. 80.

Lebensjahre der Einnahme von Heilmitteln und Anwendung der Moxibustion überlegen ist („Abhandlung" 5).

Das Prinzip des Hortens, Bewahrens und Nährens der Essenz und des Qi, das allen Techniken der Lebenspflege gemeinsam ist, führt in der frühen sexualkundlichen Literatur nicht zur Forderung nach strikter Enthaltsamkeit; vielmehr resultiert aus der Erkenntnis, daß ein Füllezustand der Essenz notwendig zu ihrem Entweichen führt („Abhandlung" 4) eine sehr allgemein formulierte Reglementierung der Emissionsfrequenz, die erst in späteren Quellen mit genauen Zahlenangaben präzisiert wird.[69] Der auf die Konservierung seiner Essenz bedachte Adept der fangzhong-Techniken soll den *coitus conservatus* als eine mögliche Form des Zurückhaltens von *jing* praktizieren; die gesundheitsfördernden Wirkungen, die dieser Technik zugesprochen werden, reichen von der Schärfung der Sinne bis hin zu andauernder Gesundheit *(He Yinyang* 2). Durch die Kontrolle seiner Begierden vermag man eine Lebensspanne von einhundert Jahren zu erlangen *(Shiwen* 5).[70] Die sexuelle Vereinigung zeitigt über die durch Speicherung des *jing* erzielten Wirkungen hinaus therapeutische Effekte, die auf eine Beseitigung physiologischer Disharmonien im Zusammenhang mit der Zirkulation von Blut und Qi im Organismus gerichtet sind *(He Yinyang* 7).

Die Sammlung der Essenz ist ein Aspekt der Lebenspflege in den sexualkundlichen Manuskripten. In der Weise, wie diese in den Korpus der Yangsheng-Schriften integriert sind, der einen Bestandteil der heilkundlichen Literatur bildet, so gehören auch Techniken der Massage, des Leitens und Dehnens und Praktiken der Atmung zum Inhalt der fangzhong-Werke. Die „Regulierung des Qi" 治氣 *(zhiqi)* beschreibt ausführlich der 4. Abschnitt der „Zehn Fragen", in dem Rongcheng den Gelben Ahnherrscher über die Methode der „Aufnahme des Qi" 翕氣之道 *(xiqi zhi dao)* belehrt. Seinen Ausführungen liegen Konzepte zugrunde, die sich teilweise als Vorstufe zu jenen Theorien interpretieren lassen, die den in folgenden Jahrhunderten entwickelten Methoden des Yangsheng zugrunde liegen, so beispielsweise der Verweis auf die Aufnahme und das Schlucken des Speichels, die in den Darstellungen späterer Quellen die Praxis der Qi-Techniken begleiten, oder die Einfügung der praktizierten Methode in den Zyklus kosmischer Abläufe.[71] Die Erlangung der Langlebigkeit beruht darauf, so legt Rongcheng dar, das Wesen der natürlichen Prozesse 天地之道 *(tiandi zhi dao)* zu ergründen und „im eigenen Tun nachzuvollziehen". Im Einklang mit dem Rhythmus dieser Prozesse, die in der späteren Literatur im zyklischen Wechsel von „lebendem" und „totem" Qi *(shengqi-siqi* 生氣, 死氣) gleichsam als kosmische Atmung beschrieben werden[72], soll neues, frisches Qi in der Weise aufgenom-

---

[69] So beispielsweise im Abschnitt über die Sexualhygiene des *Yangxing yanming lu*, s.u. Kap. 3; vgl. auch Wile 1992, 46f.

[70] Zur Terminologie der unterschiedlichen Beischlaftechniken, s. Needham 1983, 199, Anm. d.

[71] S. hierzu die Interpretation von Harper 1987, 551ff. Anklänge an daoistische Konzepte finden sich auch in anderen Abschnitten des *Shiwen*; so verweist Harper beispielsweise auf den in *Shiwen* 6 verwendeten Begriff *xingjie* 形解 (s. Zhou, Xiao, 1989, 382), der im Sinne der „Befreiung von der sterblichen Hülle" 尸解 *shijie* zu interpretieren sei.

[72] S. Maspero 1971, 536ff.

men werden, daß es die Essenz des Körpers stärkt, während es gilt, altes, verbrauchtes Qi abgegeben, das „Alterung bewirkt". Die zu unterschiedlichen Zeiten des Tages auszuführenden Atemtechniken werden im Anschluß an Hinweise über Tabus bezüglich der „Aufnahme des Qi" 食氣 *(shiqi)*, die mit den im Manuskript *Quegu shiqi* genannten übereinstimmen, in detaillierter Weise beschrieben.

3.2. Übersetzungsteil

Zehn Fragen *(Shiwen)*

4. Rongchengs Technik zur Regulierung des Qi und Sammlung der Essenz

Auf die Frage Huangdis nach den Ursachen von Leben und Tod antwortet Rongcheng:

> Wenn Ihr langes Leben begehrt, so müßt Ihr den Weg von Himmel und Erde ergründen und ihm gemäß handeln. Das Qi des Himmels erschöpft sich jeden Monat, und jeden Monat erlangt es wieder Fülle, deshalb vermag es dauerhaft zu bestehen. Das Qi der Erde ist innerhalb eines Jahres kalt und warm, hohe und flache [Beschaffenheit der Erde] ergänzen einander[73], und so vermag die Erde zu dauern ohne zu verfallen. Ihr nun müßt die Wesenhaftigkeit von Himmel und Erde ergründen und sie in Eurem eigenen Tun nachvollziehen.[74] [...]
> Die Methode zur Aufnahme des Qi besteht darin, es unbedingt bis in die Gliedmaßen gelangen zu lassen, so daß Essenz erzeugt wird und kein Mangel herrscht. Ist sowohl oben als auch unten [im Körper] Essenz vorhanden, wie können dann Kälte und Wärme entstehen?[75] Die Atmung soll tief und langgezogen sein, denn so kann das neue Qi leicht bewahrt werden. Das im Körper verweilende [alte] Qi bewirkt Alterung, das neue Qi führt zu langem Leben.[76] Wer sich auf das Regulieren des Qi versteht, läßt sich das

---

73 險易相取, s. Zhou, Xiao 1989, 376, Anm. 5 und die Ausführungen bei Harper 1987, 550, Anm. 23. Soweit nicht anders angemerkt, folgt die Übersetzung der Textfassung und den Anmerkungen in Zhou, Xiao 1989.

74 Zhou, Xiao, a.a.O., 374.

75 寒溫安生; Harper übersetzt hier „Cold and warm are tranquilly generated" (1987, 552), während Zhou, Xiao (1989, 375) den Satz als eine Frage interpretieren. Eine parallele Konstruktion, die diese Interpretation unterstützt, findet sich beispielsweise in Suwen 1, (I, S. 5), wo es heißt 精神內守, 病安從來, „Werden Essenz und Geist im Innern bewahrt, wie können da Krankheiten sich einstellen?"

76 Suqi 宿氣, entspricht dem verbrauchten, alten Qi 陳氣 *(chenqi)*, von dem weiter unten im Text die Rede ist; vgl. auch die Formulierung „das Alte ausspucken, das Neue aufnehmen 吐故納新 *(tugu naxin)*, mit der im *Zhuangzi* (Kap. 15) Atemtechniken bezeichnet werden.

alte Qi nachts zerstreuen und das neue Qi morgens sammeln, um so die neun Körperöffnungen durchlässig zu machen und die sechs Paläste *(liufu)* zu füllen. [...]

Das Prinzip der morgendlichen Atmung besteht darin, sich beim Ausstoßen in Übereinstimmung mit dem Himmel zu befinden. Das größtmögliche Anfüllen der Lunge bildet bei der Aufnahme das rechte Maß, bei der das Qi gleichsam in einem tiefen Abgrund gehortet wird. Derart erschöpft sich das verbrauchte Qi zunehmend und frisches Qi erlangt täglich größere Fülle, so daß die ganze Gestalt üppigen Glanz erhält. Erfüllt die Essenz den ganzen Leib, so vermag dieser lange zu währen.

Das Prinzip der Atmung während des Tages ist folgendes: das Aus- und Einatmen geschehe fein, so werden Seh- und Hörvermögen geschärft. Ist das belebende Qi[77] in der Tiefe gespeichert, dann bleiben die Speicher und Paläste frei von schwärenden und zersetzenden Übeln, und der Leib ist gefeit vor Krankheiten und Unheil.

Das Prinzip der Atmung am Abend ist es, tief, langanhaltend und stet zu atmen, ohne daß man selbst freilich ein Atemgeräusch vernimmt. Der Schlaf wird ruhig, *hun* und *po* verweilen in der Gestalt, und so erlangt man langes Leben.

Das Prinzip der Atmung um Mitternacht besteht darin, nach dem Erwachen die im Schlaf eingenommene Haltung nicht zu verändern, tief und langsam und ohne Kraftanstrengung zu atmen, die sechs Paläste öffnen sich, die Atmung soll so weit als möglich tief und langgezogen sein. Will man dem Geist Langlebigkeit verleihen, so muß man mit den Poren der Haut atmen.

Gemäß der Methode zur Regulierung des Qi gilt es, das tote [Qi] auszustoßen und lebendes [Qi] aufzunehmen, freudig unverbrauchtes Qi einzuatmen und damit die ganze Gestalt zu erfüllen. Dies wird bezeichnet als das Sammeln der Essenz.

5. Shuns Methode des Beischlafes zur Regulierung des Qi

Yao richtete folgende Frage an Shun: Was stellt das Wertvollste auf Erden dar? Shun antwortete: Das Leben ist das Wertvollste. Yao: Wie läßt sich das Leben regulieren? Shun: Es gilt, (die Gesetzmäßigkeiten von) Yin und Yang zu erforschen.[78]

Die sich anschließende Frage Yaos nach den Gründen für das Versiegen der Zeugungsfähigkeit, die von allen Organfunktionen sich am frühesten einstelle, beantwortet Shun, indem er auf häufige ungezügelte sexuelle Aktivitäten verweist. Doch wie läßt sich, so fragt Yao weiter, die Funktion der Sexualorgane erhalten? Dazu führt Shun aus:

[77] Zu 犀氣 *xiqi*, s. Wei, Hu 1992, 107, Anm. 21.
[78] Zhou, Xiao 1989, 379.

Man muß sie lieben und wertschätzen, sich darüber belehren lassen, sie zu bewahren trachten und sie zudem durch Ernährung stärken. Das Membrum soll stark sein, doch sollte man sich Mäßigung bei seinem Gebrauch auferlegen. Es gilt, seine Begierden unbedingt zu kontrollieren und ihnen nicht (beliebig) nachzugeben und auch bei höchstem Lustempfinden [sein *jing*] nicht zu emittieren. Wird die Essenz gesammelt und das Qi gespeichert, so vermag man einhundert Jahre zu leben und der Körper wird kräftiger als zuvor.[79]

6. Pengzus Methode zum Nähren des Yang und zur Regulierung des Qi

Wang Ziqiao *(fu)* befragt Pengzu: „Was ist beim Qi des Menschen der feinste Bestandteil? Pengzu antwortet: Nichts kommt der Essenz des Membrums gleich. Staut sich die Essenz und kann nicht fließen, so entstehen Störungen in sämtlichen Leitbahnen; hat sie ihre Reife nicht erlangt, vermag sie kein neues Leben hervorzubringen. Ob man die zugemessene Lebensspanne auszuschöpfen vermag, ist abhängig von dieser Essenz. Es gilt, sie zu nähren und zu pflegen und ihr Förderung angedeihen zu lassen; aus diesem Grunde haben jene, die sich auf die Prinzipien der Lebenspflege verstehen, solche Übungen wie das Hängenlassen der Hände, das Massieren der Arme und das Reiben des Bauches geschaffen, die [den Gesetzmäßigkeiten von] Yin und Yang entsprechen. Zunächst muß das alte [Qi] ausgestoßen werden, um dann Essenz-Qi aufzunehmen und es bis zum Membrum zu führen. Das Membrum soll durch die Nahrung gestärkt werden; Speise und Trank lassen es gedeihen, so wie man einen Säugling *(chizi)* nährt.[80] [...]
Wodurch werden langes Leben und früher Tod bestimmt? Wer umfassende Kenntnisse [über die Lebenspflege] besitzt, der übt Beherrschung; er füllt seine untere Körperhälfte und verschließt seine Essenz, so daß sein Qi nicht nach außen entweicht. Woran sollte, wer sein Leben und seinen Tod beherrscht, dann noch scheitern? Mit Bedacht seine Essenz bewahren und sie nicht verlieren, auf diese Weise läßt sich langes Leben in Gesundheit erlangen. Langlebigkeit geht hervor aus der Ansammlung und Speicherung [der Essenz].[81]

---

79 *Shiwen* 5, Zhou, Xiao 1989, 379-381.

80 *Chizi* 赤子, bezeichnet den Säugling der „wenn er geboren wird, von roter Färbung ist" (*Shangshu*, Kap. Kanggao, zit. in Zhou, Xiao 1989, 383, Anm. 11). Der Säugling symbolisiert im *Daode jing* (Kap. 55) den natürlichen Zustand der Lebensfülle, zu dem der Adept des Yangsheng zurückzukehren sucht. Von ihm heißt es „Er weiß nichts von der Vereinigung von Männchen und Weibchen, doch steht sein Membrum aufrecht; darin zeigt sich die höchste Fülle seiner Essenz", Henricks 1989, 132f, s. auch Schwarz 1980, 105. Zhou, Xiao (ebd.) interpretieren *chizi* als Metapher für das Membrum, von dem es im nachfolgenden Satz heißt, daß es „unbezähmt und wild sich mehrmals aufrichtet" (Zhou, Xiao, S. 381). Interessant ist auch hier die anthropomorphisierende Ausdrucksweise in bezug auf das männliche Genital, die sich auch an anderer Stelle findet, wo beispielsweise „zürnen" 怒 *(nu)* als Metapher für die Erektion gebraucht wird.

81 *Shiwen* 6, Zhou, Xiao, S. 381-385.

7. Methode des Greises für den Beischlaf zur Aufnahme des Geist-Qi

> Kaiser Pan Geng befragte einen Mann hohen Alters: Ich habe gehört, daß Ihr durch sexuelle Aktivität Stärke erlangt und mittels des Atmens der Essenz des Himmels 天精 *(tianjing)* langes Leben erreicht habt. Was muß ich tun, um diese Methoden anwenden zu können? Darauf erwiderte der Greis: Ihr müßt das wertschätzen, was zusammen mit dem (restlichen) Körper geboren wird, aber vor diesem altert.[82] Eine schwache Konstitution läßt sich durch sie stärken, eine kurze Lebensspanne vermag man durch sie zu verlängern und den Armen können sie reichlich nähren. Bei der sexuellen Aktivität gibt es Leere und Fülle; sie zu regulieren geschieht durch folgende Methoden: erstens, Hängenlassen der Gliedmaßen, Aufrichten des Rückens und Massieren des Gesäßes; zweitens, Entspannen der Oberschenkel, Bewegen des Yin und Zusammenziehen des Anus; drittens, Verschließen der Augen und Ohren und Einatmen von Qi, um das Gehirn zu erfüllen; viertens, Bewahren der fünf Geschmäcker im Mund und Schlucken des Speichels, und fünftens, sämtliche Essenz nach oben führen und alles Yang des Körpers konzentrieren. Praktiziert man diese fünf Techniken ohne seine Essenz zu veräußern, so wird der Geist zunehmend glücklicher.[83]

Die Vereinigung von Yin und Yang

Der 2. Abschnitt beschreibt die gesundheitsfördernden Wirkungen des Coitus ohne Emission von *jing (coitus conservatus)* in Beziehung zur Anzahl der Bewegungen beim Akt, wobei zehn Bewegungen als ein Bewegungsintervall *(dong)* gelten[84]:

> Das erste Bewegungsintervall ohne Emission von *jing* schärft Seh- und Hörvermögen, das zweite verleiht der Stimme Klarheit, das dritte bewirkt ein Glänzen der Haut, das vierte stärkt die Lenden, das fünfte kräftigt Gesäß und Schenkel, das sechste bewirkt eine Durchlässigkeit der wasserleitenden Bahnen[85], das siebte verleiht dem Membrum Stärke und Ausdauer, das achte läßt die Poren strahlen, durch das neunte erlangt man geistige Klarheit und das zehnte führt zu andauernder Gesundheit. Dies wird als die zehn Bewegungsintervalle bezeichnet.[86]

---

82 Gemeint sind die Sexualorgane; vgl. Abschnitt 5 des *Shiwen*.

83 *Shiwen* 7, Zhou, Xiao, S. 385-387. Die „fünf" im letzten Satz des Abschnittes kann sich auch auf die Coitus-Frequenz beziehen. Die Wirkungen des *coitus conservatus* werden im Manuskript „Vereinigung von Yin und Yang" beschrieben, s. den folgenden Abschnitt; vgl. Zhou, Xiao, ebd., Anm. 10.

84 Zhou, Xiao 1989, 401f.; vgl. die Übers. in Wile 1992, 78, der *dong* als „arousal" übersetzt.

85 S. hierzu Wile, S. 224, Anm. 21.

86 Vgl. die ähnlichen, teilweise identischen Ausführungen im Manuskript *Tianxia zhidao tan*, Zhou, Xiao 1989, 419. Ein Zitat aus dem *Yufang bijue* 玉房秘訣 in *Ishimpō*, Kap. 28 (Is. 28. 18, S. 470) beschreibt ebenfalls die Wirkungen des *coitus conservatus*. Zu den Parallelstellen

Es schließt sich eine Aufzählung der „zehn Abschnitte/Bewegungen“ *(jie)* an, bei denen es sich möglicherweise um spezielle Daoyin-Übungen für das Schlafgemach oder aber um verschiedene Stellungen für den Beischlaf handelt.[87]

Die zehn Abschnitte:

1. das Umherstreifen des Tigers;
2. das Anhaften der Zikade;
3. der Spanner;
4. das Stoßen des Rehbocks;
5. Das Flügelaufspannen der Heuschrecke;
6. das Greifen des Affen;
7. (das Springen) der Mondkröte;
8. das Flüchten des Hasen;
9. (der Flug) der Libelle und
10. das Schlingen des Fisches.[88]

Abschnitt 7 erörtert die positiven Effekte der geschlechtlichen Vereinigung:

> In der Nacht ist die Essenz des Mannes kräftig, am Tage akkumuliert die Essenz der Frau. Mittels meiner Essenz nähre ich die weibliche Essenz. Die vorderen Yin-Leitbahnen werden sämtlich bewegt, Haut, Qi und Blut erfahren einen positiven Einfluß, und so werden Blockaden aufgelöst, Stauungen durchlässig gemacht und die Speicher und Paläste werden genährt.[89]

Abhandlung über das höchste Dao der Welt

4. Regulierung des Körpers durch Sammlung der Essenz

> Wer seinen Körper regulieren will, der muß sich das Sammeln der Essenz angelegen sein lassen. Ist die Essenz im Füllezustand, wird sie notwendig entweichen, herrscht ein Mangelzustand, muß man sie auffüllen.[90]

---

in *He Yinyang* und dem *Tianxia zhidao tan* bemerkt Harper (1987, 555), daß die trotz textlicher Ähnlichkeiten bestehenden Unterschiede nahelegen, daß beide Texte nicht auf einen gemeinsamen Urtext zurückgehen, sondern voneinander unabhängig entstanden sind.

[87] Diese Hypothese äußert Zhou 1990, 69, Anm. 8. Letzteres scheint allerdings wahrscheinlicher zu sein. Ein ähnlicher Passus findet sich in Abschnitt 11 des *Tianxia zhidao tan* (Zhou, Xiao 1989, 432), der von „zehn Formen“ 勢 *(shi)* spricht. Vgl. hierzu auch ein Zitat im *Ishimpō* (Is. 28, S. 466) aus dem *Sunü jing* 素女經, in dem „neun Methoden“, bei denen es sich um Stellungen für den Beischlaf handelt, detailliert beschrieben werden; s. die Übers. in Wile 1992, 88f.

[88] Zhou, Xiao, S. 402.

[89] Zhou, Xiao, S. 407.

[90] Zhou, Xiao, 418; Wile, S. 80; vgl. die Parallelstelle in *Shiwen* 4, Zhou, Xiao, S. 375.

5. Beschreibung der acht Nutzen und sieben Schädigungen

Es gibt acht Dinge, die dem Qi nutzen und sieben, die ihm Schaden zufügen. Wer es nicht versteht, mittels der acht Nutzen die sieben Schädigungen zu beseitigen, der wird feststellen, daß sich im Alter von Vierzig sein Yin-Qi [seine Virilität] halbiert, mit Fünfzig die täglichen Aktivitäten zunehmend schwerer fallen, mit Sechzig das Seh- und Hörvermögen nachläßt und mit Siebzig die untere Körperhälfte verdorrt und die obere Hälfte des Körpers kraftlos ist. Dadurch, daß das Yin-Qi nicht nicht mehr aktiv ist, fließen unaufhörlich Tränen.[91] Es gibt einen Weg zur Wiedererlangung einer kräftigen Konstitution. Vertreibe die sieben Schädigungen, um Erkrankungen vorzubeugen und fördere mittels der acht Nutzen das Qi. Auf diese Weise erlangen die Betagten ihre Kräfte zurück und die Kräftigen erleiden keinen körperlichen Verfall. Der Edle strebt in seinen Lebensumständen nach Ruhe und Freude und folgt in Speise und Trank ganz seinem Begehren. Die Poren seiner Haut sind fein und dicht, Qi und Blut sind in Fülle und der ganze Körper ist leicht und behend. Widmet er sich freilich übereilt den Angelegenheiten der inneren Gemächer und vermag sie nicht in die rechten Bahnen zu lenken[92], dann entstehen Krankheiten, es kommt zu Schweißausbrüchen und Kurzatmigkeit, er leidet an Unruhe und das Qi gerät aus der Ordnung. Dieser Zustand läßt sich nicht heilen. Es tritt innere Hitze auf; durch die Einnahme von Heilmitteln und Anwendung von Moxa versucht er, sein Qi zu befördern; er nimmt tonisierende Miitel ein, um sein Äußeres zu stützen. Doch eine übermäßige Einnahme dieser Mittel, die nicht den Prinzipien entspricht, ruft Beulen *(cuo)* und Schwellungen des Skrotums hervor. Herrscht eine Fülle von Qi und Blut, die neun Öffnungen sind jedoch nicht durchlässig und obere und untere Körperhälfte verlieren ihre Beweglichkeit, so entstehen Beulen und Ulzera *(ju)*. So vermag denn eine verständige Anwendung der acht Nutzen die sieben Schädigungen zu vertreiben, so daß die fünf Erkrankungen sich nicht einstellen.[93]

6. Die acht Nutzen

Die acht Nutzen sind: erstens, Regulierung des Qi; zweitens, Beförderung des Speichels; drittens, Wissen um den richtigen Zeitpunkt; viertens, Nähren des Qi; fünftens, Harmonisierung des Speichels; sechstens, Speichern des Qi; siebtens, Abwarten der Fülle, und achtens, Stabilisierung der Unausgewogenheit.[94]

---

[91] Vgl. die Parallelstelle in SW 5 *(Yinyang yingxiang dalun)*, I, 83f., die dasselbe Thema abhandelt; Zhou, Xiao, S. 423, Anm. 2.

[92] Die Übersetzung von Wile („When disease manifests within, it cannot be controled. He becomes sick..."; 1992, 80), erscheint mir an dieser Stelle nicht überzeugend. Ich folge dem Interpretationsvorschlag von Zhou, Xiao, S. 423f., Anm. 12, wonach die geschilderten Störungen durch unkontrollierten Beischlaf verursacht werden.

[93] Zhou, Xiao, S. 422; Wile, a.a.O.

[94] Zhou, Xiao, S. 424; Wile, S. 80f.

7. Die sieben Schädigungen

Die sieben Schädigungen sind: erstens, Verschluß; zweitens, Entweichen; drittens, Erschöpfung; viertens, Mangel; fünftens, Unruhe; sechstens, Versiegen, und siebtens, Vergeudung.[95]

9. Die positiven Auswirkungen dieser Praktiken werden folgendermaßen dargelegt:

Wer sich darauf versteht, mittels der acht Nutzen die sieben Schädigungen zu beseitigen, dessen Sinne werden geschärft, sein Körper wird leicht und behende, das Yin-Qi gewinnt zunehmend an Kraft, seine Lebensjahre mehren sich und er wird dauerhaft im Glück verweilen.[96]

10. Über Ernährung und Sexualität

Zwei Dinge sind es, die der Mensch nach seiner Geburt nicht zu erlernen braucht: das eine ist zu atmen, das andere Nahrung zu sich zu nehmen. Außer diesen beiden Dingen gibt es nichts, was er sich nicht durch Lernen und Praktizieren aneignet. Was das Leben befördert, ist die Ernährung, was ihm Schaden zufügt, das ist die Sexualität. Und so beachtet der Heilige bei der Vereinigung von Mann und Frau unbedingt bestimmte Prinzipien.[97]

4. Die „Schrift über das [Leiten und] Dehnen" *(Yinshu)* [98]

Zu den jüngeren archäologischen Funden, die wesentliche neue Aspekte der kulturellen Entwicklung Chinas in der ausgehenden Zhouzeit, besonders auch auf dem Gebiet des heilkundlichen Denkens, erkennbar werden lassen, gehören die Manuskriptfunde aus einer Grabanlage bei Zhangjiashan im Kreis Jiangling 江陵 (Provinz Hubei). Die aus insgesamt drei Gräbern bestehende Anlage stammt aus der Zeit der Westlichen Han. Zu den Grabbeigaben gehört eine Anzahl von Bambusmanuskripten, bei denen es sich im wesentlichen um hanzeitliche Rechtsverordnungen (漢律) handelt.[99] Das Grab M 247 enthielt zwei bedeutende, ebenfalls auf Bambus geschriebene Werke heilkundlichen Inhalts: das *Moshu* 脈書 („Schrift über die Gefäße) beschreibt im wesentlichen den Verlauf der Leitbahnen und die Symptomatik der sie betreffenden Erkrankungen; es zeigt große Ähnlichkeiten mit dem Mawangdui-Text „Schrift über die Kauterisa-

---

[95] Zhou, Xiao, S. 426; Wile, S. 81.
[96] Zhou, Xiao, S. 429; Wile, ebd.
[97] Zhou, Xiao, 431; Wile, ebd.
[98] Die folgenden Ausführungen basieren im wesentlichen auf dem Artikel von Peng Hao (Peng 1990) und der Bearbeitung des *Yinshu* von Wei Chengshu (Wei 1995).
[99] Zur Beschreibung der Anlage s. Jingzhou diqu bowu guan 1985, 1-8.

tionsbehandlung von elf Yin- und Yang-Leitbahnen" *(Yinyang shiyi mo jiujing)*.[100] Das als *Yinshu* 引書 betitelte Werk besteht aus 113 beschriebenen Bambustafeln mit je einer Länge von 27,3 bis 28 cm und eine Breite von 0,4 - 0,5 cm. Der Titel des Werkes befindet sich auf der Rückseite der ersten Tafel.
Der Titel *Yinshu* „Schrift über das Dehnen" stellt nach Peng Hao eine Verkürzung des Begriffes *daoyin* 導引 („Leiten und Dehnen") dar, der als Bezeichnung für therapeutisch wirksame äußerliche Bewegungen in den Mawangdui-Texten selbst nicht belegt ist.[101] Das 24. Kapitel des *Huangdi neijing* macht im Rahmen einer Darstellung der unterschiedlichen Behandlungsformen zum Thema Daoyin die folgende Ausführung: „Wenn die Gestalt leidet und wenn sich das Gemüt wohlbefindet, dann entstehen die Erkrankungen in den Muskeln. Zur Behandlung dienen Kompressen *(yun)* und Gymnastik *(yin)*." Der Kommentar zu dieser Textstelle bemerkt: „*Yun* sind aus Heilkräutern hergestellte Kompressen, *yin* meint das Leiten und Dehnen [Gymnastik]."[102] Spätestens im 1. Jh. v.u.Z. wird der Begriff *daoyin* allgemein als Bezeichnung für diese Form von Übungen gebräuchlich, so daß Sima Qian ihn mehrfach in seinen „Aufzeichnungen der Historiographen" *(Shiji)* verwendet. So heißt es beispielsweise in der Biographie des Zhang Liang: „Er enthielt sich des Getreides und praktizierte [die Übungen des] Leitens und Dehnens, um den Körper leicht zu machen".[103] Der Hauptteil des *Yinshu* besteht aus der Beschreibung einer Vielzahl von Übungen zur Beseitigung genau benannter Störungen und zur allgemeinen Gesunderhaltung.
Der gesamte Text läßt sich inhaltlich in drei Abschnitte gliedern[104]:

(1) Den ersten Teil bildet eine nach Jahreszeiten differenzierte Beschreibung von Regeln zur Gestaltung der wichtigsten Bereiche der Lebensführung. Verschiedene Aspekte der Leibespflege werden beschrieben: Hygiene, Ernährung, Ruhe und Bewegung und auch Sexualität. Die Reinheit des Taus und die Feinststoffe des Himmels aufzunehmen heißt, sich durch Aufnahme von reinem Qi zu stärken. Gleichsam herausgehoben aus den alltäglichen Verrichtungen scheint die sexuelle Aktivität zu sein, die im Verlauf des gesamten Jahres innerhalb eines benannten Zeitraumes auszuüben empfohlen wird, da ihr in besonderer Weise ein das Qi schädigendes Potential innewohnt. Die Anweisungen zu den in jeder Jahreszeit zu beachtenden Regeln sind sehr knapp gehalten und werden von einer stereotypen Formulierung abgeschlossen, die vor den schädigenden Wirkungen des zur unrechten Zeit ausgeübten Beischlafes warnt.[105]

---

[100] S. Lian Shaoming 1989, 75-81; eine Transkription des Textes gibt Jiangling Zhangjiashan Hanjian zhengli xiaozu 1989, 72-74.
[101] Peng, a.a.O., 88.
[102] *Suwen* 24; I, 342f. *(Xieqi xingzhi)*, „Blut und Qi, Gestalt und Gemüt" 血氣形志 ; Übers. in Unschuld 1980, 234.
[103] *Shiji* 55, S. 2048. In Kap. 128 *(Guici liezhuan)* berichtet Sima Qian vom Glauben der Zeitgenossen, daß Schildkröten die Fähigkeit besitzen, Daoyin und Führen des Qi zu praktizieren, was von Nutzen für die Kultivierung des Alters sein soll, s. *Shiji* 128, S. 3225.
[104] Wei (1995, 21) spricht von 5 Abschnitten, da er den Mittelteil nochmals in drei Abschnitte einteilt.
[105] Eine Ausnahme bilden die Anweisungen für den Herbst.

Das im ersten Abschnitt des *Yinshu* dargelgete *Regimen sanitatis* wird als das „Dao des Pengzu“ bezeichnet. So heißt es unmittelbar am Anfang des Textes: „Im Frühling hervorbringen, im Sommer wachsen, im Herbst sammeln und im Winter horten: solcherart ist das Dao des Pengzu.“[106]

(2) Der Mittelteil des Werkes beschreibt 57 unterschiedliche Übungen des Leitens und Dehnens.[107] Wei Chengshu macht zu diesem Teil des *Yinshu* folgende Angaben[108]: zunächst werden 36 Übungsbezeichnungen mit einer kurzen Beschreibung zur Ausführung aufgelistet. Es folgen therapeutische Daoyin-Übungen für 44 Erkrankungen; einige der Übungen sind mit einer Bezeichnung versehen, während bei einem Teil nur die Ausführung beschrieben wird. Daran schließt sich eine Liste von 24 prophylaktischen Übungen an, die sich nicht auf ganz bestimmte Störungen beziehen, sondern allgemein positive Wirkung auf eine jeweils benannten Bereich des Körpers haben. Die meisten der hier angeführten Übungen wurden in den vorhergehenden Abschnitten bereits erwähnt. In dieser Gliederung wird deutlich, daß die Daoyin-Übungen des *Yinshu* - gleiches triff auf alle späteren Variationen und Entwicklungen in gleicher Weise zu - eine doppelte Funktion erfüllen: eine vorbeugende, das heißt auf die Bewahrung der Gesundheit ausgerichtete, und eine heilende, also bereits aufgetretene Störungen beseitigende. Die therapeutische Anwendung, die durch die Nennung der Erkrankungen spezifiziert wird, richtet sich zum überwiegenden Teil auf Symptome der Sinnesorgane und auf „äußerliche“, bestimmte Körperbereiche betreffende Beeinträchtigungen in Form von Schmerz.[109] Folgende Kategorien von Störungen lassen sich unterscheiden:

1. äußere Verletzungen
2. innere Erkrankungen
3. Erkrankungen der Sinnesorgane
4. Störungen des Harntraktes.[110]

Interessanterweise ergeben sich, darauf weist Wei hin, bei einem Vergleich mit den in der „Schrift über die Gefäße“ aufgelisteten Krankheiten keinerlei Übereinstimmungen. Dies macht deutlich, daß bereits in der durch das *Yinshu* repräsentierten Entwicklungsphase das Wissen über einen begrenzten Anwendungsbereich der Übungen zum Leiten und Dehnen vorhanden war. Die Erkenntnis, daß bestimmte Erkrankungen einer Behandlung durch Daoyin nicht oder nur eingeschränkt zugänglich sind, beruht zweifellos auf den Erfahrungen der praktischen Anwendung.[111]

---

106 Wei, S. 136ff.
107 Peng Hao 1990, 88. Wei Chengshu nennt zwar die Zahl 55 (1995, 29), doch nach der von ihm gemachten zahlenmäßigen Aufschlüsselung der Übungen in den einzelnen Abschnitten ergibt sich dieselbe Anzahl.
108 Wei, ebd., 25-27.
109 Eine Auflistung der Krankheitsbezeichnungen gibt Wei, S. 237-39.
110 Peng Hao (1990, 89; Wei Chengshu (1995, 39f.) unterscheidet zusätzlich noch Erkrankungen im Mundbereich und pädiatrische Störungen.
111 Vgl. hierzu Wei, S. 40f.

Die Bezeichnungen der einzelnen Daoyin-Übungen lassen sich in vier Kategorien einteilen[112]:

1. das wesentliche Bewegungselement wird genannt, z. B. „Den Unterschenkel anheben und auf den Oberschenkel legen, dreißigmal abwechselnd ein Bein heben und wieder absetzen. Dies wird bezeichnet als 'Kreuzen der Schenkel'".[113]
2. die Bezeichnung leitet sich von einer Übungshaltung her, beispielsweise „Weites Spreizen der Beine".[114]
3. Tiermimikry, z. B. das „Gleiten des Bären" oder das „Auf-dem-Rücken-Liegen des Tigers".[115]
4. eine bestimmte Form der Atmung bildet den wesentlichen Aspekt, z.B.: „Das Qi verschließen, um die Genitalien zu stärken".[116]

Eine Besonderheit der hier beschriebenen Übungsformen ist die Verwendung von Hilfsmitteln. Zwar enthält auch das *Daoyin tu* Hinweise auf eine Ausführung unter Zuhilfenahme bestimmter Gegenstände, doch ist das *Yinshu* in dieser Hinsicht ergiebiger. Genannt werden beispielsweise Holz- oder Bambusstab, Wasser, Reis und eine Art Schaukelkonstruktion, auf die sich der Übende zu stellen hatte.[117] Die Ausübung der Daoyin-Übungen war offensichtlich, zumindest in einigen Varianten, mit einigem Aufwand verbunden; einige Übungen machten gar die Hilfe einer zweiten Person erforderlich.[118]
Die unter Kategorie drei und vier zusammengefaßten Übungsformen sind von besonderem Interesse. Die Nachahmung von Tieren im religiös-rituellen Kontext ist bereits weiter oben angesprochen worden. Vergleicht man die entsprechenden Übungen des *Yinshu* mit den Abbildungen des „Plans zum Leiten und Dehnen" *(Daoyin tu)*, so zeigt sich diesem gegenüber eine deutlich größere Vielfalt in der Verwendung von Tiernamen. Das *Yinshu* beschreibt sechzehn Daoyin-Formen in denen folgende Tiernamen genannt werden: Spanner, Wildente, Drache, Schlange, Tiger, Hirsch, Bär, Affe, Vogel, Kröte, Wolf, Gottesanbeterin und Eule. Ein Vergleich dieser Aufzählung mit Praktiken, bei denen Tierbezeichnungen eine Rolle spielen, läßt eine gewisse Übereinstimmung erkennen; zugleich zeigt sich freilich auch eine Varianz in der Auswahl der Tiere, die sicherlich zum einen durch den Kontext der Anwendung solcher Übungen und Stellungen (im Bereich der Sexualhygiene etwa), zum anderen durch unterschiedliche „Wertigkeiten" der genannten Tiere bedingt ist. Das 7. Kapitel des

---

112 S. Wei, a.a.O., 29f.
113 Ebd., S. 144f.
114 Ebd., S. 157.
115 Ebd., S. 163 u. 182.
116 Ebd., S. 220f. Zum Begriff *jiaojin*, den Wei (S. 221, Anm. 1) an dieser Stelle als Verweis auf die Genitalien interpretiert, s. auch die Ausführungen zum Mawangdui-Text *He Yinyang* in Harper 1987, 566 u. 579.
117 Zur Verwendung eines Stockes als Übungshilfsmittels s. *Daoyin tu*, Figur 30, Ma Jixing 1992, 858; zu den Übungen im Yinshu, s. Wei 1995, 184f. u. 201.
118 S. Wei, ebd., 181 u. 190.

Huainan zi nennt neben den bereits aus dem *Zhuangzi* bekannten Bär und Vogel noch Wildente, Affe, Eule und Tiger, die sämtlich zum Repertoire des *Yinshu* gehören.[119] Im *Baopu zi* von Ge Hong schließlich erscheinen neben Drache, Tiger und Bär noch Schwalbe, der Vogel allgemein, Schlange, Affe und Hase.[120] Die bekannteste Form therapeutisch wirksamer Tiernachahmung ist das „Spiel der 5 Tiere" 五禽戲 *(wuqin xi)* des berühmten Arztes Hua Tuo 華佗 (142-219), der als „Meister der Techniken" am Hofe Cao Caos wirkte. Seine Berühmtheit verdankt sich wesentlich der Durchführung chirurgischer Eingriffe und Behandlungen mit Heildrogen und der Akupunktur, die sich auf ganz wenige Mittel und Reizpunkte zu beschränken wußte. Zu den Wirkungen seines „Spiels", das aus Bewegungen von Tiger, Hirsch, Bär, Affe und Vogel besteht, die alle im *Yinshu* vertreten sind, äußert Hua Tuo: „Mit ihm lassen sich Krankheiten heilen und die Beweglichkeit der unteren Gliedmaßen verbessern."[121] Was in den Übungsbeschreibungen freilich fehlt, sind die Auswahl der Tiere begründende Erläuterungen, die auch der Mawangdui-Text über die „Vereinigung von Yin und Yang" für die von ihm angeführten Tierformen (Tiger, Zikade, Spanner, Rehbock, Heuschrecke, Affe, Hase, Mondkröte, Libelle, Fisch) nicht gibt. Eine eingehende Untersuchung der kulturellen Determinanten, die für die Auswahl der genannten Tiere bestimmend sind, kann hier nicht geleistet werden. Einige wenige Andeutungen müssen genügen. Ist im vorangehenden Kapitel bereits auf den Glauben an die Langlebigkeit des Kranichs verwiesen worden, so liefern die „Aufzeichnungen der Historiographen" einen weiteren Hinweis auf die der Tiermimikry zugrundeliegenden Vorstellungen. Sima Qian berichtet in seinem Werk vom Glauben der Zeitgenossen an die Fähigkeit der sehr langlebigen Schildkröten, Daoyin und das Führen des Qi 致氣 *(zhiqi)* praktizieren zu können, deren Nachahmung von Nutzen für die Kultivierung des Alters sein soll.[122] An die Ausführungen des *Shiji* anknüpfend weist Ge Hong in seinem *Baopuzi* darauf hin, daß die Imitation sich nicht auf die natürlichen Eigenschaften von Tieren wie beispielsweise das Überwintern der Schildkröte und das Fliegen des Kranichs bezieht, sondern sich der Adept vielmehr die Techniken der Vermeidung von Getreide und Aufnahme von Qi und die Ausführung bestimmter Übungen anzueigenen sucht, mittels derer diese Unsterblichkeit zu erlangen vermögen.[123] Ähnliche Legenden muß es auch von anderen Lebewesen gegeben haben.[124] Die Nachahmung von Tieren ist, so J. Lévi, in Verbindung mit der Enthaltsamkeit von Getreide 辟穀 *(pigu)* zu sehen. In der Beschreibung des Tierspiels von Hua Tuo, die in den „Aufzeichnungen über die Kultivierung der natürlichen Anlagen und die Lebensverlängerung" *(Yangxing yanming lu)* enthalten ist, wird das „Vertreiben des Getreide-Qi" 穀氣 *(guqi)*, dem die Praxis

---

119 *Huainan zi* 7, 105; Übers. Larre 1993, 90.
120 BPZ 15, 274; Ware, S. 257.
121 *Sanguo zhi* 29, 2a; zu Leben und Wirken Hua Tuos s. Porkert 1972.
122 SJ 128, 3225.
123 BPZ 3, 49; Ware, S. 58; s. Engelhardt 1987, 251, Anm. 282.
124 S. die Hinweise bei Lévi 1983, 26f.

des *pigu* dient, als einer der durch die Übungen erzielten Effekte genannt.[125] Durch die Ausführung von Tiertänzen und bestimmten Formen der Atmung strebt der daoistische Adept danach, sich zu „animalisieren", gleichsam selbst zum Tier zu werden, denn die animalische Gestalt gilt als ein Zeichen des Göttlichen.[126]

Ein Teil der im *Yinshu* beschriebenen Übungen wird in der Ausführung von spezifischen Techniken der Atmung begleitet. Eine in der späteren Übungsliteratur häufig Erwähnung findende Technik ist das „Verschließen des Qi" 閉氣 *(biqi)*, hier als „Verschließen der Atmung" 閉息 *(bixi)* bezeichnet, bei dem es darum geht, das Qi nach der Einatmung für eine bestimmte Dauer zu verschließen, das heißt zurückzuhalten, um es anschließend allmählich entweichen zu lassen.[127] Die Erwähnung des *bixi* im *Yinshu* macht deutlich, daß diese Technik bereits im 3./2. Jh. v.u.Z. zu prophylaktischen Zwecken praktiziert wurde. Im Zusammenhang mit der Mawangdui-Schrift über die Enthaltsamkeit von Getreide wurde bereits auf eine Methode der Atemführung verwiesen, bei der unterschiedliche Formen des Ausstoßens von Qi zur Anwendung kommen. In der „Schrift über das Leiten und Dehnen" erscheint sie sowohl in Verbindung mit Bewegungen bei den therapeutischen Übungen als auch im Abschnitt über allgemeine Prinzipien der Lebenspflege. Die Darstellung zeigt im Vergleich zu dem erwähnten Mawangdui-Text ein weitaus größeres Maß an methodischer Differenzierung, das auf eine mögliche separate Tradition oder eine Weiterentwicklung hindeutet. Folgende Möglichkeiten der Anwendung spezifischer Techniken der Atmung werden im *Yinshu* beschrieben:

- *hu*, *xu* und *chui* begleitend zu bestimten Übungen[128],
- im Verlauf der Jahreszeiten,
- zur Regulation der Emotionen Freude und Zorn
- in Verbindung mit Maßnahmen gegen die Einwirkung klimatisch-pathogener Faktoren (Trockenheit, Feuchtigkeit, Hitze).

Die Anweisungen für die Atemregulierung im Verlauf der Jahreszeiten lauten wie folgt: im Frühling wird zweimal *xu* und jeweils einmal *hu* und *chui* angewendet, im Sommer zweimal *hu* und je einmal *xu* und *chui* und im Winter zweimal *chui*, einmal *xu* und einmal *hu*. Für den Herbst fehlen die Angaben.[129]

Emotionale Unausgewogenheit stellt, so das *Yinshu*, bei Angehörigen der Oberschicht eine Ursache für das Auftreten von Erkrankungen dar. Es sind freilich nicht die Emotionen an sich, sondern das Fehlen des richtigen Maßes, das pathogene Wirkung zeitigt. Freude und Zorn beinflussen das Yinyang-Gleichgewicht des Leibes in der Weise, daß Freude zu einem Übermaß an Yang-Qi, Zorn hingegen

125 Ebd., S. 17; die Wirkungen der Tierübungen werden beschrieben in YYML 2. 5, 8a.
126 Lévi, a.a.O., S. 26 u. 37.
127 Zu *biqi*, s. Engelhardt, a.a.O., S. 286f.
128 S. Wei 1995 S. 169 *(hu, xu)*, ebd. *(hu)*, 171 *(chui)*, 191 *(xu, chui*, Aufnahme von *jingqi)*, 196 *(chui)*, 202 *(hu, chui, xu)* und 219 *(hu)*.
129 Wei a.a.O., S. 225.

zu einem Übermaß an Yin-Qi führt. Ein Ausgleich läßt sich herbeiführen, indem man bei Freude die *xu*-Ausatmung und *chui* bei Zorn anwendet. Gegen Ende des Werkes wird eine weitere Anwendungsmöglichkeit der spezifischen Ausatmung genannt. Den klimatischen und pathogen wirksamen Faktoren der Trockenheit, Feuchtigkeit und Hitze wird mittels *hu*, *chui* und *xu* begegnet, die in Verbindung mit weiteren vorbeugenden Maßnahmen eine regulierende Funktion besitzen. Wie ist diese Funktion genau zu verstehen? Zwei frühe Erwähnungen besonderer Techniken der Atmung finden sich im *Zhuangzi* und im 29. Spruch des *Daode jing*. Die Zeichen *chui* und *xu* haben nach dem Kommentar von Cheng Xuanying die Bedeutung „Ausatmung des Kalten und Ausstoßen des Alten" *(chui)* und „Einatmung des Warmen und Aufnahme des Neuen" *(xu)*.[130] *Hu* und *xi* sind demnach in dem auch heute gebräuchlichen Sinn als Ausatmung bzw. Einatmung zu verstehen. Uneinigkeit herrscht unter den Kommentatoren bezüglich der Deutung von *xu* und *chui* in dem Laozi-Vers „So sind die Dinge: Manche streben, andere folgen, manche machen/sind *xu*, andere *chui*".[131] Nach Abwägung der unterschiedlichen Meinungen hält C. Despeux die gleichlautende Interpretation der Heshanggong- und Xiang'er-Kommentare für die plausibelste, der zufolge *xu* wärmende und *chui* kühlende Wirkung besitzt.[132]
Fragt man nun nach der Funktion bestimmter Formen der Atmung im *Yinshu*, so ist zunächst folgendes festzustellen: die verwendeten Zeichen *hu*, *xu*, *chui* und *xi* geben keinen Hinweis auf bestimmte qualitative Merkmale des Atemvorganges im Sinne einer schnellen, langsamen, kräftigen oder leichten Atmung.[133] Die Art und Weise des Atmens wird durch Hinzufügung von *ji* 急 (schnell, heftig) bzw. *jing* 精 (langsam, leicht) angezeigt.[134] Im Vergleich mit dem Mawangdui-Text „Über die Abstinenz von Getreide und die Aufnahme von Qi" scheint die Anwendung spezifischer Atemtechniken im *Yinshu* bereits eine differenziertere Variante zu sein und markiert so eine Zwischenstufe innerhalb der Entwicklung von den frühesten Erwähnungen in der ausgehenden Zhouzeit bis hin zur Methode der sechs Qi, deren Ursprung, auch wenn sie erst in späteren Quellen dokumentiert wird, wahrscheinlich in die Hanzeit zu datieren ist. Eine Besonderheit des Zhangjiashan-Textes stellt der Einsatz dieser Technik zur Regulierung von Qi-Disharmonien, hervorgerufen durch die Emotionen Freude und Zorn, dar. Interessanterweise findet diese Anwendung weder in der Beschreibung der

---

130 *Zhuangzi jijie*, 15, S. 96; zu den unterschiedlichen Interpretationen der erwähnten Textstellen und den verschiedenen Lesungen bzw. Zeichenvarianten, auf die hier nicht einzugehen ist, s. Despeux 1995, 132ff.
131 Laozi 29, S. 75.
132 Despeux, a.a.O., 133. Interessant ist der Vergleich der gebräuchlichen Textfassung mit dem Mawangdui-Manuskript des Laozi, Text B, der zu einer ganz anderen Deutung und Übersetzung führt. Der Zusammenhang zu der hier referierten Interpretation ergibt sich zumindest für den Laut *xu* (wärmende Wirkung) durch die Verwendung des Zeichens 熱 *re* im Mawangdui-Text, s. Henricks 1989, 244f.
133 Einige *Daodejing*-Kommentare geben eine Deutung in diesem Sinn, s. Despeux, a.a.O., 133.
134 S. Wei 1995, 169, 191, 196 und 202.

sechs Qi der „Aufzeichnungen über die Kultivierung der natürlichen Anlagen und die Lebensverlängerung" *(Yangxing yanming lu)* noch in den übrigen von C. Despeux analysierten daoistischen Quellen Erwähnung.[135]
Hervorgehoben sei die Auflistung des Yubu 禹步 („Schritt des Yu") in dem prophylaktischen Übungen gewidmeten Teil des *Yinshu.* Dieser Technik werden positive Wirkung auf den „Bereich zwischen den Oberschenkeln" zugeschrieben.[136] Neben der Erwähnung in dem Mawangdui-Manuskript „Rezeptvorschriften für 52 Arten von Krankheiten" *(Wushi'er bingfang)* finden wir hier einen weiteren Textbeleg für die vorbeugend-therapeutische Anwendung dieser magisch-exorzistischen Technik, die offenbar so bekannt war, daß eine Beschreibung ihrer Ausführung nicht als notwendig erachtet wurde.[137] Während in dem genannten Mawangdui-Text der Schritt des Yu der magischen Austreibung Krankheit verursachender Dämonen dient[138], erscheint dieselbe Technik im *Yinshu* freilich als eine rein auf ihren physischen Aspekt reduzierte, von jeglicher dämonenmedizinischer Konnotation befreite gymnastische Übung.[139]

(3) Den Schluß des Werkes bilden Erörterungen über Ätiologie und die Möglichkeiten der Prävention von Krankheiten. Als Ursachen für Erkrankungen werden genannt: mangelnde Adaptation an klimatische Gegebenheiten (Hitze, Feuchtigkeit, Wind, Kälte, Regen und Tau), Unausgewogenheit in der Ernährung und Unwissenheit über die Pflege und Bewahrung des eigenen Qi. Die exogenen Faktoren, die im Verlauf der Jahreszeiten auftreten können, werden im Text mit dem Begriff „aus der Ordnung geratenes Qi" 亂氣 *(luanqi)* bezeichnet, der sich in seiner Bedeutung wesentlich mit dem des „heteropathischen Qi" 邪氣 *(xieqi)* deckt.[140] Um den potentiell pathogenen Wirkungen dieses Qi zu begegnen, gilt es, bestimmte Techniken der Atmung und Übungen des Leitens und Dehnens auszuführen. Beachtenswert ist die anschließend dargelegte Ätiologie, in der die krankheitsbedingenden Faktoren gemäß den unterschiedlichen sozialen Klassen differenziert werden. Während die „Hochstehenden" 貴人 *(guiren)* aufgrund eines emotionalen Ungleichgewichtes erkranken, das sie nicht rechtzeitig durch bestimmte Übungen ausgleichen, so sind es bei den „Gemeinen" 賤人 *(jianren)* physische Anstrengung, ungesunde Lebensgewonheiten und das Unwissen über die Möglichkeiten einer Regulierung des Qi, die zu häufigen Erkrankungen und zum Tode führen können. Der letzte Absatz des Schlußteils

---

135 C. Despeux' Untersuchung (1995) basiert im wesentlichen auf dem *Taiqing daoyin yangsheng jing* (DZ 818, Fasz. 56), dem *Taiqing Daolin shesheng lun* (DZ 1427, Fasz. 1055) und verschiedenen Schriften, die der Huangting-Tradition angehören. Zum *Yangxing yanming lu*, s. Despeux, ebd., 152f. und Kap. 3 der vorliegenden Arbeit.

136 禹步以利股間; Wei, ebd., 220.

137 Zum „Schritt des Yu", s. oben, S. 42f.

138 S. Harper 1982, 99.

139 Der Schritt des Yu gehört zu den 24 prophylaktischen Übungen, die am Ende des 2. Teils des *Yinshu* angeführt werden. Zu diesen gehören beispielsweise das „Strecken des Vogels", „Gleiten des Bären" und das „Nach hinten Blicken des Tigers", Wei, S. 220f.

140 Zu *xie*, s. ZHDCD, S. 526; *luanqi* (ebd., S. 773) bezieht sich im *Suwen*, anders als hier, auf das aus der Ordnung geratene, gegenläufige Qi im Innern des Organismus.

faßt die zuvor bereits ausgeführten Maßnahmen noch einmal unter dem Begriff „Regulierung des Leibes“ 治身 *(zhishen)* zusammen, die darin besteht, dem Leib zu nutzen und sich den äußerlichen klimatischen Faktoren anzupassen.

Richtet man nach dieser kurzen Zusammenfassung einzelner inhaltlicher Aspekte des *Yinshu* den Blick noch einmal auf das gesamte Werk, so ist vor allem festzuhalten, daß bereits in seiner formalen Struktur ein Verweis auf ein fundamentales Prinzip heilkundlichen Denkens, das in gleicher Weise auch das *Huangdi neijing* formuliert, enthalten ist: es ist dies der Primat der Prävention, das heißt der Bewahrung der Gesundheit und Vermeidung von Erkrankung durch eine diätetisch gestaltete Lebensweise. Regeln und Anweisungen zur konkreten Gestaltung einer umfassenden Ordnung des Daseins sind es, die an den Anfang des Textes gestellt werden. Daß es gilt, in dieser Lebensordnung die als Zyklus des Entstehens, Wachsens, Sammelns und Hortens beschriebene natürliche Ordnung gestaltend nachzuvollziehen, macht die Bezeichnung „Dao des Pengzu“ deutlich. Mit Pengzu, der im *Zhuangzi* im Zusammenhang mit den Anhängern der Techniken zur „Pflege des Körpers“ *(yangxing)* Erwähnung findet, assoziiert sich zwar die Vorstellung der Langlebigkeit, doch klingt diese an keiner Stelle des *Yinshu* an; vielmehr steht darin das Streben nach Vermeidung und Freisein von Störungen und Erkrankungen als unabdingbare Voraussetzung zur Erfüllung der dem Menschen zugemessenen Lebensspanne im Vordergrund, ein Thema, das in einem sexualhygienischen Kontext ja auch in dem Pengzu zugeschriebenen Abschnitt der „Zehn Fragen“ erörtert wird. Mit „Dao“ ist hier der Weg, besser die Methode einer individuellen diätetischen Lebensführung in Entsprechung zum und in Übereinstimmung mit dem „Dao des Himmels“, das heißt den Gesetzmäßigkeiten der natürlichen Ordnung, gemeint.[141] Die gleichsam preskriptive Natur dieser Formulierung im *Yinshu* wird im Vergleich mit dem folgenden, freilich eher deskriptiven Passus im „Inneren Klassiker des Gelben Ahnherrschers“ erkennbar, in dessen *Lingshu*-Teil es heißt: „Im Frühling hervorbringen, im Sommer wachsen, im Herbst sammeln und im Winter horten, dies ist der konstante Wandel des Qi, der beim Menschen seine Entsprechung hat.“[142] Deutlicher noch als in dieser Textstelle wird die Übereinstimmung in den Entwürfen einer heilkundlich ausgerichteten Lebensordnung in dem mit „Große Abhandlung zur Regulierung des Geistes gemäß den Jahreszeiten“ überschriebenenen 2. Kapitel der „Reinen Fragen“. Die darin entwickelten, teilweise mit dem *Yinshu* in der Formulierung identischen Regeln zur Gestaltung der Lebensweise[143]

---

141 In SW 5, I, 70 beispielsweise wird das Wort „Himmel“ *(tian)* im Sinne von Natur benutzt, wenn es heißt „In der Natur gibt es die vier Jahreszeiten und die fünf Wandlungsphasen. In diesen vollziehen sich die Prozesse des Entstehens, Wachsens, Sammelns und Speicherns, und jene bringen Kälte, Hitze, Trockenheit, Feuchtigkeit und Wind hervor“.

142 LS 44 *(Shunqi yire fenwei sishi)*, S. 316. Der Kommentar von Zhang Jiebin führt dazu aus, daß diese Beschreibung eines konstanten jahreszeitlichen Wandels sich auf das Yang-Qi bezieht, das im Frühjahr hervorkommt, im Sommer seine Fülle erlangt, Im Herbst sinkt, um sich im Winter zu verbergen; s. Wei, a.a.O., 137, Anm. 2.

143 Vgl. beispielsweise die Ausführungen der beiden Werke zum Frühling, SW 2, I, 15 und Wei, S. 138.

gründen sich auf die Erkenntnis, daß Yin und Yang der vier Jahreszeiten die „Wurzel von Leben und Tod" bedeuten. Das „Dao erlangen" bedeutet, diesen Regeln nicht zuwiderzuhandeln 逆 *(ni)*, sondern ihnen in jeglichem Tun zu folgen 從 *(cong)*, wofür häufig auch das synonyme 順 *shun* gebraucht wird.[144] Demselben Bedeutungsfeld zugehörig ist der in beiden Werken verwendete Begriff 應 *ying*, den ich als „entsprechen", „sich in Einklang bringen" oder „sich einstellen auf" übersetze. Legt das *Suwen* dar, daß die Regeln zur Lebensführung dem Ziel dienen, sich in Einklang mit dem jahreszeitlichen Qi zu bringen, so betont die „Schrift über das Leiten und Dehnen" den ursächlichen Zusammenhang zwischen dem Unvermögen, sich den vorherrschenden klimatischen Bedingungen anzupassen und der Entstehung von Krankheiten. Zwei Vorstellungen sind hier zu unterscheiden: zum einen gilt es, dem natürlichen Lauf der Jahreszeiten gemäß zu handeln, zum anderen ist es notwendig, sich klimatischen Faktoren, die gleichsam außerhalb der natürlichen Ordnung auftreten, anzupassen.[145] Hierzu dient das methodische Instrumentarium in Form von präventiven und kurativen Übungen und Atemtechniken, das im *Yinshu* vermittelt wird.
Vergleicht man die diätetische Terminologie des *Yinshu* mit späteren Werken zur Lebenspflege, so zeigt sich ein hohes Maß an inhaltlicher Übereinstimmung. Die Nichtbeachtung der diätetischen Regeln führt, so heißt es im Hinblick auf die Ordnung der sexuellen Aktivitäten, zu einer Schädigung des Qi. Der Begriff shang 傷 nun wird interessanterweise in einem Pengzu zugeschriebenen Zitat des *Yangsheng yaoji*, zitiert im Yangsheng-Kapitel des *Ishimpō*, thematisiert. Darin wird die Vermeidung jeglicher Schädigung geradezu als Kernprinzip der Lebenspflege postuliert. So heißt es:

> *Die Methode zur Kultivierung der Langlebigkeit besteht einzig darin, daß man dieser keinerlei Schaden zufügt. Im Winter für Wärme und im Sommer für Kühle sorgen, nicht dem, was für eine jede Jahreszeit angemessen ist zuwiderhandeln, auf diese Weise läßt man dem Körper das ihm Angemessene zukommen.* [146]

Neben dem Wissen um eine angemessene Therapie auftretender Störungen, wie sie der ausführliche Mittelteil des *Yinshu* darstellt, sind Kenntnisse über ätiologische Zusammenhänge unabdingbar, denn nur was als potentiell schädigend erkannt wird, läßt sich bewußt vermeiden oder ausgleichen.
Die das *Yinshu* abschließende Erörterung über Ursachen und Prävention von Erkrankungen greift diesen Aspekt auf: seinem Leib Nutzen zu bringen, was ja nichts anderes bedeutet, als ihn vor Schädigung zu bewahren, vermag, wer sein Qi wertschätzt und hegt 愛氣 *(aiqi)* und mit ihm haushaltet 節氣 *(jieqi)*.

---

144 S. SW, ebd., 27, wo es heißt „Yin und Yang folgen *[cong]* bedeutet leben, ihnen zuwiderhandeln heißt Tod"; die parallele Textstelle im *Huangdi neijing Taisu* hat *shun* anstelle von *cong*, s. ebd., textkritische Anm. 1.
145 S. den weiter oben genannten Begriff des *luanqi*.
146 Is. 23, S. 3a; 27. 1, S. 449; das Zitat findet sich auch in der Biographie des Pengzu im *Shenxian zhuan*, 1, S. 7.

4.1. Übersetzung aus dem *Yinshu* (Auszug)[147]

Im Frühling hervorbringen, im Sommer wachsen, im Herbst sammeln und im Winter horten: solcherart ist das *dao* des Pengzu.

Im Frühling steht man früh auf, läßt anschließend Wasser, wäscht sich die Hände, spült den Mund aus[148], reinigt die Zähne mit Wasser, klappert mit den Zähnen und löst die Haare, um dann vor den Gemächern zu wandeln. Man empfängt die Reinheit des Taus, nimmt die Feinsstoffe des Himmels auf[149] und trinkt einen Becher Wasser. Hierdurch befördert man ein langes Leben.[150] Den Angelegenheiten der inneren Gemächer geht man zwischen Sonnenuntergang und der Doppelstunde nach Mitternacht nach. Wird diese Zeit überschritten, so erfährt das Qi Schädigung.

Im Sommer wäscht man sich häufig die Haare, nimmt aber nur selten ein Bad[151]; man steht nicht spät auf und ißt viel Gemüse. Man erhebt sich zu früher Stunde, wäscht sich nach dem Waserlassen das Gesicht und spült den Mund aus, reinigt die Zähne[152] und löst die Haare. Anschließend geht man gemächlich vor den Gemächern spazieren und trinkt nach einer Weile einen Becher Wasser. Den Angelegenheiten der inneren Gemächer geht man zwischen Sonnenuntergang und der Doppelstunde um Mitternacht nach.[153] Wird diese Zeit überschritten, so erfährt das Qi Schädigung.

Zur Zeit des Herbstes gilt es, häufig zu baden und sich häufig die Haare zu waschen; die Menge der Speisen und Getränke richtet sich nach den Bedürfnissen des Körpers. Den Angelegenheiten der inneren Gemächer geht man soweit nach, als es für den Leib angemessen ist und nicht weiter. Solcherart zu verfahren gereicht dem Leib zum Nutzen.[154]

---

147 Der Übersetzung liegt die in Wei 1995 enthaltene und annotierte Fassung des *Yinshu* zugrunde, die identisch mit der Texttranskription der Arbeitsgruppe Zhangjiashan-Manuskripte *(Wenwu* 10/1990, S. 82-86) ist.

148 *Zao* 澡, wird im *Shuowen jiezi* (S. 237) als „Waschen der Hände" glossiert; nach Wei (1995, 138, Anm. 2) ist *zao* identisch mit *guan* 盥, das nach seinen Angaben im *Shuowen* als „Waschen des Gesichts definiert wird. In der von mir benutzten Ausgabe (S. 104) lese ich freilich 盥, 澡手也; *shu* 漱bezeichnet das Spülen oder Auswaschen des Mundes , s. *Shuowen*, S. 236.

149 Das Atmen des Essenz-Qi praktizierten nach der Darstellung im *Suwen* (Kap. 1. I, 12) die Wahrhaftmenschen des Altertums; im Schlußteil des *Yinshu* (Wei 1995, 225) wird die Aufnahme des „Feinstqi von Himmel und Erde" genannt.

150 Zur Deutung von 讎als 壽 s. Wei 1995, 139, Anm. 9.

151 *Mu* 沐 wird im *Shuowen* (S. 236) glossiert als „Waschen der Haare", *yu* 浴 bezeichnet das Waschen des ganzen Körpers, wohl im Sinne von „baden" (ebd., S. 237).

152 *Shu* 疏 ist identisch mit *di* 滌 (s. Wei 1995, 141, Anm. 5), das die gleiche Bedeutung hat wie *sa* 洒 *(Shuowen*, S. 236); im Abschnitt über die diätetischen Maßnahmen für den Frühling wird der Begriff *sachi* für das „Reinigen der Zähne" verwendet.

153 *Rugong* 入宮 „die Gemächer betreten" ist meines Wissens als Bezeichnung für die „Angelegenheiten der inneren Gemächer" *(fangshi, fangzhong)* in der Mawangdui-Literatur zur Sexualhygiene nicht belegt; *gong* wird im *Shuowen* (S. 152) als shi 室 glossiert (vgl Wei 1995, 139f., Anm. 10).

Im Winter soll man häufig baden und sich häufig die Haare waschen. Die Hände verlangen nach Kälte, die Füße nach Wärme; das Gesicht soll kalt, der Rumpf hingegen warm gehalten werden. Man erhebt sich spät vom Schlafe; bezüglich der Zeiten für Schlaf und Aktivität [wörtl.: sich strecken] übe man Regelmäßigkeit. Den Angelegenheiten der inneren Gemächer geht man zwischen Sonnenuntergang und der Doppelstunde vor Mitternacht nach. Wird diese Zeit überschritten, so erfährt das Qi Schädigung.[155]

Die Ursachen dafür, daß der Mensch erkrankt, sind gewiß in den [klimatischen Gegebenheiten von] Hitze, Feuchtigkeit, Wind, Kälte, Regen und Tau, in Unausgewogenheiten des Öffnen und Schließens der Poren der Haut und der Ernährung zu sehen und liegen darin, daß er sich in seinen Lebensgewohnheiten nicht auf [den Wechsel von] Hitze und Kälte einzustellen vermag; aus diesem Grunde wird er krank. Im Laufe des Frühlings, Sommers, Herbstes und Winters wirkt aus der Ordnung geratenes Qi *(luanqi)* auf den Menschen ein[156], der sich ihm nicht zu entziehen vermag und deshalb erkrankt. Und so sollte man unbedingt regulierend eingreifen, indem man das Dehnen der acht Richtungen ausführt.[157] *Chui*, *xu* und *hu* praktizieren, das Feinstqi von Himmel und Erde aufnehmen, den Unterbauch strecken, die Hüfte aufrichten, die Arme und Beine kraftvoll ausstrecken, die Fersen vorschieben und die Finger krümmen, die Gliedmaßen strecken, heben und spreizen[158] und auf dem Rücken liegend den Körper durch weites Dehnen regulieren: all dies wird ausgeführt, um Übereinstimmung [mit den Jahreszeiten] zu erlangen, und so bleibt man frei von Erkrankungen. In Rückenlage *chui* und *xu* ausstoßen und den Yin-Bereich des Körpers dehnen.[159] Während des Frühlings zweimal *xu* und jeweils einmal *hu* und *chui* ausstoßen. Im Verlaufe des Winters zweimal *chui* und jeweils einmal *xu* und *hu* ausstoßen.

---

154 Der Ausdruck *li dao* 利道, wörtlich „dem dao nutzen“, erscheint ein weiteres Mal im Schlußteil des *Yinshu* (Wei, S. 229). Gemeint ist dabei freilich nicht irgendein Nutzen für das *dao*, sondern für den Leib *(shen)*, im Sinne von 利身之道; s. Peng Hao 1990, S. 86.

155 Wei, a.a.O., S. 136-144.

156 *Luanqi* 亂氣; im 40. Kap. des LS *(Yinyang qingzhuo)* heißt es: „Klar und trübe beeinträchtigen sich gegenseitig, dies bezeichnet man als aus der Ordnung geratenes Qi“ (LS 40, 299); vgl. ZHDZD, S. 773.

157 Das „Dehnen der acht Leitbahnen“ *(bajing zhi yin)* wird bereits im Daoyin-Abschnitt des *Yinshu* im Zusammenhang mit „Hitze-Erkrankung“ *(danbing)* erwähnt (Wei, S. 169f.); vermutlich handelt es sich bei *jing* 經 um eine Verschreibung für *wei* 維, das hier „acht Richtungen“ bedeutet. Der „Plan zum Leiten und Dehnen“ *(Daoyin tu)* enthält die Übungsbezeichnung *zuoyin bawei* 坐引八維 (Figur 37), die wohl im Sinne eines Strecken und Dehnens der Gliedmaßen in sämtliche Richtungen zu verstehen ist; vgl. Ma Jixing 1992, 861f.

158 Quqi kuandan 去起寬亶; dem Kontext nach müßte es sich um eine Beschreibung bestimmter Bewegungen handeln; welche dies sind, ist mir nicht ganz klar, und so ist die Übersetzung mehr tentativ.

159 *Yin Yin* 引陰 wird als Übung im *Yinshu* beschrieben, s. Wei, S. 199; nach seiner Interpretation handelt es sich dabei um eine Übung, die bei Erkrankungen des „hinteren Yin“ *(houyin)*, i.e. des Rektums, ausgeführt wird.

Der Mensch lebt mit seinen Emotionen *(qing* 情); versteht er es nicht, sein Qi zu hegen, so suchen ihn zahlreiche Krankheiten heim, an denen er leicht stirbt. Daß der Mensch häufig erkrankt und sein Yin frühzeitig geschwächt wird, liegt daran, daß er mit seinem Qi nicht zu haushalten versteht. Wer mit seinem Qi haushalten kann und sein Yin in Fülle zu bewahren weiß, der nützt so seinem Körper.

Die Ursache für Erkrankungen bei Hochgestellten besteht darin, daß die Emotionen der Freude und des Zorns nicht ausgewogen sind. Freude führt zu einem Übermaß an Yang-Qi, Zorn ruft ein Übermaß an Yin-Qi hervor.[160] Wer das dao praktiziert[161] wird deshalb bei Freude geschwind *xu* und bei Zorn schnell *chui* ausstoßen, um [die Emotionen] zu harmonisieren. Indem man das Feinstqi von Himmel und Erde aufnimmt und die Fülle seines Yin bewahrt, bleibt man frei von Krankheiten.

Der Grund, warum Gemeine erkranken, ist, daß sie sich durch Arbeit erschöpfen, Hunger und Durst leiden, kalter Schweiß unaufhörlich fließt, woraufhin sie in [kaltem] Wasser baden, an kalten und zugigen Orten schlafen und es nicht verstehen, sich angemessen zu kleiden. Aus diesen Gründen werden sie krank. Auch wissen sie nichts davon, Erkrankungen mittels *xu* und *hu* zu beseitigen, weshalb sie vielfach von Krankheiten heimgesucht werden und leicht sterben.
Um den Leib zu regulieren, muß man nach Übereinstimmung mit Himmel und Erde streben, „gleich dem Blasebalg, leer aber nicht erschöpft, in Bewegung immer mehr hervorbringend".[162] Den dunklen Palast verschließen, die geheimnisvolle Pforte öffnen[163], die neun Öffnungen durchlässig machen, die fünf Speicher sowie die Poren regulieren, auf diese Weise nutzt man dem Leib. Bei

---

160 Die Emotion Zorn ist dem Yin, Freude dem Yang zugeordnet; vgl. hierzu SW 5 *(Yinyang yingxiang dalun)*, S. 70, wo es heißt „Heftiger Zorn schadet dem Yin, heftige Freude schadet dem Yang". In diesem Sinne, nämlich als übermäßiger und damit destabilisierender Ausdruck der genannten Emotionen ist wohl auch der obige Passus zu verstehen. Aus diesem Grunde empfiehlt Ge Hong in seinem *Baopuzi*: „Zügele den Zorn, um das Yin-Qi vollständig zu erhalten, bändige die Freude, um das Yang-Qi zu nähren" (BPZ 13, 246).

161 *Daozhe* 道者, meint hier jene, die ein bestimmtes *dao*, eine Methode oder Disziplin, in diesem Fall die Lebenspflege, das „dao des Pengzu", wie es ganz zu Beginn des *Yinshu* heißt, praktizieren. In dieser Bedeutung wird auch die Bezeichnung *daoshi* 道士 verwendet, s. hierzu Sivin 1995,(VII), 26.

162 Vgl. das 5. Kapitel des *Daode jing*, in dem der Blasebalg als Symbol für das Entstehen aller Dinge aus dem Nichtgestalteten dient, das gleichsam „leer zu sein scheint"; vgl. Henricks 1989, 196f. Hier scheint es auf die notwendige Einfügung in das makrokosmische Geschehen, das Wirken von Himmel und Erde, zu verweisen, das den diätetischen Vorschriften am Beginn des *Yinshu* zugrunde liegt.

163 *Xuanfu* 玄府, „dunkler Palast" und *miu (miao-)men* 繆[妙]門, „geheimnisvolle Pforte", sind ebenfalls Metaphern im Stil des *Daode jing* (s. beisp. Kap. 1, *xuanmiao zhi men* 玄眇之門; Henricks 1989, 188f.). Wei (1995, 229, Anm. 2) interpretiert ohne Anführung von Belegen *xuanfu* als „Tor des Qi"氣門 *(qimen)*, womit die Poren gemeint seien, die es zu verschließen gelte, um mit dem „Qi zu haushalten" 節氣 *(jieqi)*, wovon weiter oben im Text die Rede ist. *Miaomen* sei identisch mit *xuanmen* 玄門 (das nach Liangqiu zis Kommentar zum *Huangting waijing jing* die Nase bezeichnet) und verweise auf das „Füllen des Yin" 實陰 *(shiyin)*.

Trockenheit stoße man häufig *hu* aus und schlafe viel, bei Feuchtigkeit hingegen atme man häufig mit *chui* aus, schlafe aber nicht und fülle sein Yin. Bei Hitze praktiziere man langsam *xu* und strenge bei Kälte den Körper an. Darin besteht der Weg, sich in Übereinstimmung mit den [klimatischen Gegebenheiten von] Trockenheit und Feuchtigkeit, Kälte und Hitze zu bringen.

5. Leib- und Lebensordnug im „Inneren Klassiker des Gelben Ahnherrschers" *(Huangdi neijing)*

> *Der Himmel bedeckt oben und unten trägt die Erde; von den zehntausend Wesen ist keines von größerem Wert als der Mensch. Der Mensch lebt durch das Qi von Himmel und Erde und gedeiht, indem er den Gesetzmäßigkeiten der Jahreszeiten folgt. Gleich ob Herrscher, König oder Gemeiner, ein jeder strebt danach, seine Gestalt vollständig zu bewahren.*
>
> *Suwen* 25, Baoming quanxing

Im Rahmen der Frage nach den theoretischen Grundlagen und methodischen Ausformulierungen des Yangsheng innerhalb des heilkundlichen Schriftgutes sind jene Bereiche der Entsprechungsmedizin vorrangig von Belang, die sich mit der Physiologie und Pathologie des Organismus befassen, also zum einen das organische Funktionsgefüge in dem Zustand beschreiben, der als gesund gilt, und zum anderen die Ursachen möglicher Störungen dieses Zustandes, die sich als Krankheit manifestieren, benennen.

Ohne auf das Problem der Textüberlieferung und Kompilation eingehen zu wollen, sei hier nurmehr angemerkt, daß das als „Innerer Klassiker des Gelben Ahnherrschers" bezeichnete Werk aus unterschiedlichen Sammlungen verschiedener Autoren besteht und vermutlich teilweise auf den im bibliographischen Kapitel der „Dynastiegeschichte der Han" erwähnten *Huangdi neijing* in 18 *juan* und *Huangdi waijing* 黃帝外經 in 37 *juan* beruht.[164] Die Bezeichnung *Neijing* bezieht sich gemeinhin auf die als „Reine Fragen" *(Suwen)* und „Achse der Wirkkraft" *(Lingshu)* bezeichneten Teile des Werkes. Ein erstmals in den Bibliographien der Tang-Dynastiegeschichten erwähntes *Huangdi neijing taisu* 太素, das von Yang Shanshang kompiliert wurde, steht dem hanzeitlichen *Huangdi neijing* als Ausgangstext wohl am nächsten.[165] Unter den bereits erwähnten

---

164 S. hierzu Unschuld 1982, 92ff. und Yamada 1979. 67ff.

165 S. Yamada 1979 und Sivin 1993.

Mawangdui-Funden werden von Yamada Keiji vier Manuskripte als direkte Textvorbilder für Kapitel des *Huangdi neijing* identifiziert.[166]
Der „Innere Klassiker" stellt das theoretische Grundwerk der systematischen Entsprechungsmedizin dar, deren Grundlage die Yinyang-Lehre, die Theorie der Fünf Wandlungsphasen und die Vorstellung vom Organismus als Funktionsgefüge von Speichern und Palästen, die durch Haupt- und Nebenleitbahnen miteinander verbunden sind, bilden. In diesem Entwurf widerspiegeln sich Einflüsse, die im Zusammenhang mit den politisch-sozialen Bedingungen der Reichseinigung zu sehen sind, vor allem aber auch von unterschiedlichen philosophischen Schulen, insbesondere dem Konfuzianismus und dem Daoismus, herrühren.[167]
Daoistische Anteile zeigen sich beispielsweise bereits im 1. Kapitel des *Suwen*, das in seinem Schlußteil eine längere Passage enthält, in dem der zur Hanzeit weit verbreitete Glauben an die Existenz von Unsterblichen anklingt. So heißt es dort: „Der Gelbe Kaiser sprach: Ich habe vernommen, im hohen Altertum habe es die wahrhaftigen Menschen gegeben. Sie hatten Gewalt über Himmel und Erde... Die Länge ihres Lebens glich dem Sein von Himmel und Erde; ihre Zeit kannte kein Ende, denn sie existierten im *tao*".[168] Die Idealgestalt und der Begriff des *zhenren* 眞人 (Wahrhaftmensch) beispielsweise entstammt dem daoistischen Schriftgut, das in vielfachen Variationen Beschreibungen von Unsterblichen enthält, die, so ein gängiger Topos, „ins Wasser eintauchen, ohne naß zu werden und in das Feuer gehen, ohne zu verbrennen" *(Zhuangzi*, Kap. 6). Sowenig wie viele Werke des Daoismus ein geschlossen-einheitliches Denken widerspiegeln, sondern vielmehr Gedankengut ganz unterschiedlicher Strömungen in sich vereinen, sowenig ist der „Innere Klassiker des Gelben Ahnherrschers" als ein monolithisches Ganzes bzw. in seiner Gesamtheit als daoistisch anzusehen. Unzweifelhaft spiegelt sich in einigen Kapiteln des Werkes daoistischer Einfluß wieder, doch wirkten daneben ganz unterschiedliche Ideen und Vorstellungen, insbesondere auch solche des Konfuzianismus, prägend auf die Konzepte der frühen chinesischen Heilkunde.

Eine zentrale Stellung nimmt innerhalb des im *Suwen* dargelegten heilkundlichen Systems der Gedanke der Prävention ein, der sich ja, darauf wurde im einleitenden Kapitel bereits kurz hingewiesen, nicht auf das medizinische Schrifttum beschränkt. Die Analogie zwischen Heilkunst und Staatskunst, die über eine terminologische Übereinstimmung, beispielsweise in den Begriffen *zhi bing*, „Krankheiten behandeln" und *zhi guo*, den „Staat ordnen", hinausgeht, ist Bestandteil des allgemeinen Fundus chinesischer Ordnungsvorstellungen. In den „Reinen Fragen" findet der Gedanke des präventiven Eingreifens seine kanonische Formulierung im Kapitel „Große Abhandlung über die Geist-Regulierung im Einklang mit den vier Jahreszeiten". Darin heißt es:

---

166 Yamada, a.a.O., 71.
167 S. hierzu Unschuld 1980, 48ff. und 73-75.
168 SW 1 *(Shanggu tianzhen lun)*, I, 12; Übers. Unschuld, ebd., 221.

Die Gesetze von Yin und Yang zu befolgen, das bedeutet Leben, ihnen zuwiderzuhandeln bedeutet Tod. Das ist damit gemeint, wenn es heißt, die Weisen im Altertum behandelten nicht diejenigen, die bereits erkrankt waren, sondern diejenigen, die noch nicht krank waren; sie griffen nicht dort ordnend ein, wo bereits Unruhen ausgebrochen waren, sondern dort, wo noch keine Unruhen herrschten.[169]

Ist damit ein wesentliches Prinzip der Vorbeugung angesprochen, aus dem sich die Notwendigkeit einer geordneten, auf weitestmögliche Verhinderung von Störungen und Erkrankungen ausgerichteten Lebensweise herleiten läßt, so findet sich ein zweiter Aspekt in dem Gedanken des frühkurativen Eingreifens, das eine auftretende Störung in ihren Ansätzen bekämpft, um ihr Eindringen in tieferliegende Bereiche des Organismus zu verhindern. Der Beginn einer Krankheit, so führt das *Suwen* (Kap. 26) aus, ist äußerst subtil und nicht gestaltlich erfaßbar, so daß nur der fähige Arzt (wörtlich: der „beste Handwerker" 上工) sie bereits im Keimzustand zu diagnostizieren und zu behandeln vermag.[170] Das Prinzip des frühen Eingreifens auf der Grundlage der Fünf Wandlungsphasen-Theorie legt Zhang Ji 張機 (Zhongjiong 仲景, ca. 150-219) im Anfangskapitel seines Rezeptwerkes „Abriß des Wichtigsten aus Goldtruhe und Jadekasten" 金匱要略 *(Jinkui yaolue)* folgendermaßen dar:

Der Schüler fragt: Der höchste Handwerker heilt, bevor eine Krankheit auftritt, was ist darunter zu verstehen? Der Meister antwortet: Heilen, bevor die Krankheit auftritt, bedeutet, bei einer festgestellten Störung der Leber zu wissen, daß die Leber [die Krankheit] an die Milz weitergibt. Daher gilt es zunächst, die Milz zu füllen. Am Ende aller vier Jahreszeiten herrscht die Milz vor und empfängt deshalb keine pathogenen Faktoren, weshalb man sie dann auch nicht stärken darf.[171]

Der kurz skizzierte Topos der Prävention ist eingebunden in die Vorstellungen einer medizinischen Anthropologie, die sich auch mit der Frage nach der Lebensdauer des Menschen beschäftigt. In dem Begriff *tiannian* 天年, wörtlich „Himmelsjahre", wird bereits der Gedanke einer natürlich bestimmten Lebensspanne erkennbar, die sozusagen als biologische Matrix dem menschlichen Dasein innewohnt.[172] Mit einiger Ausführlichkeit beschreibt das *Tiannian*-Kapitel des *Lingshu* den biologischen Entwicklungs- und Verfallsprozeß des Menschen im Rahmen der ihm zubemessenen Lebensdauer:

Huangdi wandte sich mit folgender Frage an Qibo: Kann ich etwas über Fülle und Verfall des Qi beim Menschen bis zu seinem Tode erfahren? Qi Bo antwortete: Im Alter von zehn Jahren beginnen die fünf Zang sich zu

---

169 SW 2 *(Siqi tiaoshen dalun)*, I, 27.

170 SW 26, I, 361; vgl. auch ebd. 14 *(Tangye laoli lun)*, I, 186 und im Zusammenhang mit der Nadelung als frühkurative Maßnahme LS, Kap. 55 *(Nishun)*, S. 379.

171 JKYL 1, S. 7; s. C. Despeux 1987, 72f. und P. Unschuld 1997, 39.

172 Vgl. Kap. 1, S. 21 der vorliegenden Arbeit.

Idealportait des Gelben Ahnherrschers (Huangdi)

festigen und es herrscht bereits eine Durchlässigkeit von Qi und Blut; das Qi befindet sich noch wesentlich im unteren Körperbereich, und so besteht eine Neigung zum Rennen[173]. *Mit zwanzig erreichen Qi und Blut einen Füllezustand, die Muskeln entwickeln sich, und deshalb herrscht eine Vorliebe für schnelles Laufen. Im Alter von dreißig sind die fünf Zang voll ausgebildet, die Muskeln sind fest und stark, und das Blut erreicht eine große Fülle, so daß der Mensch dieses Lebensalters dem gemächlichen Schreiten zugetan ist. Mit vierzig erlangen die fünf Zang, die sechs Fu und die zwölf Leitbahnen ihre größtmögliche Fülle und Stabilität; die Haut beginnt zu erschlaffen, der Glanz des Gesichtes läßt nach und Haar und Schläfen beginnen zu ergrauen; der Mensch strebt nach Einfachheit und wenig Mühen, und so bevorzugt er das Sitzen. Um das fünfzigste Lebensjahr schwächt sich das Leber-Qi ab, die Leberlappen erschlaffen und der Gallensaft verringert sich; die Sehkraft beginnt nachzulassen. Mit sechzig wird das Herz-Qi schwächer, woduch eine Neigung zu Besorgnis und Kummer entsteht; der Bewegungsfluß von Qi und Blut wird träger, was eine Vorliebe für das Liegen bewirkt. Im Alter von siebzig beginnt die Schwächung des Milz-Qi, die Haut wird faltig und trocken. Um das achtzigste Lebensjahr schwächt sich das Lungen-Qi ab, was Bewegungsunlust zur Folge hat; hun und po des Menschen zerstreuen sich*[174], *weshalb es beim Sprechen häufig zu Fehlern kommt. Im Alter von neunzig Jahren ist das Nieren-Qi erschöpft, in den vier Zang [Leber, Herz, Milz und Lunge] und den Leitbahnen herrscht ein Mangelzustand. Mit dem einhundertsten Lebensjahr ist das Qi der fünf Zang aufgebraucht, das Geist-Qi (shenqi) hat den Leib vollständig verlassen, und so bleibt nurmehr der Körper zurück, der vergeht."* [175]

Aus dieser Beschreibung wird deutlich, daß als natürliche Lebensspanne des Menschen einhundert Jahre angenommen werden, ein Zeitraum, in dem sich der Prozeß der biologischen Entwicklung in einer „aufsteigenden Linie" bis ins Alter von etwa vierzig Jahren vollzieht, das den Endpunkt und zugleich Wendepunkt darstellt, von dem aus eine „absteigende" Linie über den allmählichen Verfall physiologischer Funktionen, beschrieben als eine Qi-Schwäche der Zang-Funktionskreise[176], bis hin zum „Entweichen des shen-Qi" führt, das den Tod bedeutet. In ähnlicher Weise wie im *Tiannian*-Kapitel des *Lingshu* wird in den „Reinen Fragen" *(Suwen)* die biologische Entwicklung, hier allerdings nach Geschlechtern getrennt, dargestellt. Ausgangspunkt ist die Frage des Gelben Kaisers nach den Gründen für die Unfruchtbarkeit des Menschen im Alter. In

---

173 Zur Deutung von *zou* 走 als „rennen" s. LS 54, S. 377, Anm. 1, wo auf das *Shiming* 釋名 verwiesen wird.

174 S. die textkritische Anmerkung 17, S. 377, in der auf die Parallelstelle in *Jiayi jing* 甲乙經, *j.* 6, Kap. 12 hingewiesen wird. Dort heißt es 魂魄離散. Die Übersetzung folgt dieser Fassung.

175 LS 54, S. 376-78; Wu 1993: 184f.

176 Die Reihenfolge der die Funktionskreise betreffenden Qi-Schwäche entspricht der Hervorbringungssequenz der fünf Wandlungsphasen: Holz (Leber) - Feuer (Herz) - Erde (Milz) - Metall (Lunge) - Wasser (Nieren), s. den Kommentar von Yang Shangshan in TS 2, S. 22f.

seiner Antwort legt Qi Bo die unterschiedlichen Phasen von der Geschlechtsreife bis zu ihrer Erschöpfung dar; dabei bedient er sich eines Schemas, das von Intervallen unterschiedlicher Länge ausgeht: sind es bei der Frau sieben, so bilden beim Mann acht Jahre ein Entwicklungsintervall.[177]
Die biologische Entwicklung vollzieht sich, um ein letztes heilkundliches Evolutionsschema anzuführen, nach einer anderen Darstellung im *Lingshu* in vier Stufen, die, beginnend mit der Kind- und Jugendphase 小、少 *(xiao, shao)*, über die „besten Jahre" 壯 *(zhuang)* zum Alter 老 *(lao)* hinführt, das mit dem 50. Lebensjahr beginnt.[178] Das Alter ist durch bestimmte Verfallssymptome gekennzeichnet, die die Funktionen der Organe betreffen und sich vor allem als eine Degeneration des Qi darstellen. Dazu heißt es in *Lingshu* 15: „Bei einem alten Menschen sind Qi und Blut geschwächt, Muskeln und Gewebe trocknen aus, die Qi-Bahnen sind nicht mehr durchgängig, die Qi der fünf Zang sind im Widerstreit miteinander, das Aufbau-Qi ist im Mangelzustand und das Wehr-Qi verfällt im Innern. Und deshalb ist [ein alter Mensch] tagsüber geistig nicht klar und des nachts hat er keinen festen Schlaf."[179] In ähnlicher Weise schildert auch das *Suwen* den altersbedingten Abbau des Organismus, der dort allerdings erst im 6. Lebensjahrzehnt mit dem Verlust der Zeugungskraft und einer „großen Qi-Schwächung" akut wird.[180]

Das heilkundliche Leibmodell wurde in seiner Konzeption von den politisch-sozialen Bedingungen der Reichseinigung beeinflußt, die den Übergang von der „Autarkie zur Abhängigkeit"[181] markiert bzw. sich als Integration separat existierender Teile in ein mikrokosmisches Gesamtgefüge, das sowohl der Staat als auch der Leib darstellt, verstehen läßt. Der Mensch wurde nun als ein komplexer, aus Speichern, Palästen und Leitbahnen bestehender Organismus betrachtet, dessen einzelne Bestandteile gleich den Ministern und Beamten im Staatswesen für den harmonischen Ablauf sämtlicher Funktionen Sorge zu tra-

---

177 *Suwen*, Kap. 1, „Abhandlung über das naturgemäße und wahrhaftige Dasein im hohen Altertum" 上古天眞論 (SW 1, S. 7ff.; zu einer Übersetzung s. Unschuld 1980: 219-22) Es stellt sich hier die Frage, warum die Yin-Zahl acht dem Mann (also dem Yang-Wesen), die Yang-Zahl sieben hingegen der Frau (Yin) zugeordnet ist (vgl. hierzu Eberhard, S. 15f. u. 266f.). Zahlensymbolik dieser Art findet sich natürlich auch in anderen Kulturen; dabei spielt interessanterweise die Zahl sieben als „kosmische Strukturzahl" im griechischen Denken eine Rolle, z.B. bei Solon. Basierend auf dessen Einteilung des menschlichen Daseins in zehn Stufen mit je sieben Jahren, beschreibt Philo von Alexandrien diese Stufen folgendermaßen: „Zu Ende des ersten Jahrsiebtes kommen an Stelle der Milchzähne die richtigen Zähne, zu Ende des zweiten tritt die Geschlechtsreife ein, im dritten sproßt beim Mann der Bart, das vierte ist die Blütezeit des Lebens, das fünfte der Zeitraum der Verehelichung, das sechste bringt die Reife des Verstandes, das siebente die Veredelung der Seele durch die Vernunft, das achte die Vollendung von Verstand und Vernunft, das neunte die Zähmung der Leidenschaften und infolgedessen Gerechtigkeit und Milde. Im zehnten aber ist es am besten, zu sterben, da in dem darüber hinaus liegenden Alter der Mensch nur ein gebrechlicher und unnützer Greis ist" (zit. nach Endres, Schimmel 1995, 143).

178 S. LS 59 *(Weiqi shichang)*, S. 395.

179 LS 18 *(Yingwei shenghui)*, S. 177f.

180 SW 5 *(Yinyang yingxiang dalun)*, I, S. 83.

181 Unschuld 1995, 12.

gen haben und so das Überleben des Ganzen sichern. Dieses administrative Funktionsmodell basiert wesentlich auf der Vorstellung des Kreislaufes und der ungehinderten Zirkulation, die durch ein Zusammenspiel der Beamten (Speicher und Paläste) und der klugen Ordnung des Herrschers (Herz/Geist) gesichert wird: „Wird solcherart das Leben genährt, dann erlangt man Langlebigkeit und entgeht allen Gefahren".[182]

Der heilkundliche Entwurf von den Funktionen des Organismus geht von der Vorstellung aus, daß im Zustand des Gleichgewichtes ein Zustand der Qi-Fülle herrscht; das Vorhandensein des physiologischen Qi, bezeichnet als „rechtes Qi" 正氣 *(zhengqi)*, macht es pathologische Veränderungen verursachenden Faktoren, die unter der Bezeichnung pathogene Agenzien 邪 *(xie)* zusammengefaßt werden, unmöglich, in den Organismus einzudringen.[183] So heißt es im *Suwen*: „Dort wo sich pathogenes Qi ansammelt, herrscht mit Gewißheit ein Mangel an rechtem Qi vor".[184] Die Voraussetzung für das Auftreten von Störungen und Erkrankungen sind somit im Vorherrschen einer Disharmonie zu sehen, die sich als Mangel, Schwäche oder auch Leere beschreiben läßt. Der Zustand des Ungleichgewichtes erst ermöglicht ein Eindringen bestimmter Einflüsse, die im Organismus pathogen wirksam werden können. Die Ätiologie der Entsprechungsmedizin unterscheidet zwischen endogenen und exogenen pathogenen Faktoren. Als exogene, d.h. dem Bereich des Äußernen bzw. von außen auf den Organismus einwirkende Faktoren, gelten die klimatischen Einflüsse Wind, Kälte, Hitze, Dürre und Feuchtigkeit, als endogene Ursachen für Störungen gelten die Emotionen (bezeichnet als *zhi* 志), die innerhalb des Entsprechungssystems den fünf Speichern zugeordnet werden.[185] Entsprechend dieser Differenzierung ist auch die schädigende Wirkung der genannten Faktoren auf die inneren oder aber äußerlichen Bereiche des Leibes gerichtet, in der Weise, daß „Freude und Zorn das Qi schädigen, Kälte und Hitze der Gestalt Schaden zufügen".[186] Freilich werden klimatische Einflüsse und die Emotionen nicht an sich, sondern erst im Zustand des Übermaßes pathologisch wirksam. „Werden Freude und Zorn nicht gezügelt, gehen Hitze und Kälte über das rechte Maß hinaus, dann ist das Leben nicht mehr gefestigt".[187]

Neben Emotionen und klimatischen Faktoren kann ein allgemein als „übermäßige Anstrengung" 勞 *(lao)* bezeichneter Zustand eine Disharmonie des Qi

---

182 SW 8 *(Linglan midian lun)*, I, S. 78

183 M. Porkert spricht von „orthopathischem Qi" *(zhengqi)*, das für die Aufrechterhaltung der physiologischen Funktionen und die Abwehr schädlicher Einflüsse zuständig ist, und „heteropathischem Qi" *(xieqi)* als Bezeichnung für endogene bzw. exogene pathogene Faktoren, s. Porkert 1991, 141ff.

184 SW 33 *(Ping rebing lun)*, I, S. 436.

185 Leber (Wandlungsphase Holz) - Zorn, Herz (Feuer) - Freude, Milz (Erde) - Nachdenklichkeit, Lunge (Metall) - Kummer, Nieren (Wasser) - Furcht; s. SW 5, I, 73ff.; vgl. hierzu auch Liu Yanchi 1988, 141ff.

186 Ebd., S. 70.

187 SW 5, ebd., S. 70.

und damit Erkrankungen verursachen. Ausgehend von der Erkenntnis, daß die „hundert Krankheiten durch Qi hervorgebracht werden", heißt es dazu:

> *Zorn verursacht ein gegenläufiges Steigen des Qi, durch Freude wird es zerstreut, bei Trauer verbraucht es sich, Furcht verursacht ein Sinken, Kälte läßt es sich zusammenziehen, Hitze bewirkt ein Ausfließen, Schrecken ruft Unordnung hervor, durch übermäßige Anstrengung erschöpft es sich und Nachdenklichkeit führt dazu, daß das Qi sich zusammenballt.* [188]

Die Ätiologie des *Neijing* läßt sich durch eine konzise Darstellung der Krankheitsursachen ergänzen, die Zhang Ji im 1. Kapitel seines bereits erwähnten Rezeptwerkes *Jinkui yaolue* im Anschluß an die Ausführungen zur Bedeutung des präventiven Eingreifens gibt. Darin werden drei Kategorien unterschieden, denen eine jeweils spezifische kurative Vorgehensweise entspricht. Konsequenterweise nimmt dabei die Idee des „Nährens" und damit das vorbeugende Handeln, und bei bereits auftretender Störung das frühzeitige Eingreifen eine vorrangige Stellung ein. Dazu führt Zhang aus:

> *Der Mensch erhält die 5 Konstanten [i.e. Wandlungsphasen], er wird geboren und lebt durch Wind und Qi. Wind und Qi vermögen wohl alle Wesen am Leben zu halten, doch können sie ihm auch Schaden zufügen, gleich dem Wasser, welches das Boot trägt, es aber auch versenkt. [...] In drei Punkten lassen sich die Ursachen der vielfältigen Erkrankungen zusammenfassen: zum einen werden die Leitbahnen von pathogenen Agenzien befallen, die in die Speicher und Paläste dringen und so im Innern eine Krankheit verursachen; zum anderen werden die äußeren Bereiche der Haut befallen, wobei das pathogene Agens über die Gefäße weitergeleitet wird und in den Gliedmaßen und neun Körperöffnungen Stauungen und Blockaden hervorruft; und schließlich gibt es die durch das Schlafgemach, durch Waffen und Tiere verursachten Verletzungen. Wer das rechte Qi zu nähren vermag, der verhindert, daß pathogene Windeinflüsse die Leitbahnen affizieren; sind diese dennoch betroffen, so gilt es, die Störung gleich zu behandeln, bevor diese sich auf die Speicher und Paläste überträgt. Bei einem Gefühl der Schwere und Stauung in den Gliedmaßen soll man Übungen des Leiten und Dehnens* (daoyin) *und Atemtechniken* 吐納 (tuna) *praktizieren, Akupunktur, Moxibustion anwenden und äußerlich Heilpaste auftragen, um eine Blockade der neun Körperöffnungen zu verhindern. Vor allem aber gilt es, nicht gegen die herrschenden Gesetze zu verstoßen, Verletzungen durch Tiere und Katastrophen zu verhindern, Auszehrung durch übermäßige sexuelle Aktivität zu meiden, in der Ernährung auf Ausgewogenheit der Geschmäcker zu achten und Schwächungen des Körpers nicht zu vernachlässigen. So vermag die Krankheit nicht in die Poren einzudringen.* [189]

---

188 SW 39 *(Jutong lun)*, I, 505.

Nach diesen knappen Ausführungen zur Physiologie und Ätiologie der systematischen Entsprechungsmedizin ist danach zu fragen, in wieweit das *Huangdi neijing* die Lebenspflege, die gemäß des Primats der Vermeidung von Krankheiten eine besondere Gewichtung erfährt, nicht allein theoretisch formuliert, sondern auch im Sinne einer nach diätetischen Regeln gestalteten Lebensordnung in methodischer Hinsicht konkretisiert. Bezüglich dieser Fragestellung ist zunächst anzumerken, daß ja die Beschreibung der Störungen des Funktionsgleichgewichtes verursachenden Faktoren bereits wesentliche Hinweise auf eine zu beachtende *diaita* in der Weise impliziert, daß die als schädigend identifizierten Verhaltensweisen somit zu vermeiden sind.
Das Anfangskapitel des *Suwen*, in dem sich besonders ausgeprägt Einflüsse frühdaoistischen Gedankengutes manifestieren, enthält die Beschreibung einer in das hohe Altertum projezierten idealen Lebensordnung, deren Befolgung es den Menschen möglich gemacht haben soll, die ihnen zubemessene Lebenszeit von einhundert Jahren auszuschöpfen. Welchen Prinzipien folgten jene, von denen es heißt, daß sie das Dao erkannt 知道 *(zhi dao)* hatten? Sie paßten sich, so die Beschreibung dieses „Goldenen Zeitalters", in das makrokosmische Ordnungsgefüge ein und suchten „harmonische Übereinstimmung" mit den natürlichen Abläufen herzustellen; ihr Tun war von Regelmäßigkeit und vor allem von Mäßigung bestimmt, die sich auf Ernährung, körperliche Anstrengung und auch sexuelle Aktivität bezog („sie erschöpften sich nicht unbesonnen"[190]). Auf diese Weise gelang es den Menschen, ihre körperlich-geistige Integrität, die Gesundheit bedeutet und Langlebigkeit bewirkt, zu bewahren. Die Heiligen des Altertums, so führt das Kapitel aus, lehrten das Volk, wie die Auswirkungen schädigender Einflüsse zu meiden sind. Über die in diesen Passagen vorherrschende daoistische Begrifflichkeit hinaus zeigt sich der Einfluß vor allem des *Zhuangzi* in der Vorrangstellung, die der „Kultivierung des Geistes" zubemessen wird. So heißt es „Ruhig, gelassen und frei von Störungen sein, dann verweilt das wahre Qi; Essenz und Geist im Inneren bewahren, wie können sich da Krankheiten einstellen?"[191] Durch Einschränkung des Wollens, Verringerung der Begierden und Befriedung des Herzens, schließlich durch eine von Schlichtheit 朴 *(pu)* geprägte Lebensweise in „Übereinstimmung mit dem Dao" läßt sich das Wirkvermögen 德 *(de)* in Vollständigkeit bewahren und die Lebensspanne ausschöpfen. Im Kontrast dazu erscheinen die Menschen der Gegenwart geradezu als das „gefallene Geschlecht", das in seinem maßlosen und jeder Ordnung entratenden Dasein die verfügbaren Vitalkräfte leichtfertig verbraucht und so dem frühzeitigen Verfall preisgegeben ist.[192]
Dieses gleich zu Beginn des „Inneren Klassikers" entworfene umfassende Programm einer „diätetischen Lebensordnung" integriert sämtliche wesentlichen

---

189 JKYL 1, S. 8f.; zur Übers. vgl. Wang, Hsu 1983, 2f.
190 Hierzu gehören eben auch die Erschöpfungen durch übermäßige sexuelle Aktivitäten (SW 1, I, S. 4, Anm. 11), die als *fanglao* 房勞 bezeichnet werden.
191 SW, ebd., S. 5.
192 S. SW 1, I, S. 1-5; vgl. die Übers. in Unschuld 1980, 219f.

Chisong zi, Meister Rote Kiefer, einer der legendären Weisen des Altertums, der eine Lebensweise „in Übereinstimmung mit dem dao" verkörpert. Aus „Durch Abbildungen erweiterte Biographien der Unsterblichen" *(Zengxiang liexian zhuan)*.

Bereiche, die einem ordnenden Gestalten des einzelnen zugänglich sind - Ernährung, Sexualität, Aktivität und Ruhe, Anpassung an die lebensweltlichen Bedingungen (Klima) und den Aspekt der geistig-psychischen Disziplin. Die Darstellung läßt sich durch Heranziehung entsprechender Textstellen aus anderen Kapiteln noch ergänzen und mithin konkretisieren, ohne dabei freilich jene methodisch-technische Differenziertheit aufzuweisen, die ein Kennzeichen der zuvor behandelten Spezialwerke zur „Kultivierung des Lebens" ist. Einige Aspekte etwas ausführlicher darzustellen erscheint auch deshalb sinnvoll, weil die Yangsheng-Literatur kommender Jahrhunderte vielfach auf den „Inneren Klassiker" und die darin entwickelte Entsprechungssystematik rekuriert.
Lebenspflege bedeutet vor allem zu „bewahren", das heißt, die vitalen Substanzen des Organismus zu horten und potentiell Schädigendes abzuwehren. Dazu ist im *Suwen* zu lesen: „Wird das rechte Qi im Inneren bewahrt, so können pathogene Agenzien nicht störend wirksam werden."[193] Einklang, Anpassung, Ausgleich, Ordnung, Mäßigung und Regulierung sind Kernbegriffe der Kultivierung des Lebens, die folgender Passus in seinem Schema einer „ordo vivendi" versammelt:

> *Und so kultiviert der Weise sein Leben dadurch, daß er sich in Einklang mit dem Lauf der Jahreszeiten bringt und sich den klimatischen Veränderungen von Hitze und Kälte anpaßt, Freude und Zorn ausgleicht, Aktivität und Ruhe ordnet, Yin und Yang mäßigt und hart und weich reguliert. Auf diese Weise hält er pathogene Einflüsse fern und erfreut sich eines langen Lebens.*[194]

Die das makrokosmische Geschehen bestimmenden Gesetzmäßigkeiten, die in der Theorie der Fünf Wandlungsphasen und der Lehre von Yin und Yang formuliert sind, bilden auch die Grundlage einer diätetisch ausgerichteten Lebensweise. Das Wissen um Yin und Yang und die Einfügung in den Zyklus der Jahreszeiten bestimmen die konkrete Ausgestaltung des Regelwerkes zur gesunden Lebensführung und bilden so die „Grundlage eines langen Lebens".[195] „Im Frühling hervorbringen, im Sommer wachsen, im Herbst sammeln und im Winter horten, dies ist der konstante Wandel des Qi, der beim Menschen seine Entsprechung hat."[196] In einiger Ausführlichkeit wird der jahreszeitliche Ablauf, der, wie weiter oben bereits dargestellt, den diätetischen Vorschriften des *Yinshu* als Matrix dient, in der „Großen Abhandlung zur Regulierung des Geistes gemäß den vier Jahreszeiten" dargelegt. Der Gedanke der Resonanz findet dort seine paradigmatische Formulierung.[197]
Den Emotionen wird innerhalb des heilkundlichen Denkens als wesentlicher Faktor bei der Entstehung von Krankheiten entsprechende Beachtung zubemessen. Sie sind ein Teil des Bereiches der „geistig-psychischen" Aktivitäten, der in die

193 SW 72 *(Cifa lun)*, II, 1325.
194 LS 8 *(Benshen)*, 82.
195 SW 3 *(Shengqi tongtian lun)*, I, 29.
196 LS 44 *(Shunqi yire fenwei sishi)*, S. 316; vgl. auch SW 5, I, 70.
197 S. oben, S. 73.

Systematik der Entsprechungen integriert ist. Auch in der Entsprechungsmedizin gilt der Mensch als ein „ganzheitlicher psychosomatischer Prozeß“, das heißt es existiert keine Körper-Geist Dichotomie im Sinne einer wesenhaft verschiedenen Existenzform beider Bereiche.[198] Die substantiell-funktionale Grundlage der Geistregungen wird in der Zuordnung zu spezifischen Organen (Funktionskreisen) ersichtlich, die auch die Möglichkeit einer reziproken Beeinflussung begründet. Ein interessanter Passus aus dem 8. Kapitel des *Lingshu* definiert eine Reihe der wichtigsten Begriffe:

> *Der Anteil des Himmels in mir ist die Wirkkraft* (de)*, der Anteil der Erde ist das Qi. Wenn Wirkkraft und Qi sich miteinander verbinden, entsteht Leben. Das Herkommen des Lebens heißt Essenz* (jing)*, wenn zwei Essenzen sich umfangen, so wird dies Geist* (shen) *genannt. Was dem Geist folgend kommt und geht heißt* hun*; das, was zusammen mit der Essenz ein- und ausgeht, wird bezeichnet als* po. *Was sich der Dinge annimmt, ist das Herz* (xin)*; woran sich das Herz erinnert, heißt Vorstellung* (yi). *Woran die Vorstellung festhält, wird Wille* (zhi) *genannt; was durch den Willen in seinen Wandlungen bewahrt wird, heißt Denken* (si). *Das Sich-Richten des Denkens auf Entferntes wird bezeichnet als planendes Überlegen* (lü)*; durch planendes Überlegen die Dinge ordnen und mit ihnen umgehen heißt Wissen* (zhi).[199]

Die Zuordnung der geistig-psychischen Regungen zu den fünf Speichern ist folgende: Das Herz speichert den Geist, die Lunge speichert *po*, die Leber speichert *hun*, die Milz speichert die Vorstellung und die Nieren speichern den Willen.[200] Das Kapitel über die „Yin und Yang zugeordneten Erscheinungen“, das ein umfangreiches Geflecht von Entsprechungen entwickelt, ordnet auch die Emotionen den genannten fünf Speichern zu: Zorn ist der Leber, Freude dem Herzen, Nachdenklichkeit/Sorge der Milz, Kummer der Lunge und Furcht den Nieren zugeordnet.[201] Die Emotionen können, wenn sie mit übermäßiger Intensität aufteten, schädigenden Einfluß auf den jeweiligen Speicher ausüben. So „schädigt Zorn die Leber, Freude das Herz“ usw. Gemäß der als „gegenseitige Überwindung“ bezeichneten Beziehung der Fünf Wandlungsphasen wirken die Emotionen aufeinander in der Weise ein, daß, um bei den genannten Beispielen zu bleiben, Kummer den Zorn und Furcht die Freude überwindet.[202] Mit dieser auf die Wandlungsphasen bezogenen Beziehungsvorstellung wird sowohl ein Muster pathologischer Veränderungen als auch ein Modell für therapeutisches Vorgehen beschrieben. Bekannte Beispiele für eine Anwendung dieser

---

198 Ames 1993, 163; vgl hierzu die Ausführungen in Kap. 1 der vorliegenden Arbeit.

199 LS 8 *(Benshen)*, 81.

200 SW 23 *(Xuanming wuqi)*, I, 336.

201 SW 5, 73ff.; s. insbes. die Tabelle auf S. 80. Zur Übersetzung der verwendeten Begrifflichkeit im medizinischen Kontext, s. Sivin 1995 (II), 7.

202 Die Sequenz der gegenseitigen Überwindung lautet: Holz-Erde-Wasser-Feuer-Metall-Holz. Da Kummer der Wandlungsphase Metall zugeordnet ist, überwindet er den Zorn (Wandlungsphase Holz).

von N. Sivin als „emotional counter-therapy" bezeichnete Verfahren sind mit den Namen zweier berühmter Ärzte der Zhanguo- bzw Späten Hanzeit verbunden, Wen Zhi 文摯 und Hua Tuo 華佗, die es verstanden, durch Nachdenklichkeit verursachte Erkrankungen des Patienten durch das Hervorrufen „heilsamen Zornes" erfolgreich zu behandeln.[203] Unter dem Aspekt des Yangsheng betrachtet wird man freilich darauf verweisen können, daß der Behandlung bereits auftretender emotional bedingter Störungen gegenüber der Vermeidung eine gewisse Nachrangigkeit zukommt. In der Erkenntnis der pathogenen Wirksamkeit jener Emotionen, die nicht kontrolliert sind und somit maßlos 不節 *(bujie)* zu werden drohen, ist das Prinzip des regulierenden Umganges mit ihnen ja bereits formuliert. Die Beziehung zwischen physischen und psychischen Faktoren ist eine mutuelle, das heißt emotionales Übermaß beeinflußt die physiologischen Funktionen, und andererseits wirken pathologische Veränderungen des Qi-Haushaltes, die mit den Begriffen Leere/Mangel 虛 *(xu)* und Überfülle 實 *(shi)* beschrieben werden, auf die Emotionen.[204] Ein Zitat aus dem *Lingshu* macht dies am Beispiel des Funktionskreises Leber deutlich: „Die Leber speichert das Blut, das Blut behaust *hun*; ein Mangel des Leber-Qi ruft Furcht, eine Überfülle Zorn hervor".[205]
Die Beeinträchtigung bestimmter Bereiche des Organismus durch exogene oder endogene Faktoren wird allgemein als Schädigung 傷 *(shang)* bezeichnet. Sie kann auch durch Ermüdung und Erschöpfung 勞 *(lao)* hervorgerufen werden. Fünf auf spezifische Strukturen bezogene, durch bestimmte Verhaltensweisen verursachte Schädigungen nennt Kap. 23 des *Suwen*, in dem es heißt: „Langes Sehen schädigt das Blut, langes Liegen schädigt das Qi, langes Sitzen schädigt das Fleisch, langes Stehen schädigt die Knochen und langes Gehen schädigt die Sehnen".[206] Auch hier ist nicht die Tätigkeit selbst, sondern die Mißachtung des rechten Maßes als eigentliche Ursache identifiziert und damit indirekt die Forderung nach Mäßigung erhoben. Diese Form der impliziten Formulierung von Verhaltensregeln findet sich in der Yangsheng-Literatur späterer Jahrhunderte häufig.[207]

Ein bedeutender Bereich heilkundlicher Theoretisierung ist die Ernährung, die ebenfalls in die Entsprechungssystematik eingebunden ist. Den fünf Speichern sind darin folgende Geschmacksrichtungen zugeordnet: das Herz verlangt nach Bitterem, die Lunge nach Scharfem, die Leber nach Saurem, die Milz nach Süßem, die Nieren nach Salzigem.[208] Die schädlichen Wirkungen einer unausgewogenen Zufuhr der „fünf Geschmäcker" 五味 *(wuwei)* beschreibt das 3. Kapitel

---

203 Sivin, a.a.O., 7f.
204 Zu *xu* und *shi* heißt es im *Suwen* 28 *(Tongping xushi lun)*: „Wenn pathogenes Qi überreichlich vorhanden ist, herrscht Fülle, wenn es an Essenz-Qi mangelt, spricht man von Leere" (I, 377).
205 LS 8 *(Benshen)*, 85.
206 SW 23 *(Xuanming wuqi)*, I, 336.
207 S. beispielsweise YYML 1. 3, 14b, wo dieser Passus aus dem *Suwen* zitiert wird.
208 SW 10 *(Wuzang shengcheng)*, I, 150.

des Suwen: „Ein übermäßiger Genuß saurer Speisen ruft ein Überfließen von Leber-Qi hervor und führt so zu einer extremen Schwächung des Milz-Qi".[209] Im selben Kapitel heißt es allgemein zur Völlerei und zum übermäßigen Genuß von Alkohol: „Aufgrund von Völlerei erschlaffen die Sehnen und verlieren ihre Elastizität, es kommt zu Diarrhöe, und Hämorrhoiden entstehen. Durch unmäßiges Trinken wird eine gegenläufige Bewegung des Qi verursacht."[210] Eine der Ernährung gleichrangige Bedeutsamkeit kommt im Rahmen einer auf die Vermeidung von Krankheiten gerichteten Lebensführung der Sexualität zu. Vor den lebensverkürzenden Folgen einer Erschöpfung der Essenz durch Zügellosigkeit und sexuelle Aktivitäten im trunkenen Zustand warnt das Anfangskapitel des *Suwen*. Dasselbe Thema wird an anderer Stelle aufgegriffen, wo es heißt:„Widmet man sich trunken den Angelegenheiten des Schlafgemaches, und tritt dann Schweiß auf und man ist dem Wind ausgesetzt, so schädigt dies die Milz. Übermäßige sexuelle Aktivität ruft Schweißausbrüche hervor; nimmt man anschließend ein Bad, so werden dadurch die Nieren geschädigt".[211] Den medizinischen und sexualhygienischen Erörterungen im „Inneren Klassiker" und den Mawangdui-Schriften gemeinsam ist das Prinzip der Bewahrung und Konservierung der Essenz *jing*, dem die keineswegs auf die Heilkunde beschränkte Erkenntnis ihrer vitalen Funktion zugrunde liegt.[212] In der Formulierung der „Reinen Fragen": „Die Essenz bildet die Grundlage des Leibes".[213]

Zum Abschluß sei auf die Anwendung des Leitens und Dehnens und der Massage als Bestandteil der therapeutischen Maßnahmen hingewiesen, die der „Innere Klassiker" benennt. So wird beispielsweise im 12. Kapitel des *Suwen* der Einfluß fünf unterschiedlicher Regionen (Norden, Süden, Osten, Westen und Mitte) auf die Konstitution seiner Bewohner und die Art und Besonderheit möglicher Erkrankungen beschrieben, um im Anschluß daran die der jeweiligen Region angemessene Therapie zu nennen. Bezüglich der Region der Mitte heißt es: „Die Erde im Zentrum ist flach und feucht. Dort lassen Himmel und Erde alle Dinge entstehen. Dementsprechend vielfältig ist die Ernährung der Leute und niemand muß sich abmühen. Erkrankungen bestehen daher oftmals in Schwäche sowie in Kälte- und Hitzeanfällen. Zur Behandlung derartiger Beschwerden sind Heilgymnastik und Massagen angebracht. Heilgymnastik und Massagen stammen also aus den Zentralgebieten."[214] Wang Bing kommentiert

---

209 SW 3 *(Shengqi tongtian lun)*, I, 47. Die Geschmacksrichtung „sauer" entspricht der Leber, die der Wandlungsphase Holz zugeordnet ist. Da Holz die Wandlungsphase Erde (Milz) überwindet, ruft eine übermäßige Zufuhr saurer Speisen, die eine übermäßige Fülle des Leber-Qi verursacht, eine Schwächung des Qi der Milz hervor; s. SW 3, I, 48, Anm. 4; zur Zuordnung der Geschmäcker zu den Speichern, s. SW 23, I, 328. Zu den schädlichen Wirkungen der Geschmäcker, vgl. auch SW 10 *(Wuzang shengcheng)*, I, 150.

210 SW 3, 43f.

211 LS 4 *(Xieqi zangfu bingxing)*, 37.

212 Entsprechende Äußerungen zur Konservierung von *jing* finden sich beispielsweise im *Lüshi chunqiu*, *Zhuangzi* und *Liezi*, s. Wile 1992, 19.

213 SW 4 *(Jinkui zhonyan lun)*, I, 52.

214 SW 12 *(Yifa fangyi lun)*, I, S. 173; Übers. Unschuld 1980, 229.

diesen Passus wie folgt: „'Daoyin' bedeutet Sehnen und Knochen zu schütteln und Gliedmaßen und Gelenke zu bewegen; *an* 按 bezeichnet das Pressen und Drücken von Haut und Geweben und *qiao* 蹻 benennt das schnelle Anheben von Armen und Beinen." An einer anderer Stelle des *Suwen* wird die Art der Behandlung in Beziehung zu unterschiedlichen Befindlichkeiten von Körper und Gemüt gesetzt. Demgemäß sind Übungen des Leitens und Dehnens und Kompressen indiziert bei Erkrankungen der Muskeln, die durch eine das Wohlbefinden des Gemütes nicht affizierende Belastung des Körpers hervorgerufen werden. Emotionale Beeinträchtigungen vermögen die Zirkulation in den Leitbahnen zu beeinflussen und so zu Lähmungen zu führen, die Ursache für weitere Störungen sind. In diesem Fall wird eine Behandlung mit Massage und Arzneiweinen empfohlen.[215] Das *Lingshu* schließlich enthält einen Hinweis auf das Leiten und Dehnen in Verbindung mit dem Führen des Qi 行氣 *(xingqi)*, deren Anwendung an spezifische Voraussetzungen gebunden ist: „Wer über entspannte Gelenke und weiche Sehnen verfügt und wessen Herz harmonisch und ausgeglichen ist, den kann man Daoyin und das Führen des Qi praktizieren lassen".[216]

---

[215] SW 24 *(Xieqi xingzhi)*, I, 342; Übers. Unschuld, ebd., 234.
[216] LS 73 *(Guanneng)*, 475; vgl. hierzu auch den Kommentar von Yang Shangshan, ebd., Anm. 7.

Drittes Kapitel

Das „Kompendium der wesentlichen Prinzipien und Methoden zur Kultivierung des Lebens" *(Yangsheng yaoji)*

1. Die Yangsheng-Literatur zwischen Han- und Tangzeit

In den vorangehenden Kapiteln war versucht worden, den Ort des Yangsheng in Ansätzen genauer zu bestimmen. Dieser wird von zwei Polen markiert, zwischen denen sich die Philosophie und Methodik der Lebenspflege entwickelt: auf der einen Seite die Heilkunde, der die Aufgabe zukommt, Gesundheit vor allem zu erhalten und erst an zweiter Stelle Krankheit zu heilen, und auf der anderen Seite der frühe Daoismus, genauer gesagt, die unterschiedlichen, zum Teil sehr heterogenen Strömungen und Schulen, die unter diesem Begriff zusammengefaßt werden. Doch auch der Konfuzianismus sorgt sich, wenn auch aus anderen Motiven, um Leib und Geist, und ein langes Leben ist für ihn durchaus ein anzustrebendes Gut. Gleichwohl ist es sicher nicht falsch zu behaupten, daß die Autoren der Yangsheng-Literatur allgemein dem Denken des *Zhuangzi* und *Huainan zi* näher stehen als den Lehren von Konfuzius und Xunzi. Eine Zuordnung einzelner Denker oder die Abgrenzung der Lehren voneinander läßt sich nicht in jedem Falle eindeutig vornehmen; dies gilt insbesondere auch für die Jahrhunderte nach dem Zerfall der Han-Dynastie, der zu politisch-sozialen Zuständen führte, die durch eine Auflösung überkommener Strukturen gekennzeichnet war. "In einer Zeit, in der sich alle sozialen Bande lockerten, trat das Individuum hervor als Subjekt des Denkens und Fühlens. Nicht mehr Staat oder Familie standen ihm im Vordergrund, sondern das autonome Ich".[1] Ausdruck fand die Hinwendung zum Individualismus, die mit einer Negierung der Rolle des einzelnen als Mitglied der Gesellschaft und der Zurückweisung der konfuzianischen Familienmodells einherging, in unterschiedlichen Spielarten des Nonkonformismus, Libertinismus und mystischen Eskapismus.[2] Mit dem Hervortreten der von ihren sozialen Fesseln befreiten individuellen Existenz erhielt die Frage der Kultivierung des Lebens neue Bedeutung. Einer der hervorragendsten unter den Denkern des 3. Jh., die sich mit dem Thema des Yangsheng befaßt

1 Franke, Trauzettel 1968, 133.
2 S. Balazs 1964, 234ff.

haben, ist Xi Kang 嵇康 (223-262), der sich freilich nicht nur in literarischen Abhandlungen zur Lebenspflege geäußert hat, sondern seinen Vorstellungen auch ganz praktisch nachging.[3] Zwei seiner Essays sind in engerem Sinne der Kultivierung des Lebens gewidmet: dies ist zum einen die berühmte Abhandlung „Über das Nähren des Lebens" 養生論 *(Yangsheng lun)* und zum anderen eine als „Antwort auf die Kritik an der Abhandlung 'Über das Nähren des Lebens'" *(Da Nan Yangsheng lun)* betitelte, weitaus längere Schrift, die als Entgegnung auf die von Xiang Xiu 向秀 vorgetragene Kritik an dem ersten Essay verfaßt wurde.[4] Xiang Xiu war ebenfalls ein Mitglied der berühmten „Sieben Weisen im Bambushain", die sich von Zeit zu Zeit auf Xi Kangs Anwesen zu Musik, Wein und philosophischer Diskussion trafen.[5] Zu ihnen gehörte auch der Dichter und Philosoph Ruan Ji 阮籍 (210-263), der aus dem Grunde besonders erwähnt sein soll, weil in seiner Dichtung das Motiv der Unsterblichkeit einen breiten Raum einnimmt. Im Unterschied zu Xi Kang, der anders als die Mehrzahl der Intellektuellen seiner Zeit an der Existenz der Unsterblichen *(xian)* nicht zweifelte, sind diese bei Ruan mehr im Sinne von Allegorien zu verstehen, in denen sich die Abscheu vor dem Elend des Diesseits, dessen Gegenbild die jenseits davon gelegenen Gefilde der Unsterblichen bilden, Ausdruck verschafft.[6] Gleich zu Beginn seines Yangsheng-Essays bekennt sich Xi Kang zum Glauben an die Existenz der Unsterblichen. Entgegen einer zu seiner Zeit offenbar verbreiteten Ansicht, vertritt er die Meinung, daß Unsterblichkeit weder durch Studium 學 *(xue)* noch durch eigene Anstrengung 力 *(li)* erlangt werden kann, sondern vielmehr eine natürliche Gabe sei, die in Form eines „außergewöhnlichen Qi" 異氣 *(yiqi)* verliehen werde. Liegt das ewige Leben somit jenseits aller Hoffnungen des nicht mit diesem Qi Begabten, so läßt sich gleichwohl durch das Nähren des Lebens die natürliche Lebensspanne, die nach Xi Kang immerhin mehrere hundert bis eintausend Jahre betragen kann, voll ausschöpfen.[7]
Die in Bezug auf den „ontologischen Status" der Unsterblichkeit konträre Position vertritt hingegen Ge Hong 葛洪 (284-344), der eben jene von Xi Kang postulierte „Andersartigkeit" der *xian* verneint und das Erreichen der Unsterblichkeit durch eigene Anstrengung für möglich hält.[8] Ge Hong, der einer südchinesischen Aristokratenfamilie entstammte, ist nicht nur der Verfasser des aus einem „daoistischen" *Neipian* („Innere Kapitel") und einem „konfuzianischen" *Waipian* („Äußere Kapitel") bestehenden Werkes *Baopuzi* 抱朴子 („Der Meister, der die Schlichtheit umfaßt"), sondern auch der Kompilator heilkundlicher Rezeptwerke.[9] Die Heilkunde war in den Jahrhunderten zwischen Han und Tang Bestandteil des allgemeinen Wissensfundus eines Mitgliedes der Oberschicht. So ist von

---

3 Ebd., 239f.
4 Henricks 1983, Einführung, S. 3ff. und Holzman 1957, 83ff.
5 Holzman, ebd., 30ff.
6 Zu Ruan Ji und dessen literarischer Verarbeitung des Unsterblichkeitsstrebens, s. Holzman 1976, 149ff.
7 Holzman, a.a.O., 83, 158; Henricks, a.a.O., 22f.
8 S. BPZ 3, 46; Ware 1966, 53f. Zu Biographie und Lebensdaten s. Hu Fuchen 1992, 92ff. N. Sivin gibt seine Daten mit 283-343 an (Sivin 1978, 323, Anm. 36).

zahlreichen Angehörigen der Gentry bekannt, daß sie sich mit Medizin und Drogenkunde befaßt haben und Rezeptwerke kompilierten, die wesentlich wohl für den „Hausgebrauch" bestimmt waren.[10] Die Heilkunde ist nach Ge Hong darüber hinaus aber vor allem auch ein wichtiger Bestandteil der daoistisch-religiösen Praxis. So heißt es bei ihm von den Praktikern des Dao 爲道者 *(weidao zhe)*, daß sie sich immer zugleich auch mit medizinischen Dingen befassen würden, um bei unmittelbaren Bedrohungen Abhilfe schaffen zu können. Bei den Vulgär-Daoisten 庸道士 *(yong daoshi)* hingegen sei aufgrund von Ignoranz das Wissen um eine effektive Bekämpfung von Krankheiten verlorengegangen.[11] Angesichts dieser Mißstände unterzieht Ge Hong verschiedene bekannte Rezeptsammlungen einer genaueren Prüfung, um zu dem Ergebnis zu gelangen, daß diese sämtlich unvollständig und besonders für eine rasche Anwendung im Akutfall ungeeignet seien. Zudem werden, so merkt er kritisch an, zahlreiche kostspielige Drogen verwendet, die sich nur ein reicher Städter leisten könne; auch seien die Angaben zur Behandlung mit Akupunktur und Moxibustion für den allgemeinen Gebrauch unzureichend. In diesen von ihm konstatierten Unzulänglichkeiten der heilkundlichen Gebrauchsliteratur ist das Motiv für die Kompilation eines umfangreichen Rezeptwerkes in einhundert *juan* zu sehen, dessen Titel Ge Hong als *Yuhan fang* 玉函方 angibt. Insbesondere das *Jiuzu fang* 救卒方 in drei *juan* ist in seiner einfachen und effektiven Anwendung ein Werk, von dem der Verfasser selbst sagt „Wer diese Rezepturen zu Hause hat, der kann auf den Arzt verzichten".[12]
Die Synthese von religiösem und heilkundlichem Gelehrtentum wird in der Epoche der Nördlichen und Südlichen Dynastien beispielhaft von Tao Hongjing (456-536) verkörpert, dem bedeutenden Bibliographen und Historiker des Shangqing-Daoismus, dessen Beschäftigung mit der Drogenkunde ihren Niederschlag in einer ganzen Reihe von Werken gefunden hat.[13] Der berühmte tangzeitliche

---

[9] Zu seinem Werk schreibt Ge Hong in *Baopuzi waipian*, Kap. 50, „Ich habe ein *Neipian* in zwanzig und ein *Waipian* in fünfzig *juan* verfaßt [...] Das *Neipian* handelt von Unsterblichen, Rezepturen und Drogen, Dämonen und außergewöhnlichen Phänomenen, Verwandlungen, dem Nähren des Lebens und der Lebensverlängerung, dem Vertreiben des Bösen und der Abwehr von Unheil; es gehört dem Daoismus *(daojia)* an. Das *Waipian* berichtet von Erfolg und Mißerfolg im Leben und Recht und Unrecht in den Ereignissen unserer Zeit; es gehört dem Konfuzianismus *(rujia)* an" (BPZ, Appendix 1, S. 377).

[10] Hu Fuchen, a.a.O., 310.

[11] BPZ 15, 271f.; Ware, S. 253.

[12] Ebd., 272; Ware, S. 254. In der Biographie Ge Hongs im *Jinshu* 晉書 werden die Titel der beiden Werke als *Jinkui yaofang* 金匱要方 und *Zhouhou yaoji fang* 肘後要急方 in vier *juan* angegeben (BPZ, Appendix 1, S. 382). Das erstgenannte Werk ist nicht erhalten; das *Jiuzu fang* wurde von Tao Hongjing bearbeitet, der die ursprünglich darin enthaltenen sechsundachtzig Rezepturen zu neunundsiebzig zusammenfaßte und zweiundzwanzig weitere hinzufügte, so daß eine Sammlung von insgesamt einhunderteins Rezepten entstand, die er als *Buque zhouhou baiyi fang* 補闕肘後百一方 betitelte. Das heute unter dem Titel *Zhouhou beiji fang* 肘後備急方 im *Daozang* (Fasz. 1013-15) enthaltene Werk in acht *juan* stellt eine jinzeitliche Ergänzung dar, s. Wei, Nie 1994, 137f.; Ren Jiyu 1991, 1028f.

[13] Zu einem Überblick über Leben und Werk Tao Hongjings, s. Strickmann 1979 u. Tang Yijie 1991, 291ff.

Arzt Sun Simiao (581-682?) schließlich, war ein Mediziner von umfassender Gelehrsamkeit, die Elemente aus allen drei großen Lehren, Konfuzianismus, Daoismus und Buddhismus, integrierte und der neben heilkundlichen Werken auch solche zur Alchemie und zur Lebenspflege *(Yangsheng yaolu*; *Shesheng zhenlu* beispielsweise, die jedoch nicht erhalten sind) verfaßte.[14] Einflüsse des Buddhismus manifestieren sich allerdings bereits weitaus früher und spielen, was zunächst vielleicht überraschen mag, auch in der Yangsheng-Literatur eine Rolle. Das Eindringen und die Verbreitung der buddhistischen Heilslehre innerhalb der chinesischen Intelligenz und Aristokratie ist verbunden mit der Entfaltung und Blüte der auch als Neodaoismus bezeichneten Xuanxue-Philosophie, die, von buddhistischem Gedankengut beeinflußt, ihrerseits auf das Denken einflußreicher Mönchs-Philosophen wie den bereits an anderer Stelle erwähnten Zhi Dun (314-366) wesentlich einwirkte. Diesem Milieu der Xuanxue-Autoren zugehörig ist ein gewisser Zhang Zhan 張湛, der als Kommentator solch bedeutender daoistischer Werke wie dem *Zhuangzi*, *Wenzi* und *Liezi* hervorgetreten ist, wobei freilich nur der Kommentar zu dem letztgenannten Text überliefert wurde.[15] Nicht als Exeget daoistischer Schriften, sondern vielmehr als Kompilator eines bedeutenden Kompendiums zur Lebenspflege bildet Zhang Zhan den Gegenstand dieses Kapitels.

Die Frage nach den Quellen des Yangsheng-Denkens in den Jahrhunderten zwischen Han- und Tangzeit führt zunächst zur Bibliographie des *Suishu*, die in ihrer Sektion über heilkundliche Literatur 醫方 *(yifang)* mehr als 200 Werke auflistet.[16] Der Begriff *yifang*, den man als heilkundliche Rezepte oder auch Techniken übersetzen kann *(fang* hat beide Bedeutungen), wird im *Hanshu* nicht verwendet, das kanonische Schriften *(yijing)* und kanonische Rezeptwerke *(jingfang)* getrennt voneinander auflistet.[17] Unter der neuen Rubrik versammelt das *Suishu* auch die Kategorie der *shenxian*-Werke, also jener Abhandlungen, die sich mit der Erlangung der Unsterblichkeit befassen und darüber hinaus die Literatur zur Sexualhygiene *(fangzhong)*. Folgender Kommentar ist der Kategorie der heilkundlichen Werke beigegeben:

> *Als 'heilkundliche Rezepte' werden jene Techniken bezeichnet, die dazu dienen, Krankheiten zu beseitigen und das Leben zu bewahren. In der Natur gibt es die unterschiedlichen Erscheinungsformen des Qi wie Yin und Yang, Wind und Regen und Dunkelheit und Helligkeit; dem Menschen sind die Emotionen der Freude und des Zorns, der Trauer und des Glücks und der Vorliebe und Abneigung eigen. Legt man sich in den Emotionen Mäßigung auf, so herrscht harmonische Ausgeglichenheit, ein Verabsolutieren*

---

14 Zu Sun Simiao, siehe u.a. Sivin 1968 und Despeux 1987.

15 Zu Zhangs Liezi-Kommentar, siehe u.a. Xin Qi 1993, 119-133; Rong Zhaozu 1995, 66-77; Thompson 1979, 50-53.

16 *Suishu* 34, 1040ff.

17 S. HS 30, 1776f. Möglicherweise ist der Begriff *yifang* aus der Kombination von *yijing* und *jingfang* hervorgegangen und wäre adäquater als „Heilklassiker und Rezeptwerke" zu übersetzen.

seiner Gefühle jedoch läßt einen darin versinken und ruft Krankheiten hervor. Und so erforscht der Heilige die Grundlagen der Blutbahnen, verläßt sich auf die Anwendung des Spitzsteins und macht sich die nährende Wirkung der Heilmittel zunutze, um damit die Mitte zu regulieren und das Qi zu nähren, Blockaden durchgängig zu machen und Verknotungen aufzulösen, und die Störungen zum ursprünglichen Zustand zurückzuführen. Die Vorzüglichen unter ihnen erforschen die Leitbahnen und leiten davon Erkenntnisse für das Regieren ab; sie schließen von der Krankheit [eines Menschen] auf die des Staates. [18]

Eine erste Durchsicht der aufgelisteten Titel macht die Unterschiedlichkeit der hier versammelten Literatur deutlich. Neben den heilkundlichen Klassikern *(Huangdi neijing* und andere) und der pharmazeutischen *bencao*-Literatur (z.B. *Shennong bencao jing)* sind in großer Zahl Rezeptsammlungen vertreten. Mit wenigstens acht Titeln ist die Gattung der sogenannten „Ernährungsklassiker" 食經 *(shijing)* repräsentiert, bei denen es sich nicht etwa um Kochbücher, sondern vielmehr um Regelwerke für eine gesunde Ernährung und die Regulierung nahrungsmittelbedingter Störungen handelt. Ein Großteil dieser Werke muß als verloren gelten und ist nurmehr in Form von Zitaten in Pharmakopöen und heilkundlichen Sammelwerken späterer Jahrhunderte erhalten. In gleicher Weise gilt dies auch, so wird man feststellen müssen, für die Schriften zur Kultivierung des Lebens. Der überwiegende Teil der Eintragungen in dieser Rubrik enthält keine Angaben zum Verfasser; Ausnahmen bilden die folgenden Werke: die „Methoden zur Kultivierung des Lebens" 養生術 *(Yangsheng shu)* in einem *juan*, das Zhai Ping 翟平 zugeschrieben wird. Das Werk findet in späteren Quellen keine Erwähnung; sein Autor, über den nichts weiter bekannt ist, wird im Zusammenhang mit der Kompilation des *Yangsheng yaoji* erwähnt [19]; „Essentielle Methoden von Kaisern und Königen zur Kultivierung des Lebens" 帝王養生要方 *(Diwang yangsheng yaofang)* in zwei *juan*, als dessen Verfasser Xiao Ji genannt wird [20], und das „Kompendium der wesentlichen Prinzipien und Methoden zur Kultivierung des Lebens" 養生要集 *(Yangsheng yaoji)* in 10 *juan*, kompiliert von Zhang Zhan . Mehrere Gründe lassen es als sinnvoll erscheinen, sich mit diesem Autor und dem ihm zugeschriebenen Sammelwerk eingehender zu befassen. Neben dem Eintrag zum *Yangsheng yaoji* findet Zhang Zhan an anderer Stelle in der Bibliographie des *Suishu* mit einem Kommentator zum *Liezi (Liezi zhu* in 8 *juan)* ein weiteres Mal Erwähnung. In einer kurzen Anmerkung zu diesem Eintrag heißt es: „Kommentiert von dem *guanglu xun* Zhang Zhan aus der Östlichen Jin".[21] Das *Liezi zhu* scheint nicht Zhangs einzige Kommentierung eines daois-

---

18 *Suishu*, a.a.O., 1050.

19 Zum *Yangsheng shu*, s. *Suishu* 34, S. 1049. Zhai Pings Name wird im Vorwort zum *Yangxing yanming lu* (DZ 838, Fasz. 572; nachfolgend abgekürzt als YYML) erwähnt, s.u., Abschnitt „Das Yangsheng yaoji"; vgl. auch Barrett 1980, 173 und Despeux 1989, 229.

20 *Suishu* 34, S. 1050.

21 Zit nach Yang 1987, 276. Der *guanglu xun* 光祿勳 war ein für die Palasttore zuständiger Beamter. Zu Zhangs *Liezi*-Kommentar s.a. Thompson 1979, 50-53.

tischen Werkes zu sein, denn das bereits erwähnte *Yangxing yanming lu* („Aufzeichnungen über die Kultivierung der natürlichen Anlagen und die Lebensverlängerung") gibt zu dem von ihm angeführten Zitat aus dem *Zhuangzi* neben den Ausführungen von Xiang Xiu aus seinem nicht erhaltenen Kommentarwerk auch einige kurze Anmerkungen von Zhang Zhan wieder, die wahrscheinlich einem eigenständigen *Zhuangzi*-Kommentar entstammen.[22] Ein weiterer Hinweis auf dieses Werk von Zhang enthält der Kommentar des Li Shan zum *Wenxuan* („Auswahl aus der Literatur", komp. um 526), der daraus zitiert.[23] Möglicherweise stammt auch ein Kommentar zum *Wenzi* (4. Jh.) von demselben Autor.[24] Schließlich muß noch ein Eintrag im *Xin Tangshu* 新唐書 Erwähnung finden, wonach Zhang Verfasser eines *Yannian bilu* 延年秘祿 in zwölf *juan* ist. Dem Titel nach zu schließen handelt es sich um ein thematisch dem *Yangsheng yaoji* verwandtes Werk.[25]

2. Zur Biographie Zhang Zhans

Die in der bisher zitierten Literatur angeführten bibliographischen Daten lassen sich kurz folgendermaßen zusammenfassen: ein Autor namens Zhang Zhan, dessen Lebenszeit in die Östliche Jin-Dynastie (317-419) fällt, bekleidete einen Beamtenposten und gilt als Verfasser mehrerer Kommentarwerke, die ihn in die Nähe der Xuanxue-Gelehrsamkeit rücken. Darüber hinaus werden ihm zwei umfangreiche Kompendien zur Lebenspflege zugeschrieben. Bereits Okanishi Tameto hat jedoch in seiner Bibliographie medizinischer Schriften auf das Problem der Autorenschaft in der Weise hingewiesen, daß von ihm zwei Biographien zu Personen identischen Namens zitiert werden, deren eine aus dem *Hou Hanshu* 後漢書 stammt, während die zweite dem *Weishu* 魏書 entnommen ist.[26] Es stellt sich die Frage, auf welche der immerhin drei in historiographischen Quellen belegten Personen identischen Namens sich das *Suishu*, das ebenso wie die Bibliographie der Tang-Dynastiegeschichte keine näheren Angaben enthält, als Kompilator des *Yangsheng yaoji* bezieht. Ohne allzusehr ins Detail zu gehen, seien zu dieser Problematik folgende Bemerkungen gemacht: scheidet der zur Späten Hanzeit lebende Zhang Zhan als Verfasser des „Kompendiums" aus dem

---

22 YYML 1. 1, S. 3a. Es handelt sich dabei um zwei Zitate, von denen zumindest eines unabhängig von Zhangs Kommentar zum *Liezi* ist und somit als Fragment eines eigenständigen Kommentarwerkes zum *Zhuangzi* angesehen werden kann; s. Barrett 1982, 40. In seiner Darstellung zur Xuanxue-Philosophie der Wei- und Jinzeit zählt Zhao Shulian neben dem *Zhuangzi zhu* auch einen Kommentar zum *Wenzi (Wenzi zhu)* zu Zhangs Werken, nennt allerdings keine Quelle für diese Angabe, s. Zhao 1992, 80.

23 Yang 1987, 276.

24 Der tangzeitliche Liuchen 六臣 -Kommentar zum *Wenxuan* enthält sieben Zitate aus Zhang Zhans Kommentierung des *Wenzi*, s. Kandel 1974, 25 und Yang, a.a.O., 276.

25 *Xin Tangshu*, *Yiwenzhi*, zit. in Yang 1987, 276.

26 Okanishi 1969, 1368f; die Zhang Zhan-Biographien sind in HHS 57 resp. *Weishu* 52 zu finden.

Grunde aus, da es Zitate aus nach-hanzeitlichen Quellen anführt, so herrscht Uneinigkeit darüber, welchem der beiden verbleibenden Zhangs das Werk zuzuschreiben sei.[27] Während Sakade Yoshinobu für den Kommentator des Liezi als Autor argumentiert, vertritt Zhu Yueli die Ansicht, daß es sich bei dem Verfasser nur um den zur Zeit der Nördlichen Wei-Dynastie (385-550) lebenden Zhang handeln könne.[28] Zhu bezieht sich in seiner Argumentation unter anderem auf Ding Guojun, der in seiner „Ergänzung zur Bibliographie des Jinshu" 補晉書藝文志 *(Bu Jinshu yiwen zhi)* bereits Zweifel an der allgemein vertretenen Zuschreibung geäußert hatte.[29] Seine These basiert wesentlich auf zwei Annahmen: bestimmte religiös-daoistische Inhalte des Werkes seien mit den Ansichten eines Xuanxue-Philosophen unvereinbar und machten die Autorenschaft des Liezi-Kommentators eher unwahrscheinlich. Weiterhin geht Zhu von der Existenz zweier Werke mit nahezu identischem Titel aus, von denen das erste, „Sammlung zur Lebenspflege" 養生集 *(Yangsheng ji)* von Zhang Chudu 張處度 dem umfangreicheren „Kompendium der wesentlichen Prinzipien und Methoden zur Kultivierung des Lebens" *(Yangsheng yaoji)*, das von Zhang Ziran 張子然 kompiliert worden sein soll, als Quelle gedient habe.[30] Erscheinen die hier in geraffter Form wiedergegebenen Ausführungen Zhus wenig überzeugend, so bringt er den gewichtigsten Einwand gegen seine Argumentation selbst zur Sprache, indem er darauf verweist, daß die Biographie des später lebenden Zhang keinerlei Beziehungen zur Medizin erkennen läßt, während der jinzeitliche Autor gleichen Namens offensichtlich über heilkundliches Wissen verfügte. Zu Zhus erstgenannter Annahme wird man einwenden können, daß der Inhalt des *Yangsheng yaoji* sehr wohl mit den philosophischen Positionen des *Liezi*-Kommentars vereinbar zu sein scheint. Zhang gibt sich darin nicht als Anhänger des Unsterblichkeitsglaubens zu erkennen, sondern vertritt vielmehr die Auffassung von dem notwendigen Vergehen alles Gewordenen, aus der sich für den Menschen die Unabdingbarkeit des Todes ableitet.[31] So kommentiert Zhang folgenden Passus im 1. Kapitel des *Liezi* „Was Leben besitzt, kehrt zurück zum Nichtleben, was Form hat, kehrt zurück zum Formlosen" mit dem Satz „Das Leben kehrt zurück und endet, das Formhafte kehrt zurück zur Leere; dies ist die natürliche Bestimmung".[32] In seiner Einleitung zum Yang-Zhu-Kapitel *(Liezi* 7) führt Zhang aus „Leben, das bedeutet eine ephemere Ansammlung von Qi, das ist die kurzweilige Belebtheit *(ling)* der Dinge. Was sich vorübergehend sammelt, zerstreut sich letztlich, und das für kurze Zeit Belebte kehrt zur Leerheit zurück".[33] Und mit

---

27 Der Großjährigkeitsname des jinzeitlichen Zhang lautet *Chudu*, der des zur Weizeit lebenden Zhang *Ziran*.

28 S. Sakade 1986, 3-7; Zhu Yueli 1986, 102f.

29 Zit. in Yang Bojun 1987, 276. In einer Anmerkung zu dieser Stelle weist Yang die Ansicht Dings zurück.

30 Zhu, a.a.O., 103. Zur Problematik der angeführten Titel *(Yangsheng ji* und *Yangsheng yaoji)*, s. die weiter unten gemachten Ausführungen zum *Yangxing yanming lu.*

31 S. hierzu Xin Qi 1993, 123f.; Rong Zhaozu 1995, 70ff.

32 *Liezi zhu*, 1, 19; R. Wilhelm 1992, 37.

33 Ebd., 7, 216.

unmißverständlicher Deutlichkeit fügt er dem Postulat „Die Vorgänge des Lebens und Sterbens sind weder durch die Dinge, noch durch mich bedingt, sondern werden vom Schicksal gefügt" den Kommentar hinzu: „Die Gründe für Leben und Tod sind unauslotbar, und so geschieht der Tod nicht durch die Dinge selbst und Leben liegt nicht bei mir; woher kann ich wissen, aus welchem Grunde es sich [mit Leben und Tod] so verhält?"[34] Mit diesen wenigen Zitaten ist Zhangs philosophische Position zur Frage der Unsterblichkeit hinreichend umrissen. Eine eingehendere Betrachtung des *Yangsheng yaoji* läßt erkennen, daß es sich bei diesem Werk in weiten Teilen nicht so sehr um ein Handbuch für den Adepten des langen Lebens und der Unsterblichkeit, als vielmehr um einen Leitfaden zur Lebenspflege für eine Leserschaft handelt, die sich nicht unbedingt als daoistisch versteht. Langlebigkeit, nicht im Sinne eines Ausschöpfens der natürlichen Lebensspanne, sondern als Lebensverlängerung, kommt überwiegend in jenen Zitaten des *Yangsheng yaoji* zur Sprache, die Pengzu zugeschrieben werden. Hier ist freilich der Frage nach den Quellen des Werkes Berücksichtigung zu schenken, auf die weiter unten einzugehen ist. Zum Problem der Verfasserschaft sei abschließend angemerkt, daß die bisher gesichteten Fakten den Liezi-Kommentator Zhang Zhan als Autor des „Kompendiums" wahrscheinlich machen. Zwar besitzt dieser in der „Dynastiegeschichte der Jin" 晉書 *(Jinshu)* keine eigene Biographie, doch enthalten unterschiedliche Quellen einige weitere Hinweise, die, wenn sie sich auch nicht zu einer vollständigen Biographie zusammenfügen, so doch immerhin Umrisse davon erkennen lassen.[35]
Das *Shishuo xinyu* 世說新語 („Neuer Bericht von Reden aus der Welt") führt im Kommentar zu Kap. 23 *(Rendan pian)* ein *Jin donggong guanming* mit der Angabe an, daß Zhan, dessen Großjährigkeitsname Chudu lautet, aus Gaoping stammt. An anderer Stelle zitiert der Kommentar aus dem „Register der Familie Zhang" *(Zhangshi pu)*, in dem es heißt„ Zhans Großvater Yi war *zhengyuan lang* 正員郎, der Vater Kuang hatte den Posten eines *zhenjun sima* 鎮軍司馬 inne, während er selbst es bis zum kaiserlichen Sekretär 中書郎 brachte."[36] Im gleichen Kapitel findet sich auch der folgende Eintrag: „Zhang Zhan liebte es, vor seinem Studio Pinien und Zypressen zu pflanzen. Zur gleichen Zeit hegte Yuan Shansong die Vorliebe, bei jeder Exkursion seine Begleiter Leichenträgergesänge improvisieren zu lassen. Die Zeitgenossen sagten von Zhang, er drapiere Leichname unter seinem Raum, und von Yuan hieß es, daß er entlang des Weges Beerdigungen abhalte."[37] Der Kommentar zitiert an dieser Stelle das *Yulin* von Pei Qi mit den Worten: „Zhang Zhan liebte es, vor seinem Studio Pinien zu pflanzen und Haubenmaina *(Acridotheres cristatellus)* zu halten".[38]

[34] Ebd., 6, 203; Wilhelm, 126.
[35] Die relevanten Stellen sind in Yang 1987, 275f. versammelt.
[36] Yang, S. 275.
[37] Zit. in Yang 1987, 275; Übers. nach Mather 1976, 387. Yuan Shansong hat eine Biographie im *Jinshu*, Kap. 83.
[38] Yang 1987, 278ff.; vgl. Despeux 1989, 228f.

In der Sammelbiographie „verdienstvoller Beamter“ des *Songshu* 宋書 heißt es zu Zhang You, daß sein Großvater [Zhang] Zhan während der Regierungszeit des Kaisers Xiaowu (373-397) zwei Beamtenposten bekleidete.[39] Aus dem Vorwort Zhangs zu seinem Liezi-Kommentar schließlich geht hervor, daß sein Großvater Zhang Yi während der Yongjia-Unruhen (307-312), die das Ende der Westlichen Jin-Dynastie markierten, in den Süden floh und in deren neu errichteten Hauptstadt der Östlichen Jin, Nanjing, als Beamter diente.[40] Das spärliche biographische Material über Zhang enthält neben den Angaben über bekleidete Beamtenposten in Form einer Anekdote auch einen wichtigen Hinweis auf seine Beziehung zur Lebenspflege. Über den Besitz heilkundlicher Kenntnisse, von dem die Zeitgenossen offenbar wußten, berichtet die Biographie des Fan Ning 范寧 im *Jinshu*. Darin heißt es, daß dieser Zhang Zhan aufsuchte, um ein Mittel gegen seine Augenschmerzen zu erbitten, das er in Form folgender Unterweisung erhielt:

> *Ning litt häufig an Augenschmerzen und begab sich deshalb zum zhongshu shilang Zhang Zhan, um von diesem eine Rezeptur dagegen zu erbitten. Zhan machte sich darob über ihn lustig und sprach: Yanglizi aus Song erlangte in seiner Jugend die Kunst der altüberlieferten Rezepturen und gab sie an Dongmen Bo aus Lu weiter, der sie seinerseits Zuo Qiuming übergab; nachfolgend dann wurde sie von Generation zu Generation überliefert. In der Hanzeit nun litten die Weisen Du Zixia und Zheng Kangcheng, Gao Tanglong in der Wei- und Zuo Taichong in der Jinzeit sämtlich an Augenkrankheiten. Das überkommene Rezept lautet folgendermaßen: erstens reduziere man das Bücherlesen, zweitens verringere man das Denken, drittens konzentriere man sich auf die Innenschau und richte viertens nur flüchtig den Blick auf Äußerliches, fünftens stehe man morgens spät auf und sechstens gehe man abends früh schlafen. Diese sechs Dinge gilt es nun, mit dem Geistfeuer langsam zu kochen und mittels des Qi zu filtern; man berge sie sieben Tage lang in der Brust und nehme sie dann in das Herz auf. [...] Ohne Unterlaß über eine lange Zeit hinweg eingenommen, läßt es einen die Fähigkeit erlangen, durch Wände hindurch zu sehen. Nicht nur die Sehkraft wird gefördert, sondern auch die Lebensspanne verlängert sich.* [41]

Besonders interessant an dieser Darstellung ist das Faktum, daß Zhang Zhan darin als ein Vertreter des Yangsheng-Denkens auftritt, der den Gedanken der Prävention von Störungen durch entsprechende regulierende Verhaltensweisen, die als eine Form der präventiven Rezeptur oder Technik *(fang)* auf eine lange Überlieferung zurückblickt, formuliert. Daß ein Wissen um die Methoden der Lebenspflege allein vor Krankheit nicht schützt, klingt gleichsam nebenbei an.

---

[39] S. hierzu auch Xin Qi, a.a.O., 121.
[40] Zit. nach Yang, a.a.O., 276 u. 278f.
[41] *Jinshu* 75, S. 30b. Das Yangsheng-Kapitel des *Ishimpō* (27.3, S. 453) zitiert einen Ausschnitt daraus.

Einige wenige Zitate aus Werken von Zhang Zhan sind in den „Aufzeichnungen über die Kultivierung der natürlichen Anlagen und die Lebensverlängerung" *(Yangxing yanming lu)* enthalten. Neben den bereits erwähnten kurzen Passagen aus einem nicht überlieferten *Zhuangzi*-Kommentar sind dies eine von Zhang kommentierte Textstelle aus dem *Liezi*[42] und ein weiterer Passus in Form eines Zitates aus dem *Suwen*, dem ein Kommentar beigefügt ist. Der Text lautet folgendermaßen:

> *Wer eine hohe Stellung und Macht verläßt, der wird zwar nicht von pathogenen Agenzien befallen, doch erleidet er eine Verletzung der Vitalgeister (jingshen) im Inneren, so daß er mit Gewißheit sterben wird. (Komm.: Dabei handelt es sich nicht um ein Eindringen dämonischen Unheils von außen, sondern [dieser Zustand] wird direkt verursacht durch das Kochen von Eis und Kohle im Inneren, so daß es zu inneren Blutungen und dem Erbrechen von Blut kommt.) Menschen, die anfänglich Reichtum besitzen und später verarmen, werden nicht von pathogenen Agenzien befallen, doch ihre Haut verfärbt sich, an Sehnen und Muskeln treten Schwund und Lähmung auf, was zu Überspannung führt. (Komm.: Armut und Reichtum sind, was ihren Nutzen bzw. Schaden für den Menschen angeht, vergleichbar mit Macht und Einfluß. Und so schaden pathologische Hautveränderungen nurmehr dem Körper.)*[43]

An diesen Passus schließt sich ein Zitat aus dem *Daode jing* an („Bewegung überwindet Kälte und Ruhe besiegt Hitze"), das von einer kurzen Erläuterung begleitet wird: „Die Fähigkeit zu Bewegung und Ruhe führt zu langem Leben. Sind Essenz und Qi klar und still, so erlangt man die Einheit mit dem Dao".[44] Die Ausweisung des angeführten Textes als Zitat von Zhang Zhan scheint nur dann sinnvoll zu sein, wenn der Kommentar zum *Suwen* auf ihn und nicht etwa den Kompilator des *Yangxing yanming lu* zurückgeht.[45] Die Frage nach der Herkunft der Erläuterung zum *Daode jing*, die formal nicht als Kommentar gekennzeichnet ist, muß hier ungeklärt bleiben.[46] Möglicherweise handelt es sich um einen Auszug aus einer heilkundlichen Schrift Zhangs, die nicht erhalten ist. Sun Simiao mag solch ein Werk gekannt haben, denn gleich zu Beginn des *Qianjin yaofang* 千金要方 bezieht er sich mit folgender Äußerung auf Zhang: „Bei Zhang Zhan heißt es: „Die Schwierigkeiten einer wirksamen Anwendung der klassischen Rezepturen bestehen schon sehr lange".[47] Im Gegensatz zu

---

42 YYML, 1. 1, 3a-b; Barrett (1982, 40) weist darauf hin, daß die zitierten Passagen aus dem *Liezi* in der überlieferten Version dieses Werkes nicht enthalten sind.

43 YYML, 1. 1, 9a; SW 77 (Shu wuguo lun), II, 1254; vgl. Mugitani 1987, 78, Nr. 35.

44 YYML, ebd.; der Hinweis auf Laozi findet sich bei Mugitani, a.a.O., Anm. 5; zum *Daodejing-Zitat* s. Henricks 1989, 112f.

45 Vgl. Barrett 1982, 40.

46 Kommentare und Erläuterungen sind im YYML durch kleineres Schriftbild vom Haupttext abgesetzt.

47 QJYF, 1, S. 1. Das einleitende Kapitel des *Ishimpō* zitiert in extenso aus der Einleitung zum QJYF, s. Is. 1, 1a-3a.

Sakade Yoshinobu bin ich nicht der Ansicht, daß die sich anschließenden heilkundlichen Erörterungen und Ausführungen zur Ethik des Mediziners Zhang zuzuschreiben sind. Wahrscheinlich ist Sun Simiao als deren Autor anzusehen, denn es erscheint eher unwahrscheinlich, daß Zhang, der zwar medizinisches Wissen besaß, aber wohl kein praktizierender Arzt war, derart spezialisierte Abhandlungen verfaßt hat; gleichwohl läßt sich darüber keine endgültige Aussage treffen.[48]
Ein für das Verständnis des *Yangsheng yaoji* überaus wichtiges Zitat wird im 1. Kapitel des *Yangxing yanming lu* angeführt. Der angeführte Text ist ein Auszug aus dem Vorwort zu einem als *Yangsheng ji* 養生集 betitelten Werk, bei dem es sich aller Wahrscheinlichkeit nach um das *Yangsheng yaoji* handelt. Das Zitat ist aus dem Grund von Bedeutung, weil es die „wichtigsten Aspekte der Kultivierung des Lebens" benennt, in die Zhang sein Kompendium gliedert, und somit überhaupt erst einen Hinweis auf die formale und vor allem inhaltliche Struktur des Werkes liefert. Von den zehn genannten Themen wird man annehmen können, daß sie die Überschriften der zehn Kapitel darstellen, die das Werk nach der Angabe des *Suishu* umfaßte. Folgende Bereiche werden aufgezählt:

1. Horten des Geistes *(shen)* 嗇神
2. Hegen des Qi 愛氣
3. Kultivierung des Körpers 養形
4. Leiten und Dehnen *(daoyin)* 導引
5. Das Sprechen 言語
6. Ernährung 飲食
7. Innere Gemächer (Sexualhygiene) 房室
8. Ablehnung (schädlicher) Sitten 反俗
9. Heilmittel 醫藥
10. Diverse Verbote[49] 禁忌

Das Zitat schließt mit der Bemerkung „Was darüber hinausgeht, ist in seiner Bedeutung vernachlässigbar".[50] Ein identischer Passus wird auch von Sun Simiao in seinen „Ergänzungen zu den Rezepten, die tausend Goldstücke wert sind" 千金翼方 *(Qianjin yifang)* zitiert.[51] Sun konnte offensichtlich auf eine andere Quelle als das *Yangxing yanming lu*, möglicherweise auf das *Yangsheng yaoji*

---

48 S. hierzu Sakade 1986, 2f., der die Vermutung äußert, es handle sich bei diesem Text möglicherweise um ein Zitat aus dem YSYJ. Die *Ishimpō*-Übersetzung von Hsia (u.a., 1986, I, 43-46) schreibt Zhang gar die ersten vier Paragraphen des 1. Kapitels bis zum Zitat von Zhang Zhongjing (Is. 1, 1, 3a) zu. Eine zumindest formale Bestätigung meiner Ansicht enthält die Anthologie medizinischer Texte von Duan Yishan, die in ihrem Auszug aus dem 1. Kapitel des QJYF nur den ersten Satz als Zitat von Zhang Zhan markiert, s. Duan 1986, 156.

49 Vgl. Despeux 1989, 229; dort wird Punkt 8, 反俗, als „return to the common world" übersetzt.

50 YYML 1. 1, 9b-10a.

51 QJIF 12, S. 111; zur Übersetzung des ganzen bei Sun Simiao zitierten Vorwortes, s. den Übersetzungsteil.

能靜所以長生精氣清淨乃與道合莊子曰真人其寢不夢愼子云晝無事者夜不夢張道人年百數十甚翹壯也云養性之道莫久行久坐久卧久聽莫强食飲莫大醉莫大愁憂莫大哀思此所謂能中和能中和者必久壽也仙經曰我命在我不在於天但愚人不能知此道爲生命之要所以致百病風邪者皆由恣意極情不知自惜故虛損生也譬如枯朽之木遇風即折將崩之岸值水先頹今若不能服藥但知愛精節情亦得一二百年壽也張湛養生集敘曰養生大要一曰嗇神二曰愛氣三曰養形四曰導引五曰言語六曰飲食七曰房室八曰反俗九曰醫藥十曰禁忌過此以往義可略焉青牛道士言人不欲使樂樂人不壽但當莫强爲力所不任舉

Textauszug aus den „Aufzeichnungen über die Kultivierung der natürlichen Anlagen und die Lebensverlängerung" *(Yangxing yanming lu)*, in dem die von Zhang Zhans „Kompendium" behandelten Themenbereiche der Lebenspflege aufgelistet werden.

selbst zurückgreifen, denn in dem von ihm angeführten Text sind der oben wiedergegebenen Aufzählung allgemeine Bemerkungen zur Lebenspflege vorangestellt, die Zhang vermutlich als Prolegomena zu seinem „Kompendium“ verfaßt hat. Dieses Vorwort, auf das in einem späteren Abschnitt näher einzugehen sein wird, stellt einen wichtigen ergänzenden Hinweis auf die Motive zur Kompilation des Werkes dar.

3. Das Yangsheng yaoji

Zhangs „Kompendium der wesentlichen Prinzipien und Methoden zur Kultivierung des Lebens“ ist nicht vollständig überliefert. Vermutlich ging das Werk etwa in der Mitte des 8. Jh. nach der An Lushan Rebellion verloren, da es in keiner nach-tangzeitlichen Bibliographie aufgeführt wird.[52] Erhalten ist eine erhebliche Anzahl von Fragmenten, die überwiegend in einem japanischen Sammelwerk zur Medizin, dem *Ishimpō* 醫心方 („Wesentliche Methoden der Medizin“) von Tamba Yasuyori 丹波康賴 (912-95), versammelt sind.[53] Dieses im Jahr 982 fertiggestellte und 984 dem Kaiser überreichte Kompendium zu allen wesentlichen Bereichen der Heilkunde in dreißig *juan* basiert auf 204 größtenteils chinesischen Quellen, die in China selbst teilweise verlorengegangen sind. Die Bedeutung des *Ishimpō* besteht unter anderem darin, daß sich aufgrund der in ihm versammelten Zitate verschiedene dieser Werke zumindest in Teilen rekonstruieren lassen. Dies gilt auch für das *Yangsheng yaoji*. Auch wenn sich nicht mit Gewißheit sagen läßt, daß der von Tamba verwendete Text mit dem ursprünglichen Werk Zhang Zhans identisch ist, so spricht die textliche Übereinstimmung mit Zitaten in älteren Quellen für seine Authentizität. Ein beträchtlicher Anteil der Zitate aus dem *Yangsheng yaoji* ist im 27. Kapitel des *Ishimpō* versammelt, das dem Thema Yangsheng gewidmet ist. Es enthält Zitate aus achtundzwanzig unterschiedlichen Werken, die aus einem Zeitraum von der ausgehenden Zhanguo-Zeit *(Daode jing, Zhuangzi, Lüshi chunqiu)* bis zur frühen Tang-Zeit (das *Qianjin fang* von Sun Simiao) datierten. Die Anzahl der aus Zhangs „Kompendium“ angeführten Passagen weist auf die Bedeutung des Werkes innerhalb der Yangsheng-Tradition hin. Interessanterweise fehlt unter den von Tamba Yasuyori angeführten Quellen ein Werk, das sich in seinem Vorwort direkt auf das *Yangsheng yaoji* bezieht. Es handelt sich um die bereits erwähnten „Aufzeichnungen über die Kultivierung der natürlichen Anlagen und die Lebensverlängerung“, die im mingzeitlichen *Daozang* in 2 Fassungen überliefert sind. Die eigenständige Version *(Daozang*-Version) besteht aus 2 *juan* mit je drei Abschnitten, die folgendermaßen überschrieben sind: „Belehrungen und Gebote, Regeln für die Ernährung, Vermischte Gebote und Verbote zur Austreibung

52 S. Barrett 1980, 172 u. Okanishi 1969, 1368.

53 Zu einer Beschreibung und Analyse des *Ishimpō*, s. Sakade 1989, 3ff.

des Schädlichen und Erbitten des Guten, Aufnahme des Qi zur Behandlung von Erkrankungen, Leiten und Dehnen und Massage, und Über Nutzen und Nachteil der Geschlechtsbeziehung".[54] Eine zweite, wahrscheinlich ältere Textfassung, die nur vier Abschnitte umfaßt, ist in der 1028/29 von Zhang Junfang kompilierten Anthologie *Yunji qiqian* 雲笈七籤 („Sieben Täfelchen in einer wolkenverzierten Buchhülle") zu finden.[55] Am Ende des Vorwortes findet sich in der Daozang-Version folgende Bemerkung: „Es wird auch die Ansicht vertreten, daß Sun Simiao dieses Werk kompiliert habe".[56] Zu Beginn des Textes wird freilich Tao Hongjing (456-536) als Autor genannt, der neben daoistischen Schriften auch Werke zur Medizin, Pharmakologie und Lebenspflege verfaßt hat und somit als Kompilator durchaus plausibel erscheint.[57] Neben diesen Zuschreibungen, denen zufolge das Werk im 6. bzw. 7. Jh. entstanden wäre, wird es von Mugitani aufgrund seines Fehlens im *Ishimpō* in die mittlere Tangzeit datiert[58], während H. Maspero es als eine songzeitliche Kompilation, entstanden zwischen 1013 und 1161, betrachtet.[59]

Vorwort zum Yangxing yanming lu[60]

Von den Wesen, die Qi empfangen und Wirkkraft in sich bergen, ist der Mensch das wertvollste. Das, was der Mensch als wertvollstes ansieht, ist wohl das Leben.[61] *Das Leben bildet die Wurzel des Geistes, die Gestalt ist das Werkzeug des Geistes. Wird der Geist übermäßig gebraucht, so erschöpft er sich, wird die Gestalt im Übermaß ermüdet, geht sie zugrunde.*[62] *Wer es vermag, seinen Geist in der Leere und Stille wandern zu lassen*[63], *das Denken zur Ruhe zu bringen und nicht absichtsvoll zu handeln, wer es versteht, nach Mitternacht das Ursprungs-Qi aufzunehmen, regelmäßig in einer ruhigen Kammer die Übungen des Leitens und Dehnens zu praktizieren, [seinen Leib] zu pflegen und zu nähren, so daß er ohne Mangel ist, und zudem auch wirksame Heilmittel einnimmt, für den wird eine Lebensspanne*

---

54 DZ 838, Fasz. 572.

55 YJQQ 31, 1a-24b. Zu diesem Werk, s. Boltz (1987), 229-231.

56 Li Jie 李杰 nennt in seinem „Ausführlich annotierter Katalog zum *Daozang*" 道藏目錄詳注 (*Daozang mulu xiangzhu)* Sun Simiao als Autor und schreibt die im YYML enthaltenen Anmerkungen Tao Hongjing zu, s. Barrett 1980, 175, Anm. 15.

57 Zu Leben und Werk Tao Hongjings s. Strickmann 1979 und Tang Yijie 1991, 291-311.

58 Mugitani 1987, Vorwort, S. I; s.a. Despeux 1989, 233.

59 S. Maspero, S. 521, Anm. 3. Seine Argumentation ist für die Datierung nicht überzeugend, doch sie zeigt, daß es sich bei der *Daozang*-Version um eine songzeitliche Überarbeitung handelt, s. Barrett 1980, 171.

60 Der Übersetzung liegt die *Daozang*-Version zugrunde, die mit der Fassung im YJQQ verglichen wurde.

61 Vgl. hierzu den Beginn des 5. Abschnittes im Mawangdui-Text *Shiwen* („Zehn Fragen"), Zhou, Xiao 1989: 379.

62 Vgl. Kap. 130 des *Shiji*; dieser Passus wird auch in YYML 1.1., S. 4b zitiert.

63 Vgl. die identische Formulierung in Yan Junpings *Laozi zhigui*, zit. in YYML, ebd., S. 3b.

> *von einhundert Jahren das gewöhnliche Los sein. Wer jedoch seinen Vorlieben freien Lauf läßt, um sich in Sinnenfreuden zu ergehen, sein Wissen abmüht, um nach Reichtum und Stellung zu streben, seine Ehre unter seinen Ambitionen begräbt*[64]*, es nicht von selbst vermag, Rastlosigkeit und Besorgnis zu vertreiben, wer sich nicht an die Sitte gebunden fühlt und in der Ernährung ohne Maß ist, Menschen solcher Art werden dem Unglück eines frühzeitigen Todes kaum entgehen können. Da ich während der Zhengguan-Periode*[65] *etwas Muße hatte, habe ich das 'Kompendium der wesentlichen Prinzipien und Methoden zur Kultivierung des Lebens' erneut aufgeschlagen. Es versammelt die Aussprüche hervorragender Gelehrter aus früherer Zeit*[66] *wie Zhang Zhan und Daolin, sowie jene von Zhai Ping und Huangshan. Diese waren sämtlich geschäftige und herausragende Männer, die ihr Streben ganz auf die Bewahrung und Kultivierung [des Lebens] richteten. Einige von ihnen sammelten Vorschriften zur Erlangung der Langlebigkeit aus den Schriften der Unsterblichen und von Wahrhaftmenschen, andere studierten und kompilierten die Langlebigkeitstechniken von Peng Keng und Laojun.*[67] *Die Quellen stammen aus einem Zeitraum, der von (Shen)nong und Huang(di) bis zu den Dynastien Wei und Jin reicht [...] Aus diesem Werk habe ich die wichtigsten Methoden ausgewählt, alles Überflüssige und Redundante gestrichen, den Text mit Überschriften versehen und in 2* juan*, jeweils bestehend aus 3 Kapiteln, unterteilt; dem Werk habe ich den Titel 'Aufzeichnungen über die Kultivierung der natürlichen Anlagen und die Lebensverlängerung' gegeben.* [68]

Die Nennung Tao Hongjings als Kompilator in der *Daozang*-Version ist, da sie in den biographischen und bibliographischen Angaben zu Tao keine Erwähnung findet, keineswegs gesichert. Gleiches gilt für Sun Simiao, dem das *Chongwen zongmu* (dat. 1042) ein thematisch dem „Kompendium" ähnliches Werk mit dem Titel *Yangsheng yaolu* 養生要錄 in 1 *juan* zuschreibt.[69] Auf einen Anhaltspunkt zur Datierung des *Yangxing yanming lu* verweist Barrett. Bei dem Zeichen *zheng* 正 handelt es sich möglicherweise um eine durch ein songzeitliches Tabu bedingte Substitution für zhen 貞, so daß der Ausdruck *zhengguan* als *zhenguan* 貞觀 zu lesen ist und damit auf die gleichnamige Regierungsperiode *zhenguan* (627-49) als wahrscheinlicher Zeitraum der Kompilation verweist. Somit käme Sun Simiao als Autor in Frage.[70] Das Problem der Datierung ist bezüglich der

---

64 Die Übersetzung folgt hier der YJQQ-Version, in der es heißt 得喪榮於懷抱.

65 Der DZ-Text schreibt hier 止觀, in der YJQQ-Fassung findet sich 正觀. Zur Interpretation s. die sich an die Übersetzung des Vorwortes anschließenden Ausführungen.

66 Qian yan 前彥, s. Fassung in YJQQ.

67 Laojun, Peng Keng; in der Fassung des YJQQ steht Pengzu und Li Er. Keng ist der persönliche Name Pengzus, s. *Liexian zhuan*.

68 YYML, Vorwort, 1a-b.

69 Okanishi 1969, 1374; Barrett 1980, 172.

70 S. zu dieser Argumentation Barrett, ebd., 171f. Basierend auf dem Begriff *zhiguan* der *Daozang*-Version und der Verwendung weiterer buddhistischer Termini argumentiert Zhu Yueli (1986, 107f.) für Tao Hongjing als Verfasser des YYML. Sein Argument verliert freilich

Textüberlieferung des *Yangsheng yaoji* zwar von einiger Bedeutung, doch steht es hier hinter der Frage nach der Beziehung zwischen den „Aufzeichnungen" und dem früher datierten „Kompendium" zurück. Das *Yangxing yanming lu* beschreibt sich in seinem Vorwort als eine überarbeitete Fassung des *Yangsheng yaoji*, in dem die Lehren „hervorragender Gelehrter aus früherer Zeit" versammelt seien. Als solche werden Zhang Zhan, Daolin, Huangshan und Zhai Ping genannt. Mit Daolin ist vermutlich der buddhistische Mönch Zhi Dun (314-66), genannt, dessen Name in Verbindung mit zwei weiteren im *Daozang* enthaltenen Kompilationen zum Yangsheng gebracht wird.[71] Das einzige namentlich ihm zugeschriebene Zitat im *Yangxing yanming lu* erörtert die zentrale Stellung der Sexualhygiene für die Lebenspflege und das Streben nach Langlebigkeit.[72] Die Thematik dieses Zitates läßt Zweifel an der Identifizierung dieses Daolin mit dem Buddhisten Zhi Dun sicher als nicht ganz unbegründet erscheinen [73]; andererseits sind die Ausführungen derart allgemein und untechnisch, daß sie als Inhalt mönchischer Belehrungen durchaus vorstellbar sind. Der zur Späten Hanzeit aktive Huangshan 黃山 oder Huangshan jun 君, wie ihn das *Shenxian zhuan* 神仙傳 nennt, praktizierte mit einigem Erfolg die Methoden des Pengzu und gilt als einer der Autoren des *Pengzu jing* 彭組經. Das *Baopuzi* führt mehrere nach ihm benannte Schriften an; darüber hinaus wird in der tangzeitlichen Enzyklopädie „Perlenbeutel der drei Höhlen" 三洞朱囊 *(Sandong zhunang)* ein *Huangshanjun jue* 訣 zitiert.[74] Zhai Ping schließlich wird im *Suishu* als Autor eines *Yangsheng shu* angeführt.[75] Gemäß diesen Angaben basiert das *Yangsheng yaoji* selbst auf nichtgenannten Werken vier verschiedener Autoren, zu denen Zhang Zhan, der zugleich auch der Kompilator des „Kompendiums" ist, gehört. Dies findet in den Fragmenten eine inhaltliche Bestätigung in der Weise, daß die Passagen ohne Angabe von Quellen, von denen die Mehrzahl in den Kapiteln über Ernährung und Heilmittel zu finden ist, Zhang zugeschrieben werden können.[76] In ihrer Untersuchung zur frühen Tradition der „Gymnastik" in China weist C. Despeux auf die Wahrscheinlichkeit hin, daß einige wichtige Werke zur Lebenspflege, deren Abfassung in die Jahrhunderte vor der Tang-Dynastie fällt, auf das *Yangsheng yaoji* zurückgehen, ja möglicherweise wie im Falle des „Taiqing-Klassikers über das Leiten und Dehnen zur Kultivierung der Lebenskraft" 太清導引養生經 *(Taiqing daoyin yangsheng jing)* ein Fragment des zur

---

mit dem Eingeständnis erheblich an Überzeugungskraft, daß bei dieser inhaltlichen Vorgabe der Sinn des entsprechenden Passus unklar bleibt.

71 Es sind dies das *Taiqing daoyin yangsheng jing* (DZ 818, Fasz. 568) und das *Taiqing Daolin shesheng lun* (DZ 1427, Fasz. 1055); s. Despeux 1989, 230ff.

72 YYML 2. 6, 11b.

73 Zhu Yueli (1986, 104) kommt aufgrund dieses Zitates zu dem Schluß, daß es sich bei dem Daolin im YYML nicht um den Mönch Zhi Dun handeln kann. Als einziger der sich mit diesen Schriften befassenden Autoren weist er auf dieses Problem hin.

74 S. hierzu Zhu, ebd., 105; Reiter 1990, 63. Huangshans Biographie ist im 1. Kapitel des *Shenxian zhuan* zu finden.

75 S. Barrett, a.a.O., 172ff.; Despeux, a.a.O., 228f. u. Zhu Yueli, a.a.O., 103-105.

76 Vgl. hierzu Barrett, 173.

Tangzeit verlorenen Urtextes darstellen, das bei seinem späteren Wiederauftauchen umbenannt wurde.[77] Es handelt sich dabei freilich um Mutmaßungen, die sich durch keine Textevidenz belegen lassen. Wahrscheinlicher ist, daß die textlichen Übereinstimmungen in den genannten Werken auf gemeinsame Quellen zurückzuführen sind. Die Frage, ob das *Yangxing yanming lu* ausschließlich auf Zhangs Kompendium basiert oder durch späteres Textmaterial ergänzt wurde, kann hier nicht beantwortet werden, scheint aber durchaus möglich zu sein.[78] Die Anzahl der identischen oder parallelen Textpassagen bestätigt bis zu einem gewissen Grad die im Vorwort der „Aufzeichnungen" angesprochene Beziehung zwischen beiden Schriften.[79]
Über die Rezeption des *Yangsheng yaoji* ist kaum etwas bekannt. Einen Hinweis auf seine Verbreitung und Bedeutung in daoistisch-religösen Kreisen liefert eine Bemerkung im *Taishang yangsheng taixi qijing* 太上養生胎息氣經 („Der Qi-Klassiker der Kultivierung des Lebens und der Embryonalatmung"). Dieser kurze, möglicherweise tangzeitliche Text über verschiedene Methoden der Aufnahme von Qi *(fuqi)* und die Embryonalatmung *(taixi)*, enthält folgenden einleitenden Passus: „*Daode jing*, *Huangting jing* und *Yangsheng yaoji* sind die Werke, mittels derer man sämtliche Erkrankungen vertreiben und zu einem Unsterblichen der Höchsten Reinheit werden kann".[80] In dieser Äußerung läßt sich die besonders für den ab dem 4. Jh. entstehenden Shangqing-Daoismus typische Integration des Yangsheng in die religiöse Praxis der Erlangung der Unsterblichkeit erkennen, das dem Heilsstreben die Heilung des Leibes voranstellt.

3.1. Die Quellen des Yangsheng yaoji

Das *Yangsheng yaoji* stellt ein Kompendium von Zitaten zur Kultivierung des Lebens dar, die einer Reihe von Quellen entnommen und von seinem Kompilator entsprechend eines bestimmten inhaltlichen Schemas klassifiziert wurden. Die Auflistung der erfassbaren Quellen, die einem Zeitraum von der Han bis zur Jin-Dynastie entstammen, dient weniger der Befriedigung „statistischer" Interessen, sondern vermag vielmehr einige Anhaltspunkte für eine genauere Datierung des Werkes zu geben und gibt zum anderen Hinweise darauf, wer die Autoren waren, die sich mit der Kultivierung des Lebens befaßt haben.[81] Auf ein Problem gilt es in diesem Zusammenhang hinzuweisen: die Verfasserschaft der genannten Quellen zu ermitteln, stellt sich in den meisten Fällen als unmöglich heraus, da ein Autor entweder nicht genannt wird oder, was ja auch

77 DZ 818, Fasz. 568; s. Despeux 1989, 228ff., insbes. S. 231.
78 Vgl. Barrett 1982, 40; eine andere Ansicht vertritt Despeux, a.a.O., 233.
79 Zu einer Tabelle dieser Textstellen, s. Anhang 1.
80 DZ 819, Fasz. 568, 1a. Der Hinweis auf diese Textstelle findet sich bei Barrett, a.a.O., 172. Ren Jiyu 1991, 585f. macht keinerlei Angaben zur Datierung.
81 Eine Untersuchung der Quellen des YYML hat Zhu Yueli (Zhu 1986) vorgenommen, auf dessen Arbeit im folgenden auch Bezug genommen wird.

für einen nicht geringen Anteil der im *Daozang* versammelten Schriften gilt, Zuschreibungen zweifelhaft sind und sich nicht endgültig klären lassen. Zumindest ergibt sich durch die Zitate im *Yangsheng yaoji* ein *terminus ante quem* für die genannten Schriften.
Die Gesamtheit der Textfragmente läßt sich unter dem Gesichtspunkt ihrer quellenmäßigen Herkunft in drei Gruppen einteilen. An erster Stelle sind jene Fragmente zu nennen, die eindeutig als Zitat aus einem genannten Werk gekennzeichnet sind. Dies trifft für den überwiegenden Teil der Fragmente in Kap. 27 zu. Ein einziges Zitat im Fangzhong-Kapitel des *Ishimpō* führt den Titel des Werkes zusammen mit seinem Verfasser an; es handelt sich dabei um die „Monatlichen Bestimmungen für das Volk" von Cui Shi.[82] In einer zweiten Gruppe lassen sich jene Fragmente zusammenfassen, die sich durch Nennung eines Namens als Zitat ausweisen. Schließlich bilden die restlichen Zitate, die weder eine Quelle noch den möglichen Autor nennen, ein dritte Gruppe. In diese ist die überwiegende Zahl der Fragmente aus den Kapiteln 29 und 30 einzuordnen.

Im Yangsheng yaoji angeführte Werke

Shenxian tu, „Plan der Unsterblichen" [83] 神仙圖

Diese Schrift wird im *Yangxing yanming lu* nicht angeführt und ist auch in keinem der von mir konsultierten Werke verzeichnet. Dem Titel nach zu urteilen, muß es sich um eine Sammlung von Darstellungen der Unsterblichen oder aber Abbildungen, die in Beziehung zu Techniken der Unsterblichkeit stehen, handeln. Neben einer allgemeinen Anmerkung zur „Kunst der Langlebigkeit" *(changsheng zhi shu*, Fragm. 42), wird eine umfangreiche Auflistung von 28 Tabuvorschriften zitiert, die ihrem Stil nach eine Art Merkvers oder Lehrformel darstellt. Diese Form der Kondensierung von Verhaltensregeln der Lebenspflege, die wesentlich der besseren Merkbarkeit dient, findet sich häufig in der Yangsheng-Literatur und ist auch im *Ishimpō* mehrfach dokumentiert, beispielsweise in dem *Shaoyoujing*-Zitat des Yangsheng-Kapitels oder zu Beginn des Kapitels 29, das aus einem „Klassiker des Gelben Ahnherrn zur Kultivierung des Leibes" 黃帝養身經 *(Huangdi yangshen jing)* zitiert.[84]

Zhongjing, „Mittlerer Klassiker" [85] 中經

Es existiert eine Reihe von Werken, die als „Mittlere Klassiker" bezeichnet werden, z.B. das *Laozi zhongjing* (YJQQ 18, 19, im *Daozang*, Fasz. 839 als *Taishang Laojun zhongjing* betitelt), *Zhenzhong jing*, *Shangqing taishang dijun*

[82] YSYJ-Fragm. 105, 24, 36b-37a; 28. 24, S. 474.
[83] YSYJ-Fragm. 42, 101 und 115; Fragm. 115 ist eine Auszug aus dem umfangreicheren Zitat in Fragm. 101.
[84] Is. 23, 4b; 27. 1, S. 449 und 25, 2b; 29. 1, S. 480.
[85] Zit. in Fragm. 43, 53, 55-57, 60, 61, 98, 102.

jiuzhen zhongjing etc.[86] Eine nähere Zuordnung erscheint somit als schwierig. Fragment 43 wird im Abschnitt *Zhiyanzong yangsheng pian* 至言總養生篇 in Kap. 35 des *Yunji qiqian* als Zitat aus einem *Huangdi zhongjing* 黃帝中經 angeführt.[87] Die Anzahl der im *Yangsheng yaoji* aus diesem Werk angeführten Zitate scheint auf seine Bedeutung zu verweisen.[88]

Shaoyou jing „Klassiker der Beschränkungen"[89] 少有經

Im *Yangxing yanming lu* wird dieselbe Quelle als *Xiaoyou jing* zitiert[90]; dasselbe Werk führt auch ein *Dayou jing* an. Die Übersetzung dieser Schrift wird durch den Inhalt des angeführten Passus nahegelegt, der von den zwölf Beschränkungen *(shao)* und zwölf Übertreibungen *(duo)* handelt.

Daoji [jing], „Klassische Schrift über das Wirken des Dao"[91] 道機經

Ein *Daoji jing* in 5 *juan* listet Ge Hong im 19. Kapitel des *Baopu zi* auf.[92] Das *Yangxing yanming lu* zitiert zweimal aus diesem Werk: das erste Zitat ist mit YSYJ 49 identisch, der zweite Passus findet sich interessanterweise im Kapitel über Sexualhygiene und handelt von Beischlaf-Tabus.[93] Ge Hong berichtet, daß er bei seinen Wanderungen eine große Zahl von Emigranten aus dem von nichtchinesischen Herrschern regierten Norden Chinas traf, von denen einige sich auf Techniken zur Kultivierung des Lebens verstanden. „Es gab niemanden unter ihnen", so heißt es, „der nicht das *Daoji jing* besitzt." Es soll sich dabei um ein fälschlicherweise dem Paßwärter Yin Xi zugeschriebenes, in Wahrheit aber von dem weizeitlichen General Wang Tu verfaßtes Werk über Techniken zur Erlangung der Unsterblichkeit handeln. Ge Hong äußert sich abschätzig darüber, da es sich nurmehr mit solchen Praktiken wie dem Führen des Qi und Sexualtechniken befasse und nichts von dem „großen Elixier" 大藥 *(dayao)* wisse.[94]

Fuqi jing, „Klassiker über die Aufnahme des Qi"[95] 服氣經

Der im *Yangsheng yaoji* zitierte Passus scheint das einzig erhaltene Fragment dieses wahrscheinlich in die Späte Hanzeit zu datierenden Werkes zu sein.[96] Das Zitat läßt sich als einen der frühesten Belege für die Verwendung des Terminus „Aufnahme des Qi" *(fuqi)* ansehen, der in der späteren Literatur anstelle des zur Hanzeit (siehe beisp. die Mawangdui-Texte) gebräuchlichen Ausdruckes

---

86 DZ Fasz. 1055 u. 1042.
87 YJQQ 35, 503; der Hinweis findet sich bei Sakade 1986, 12.
88 YSYJ 43, 53, 55-57, 60, 91, 98 und 102.
89 YSYJ-Fragm. 45.
90 Es handelt sich dabei wohl um eine Verschreibung 小 = 少; YYML, 1.1, 5b, 3b-4a.
91 YSYJ-Fragm. 49.
92 BPZ 19 (Jialan), S. 334.
93 YYML 1. 1, 4b, 2. 6, 12b. Das 2. Zitat entspricht mit Abweichungen YSYJ-Fragm. 104.
94 BPZ 4 (Jindan); Ware 1966, 68f.
95 YSYJ-Fragm. 73.
96 Zur Datierung s. Despeux 1988, S. 31

shiqi 食氣 (wörtl. „das Qi essen") Verwendung findet.[97] Zugleich ist es ein wichtiger Hinweis auf eine zur Zeit der Kompilation des *Yangsheng yaoji* existierende und auf die Vermittlung bestimmter Methoden spezialisierte Literatur, die in der Bibliographie des *Suishu* beispielsweise nicht verzeichnet ist.

Yuanyang jing, „Klassiker über das ursprüngliche Yang"[98] 元陽經

Ein Werk mit dem Titel *Yuangyangzi jing* listet *Baopuzi* 19 auf.[99] Als Verfasser eines gleichnamigen Werkes wird im *Sandong zhunang* (Kap. 9) der vergöttlichte Laozi genannt.[100] Der ebenfalls im *Yangxing yanming lu* zitierte Text befaßt sich mit Atemtechnik und dem schädlichen Einfluß einer üppigen Ernährung auf die Qi-Zirkulation.

Laozi Yinshi neijie, „Esoterische Erläuterungen von Yin Xi zum Laozi"[101] 老子尹氏内解

Bei dieser Schrift handelt sich um einen nicht überlieferten, im 4. Jh. existenten Kommentar zum *Daode jing*, der dem legendären Paßwärter Yin Xi zugeschrieben wird. Dieser *Jiejie*-Kommentar 節解, so Isabelle Robinet, wird in einigen Werken mehrfach unter verschiedenen Titeln zitiert.[102]

Yangsheng neijie, „Esoterische Erläuterungen zum Nähren des Lebens"[103] 養生内解

Ein bibliographischer Eintrag zu diesem Werk fehlt.[104] Inhaltlich zeigt er eine deutliche Nähe zu dem Passus aus dem vorher genannten Werk, der im *Ishimpō* dem *Yangsheng neijie*-Zitat vorangestellt ist. Das gleiche gilt auch für den im *Yangxing yanming lu* unter der Bezeichnung *Neijie* angeführten Text, bei dem es sich wohl um dieselbe Quelle handelt.

Ning xiansheng daoyin jing, „Daoyin-Klassiker von Meister Ning"[105] 寧先生導引經

Neben diesem Meister Ning zugeschriebenen Spezialwerk zum Leiten und Dehnen wird im *Yangsheng yaoji* ein *Daoyin jing* 導引經 zitiert, wobei es unklar bleibt, ob es sich um dasselbe oder ein eigenständiges Werk handelt.[106] Das *Baopu zi* listet ein *Daoyin jing* in 10 *juan* auf.[107] Beschreibungen der Techniken

---

97 Die Problematik der Terminologie behandelt Engelhardt 1987, 107ff.
98 YSYJ-Fragm. 76.
99 BPZ 19 (Jialan), S. 333.
100 S. Zhu Yueli 1986, 115.
101 YSYJ 77, identisch in YYML 1. 1, 6b.
102 Robinet 1977, 49-55; vgl. auch Zhu, a.a.O., 114.
103 YSYJ-Fragm. 78, 97 u. YYML 2. 5, 5a.
104 Bei Okanishi (1969) zumindest erscheint dieser Titel nicht.
105 YSYJ-Fragm. 85.
106 YSYJ-Fragm. 87.
107 BPZ 19 (Jialan), S. 333.

Meister Nings enthält der „Taiqing-Klassiker über das Leiten und Dehnen und die Lebenspflege“ *(Taiqing daoyin yangsheng jing)*.[108]

Hetu dishi meng[109] 河圖帝視萌

Derselbe Passus wird im *Yangxing yanming lu* angeführt, das darüber hinaus aus einer weiteren apokryphen Schrift der Hanzeit, dem *Luoshu baoyu ming* 洛書寶予命 zitiert.[110] Beide Werke sind in der von Yasui Kazan kompilierten Sammlung apokrypher Schriften enthalten.[111]

Simin yueling, „Monatliche Bestimmungen für das Volk“[112] 四民月令

Verfasser dieses Werkes ist Cui Shi 崔寔 (ca. 135-170). Es handelt sich hierbei um die einzige Quelle, die mit Titel und Autor genannt wird. Cui Shi war ein zur Späten Hanzeit aktiver Literaten-Beamter daoistisch-legalistischer Ausrichtung, der als Verfasser einer „Abhandlung über die Verwaltung“ 政論 *(Zhenglun)* bekannt ist.[113] Das nur fragmentarisch erhaltene *Simin yueling* ist ein Jahreskalender für die wichtigsten Feste und Rituale und auch anderer Aktivitäten, der sich, anders als das bekannte *Yueling*-Kapitel aus den „Aufzeichnungen über die Sitte“ *(Liji)*, nicht nur an die Oberschicht, sondern an alle Gruppen oder Schichten der Gesellschaft, Gelehrte, Bauern, Handwerker und Kaufleute, wendet.[114]

Erwähnte Personen

Zhang Zhongjing 張仲景 (Zhang Ji 機, 142-220?) ist der Verfasser des Rezeptwerkes *Shanghan zabing lun* 傷寒雜病論 („Über verschiedene durch Kälteschädigung hervorgerufene Erkrankungen), das in der Songzeit in die beiden Teile *Shanghan lun* 傷寒論 („Über Kälteschädigungen“) und *Jingui yaolue* 金櫃要略 („Abriß der wichtigsten Rezepte aus der Goldtruhe“) aufgeteilt wurde.[115]

Xi Yin 郗愔[116] soll der Verfasser eines *Fushi daoyin fang* 服食導引方 („Rezepte zur Einnahme von Heilmitteln und zum Leiten und Dehnen“) betitelten Werkes sein. Diese Angabe deckt sich mit dem Inhalt des Zitates im *Ishimpō*, das bei der Einnahme von Heilmitteln zu beachtende Regeln erörtert. Möglicherweise

---

108 DZ 818, Fasz. 568.

109 YSYJ-Fragm. 100.

110 S. YYML 1. 1, 4b-5a. Die zweite Apokryhe ist betitelt *Luoshu baoyu ming*; s. auch die Angaben in Zhu 1986, 111.

111 Yasui Kazan 安居香山, 重修緯書集成, s. Zhu Yueli, a.a.O., 111.

112 YSYJ 105.

113 Zu Cui Shis *Zhenglun*, s. Twitchett, Loewe 1986, 788f.

114 Eine kurze Beschreibung enthält Twitchett, Loewe, ebd., 566-68.

115 YSYJ-Fragm. 1; Zu Zhang s. Wang 1993, 8-10, 255f., 289ff.; Unschuld 1980, 129f., 136ff. Zur Übersetzung der beiden Werke von Zhang Ji, s. Wang, Hong 1983 und Luo 1993.

116 In Is. 1, 15b findet sich *wu* 悟, in QJYF 27. 6, S. 384 dagegen yin 愔.

handelt es sich um Chi Yin 郗愔, der eine Biographie im *Jinshu* (Kap. 67) hat.[117]

Pengzu 彭祖 besitzt Biographien im *Liexian zhuan* 列仙傳 und im *Shenxian zhuan*; das letztgenannte Werk läßt sich als Quelle einiger der im *Yangsheng yaoji* angeführten Zitate identifizieren. Der früheste Beleg für die Verbindung Pengzus mit der Sexualhygiene ist im Mawangdui-Text „Zehn Fragen" enthalten. Im *Shenxian zhuan* und im *Baopuzi* wird ein *Pengzu jing* erwähnt und zitiert, als dessen Verfasser *Huangshan jun* gilt. Es ist durchaus wahrscheinlich, daß die Zitate im *Yangsheng yaoji* und die zusätzlichen Passagen des *Yangxing yanming lu* aus diesem Werk stammen.[118] Mehrere Werke beziehen sich in ihrem Titel auf ihn. So listet das bibliographische Kapitel des *Suishu* ein *Pengzu yangxing jing* und ein *Pengzu yangxing* auf, im *Tongzhi yiwen lue* und *Bishusheng xubian dao siku que shumu* wird ein *Pengzu yangxing beiji fang* aufgeführt, und schließlich enthält der *Daozang* (Fasz. 572) ein *Pengzu shesheng yangxing lun* betiteltes Werk.[119]

Zhongchang Tong 仲長統(ca. 180-220) hat eine Biographie in der „Dynastiegeschichte der Späten Han" (HHS 49). Er ist Verfasser einer nur teilweise erhaltenen Schrift mit dem Titel *Changyan* 昌言[120], aus der die zitierte Darlegung ebenso stammen könnte wie ein weiteres ihm zugeschriebenes Zitat im *Yangxing yanminglu*.[121] Ge Hong zitiert Zhongchangs Werk im 5. Kapitel des *Baopuzi* mit einem längeren Passus über die Schwierigkeiten des in weltliche Angelegenheiten eingebundenen Menschen, die Langlebigkeitstechniken (hier das Führen des Qi) zu praktizieren.[122]

Hu Zhao 胡照 *(zi* Kongming 孔明, gest. 250) lebte in der Weizeit; er hat einen Eintrag in der Biographie von Guan Ning im *Sanguo zhi (Weizhi)* 11. Das *Yangsheng yaoji* zitiert ihn mit einer Ausführung über die Technik zum „Horten des Geistes" *(se shen)*. Diesen Terminus verwendet Zhang Zhan als Überschrift des ersten Kapitels seines Kompendiums.[123]

Feng Junda 封君達 war ein bekannter Meister der Techniken aus der Zeit der Östlichen Han, der unter seinem Beinamen Qingniu daoshi 青牛道士(„der Daoist auf dem grünen Büffel)" zitiert wird. Die Sammelbiographie der *fangshi* im *Hou Hanshu*, das *Shenxian zhuan* und *Han wudi neizhuan* erwähnen ihn.[124]

---

117 YSYJ-Fragm. 2; das *Fushu daoyin fang* wird erwähnt in Li, Guo 1990, 14. Die Zeichen *xi* und *chi* 郗 (das alternativ auch *xi* gelesen wird) sind graphisch sehr ähnlich, so daß eine Verschreibung möglich ist.

118 YSYJ-Fragm. 46, 47, 72 und 81; das YYML führt 11 Zitate an, die Pengzu zugeschrieben sind.

119 S. *Suishu* 34, 1043, 1050 u. Okanishi 1969, 1367f.

120 Teile des *Changyan* enthält das *Hou Hanshu* 49, 1646f.; Fragmente daraus sind auch im *Yuhan shanfang ji yishu* von Ma Guohan zu finden, s. Zhu Yueli 1986, 109.

121 YYML 1. 1, 8b, YSYJ-Fragm. 48.

122 BPZ 5, 114; Ware 1966, 107.

123 YSYJ-Fragm. 50 und YYML 1. 1, 6a.

124 HHS 82 *(fangshu liezhuan)*, Biographie von Ganshi, *Shenxian zhuan*, Kap.10.

Feng, der die Kunst des Rongcheng (i.e. Sexualtechniken) praktizierte, soll durch die Einnahme von Elixieren sein jugendliches Aussehen bewahrt und herumreisend Menschen mit Kräutern und Akupunktur behandelt haben. Gemäß dem *Han Wudi neizhuan* wurde er über 200 Jahre alt und ritt häufig auf einem grünen Büffel, ähnlich dem des Laozi, was ihm seinen Beinamen einbrachte.[125] Das *Zhubing yuanhou lun* zitiert die „Rezepturen zur Kultivierung des Lebens" *(Yangsheng fang)* mit einer Anekdote über die apotropäische Wirkung dieses Ochsen.[126]

Liu Gen 劉根 *(zi* Jun'an) wird auch in der Sammelbiographie der *fangshi* des *Hou Hanshu* erwähnt, derzufolge er als Einsiedler auf dem Songshan lebte und über die Fähigkeit verfügt haben soll, Verstorbene erscheinen zu lassen.[127] Seine Biographie im *Shenxian zhuan* enthält einen interessanten Passus über die Komplementarität der einzelnen Yangsheng-Techniken: „Bei den Drogen gibt es die der oberen und die der unteren Kategorie; aus diesem Grunde existieren verschiedene Rangstufen von Unsterblichen. Wer nichts von den Angelegenheiten der inneren Gemächer, den Techniken des Daoyin und der Führung des Qi weiß und die göttliche Droge *(shenyao)* nicht erlangt, der wird die Unsterblichkeit nicht verwirklichen".[128] Das *Yangsheng yaoji* (Fragm. 79) zitiert einen ihm zugeschriebenen Passus zur „Aufnahme des vitalen und Ausstoßen des toten Qi".

Liu Jing 劉京 besitzt eine Biographie im *Shenxian zhuan* (Kap. 7) und findet auch im *Han Wudi waizhuan* Erwähnung. Gemäß den „Biographien der Unsterblichen" im *Hanshu* lebte er zur Hanzeit und besaß im Alter von 130 Jahren immer noch das Aussehen eines Dreißigjährigen.[129] Gemäß den „Biographien der Unsterblichen" war Liu ein Spezialist der Lebenspflege, der sich besonders mit dem Schlucken des Speichels als Technik zur Erlangung der Langlebigkeit und den *fangzhong*-Praktiken beschäftigte.[130] Die beiden Zitate im *Yangsheng yaoji* beziehen sich auf diese Themen.[131]

Zhang Heng 張衡 *(zi* Pingzi, 78-139) war ein Dichter und Naturkundler der Östlichen Hanzeit (s. HHS 89); das *Wenxuan* 文選 enthält zwei seiner bekanntesten Prosagedichte 賦 *(fu)* über die Westliche und Östliche Hauptstadt. Das ihm zugeschriebene Zitat (YSYJ 117) erörtert den Zusammenhang zwischen den jahreszeitlichen Veränderungen des Qi und der Ernährung.

Han Rong 韓融 *(zi* Yuanzhang) war ein „Meister der Techniken" aus der Östlichen Hanzeit (s. HHS 62, Biographie von Han Shao). Seine Erörterung über die

---

125 Zu Feng, s. Ngo 1976, 141f. und DeWoskin 1983, 87f. Zitiert wird er in den YSYJ-Fragm. 99, 111, 112, 148 und 149

126 ZBYH 2, 66f; s. Übersetzungsteil des vorliegenden Kapitels.

127 S. De Woskin, a.a.O., 82f.

128 *Shenxian zhuan* 8, 48; Ngo Van Xuyet 1976, 209.

129 S. Wile 1992, 250, Anm. 9.

130 *Shenxian zhuan* 7, S. 38; vgl. auch *Sandaong zhunang* 10, 2a; Reiter 1990, 166f.

131 S. YSYJ-Fragm. 88 und 103; Im *fangzhong*-Teil des YYML wird Liu Jing mit einem Passus zur Emissionshäufigkeit der Essenz zitiert, YYML 2. 6, 11b-12a (identisch mit YSYJ 103).

Vorzüge und Gefahren des Genusses von Alkohol wird im *Yangsheng yaoji* gleich zweimal zitiert und in verkürzter Form auch im *Yangxing yanming lu* wiedergegeben.[132] Ge Hong berichtet in seinem *Baopuzi* am Schluß des 5. Kapitels von Han und Chen Ji folgendes: „Chen Yuanfang und Han Yuanzhang waren beide herausragende Männer aus Yingchuan, das sich in der Nähe von Mi befindet. Beide glaubten aus dem Grunde an die Existenz von Unsterblichen auf der Welt, weil ihre Väter und Großväter gesehen hatten, wie Bu [Shang]cheng zum Unsterblichen wurde und in den Himmel aufstieg".[133]

Chen Ji 陳紀 *(zi* Yuanfang 元方) aus der Östlichen Hanzeit gehörte „zu den bekanntesten Ministern der Späten Hanzeit und stammte aus einer Familie, die für ihre Pietät und Tugend bekannt war".[134] Zu biographischen Angaben siehe das *Hou Hanshu* (Kap. 92, Biographie des Chen Shi) und das *fangshi*-Kapitel im *Bowu zhi* 博物志 (Kap. 5).

Yin Zhongkan 殷仲堪 (im *Ishimpō* als Gao Zhongkan 郜 zitiert) lebte während der Zeit der Östlichen Jin (317-419) und besitzt eine Biographie im *Jinshu* (Kap. 84). Gemäß dem Eintrag im 1. Kapitel des *Sandong zhunang* soll er ein Anhänger des Daoismus der Himmelsmeister gewesen sein und sich um die Heilung von Kranken bemüht haben.[135] Einer Angabe zufolge ist Yin Verfasser eines Rezeptwerkes mit dem Titel *Yin Jingzhou yaofang* in 1 *juan*.[136]

Ge Hong 葛洪 (284-344) wird mit einem kurzen Passus zur gesundheitsfördernden Wirkung des Badens im Kapitel über die "Kultivierung des Körpers" zitiert.[137] Das Zitat aus dem im Jahr 317 fertiggestellten *Baopuzi* ermöglicht es, dieses Datum als *terminus post quem* für die Kompilation des *Yangsheng yaoji* anzunehmen.

Zhang Cun 張存 *(zi* Ziming), führte zur Zeit der Wei-Dynastie (ca. 1. Hälfte des 3. Jh.) ein Leben als Einsiedler und soll 150 Jahre alt geworden sein.[138]

Meister Bu 卜先生 (Bu xiansheng) war nach dem ihm zugeschriebenen Zitat möglicherweise ein Spezialist der Sexualhygiene; weitere Angaben konnten nicht ermittelt werden. Dies gilt auch für Wang Xisheng 王熈升, der zweimal mit Ausführungen zur Ernährung zitiert wird, und eine als Lugong 鹵公 bezeichnete Person, die mit einem kurzen Passus über Klarheit und Trübung des Qi zu Worte kommt.[139] Beim im Kapitel über Heilmittel zitierten Daoist Gan 甘道人 (Gan daoren) handelt es sich möglicherweise um Gan Shi 甘始, einen *fangshi* der Östlichen Hanzeit, der ein Spezialist der Sexualhygiene und der Atemtechniken war.[140]

---

132 S. YSYJ 152 und 299 (ohne Namensnennung) und YYML 1. 1, 6b-7a.
133 BPZ 5, 115; Ware 1966, 108. S. auch *Bowu zhi* Kap. 5.
134 DeWoskin 1983: 175, Anm. 73.
135 *Sandong zhunang* 1, 5a; s. Reiter 1990, 14.
136 S. Li, Guo 1990, 14; YSYJ-Fragm. 113.
137 YSYJ 65.
138 S. *Sanguo zhi* 11.
139 S. YSYJ 107, 116 u. 194; zu Lugong Fragm. 71.
140 S. HHS 120 und *Shenxian zhuan*, Kap. 10; DeWoskin 1983, 87f. und 150ff.

In diesem Überblick über die genannten Quellen des *Yangsheng yaoji* wird zum einen der große Anteil der nicht überlieferten Werke erkennbar, deren Kenntnis auf Sammelwerken wie dem von Zhang Zhan kompilierten „Kompendium" beruht. Zum anderen machen die Namen der angeführten Personen deutlich, daß die Lebenspflege in enger Beziehung zum Milieu der *fangshi*, den „Meistern der Techniken" steht, in deren Kreisen die Meister der Atemtechniken, des Daoyin und Führen des Qi, der Heilkunde und Sexualhygiene zu finden sind. Darüber hinaus nutzt das Werk Quellen allgemeinerer Art wie beispielsweise die „Monatlichen Bestimmungen" oder auch heilkundliche Schriften (Zhang Zhongjing), in denen für die Lebenspflege relevante Aspekte zur Sprache kommen.

3.2. Die Fragmente des *Yangsheng fang*

Eine große inhaltliche Nähe zum *Yangsheng yaoji* zeichnet ein unter dem Titel „Rezepturen zur Kultivierung des Lebens" 養生方 *(Yangsheng fang)* bekanntes Werk aus, das ebenfalls nurmehr fragmentarisch erhalten ist. Die Besonderheit dabei ist, daß sich die Kenntnis dieser Schrift nahezu ausschließlich einem heilkundlichen Werk der Suizeit (581-618) verdankt, das in einiger Ausführlichkeit daraus zitiert.[141] Dieser Aspekt der Integration der Lebenspflege in die Heilkunde, der hier dokumentiert ist, ist im Rahmen einer Untersuchung zum frühen Yangsheng-Denken von einigem Interesse, so daß darauf einzugehen ist. In den Fragmenten des *Yangsheng fang* wird in Form von direkten Zitaten aus einer Shangqing-Quelle[142] der Einfluß daoistischer Vorstellungen erkennbar, der durch die „Rezepturen" vermittelt Eingang in das heilkundliche Denken findet.
Bei der erwähnten Quelle handelt es sich um das ätiologisch-nosologische Spezialwerk „Über Ursache und Symptomatik sämtlicher Krankheiten" 諸病源侯論 *(Zhubing yuanhou lun)*, das auf kaiserlichen Erlaß hin kompiliert und im Jahr 610 fertiggestellt wurde. Als Verfasser wird zumeist Chao Yuanfang 巢元方 genannt, der als Arzt am Kaiserhof der zuständigen Redaktionsgruppe angehörte.[143] In dem 50 Kapitel umfassenden Werk werden, unterteilt in 67 Kategorien, 1739 Krankheitsbilder nach Ursache und Symptomen beschrieben.[144] Die Darstellung folgt dabei keinem durchgängigen Klassifikationsschema. Ein Teil der aufgeführten Symptomatiken wird begleitet von therapeutischen Anweisungen in Form von Übungen des Leitens und Dehnens, die unter der Bezeichnung „Daoyin-Methoden des Yangsheng fang" 養生方導引法 *(Yangshengfang daoyin*

141 Zitate aus dem *Yangsheng fang* enthält auch das im 8. Jh. von Wang Dao 王燾 kompilierte heilkundliche Werk „Wichtige Geheimnisse aus dem äußeren Turm" 外臺秘要 *(Waitai biyao)*.
142 Es handelt sich um das *Zhengao* (DZ 1016, Fasz. 637-40) von Tao Hongjing, aus dem das *Yangsheng fang* mehrmals zitiert; s. die Anmerkungen zu den entsprechenden Fragmenten im Übersetzungsteil.
143 S. Wang Yunkai 1993, 514f.
144 Diese Zahlen werden genannt in Wang, ebd. und Wei, Nie 1994, 155.

fa) zitiert werden.[145] Die Bezeichnung Daoyin beschränkt sich, das machen auch die im *Zhubing yuanhou lun* enthaltenen Übungen deutlich, nicht auf äußerlich auszuführende Bewegungen, sondern schließt das Führen des Qi, Massage und auch Techniken der Visualisation ein. Viele der beschriebenen Formen lassen sich auf Quellen zurückführen, die sich entweder ausschließlich mit dem Daoyin befassen, wie beispielsweise das *Taiqing daoyin yangsheng jing*, oder die Übungen des Leitens und Dehnens als eine Technik zur Kultivierung des Lebens beschreiben, wie es im *Taiqing Daolin shesheng lun* und dem *Yangxing yanming lu* geschieht.[146] Begleitet werden die therapeutischen Maßnahmen von Regeln und Anweisungen zur Lebenspflege aus dem *Yangsheng fang*, die sich auf allgemeine Vorschriften zur Vermeidung bestimmter Erkrankungen, auf hygienische Maßnahmen zur „Kultivierung des Körpers" beziehen, sich in einiger Ausführlichkeit mit dem Bereich Ernährung befassen, und auch die Themen Sexualhygiene und mögliche Schädigungen durch Emotionen behandeln.

Die Anordnung der *Yangsheng fang*-Zitate folgt der Gliederung des *Zhubing yuanhou lun* in Abteilungen *(men)* und den darin jeweils zusammengefaßten Symptomatiken einzelner Erkrankungen. Das allgemeine Schema ist derart, daß zunächst die Ätiologie der betreffenden Krankheit dargelegt wird, woran sich ein Zitat aus dem *Yangsheng fang* anschließt, das entweder eine spezifische Ursache für das Entstehen der Krankheit beschreibt, beispielsweise eine bestimmte Verhaltensweise oder der Verzehr bestimmter Nahrungsmittel, eine Verhaltensregel zu deren Vermeidung dargelegt oder, als dritte Möglichkeit, eine therapeutische Maßnahme zur Beseitigung nennt. Daran schließt sich unter der Überschrift "Daoyin-Methoden aus dem *Yangsheng fang*" die Beschreibung von Übungen zum Leiten und Dehnen an, die für das behandelte Krankheitsbild indiziert sind. So enthält beispielsweise Kapitel 27 über „das Blut betreffende Erkrankungen" 血病 *(xuebing)* Ausführungen zu den Ursachen für das Ergrauen der Haare *(baifa hou)*, gefolgt von einer Reihe von Zitaten aus dem *Yangsheng fang* über Maßnahmen zur Vermeidung des Ergrauens, an die sich eine entsprechende Übung zum Leiten und Dehnen anschließt.

---

145 Zu einer kurzen Beschreibung, s. Despeux 1989, 236f.; sämtliche Zitate aus dem *Yangsheng fang* einschließlich der Daoyin-Übungen sind in Ding 1993 versammelt, der sie mit ausführlichen Anmerkungen und Kommentar versehen hat. Da die vorliegende Arbeit keine monographische Abhandlung über das „Leiten und Dehnen" als eine Disziplin des Yangsheng ist, beschränkt sich die Übersetzung auf die als *Yangsheng fang* zitierten allgemeinen Passagen zur Lebenspflege und verzichtet auf eine Wiedergabe der über zweihundert Daoyin-Übungen.

146 S. hierzu Despeux 1989, 236f. und Ding Guangdi 1993, Vorwort, S. 3f. C. Despeux beschreibt die quellenmäßige Verflechtung der genannten Werke folgendermaßen: „Einundvierzig von diesen [i.e. den Yangshengfang-Zitaten] lassen sich auf das *Yangsheng yaoji* zurückführen, während zwei Zitate große Ähnlichkeit zeigen. Zudem sind zehn Zitate auch im *Yangxing yanming lu* enthalten und zwölf andere stammen aus dem [Taiqing] *Daolin* [shesheng] *lun*... Der Text stellt unter der Bezeichnung 'Gymnastische Methoden aus dem *Yangshengfang*' gymnastische Übungen vor. Zu einem Großteil (insgesamt 70 Bewegungen) sind darin Techniken, die das *Daoyin jing* enthält, zusammengefaßt."

Symptomatik des Ergrauens

> Fuß Shaoyin ist die Leitbahn des Funktionskreises Niere; dieser herrscht über Knochen und Mark, seine Essenz manifestiert sich in den Haaren. Sind Blut und Qi im Füllezustand, so ist das Nieren-Qi kräftig, Mark und Knochen sind erfüllt und infolge dessen werden die Haare gut befeuchtet und haben eine schwarze Färbung. Herrscht hingegen bei Blut und Qi ein Mangel, so ist das Nieren-Qi schwach, Mark und Knochen trocknen aus mit der Folge, daß die Haare ergrauen. Für die Behandlung mit Aufkochungen, heißen Kompressen, Nadel und Stein gibt es zusätzlich Beschreibungen zur richtigen Verfahrensweise. Hier sind Maßnahmen zur Stärkung und Nährung und zum Leiten [des Qi] beigefügt.
> In den „Rezepturen zur Kultivierung des Lebens“ heißt es: Das Waschen der Haare am 10. des 1. Monats läßt ergrautes Haar wieder schwarz werden. [...]
> Die Methode des Leitens und Dehnens aus dem *Yangsheng fang* lautet: Die Haare lösen und eine nach Osten gewendete Sitzhaltung einnehmen; die Hände zu Fäusten ballen und einen Zyklus lang den Atem anhalten. Die Hände anheben und nach links und rechts leiten und dehnen, mit den Händen die Ohren bedecken und anschließend fünfmal über den Kopf streichen, um die Gefäße durchlässig zu machen. Diese Übung heilt Windpathologien des Kopfes und beugt dem Ergrauen vor.[147]

Drei der im *Zhubing yuanhou lun* angeführten Zitate zur Lebenspflege entstammen einer anderen Quelle als dem *Yangsheng fang*. Kapitel 1 enthält einen Passus aus dem „Sammlung der wichtigsten Methoden aus dem Klassiker zur Lebenspflege“ 養生經要集 *(Yangsheng jing yaoji)*, der identisch mit dem YSYJ-Fragment 54 im *Ishimpō* ist, und das 2. Kapitel zitiert zwei kurze Sentenzen unter dem Titel „Tabuvorschriften zur Kultivierung des Lebens“ 養生禁忌 *(Yangsheng jinji)*.[148]
Die bibliographische Abhandlung des *Suishu* listet in seiner Abteilung über medizinische Schriften ein *Diwang yangsheng yaofang* betiteltes Werk in 2 *juan* auf, das einem gewissen Xiao Ji 蕭吉 zugeschrieben wird. Gemäß seiner Biographie im *Suishu* war Xiao, dessen Lebenszeit in das Ende des 6., den Beginn des 7. Jh. fällt, als Gelehrter und Beamter aktiv und verfügte über besondere Kenntnisse in den numerologischen Künsten und der Yinyang-Lehre.[149] Unter den zahlreichen von ihm verfaßten Werken wird auch die im *Suishu* erwähnte Yangsheng-Schrift angeführt. Bei dem *Yangsheng fang* handelt es sich mit aller Wahrscheinlichkeit um die Schrift von Xiao Ji, die im *Zhubing yuanhou lun* über einhundertmal zitiert wird.[150]

---

147 ZBYH 27, 765f.
148 ZBYH 1, 31 und 2, 80.
149 *Suishu* 78, 1774; vgl. auch das *Beishi*, Kap. 89.
150 So geben beispielsweise Li und Guo 1990, 15 als Quelle für das *Diwang yangsheng yaofang* das erwähnte Werk von Chao Yuanfang an.

醫心方巻第廿七 養生

從五位下行鍼博士兼丹波介丹波宿祢康頼撰

大體第一 谷神第二 養形第三
用氣第四 導引第五 行止第六
臥起第七 言語第八 服用第九
居處第十 雜忌第十一

大體第一

千金方云夫養生也者欲使習以性成〻自為善不習無利也性既自善内外百病皆悉不生禍乱灾害亦無由作此其養生之大經也蓋養性者時則治未病之病其義也故養性者不但餌藥湌霞其在兼於百〻行〻周備雖絶藥餌足以遐年德行不充縱玉酒金丹未能延壽故老子曰善攝生者陸行不畏虎兕此則道德之祐也豈假服餌而祈遐年哉

文子云太上養神其次養形神清意平百節皆寧養生之本也肥肌膚充腹腸開嗜欲養生之末也

養生要集云神仙圖云夫為長生之術常當存之行止坐起飲食臥息諸便皆思晝夜不忘保全精氣神不離身則長生

又云中經云夫稟五常之氣有靖躁剛柔之性不可易也靜者不可令躁〻者不可令靜〻躁各有其性違之則失其分恣之則害其生故靖之弊在不開通躁之弊在不精密治生之道順其性因其分使抑引隨宜損益以漸則各得其適矣靜者壽躁者夭靜而不能養減壽躁而能養延年然靜易御躁難將順養之宜者靜亦可養躁亦可養也

又云大計奢懶者壽慳勤者夭放散劬吝之異也佃夫壽膏梁夭嗜欲少多之驗也處士少疾遊子多患事務煩簡之殊也故俗人競利道人罕營

又云少有經云少思少念少欲少事少語少咲少愁少樂少喜少怒少好少悪行此十二少養生之都契也多思則神殆多念則志散多欲則損智多事則形疲多語則氣争多咲則傷藏多愁則心攝多樂則意溢多喜則忘錯惛乱多怒則百脉不定多好則專迷不治多悪則焦煎無歡此十二多不除喪生之本無少無多者幾於真人也

Auszug aus dem Yangsheng-Kapitel des Ishimpō, das einen wesentlichen Teil der Fragmente des *Yangsheng yaoji* versammelt.

Eine zweite Quelle für das *Yangsheng fang* stellt das *Ishimpō* dar, das dreißig kurze Zitate daraus enthält. Ein Vergleich dieser Zitate mit den Passagen im *Zhubing yuanhou lun* zeigt eine weitgehende textliche Identität und legt so die Vermutung nahe, daß Tamba Yasuyori nicht direkt aus den „Rezepturen zur Kultivierung des Lebens" zitiert, sondern die von ihm angeführten Sentenzen Chao Yuanfangs Werk entnommen hat.

Eine Anzahl der Fragmente wird im *Zhubing yuanhou lun* zweimal unter verschiedenen Krankheitsbildern angeführt. Dies läßt sich zum Teil dadurch erklären, daß ein bestimmtes Verhalten mehr als eine Störung bzw. Krankheit verursacht, was den Kompilator veranlaßt hat, den entsprechenden Eintrag zwei unterschiedlichen Kapiteln zuzuordnen und somit doppelt zu zitieren. In manchen Fällen freilich scheint der Grund für eine derartige Wiederholung nicht unmittelbar einsichtig zu sein. Nehmen wir Fragment Nr. 18 als Beispiel, so wird der Passus über Feng Junda und drei weitere Unsterbliche in Kap. 2 unter der Überschrift "Symptomatik der Erkrankungen durch Dämoneneinflüsse" *(guixie hou)* zitiert und erscheint ein weiters Mal in Kap. 10 in der Rubrik "Symptomatik epidemischer Krankheiten" *(yili binghou)*.
Eine interessante Frage im Zusammenhang mit den Zitaten aus dem *Yangsheng fang* und darüber hinaus mit den Werken der Yangsheng-Literatur allgemein, ist die nach der Leserschaft, für die diese Schriften verfaßt wurden. Welcher sozialen Schicht gehörten sie an? Die Annahme liegt nahe, daß es sich im wesentlichen um von Angehörigen der Oberschicht für ihresgleichen kompilierte bzw. verfaßte Schriften handelt. Einen konkreten Hinweis dafür enthält mit der Erwähnung eines Dieners bzw. Bediensteten" 侍 *(shi)* in Fragment Nr. 62, in dem es heißt: „Es ist angebracht, sich oft die Haare zu kämmen, doch auch bei intensivem Kämmen soll sich kein Schmerz einstellen. Man kann sich auch von einem Diener die Haare kämmen lassen." [151]

3.3. Zur Übersetzung des *Yangsheng yaoji*

Die Übersetzung des *Yangsheng yaoji* basiert im wesentlichen auf den Fragmenten, die im *Ishimpō* zitiert werden.[152] Als Ausgangstext wurde die Congshu jicheng-Ausgabe benutzt und zum Vergleich eine moderne interpunktierte Bearbeitung herangezogen.[153] Parallele Textstellen, auf die jeweils verwiesen wird, finden sich vor allem im *Yangxing yanming lu*, das in manchen Passagen eine

---

151 ZBYH 27, 763.

152 Nach Sakade (1986, 2) enthalten neben den bereits erwähnten Werken (*Qianjin fang*, ZBYH) folgende Schriften ebenfalls Zitate aus dem YSYJ: *Yiwen leiju* (3 Zitate), *Wenxuan* (Komm. von Li Shan, 5 Zitate), *Chuxue ji* (6) und *Taiping yulan* (8).

153 S. die Angaben in den Literaturhinweisen. Die moderne Ausgabe ist insofern hilfreich, als sie schwierige Zeichenvarianten identifiziert und in der heute gebräuchlichen Schreibung wiedergibt. Freilich hat sich erwiesen, daß die Fehlerhaftigkeit mancher Passagen und eine zum Teil irreführende Interpunktion die Benutzung einer zweiten Ausgabe unverzichtbar macht.

von der des *Ishimpō* abweichende Fassung gibt, so daß es möglich wurde, durch einen Vergleich beider Varianten manche Unklarheiten aufzulösen.
Nach meiner Zählung enthält das *Ishimpō* 329 Zitate, kurze Sentenzen, aber auch umfangreichere Ausführungen, als deren Quelle das *Yangsheng yaoji* angegeben wird.[154] Diese verteilen sich auf 11 der insgesamt 30 Kapitel des Werkes, konzentrieren sich aber im wesentlichen in den Kapiteln über die „Kultivierung des Lebens" *(Yangsheng*, Kap. 27), die „Sexualhygiene" *(Fangzhong*, Kap. 28), Ernährung (Kap. 29) und Materia Medica (Kap. 30).[155] Eine Schwierigkeit ergibt sich aus der Nennung einer Reihe von Yangsheng-Quellen, die in ihrem Titel Ähnlichkeiten mit den „Wesentlichen Prinzipien" aufweisen. Bei den im *Ishimpō* zitierten Werken *Yangshen jing*, *Yangsheng fang*, *Yangsheng zhi*, *Yangxing zhi* wird man von eigenständigen Werken ausgehen können.[156] Anders verhält es sich mit dem *Yangsheng yaochao*, *Yangxing yaochao* und *Yangxing yaoji*, bei denen aufgrund der Ähnlichkeit des Titels die Frage zu stellen ist, ob es sich möglicherweise um mit dem *Yangsheng yaoji* identische Werke handelt. Dies erscheint mir bei dem letztgenannten Titel der Fall zu sein, so daß die beiden Zitate daraus als Fragmente des *Yangsheng yaoji* behandelt werden.[157]
Das im *Yangxing yanming lu* angeführte Zitat aus dem Vorwort zum *Yangsheng yaoji* gliedert die Lebenspflege in zehn wesentliche Bereiche, was sich mit der bibliographischen Angabe des *Suishu* deckt, dergemäß Zhang Zhans Werk zehn Kapitel umfaßt. So läßt sich vermuten, daß die genannten Themen in etwa den Inhalt der jeweiligen Kapitel wiedergeben. Ein Vergleich mit dem Kap. 27 des *Ishimpō* zeigt eine thematische Übereinstimmung bei sechs Bereichen; weiterhin entsprechen die Kap. 28 bis 30 den Themen Innere Gemächer *(fangshi)*, Ernährung *(yinshi)* und Heilmittel *(yiyao)* der „Wesentlichen Prinzipien".[158] Ist die Zuordnung der Mehrzahl der Fragmente zu den einzelnen Kapiteln des *Yangsheng yaoji* aufgrund dieser Übereinstimmungen eher unproblematisch, so erweist sie sich jedoch da als schwierig, wo diese nicht zu erkennen sind, etwa bei dem von Zhang Zhan als „fansu" 反俗 bezeichneten Kapitel, oder auch

---

[154] Vgl. die Angabe bei Sakade 1986, 1, der von 312 Zitaten spricht. Abweichungen ergeben sich aus unterschiedlichen Möglichkeiten der Zählung, sind aber letztlich unerheblich.
[155] Zitate aus dem YSYJ enthalten die Kap. 1, 2, 4, 5, 11, 14, 22, 25 und 27-30. Eine inhaltliche Übersicht aller 30 Kapitel findet sich in Hsia 1986, I, S. XIII. Während die Kap. 27 und 28 mit Überschriften versehen sind, fehlen diese bei den letzen beiden Kapiteln.
[156] 養身經, 養生方, 養生志, 養性志, das *Yangshen jing* datiert aus der vor-Tangzeit, da es im *Suishu* 34, 1049 aufgelistet wird. Das gleiche gilt für das *Yangsheng fang*, das im *Zhubing yuanhou lun* (dat. 610) ausgiebig zitiert wird.
[157] 養生要抄, 養性要抄, 養性要集. Es handelt sich um die Fragm. 300 und 313.
[158] Das Kapitel 27 des *Ishimpō* enthält folgende elf Abschnitte:
1. Allgemeine Prinzipien 大體
2. Kultivierung des Geistes 谷神
3. Kultivierung des Körpers 養形
4. Anwendung des Qi 用氣
5. Leiten und Dehnen 導引
6. Alltägliches Tun 行止
7. Schlaf 臥起
8. Sprache 語言
9. Kleidung 服用
10. Wohnen 居處 und
11. Verschiedene Verbote 雜禁.

bei einem sehr allgemein gefaßten Bereich wie dem der „Verbote“ 禁忌 *(jinji)*. Im Übersetzungsteil wurden die Fragmente aus dem *Ishimpō* auf der Grundlage der vorhandenen Inhaltsübersicht den einzelnen Kapiteln zugeordnet. Es wird dabei freilich nicht der Anspruch erhoben, das Werk in seiner ursprünglichen Gestalt rekonstruieren zu wollen. Die zur Verfügung stehenden Fakten deuten gleichwohl darauf hin, daß die Übersetzung sich dieser zumindest annähert.

Zuordnung der YSYJ- Zitate zu den einzelnen Kapitel:

[Einführung, Allgemeine Prinzipien]	42, 46, 49 (3 Zitate)
1. Horten des Geistes	43, 44, 45, 50, 51, (5 Zitate)
2. Liebe zum Qi:	71-84 (14 Zitate)
3. Kultivierung des Körpers:	11, 38, 47, 48, 52-70, 97, 99, 100 (26 Zitate)
4. Leiten und Dehnen:	85-96 (12 Zitate)
5. Über das Sprechen:	98 (1 Zitat)
6. Ernährung:	9, 12-16, 22-37, 39-41, 109-296 (213 Zitate)
7. Sexualhygiene:	103-108 (6 Zitate)
8. Ablehnung schädlicher Sitten	
9. Heilmittel:	1-8, 297-329 (41 Zitate)
10. Diverse Verbote	10, 17-21, 101, 102 (8 Zitate)

4. Lebenspflege gemäß den „Wesentlichen Prinzipien“

Das *Yangsheng yaoji* stellt, darauf weist der Titel bereits hin, ein Kompendium der wesentlichen Prinzipien und Methoden zur Kultivierung des Lebens dar, das Material aus unterschiedlichen Quellen versammelt und somit wesensmäßig als ein heterogenes Werk zu betrachten ist. Auch wenn man davon ausgeht, daß es auf der Arbeit eines einzelnen Autors beruht, so geben die erhaltenen Teile des *Yangsheng yaoji* Hinweise darauf, daß Zhang nicht aus den ihm zur Verfügung stehenden Schriften in der Weise selektiert hat, daß ein in seiner Grundaussage einheitliches, seinen Vorgaben entsprechendes Sammelwerk entstanden ist. Vielmehr findet in seinem Kompendium die Divergenz der Anschauungen und Standpunkte zur Frage nach dem Wesen des Menschen und vor allem der angemessenen Lebensweise ihre Widerspiegelung.

Über die der Kompilation des *Yangsheng yaoji* zugrundeliegenden Motive gibt ein von Sun Simiao im Kapitel über die „Kultivierung der natürlichen Anlagen" 養性 *(yangxing)* des *Qianjin yifang* zitierter Text Zhang Zhans Aufschlüsse, den man mit einiger Wahrscheinlichkeit als Vorwort zu seinem Werk betrachten kann.[159] Zhang bezieht sich darin auf die Reihe früherer Autoren zur Lebenspflege, von denen er Xi Kang als den Verfasser der „vortrefflichsten Abhandlung" zum Thema hervorhebt. In ähnlicher Weise, wie Ge Hong gegen Laozi und Zhuangzi den Vorwurf erhebt, zu wenig konkrete Methoden gelehrt zu haben[160], kritisiert Zhang Xi Kangs mehr auf philosophische Argumentation (von ihm als das „Fernliegende" bezeichnet), denn auf praktisch anwendbare Methodik (das „Naheliegende") gerichtete Erörterung des Yangsheng. So hebt er die Praktikabilität der von ihm selbst aufgezeichneten Lehren hervor und betont insbesondere die Unaufwendigkeit ihrer Umsetzung. Darüber hinaus weist Zhang darauf hin, und dies scheint mir ein interessanter Hinweis auf den Kreis der Leser und vor allem Praktiker zu sein, an den er sich mit seinem Kompendium wendet, daß das von ihm Dargelegte dem menschlichen Wesen nicht entgegenstehe und sinnliche Genüsse keineswegs verworfen werden. Mit anderen Worten, Zhang betrachtet die Kultivierung des Lebens nicht als eine Form der strengen Askese und des rigorosen Verzichtes, sondern vielmehr als eine Ordnung und Regulierung aller Lebensbereiche, die den dem Menschen wesenhaft eigenen und damit natürlichen Bedürfnissen entspricht. Hierin mag man eine Fortführung der bereits zu Anfang des Vorwortes angeklungenen Kritik an Xi Kangs Entwurf der Lebenskultivierung sehen, die sich am Ideal der Wunsch- und Begierdelosigkeit des Wahrhaftmenschen wie ihn Zhuangzi beschrieben hat, orientiert: „Liebe und Haß finden keinen Platz in seinem Empfinden, Sorge und Freude verweilen nicht in seinen Gedanken [...] Wer sich auf das Nähren des Lebens versteht, strebt danach, rein, leer, in Ruhe und Harmonie zu sein, er reduziert seine selbstischen Bedürfnisse und verringert seine Begierden".[161] So scheint Zhang der Auffassung Xiang Xius von der Natürlichkeit der Begierden und Emotionen und der Ablehnung eines langen aber freudlosen Lebens weitaus näher zu stehen.[162]
Im Anschluß an diese knappe Darlegung seiner Auffassung von Lebenspflege listet Zhang nun die von ihm als wesentlich erachteten Bereiche des Yangsheng auf. Die Aufzählung läßt das Bestreben erkennen, all jene Daseinsaspekte zu erfassen, die Relevanz für die Kultivierung des Lebens als einer vom einzelnen zu praktizierenden Lebensordnung besitzen. Diese Lebensordnung erscheint als eine in zweifacher Weise zweigeteilte: zum einen nimmt sie sich nicht allein der leiblichen Aspekte an, ist also nicht reine Leibespflege und Hygiene des Körpers, sondern auch eine Hygiene des Geistes, zu der es in gleicher Weise bestimmter Techniken bedarf, wie sie für das Hegen des Qi und das Nähren der Gestalt notwendig sind. Der Anordnung der behandelten Themen liegt ver-

---

159 Das „Vorwort" ist im Übersetzungsteil des vorliegenden Kapitels vollständig wiedergegeben.
160 S. BPZ 14, 253f.
161 *Yangsheng lun*, Holzman 1957, 84, 90, (chin. Text, S. 158ff.); Henricks 1983, 24, 29.
162 Zu Xiang Xius Essay, s. Holzman, ebd., 92-96; Henricks, ebd., 31-37.

mutlich keine stringente Hierarchisierung zugrunde; gleichwohl ist eine solche zumindest darin zu erkennen, daß der Kultivierung des Geistes Vorrangigkeit zukommt. Zum anderen läßt sich eine Unterscheidung vornehmen zwischen einem Bereich der alltäglichen Lebensverrichtungen und Tätigkeiten wie beispielsweise die Ernährung, das Sprechen, Aktivität und Ruhe usw., und einem gleichsam davon getrennten Raum der unterschiedlichen Techniken und Praktiken des Leitens und Dehnens und Führens des Qi. Während das den erstgenannten Aspekt erfassende Regimen mehr durch Verbote und Vorschriften gekennzeichnet ist, die zur Unterlassung bestimmter Handlungen auffordern und damit passivischen Charakter besitzen, enthält der zweite Bereich Anweisungen und Beschreibungen zu Methoden der Lebenspflege, die in festgelegter Form zu bestimmten Zeiten an speziellen Orten der Adept aktiv zu praktizieren angehalten ist. Wollte man diese mehr formal als praktisch getrennten Teilbereiche der Kultivierung des Lebens auf jeweils einen Kernbegriff reduzieren, so ließe sich die „Praxis des Dao" 爲道 *(weidao)*[163] als Bestreben charakterisieren, die Vitalstoffe des Leibes zu horten und zu hegen, während die Ordnung des Alltäglichen dem Streben nach dem rechten Maß gilt. Ist hier eine Tendenz zur Maßlosigkeit vorherrschend, der mit Beschränkung und Verzicht zu begegnen ist (siehe beispielsweise den Katalog der Tabuvorschriften in YSYJ 101), so zeigt sich dort eher ein Mangel an Regelmäßigkeit und Beständigkeit. Die Lebenspflege bedarf der Umfassendheit, so hatte Xi Kang postuliert, und Ge Hong war es, der auf die Notwendigkeit des intensiven Bemühens verwiesen hatte.

4.1. Die Grundlagen

Die Kultivierung des Lebens basiert auf verschiedenen Grundaxiomen, in denen Vorstellungen über unterschiedliche Aspekte und Daseinsbedingungen des Menschen formuliert werden. Ordnet das *Ishimpō* diese Aussagen einem einleitenden, als „Allgemeine Grundsätze" 大體 *(dati)* überschriebenen Kapitel zu, so hat diese Einteilung im *Yangsheng yaoji* keine Entsprechung, doch erscheint sie deshalb als inhaltlich sinnvoll, weil einige der Fragmente in ihrer Aussage zu allgemein erscheinen, um einem der zehn Kapitel zugeordnet zu werden.[164]

Die philosophisch-anthropologische Grundlage des Yangsheng formuliert ein Zitat aus dem *Daoji [jing]*, das gleichzeitig den Grundplan einer diätetisch ausgerichteten Lebensweise entwirft. Die Tatsache, daß die Lebensdauer bei einem Menschen kurz oder lang ist, so wird postuliert, unterliegt nicht einem quasi „naturgesetzmäßigen" Determinismus, sondern wird durch Faktoren bestimmt, auf die der einzelne unmittelbaren Einfluß hat. *Ming* 命 bedeutet hier weniger Schicksal im Sinne eines allgemein-abstrakten Begriffes, sondern bezeichnet vielmehr das individuelle Leben des Menschen in seiner Gesamtheit. Kurz- oder

---

[163] Der Begriff stammt aus YSYJ 73, Zitat aus dem *Fuqi jing*.

[164] Es sind dies YSYJ 42, 46 und 49; s. Übersetzungsteil, Überschrift „Allgemeine Prinzipien".

Langlebigkeit sind nicht natürlicherweise, aus sich selbst heraus 自然 *(ziran)* so, sondern es sind schädigende Verhaltensweisen des einzelnen, die zur Entstehung zahlreicher Krankheiten führen, so daß die zugemessene Lebensspanne 壽 *(shou)* nicht ausgeschöpft werden kann. Mit diesem Postulat wird, basierend auf der Erkenntnis über den Zusammenhang zwischen Lebensweise und Entstehung von Krankheiten, dem Individuum Eigenverantwortlichkeit für seine Gesundheit und damit seine Lebensdauer zuerkannt. Damit ist freilich nicht gesagt, daß sich die Lebensspanne über das natürliche Maß hinaus verlängern oder gar Unsterblichkeit erlangen läßt.
Welche Faktoren werden als das Leben schädigend benannt? Es sind fehlende Achtsamkeit dem Leib gegenüber, mangelnde Ernährung, sexuelle Ausschweifungen und ungenügende Adaptation an natürliche Gesetzmäßigkeiten. Damit sind wesentliche Bereiche einer umfassenden Lebensordnung abgesteckt.
Interessant in seiner Gegenüberstellung der Begriffe *ziran* 自然 und *ziji* 自己 ist ein im *Yangxing yanming lu* angeführtes Zitat, als dessen Quelle ein *Dayou jing* 大有經 angegeben wird. Darin heißt es auf die Frage, ob die Unterschiedlichkeit der Menschen bezüglich ihrer Intelligenz, Kraft und Lebensspanne vom Himmel oder vom Menschen abhängig sei: „Gestalt und Geburt, Dummheit und Klugheit sind des Himmels, Stärke und Schwäche, langes Leben und frühzeitiger Tod sind des Menschen. Das Dao des Himmels ist aus sich selbst so *(ziran)*, das Dao des Menschen ist durch ihn selbst so *(ziji)*".[165] Am Schluß des Zitats wird auf die Bedeutung der aktiven Lebenspflege verwiesen: „Werden bei Geburt und Wachstum alle Bedürfnisse erfüllt und wird dazu das Leben auch noch angeleitet und genährt, dann sind die Lebensjahre unermeßlich".[166]
Im gleichen Kapitel des *Yangxing yanming lu*, das allgemeine Lehren und Gebote der Lebenspflege darlegt, wird jenes Postulat einer Selbstbestimmung des Menschen angeführt, auf das sich ja bereits Ge Hong berufen hatte. Während im Kapitel *Huangbai* 黃白 („Über das Gelbe und Weiße") des *Baopuzi* als Quelle eine *Guijia wen* 龜甲文 („Schildkrötenpanzer-Schrift") betitelte Schrift genannt wird, zitieren die „Aufzeichnungen" aus einem „Klassiker der Unsterblichkeit" 仙經 *(Xianjing)*. Interessant ist der in den beiden Werken jeweils unterschiedliche Kontext, in dem das Zitat auftaucht. Besteht im *Baopuzi* ein eindeutiger Bezug zur Alchemie („Mein Schicksal liegt bei mir, nicht beim Himmel; die Verwandlung des Zinnobers zu Gold dauert Abermillionen von Jahren")[167], so entwickelt der Passus aus dem *Xianjing* den Gedanken in Richtung einer eigenverantwortlichen Lebensgestaltung:

> *„Es heißt 'Mein Schicksal liegt bei mir, nicht beim Himmel', doch die geistig Armen vermögen nicht zu dieser Erkenntnis zu gelangen. Das dao ist für das Leben das wesentliche. Der Grund, warum sich die mannigfaltigen Erkrankungen und Windheteropathien einstellen, ist, daß der Mensch*

---

165 YYML 1. 1, 4a.
166 Ebd., 4b.
167 我命在我不在天，還丹成金億萬年; BPZ 16, 287.

seinen Intentionen ungezügelt nachgeht und seinen Emotionen bis zum Äußersten nachgibt; er versteht sich nicht darauf, sein eigenes Leben wertzuschätzen, und so entsteht Leere, und das Leben nimmt Schaden. Vergleichbar ist dies mit dem verrotteten Baum, der bricht, wenn der Wind in ihn fährt, oder der vom Einsturz bedrohten Uferböschung, die abbricht, sobald das Wasser sie umspült. Wer es sich nun nicht leisten kann, Heilmittel einzunehmen, vermag gleichwohl, wenn er seine Essenz wertschätzt und seine Emotionen zügelt, eine Lebensspanne von einhundert bis zweihundert Jahren zu erlangen". [168]

An anderer Stelle im *Baopuzi* wird die Möglichkeit, aus eigenem Tun heraus Langlebigkeit zu erlangen, ein weiteres Mal bekräftigt. Im 3. Kapitel führt Ge Hong auf die Frage hin, ob langes Leben durch Studium erlangt werden könne, aus, daß Pengzu und Laozi auch Menschen seien, ihre Lebensdauer nicht aufgrund einer wesensmäßigen Andersartigkeit von sich aus *(ziran)* so lang sei, sondern vielmehr aus der „Erlangung des Dao" 得道 *(dedao)* resultiere. Seine Absage an Xi Kangs „Qi-Determinismus" faßt er in folgender Äußerung zusammen „Wer es vermag, das Dao von Peng[zu] und Lao[zi] zu praktizieren, der wird dieselben Fähigkeiten wie diese erlangen".[169] In den angeführten Zitaten wird die Grundposition einer Selbstbestimmung des Einzelnen formuliert, die den Praktikern der Lebenspflege und den Unsterblichkeitssuchern gemeinsam ist. Während sich die einen jedoch innerhalb der Grenzen menschlichen Daseins einrichten und danach streben, die zubemessene Lebensspanne auszuleben, ist für die anderen diese Selbstbestimmung eine absolute und vermittelt jene Selbstgewissheit, die am Beginn des von Ge Hong als mühsam beschriebenen Weges zur Unsterblichkeit steht.

Ein im *Yangsheng yaoji* zitierter Textpassus aus dem *Zhongjing* spricht im Rahmen seiner Erörterung der Methodik zur "Ordnung", vielleicht ließe sich übersetzen „Beherrschung des Lebens" 治生 *(zhisheng)*, ein Thema an, das sich mit dem Begriff „konstitutioneller Determinismus" bezeichnen läßt.[170] Konstitution bezieht sich dabei auf spezifische Dispositionen der psychischen Konstitution als Teil der Wesensnatur 性 *(xing)* des Menschen; als solche werden im *Zhongjing* Ruhe und Unrast 靜躁 *(jing zao)* und Weichheit und Härte 剛柔 *(gang rou)* genannt, von denen es heißt, sie ließen sich nicht ändern, so daß „der Ruhige lange lebt, der Unruhige frühzeitig stirbt".[171] „Ruhe" ist über den Daoismus hinaus ein Kernbegriff der chinesischen Lebensphilosophie; verwiesen sei an dieser Stelle nur auf das „Bewahren der Ruhe" und die „Beherrschung der Unrast durch die Ruhe" im *Laozi*[172] und die in den „Aufzeichnungen über die Musik" des Ritenklassikers *Liji* dargelegte Lehre von der natürlichen Ruhe

---

168 YYML 1. 1, 9b.
169 BPZ 3 (Duisu), 46.
170 S. YSYJ 43.
171 Is. 23, 2a; 27. 1, 449.
172 *Laozi* 16, 26, S. 41 u. 67; Henricks 1989, 218, 238.

des Menschen als seiner „himmlischen Natur".[173] Die Auswirkungen des Ruhe-Unrast-Antagonismus in seinen psychophysischen Dimensionen beschreibt das *Huainan zi* in seinem Eingangskapitel folgendermaßen: „Was Essenz-Geist, Qi und Willen betrifft, so führt der Zustand der Ruhe zu einer täglich zunehmenden Fülle, die sich in einer kräftigen Physis zeigt, Unrast dagegen ruft täglich fortschreitende Aufzehrung hervor und läßt den Menschen altern. Aus diesem Grunde nährt der Heilige seinen Geist".[174] In ähnlicher Weise setzt auch der „Innere Klassiker des Gelben Ahnherrschers" Ruhe und Unrast in Beziehung zum Geist *(shen)* und führt dazu aus „Ist das Yin-Qi [der fünf Speicher] in Ruhe, so wird der Geist bewahrt *(cang)*, ist es aber in Unrast, so vergeht er".[175] Der Begriff der „Unrast" *(zao)* ist bedeutungsidentisch mit „Bewegung" *(dong)*, die sich auf die geistig-psychische Befindlichkeit bezieht und dann im Gegensatz zu der durchaus positiv verstandenen körperlichen Bewegung eine negative Konnotation besitzt. Bewegung als Gemütsbewegung bildet einen Gegenstand der Kultivierung des Geistes *(yangshen)*, oder in der Diktion des *Yangsheng yaoji*, seines Hortens 嗇 *(se)* im Sinne des Bewahrens und Speicherns. Das *Zhongjing*, um auf das eingangs erwähnte Zitat zurückzukommen, betrachtet Ruhe und Unrast als wesensmäßige Eigenschaften, doch seien sie einem nährenden und kultivierenden, dem Prinzip der Angemessenheit folgenden Einfluß durchaus zugänglich, womit die deterministische Aussage über lange bzw. kurze Lebensspannen relativiert wird. Auch hier ist die Möglichkeit eines kultivierend-nährenden Einwirkens im Sinne des Yangsheng formuliert.

Ein zentrales, in einem Pengzu zugeschriebenen Passus formuliertem Prinzip der Kultivierung der Langlebigkeit *(shou)* ist die Gestaltung der Lebensweise im Hinblick auf die Vermeidung potentieller Schädigungen 傷 *(shang)*.[176] Dies umfaßt sowohl den Bereich der physischen Existenz als auch den des Geistig-Psychischen. Als Grundlage der Lebenspflege bezeichnet auch Ge Hong das Meiden solcher Schädigungen und führt anschließend ausführlich aus, welche Verhaltensweisen er in ihrer Auswirkung als schädlich erachtet.

> *Eine Schädigung bedeutet es, in erschöpfender Weise seine Gedanken auf das zu richten, wozu das Talent nicht ausreicht, sich zu zwingen, das zu heben, wozu die eigene Kraft nicht hinreichend ist; Kummer, Trauer, Sorge und Bedrängnis bedeuten ebenso Schädigung wie auch ein Übermaß an Freude und Vergnügen; begierig zu sein auf Gewünschtes, lange Zeit zu sprechen und zu scherzen, im Übermaß zu schlafen und dem Bogenschießen nachzugehen; starke Trunkenheit und Erbrechen, sich nach einem opulenten Mahl niederzulegen, schnelles Rennen bis zur Atemlosigkeit, Freudenrufe, das Vergießen von Tränen und sexuelle Enthaltsamkeit*

---

173 *Liji*, Kap. Yueji; Wilhelm 1981, 73f. Zu einer Sammlung von Quellentexten zum Thema Ruhe-Bewegung, s. Yu Tong 1987. 443ff.

174 *Huainan zi* 1, 18.

175 SW 43 (Pilun), I, 563.

176 S. YSYJ 46.

sind schädlich. Sammeln diese Schädigungen sich bis zum vollen Maße an, so ist ein früher Tod die Folge, doch ein früher Tod entspricht nicht dem dao. [177]

Beschränkung und Übermaß sind Schlüsselbegriffe des Yangsheng, die ein Zitat aus dem „Klassiker der Beschränkungen" 少有經 *(Shaoyou jing)* thematisiert. *Shao* 少 läßt sich in einem zweifachen Sinne interpretieren: zum einen wie hier im Anfangsteil des Zitates als Beschränkung, als „wenig haben", wenige Begierden hegen, zum anderen als Defizit, d.h. ein Zuwenig bzw. ein Mangel, der wie auch das Übermaß 多 *(duo)* eine Abweichung darstellt. Diese Bedeutung klingt im Fazit dieses Passus an, wenn es heißt: „Jene, die weder Mangel noch Übermaß kennen, können nahezu als Wahrhaftmenschen gelten". Interessant ist der große Anteil, der dem Bereich der Emotionen bzw. deren konkreten Äußerungen, beispielsweise als übermäßiges Lachen oder Reden, zukommt. Das Körperliche wird nur einmal angesprochen, wenn es heißt, daß übermäßige Geschäftigkeit den Körper ermüdet. Zwischen dem Zuwenig und Zuviel liegt das rechte Maß. Dem Streben nach Maß und Mitte, und damit verbunden der Mäßigung, kommt ja weit über den Bereich der individuellen Lebenspflege hinaus im chinesischen Denken allgemein große Bedeutung zu. In zahlreichen Fragmenten des *Yangsheng yaoji* klingt das Thema der Mäßigung an, so beispielsweise im Zusammenhang mit der Ernährung und dem Weingenuß. Keine Ausnahme bildet der Bereich der Sexualität, in dem nur das Einhalten der Mitte zwischen den Extremen einer strengen Enthaltsamkeit und eines ungezügelten Libertinismus vor einer Verkürzung der Lebensspanne durch Krankheit und dem Verlust vitaler Substanzen (der Essenz, *jing)* bewahrt.[178] Das allen Praktiken gemeinsame Fundament der Lebenspflege faßt ein kurzes Fragment aus dem „Plan der Unsterblichen" *Shenxian tu* zusammen. „Essenz, Qi und Geist vollständig zu bewahren und nicht aus dem Körper entweichen zu lassen", so heißt es darin, ist Voraussetzung eines langen Lebens 長生 *(changsheng).* Für den Adepten der Langlebigkeit gilt es, sein gesamtes Denken auf die Praxis der Lebenspflege hin auszurichten, „sie weder des Tags noch in der Nacht zu vergessen" und sie in sämtlichen Tätigkeiten gegenwärtig sein zu lassen.[179] In welcher Weise diese Lebensordnung in den Bereichen ausgestaltet werden soll, die Zhang Zhan zum Gegenstand seines „Kompendiums" macht, wird in den nachfolgenden Ausführungen, die den Übersetzungsteil einleiten, darzustellen sein.

4.2. Das Horten des Geistes *(seshen)*

Gemäß dem im *Yangxing yanming lu* (1, 9a) angeführten Zitat aus dem „Kompendium" bildet das „Horten des Geistes" *(seshen)* den ersten von zehn wesent-

---

177 BPZ 13, 245; Ware 1966, 223.

178 S. hierzu das ebenfalls Pengzu zugeschrieben Zitat in YYML 2. 6, 10b über den Verlust von *jing*.

179 Fragm. 42, ls. 23, 1b-2a.

lichen Aspekten der Lebenspflege. Diese Anordnung ist nicht zufällig, sondern vielmehr ist sie die Widerspiegelung eines zentralen Prinzips innerhalb des Yangsheng-Denkens, wonach der Kultivierung des Geistes 養神 *(yangshen)* Priorität vor der Kultivierung des Körpers 養形 *(yangxing)* zukommt. Am deutlichsten kommt dieses Axiom in einem Passus aus dem Kapitel *Xiade* 下德 des *Wenzi* zum Ausdruck. Darin heißt es:

> *Das höchste ist die Kultivierung des Geistes, ihr folgt das Kultivieren der Gestalt (des Körpers); den Geist klar und das Wollen ausgewogen zu bewahren, alle Glieder in Gesundheit zu erhalten, das ist das Wesentliche bei der Kultivierung des Lebens. Das Gewebe zu kräftigen, die Innereien zu füllen und die Vorlieben und Begierden sich entfalten zu lassen, das sind die peripheren Aspekte der Kultivierung des Lebens"* [180].

Das Primat des Geistes, den es zu kultivieren und zu nähren gilt, läßt sich bis zum Werk *Zhuangzi* zurückverfolgen. So werden in Kapitel 15 *(Keyi)* die Anhänger des Pengzu beschrieben, die Daoyin und Atmung praktizieren, um ihren Körper zu nähren *(yangxing)*[181], doch heißt es dazu an anderer Stelle: „Die Menschen dieser Welt meinen, daß es ausreiche, seine Gestalt zu nähren, um das Leben bewahren zu können, doch läßt es sich nicht dadurch bewahren, daß man seine Gestalt nährt".[182] Die Techniken des *yangxing*, denen sich die Adepten in der Nachfolge Pengzus widmen, führen nurmehr zu einer Verlängerung der physischen Existenz, ein Ziel, das der Philosophie des *Zhuangzi* nicht ferner stehen könnte. Den Geist zu nähren *(yangshen)* besteht hingegen darin, „rein und nicht vermischt, ruhig, eins und unwandelbar, still und ohne Handeln zu sein und in der Bewegung dem Walten des Himmels zu folgen" [183].
Das dem „Hegen des Qi" im *Yangsheng yaoji* entsprechende Kapitel des *Ishimpō* ist mit *Gushen* 谷神 überschrieben, ein Terminus der auf das 6. Kapitel des *Daode jing* zurückgeht, in dem es heißt: „Der Geist des Tales stirbt nicht. Dies wird genannt das dunkle Weibchen ..." [184] In der Interpretation des Kommentars von Heshang gong liest sich dieses Kapitel folgendermaßen:

> *Der Geist des Tales stirbt nicht.* Gu 谷 *bedeutet* yang, *nähren, kultivieren. Wer seinen Geist zu kultivieren versteht, der stirbt nicht.* Shen *bezieht sich auf die* shen *der fünf Zang, i.e.* hun *der Leber,* po *der Lunge,* shen *des Herzens,* jing *der Nieren und* zhi *der Milz. Erfahren die Zang Verletzungen, so werden sie von den fünf* shen *verlassen".* [185]

Derselbe Passus wird interessanterweise auch zu Beginn des *Yangxing yanming lu* zitiert, fehlt jedoch in Zhangs „Kompendium", das offensichtlich eine

---

180 Zit. nach Is. 27, S. 449; vgl. hierzu den nahezu identischen Passus in *Huainan zi*, Kap. 20, S. 356, zit. in Kap. 1 der vorliegenden Arbeit.
181 *Zhuangzi* 15 (Keyi), 393, Watson 1968, 167f.
182 *Zhuangzi* 19 (Dasheng), 465; Watson, 197.
183 Zhuangzi 15, 396; Watson, 168.
184 *Laozi* 6, 16f.; Henricks 1989, 198; Schwarz, 56.
185 Übers. nach Erkes 1963, 21f.

andere Traditionslinie des Yangsheng als die des Heshanggong-Kommentares rezipiert hat. Hierin ist möglicherweise ein Hinweis darauf zu sehen, daß die „Aufzeichnungen" nicht ausschließlich auf dem *Yangsheng yaoji* basieren, sondern durch Material aus später datierten Quellen ergänzt wurden.
Gemäß dem etymologischen Lexikon *Shuowen jiezi* hat *se* die Bedeutung von „hegen" 愛 *(ai)*, was erläutert wird als „Das Ankommende wird in einem Kornspeicher gehortet".[186] Eine weiterführende Erläuterung findet sich im Kommentar des *Hanfei zi* zum 59. Kapitel des *Daode jing*. Zu dem Satz „Für die Regierung der Menschen und den Dienst am Himmel ist nichts geeigneter als sparsam *(se)* zu sein..." [187] führt *Hanfei zi* aus: „Der Heilige gebraucht seinen Geist mit Ruhe, denn Ruhe bedeutet wenig zu verbrauchen, wenig zu verbrauchen heißt sparsam zu sein, und sparsam zu sein wird als Technik 術 *(shu)* bezeichnet".[188] Einen ergänzenden Aspekt zu dieser Vorstellung des Umganges mit dem Geist liefert die Interpretation des Begriffes bei Xun Yue (148-209), der in seinen „Ausgedehnten Betrachtungen" 申鑒 *(Shenjian)* schreibt „Die Eltern, die Tugend, die Kraft und den Geist hegen *(ai)* wird als horten bezeichnet".[189] Aus den angeführten Zitaten läßt sich als Grundidee die des Sparens und Hortens ableiten; mit dem Begriff der Ruhe *(jing)*, der sich in diesem Kontext als „Ataraxie" übersetzen läßt, gibt *Hanfei zi* bereits einen Hinweis auf die Methodik einer hegenden Kultivierung des Geistes, die im wesentlichen eine Beherrschung der Emotionen bedeutet, freilich nicht im Sinne einer Emotionslosigkeit, auf die *Zhuangzi* als den „Weg zur Kultivierung des Geistes" 養神之道 *(yangshen zhi dao)* weist: „Wird der Körper angestrengt ohne Ruhe, so ermüdet er; wird die Essenz angewendet ohne Unterlaß, dann erschöpft sie sich [...] Rein und unvermischt, still, eins und unwandelbar, gelassen und nicht handelnd, dem Lauf der Natur folgen, darin besteht der Weg zur Kultivierung des Geistes".[190] Die im Zusammenhang mit der Entsprechungsmedizin des „Inneren Klassikers" erwähnten Ausführungen über die pathologischen Auswirkungen *übermäßiger* Emotionen, die Bestandteil eines allgemeinen Erkenntnisfundus sind, lassen sich durch eine Textpassage aus demselben Werk ergänzen, die das im *Yangsheng yaoji* angeführte Zitat aus dem *Shaoyou jing* (YSYJ 45) kommentiert. Im 28. Kapitel des *Lingshu*, das den Zusammenhang zwischen Emotionen und den durch sie verursachten physiologischen Reaktionen erläutert, wird das Herz *(xin)* als Herrscher über die fünf Speicher und sechs Paläste bezeichnet, dessen natürlicher Zustand der einer bewegungslosen Ruhe ist, doch „durch Trauer und Sorgen wird das Herz in Bewegung versetzt, und die Bewegung des Herzens versetzt die Speicher und Paläste in Unruhe".[191]

---

186 SWJZ, S. 111.
187 Henricks, 140f.; Schwarz, 1980, 109.
188 *Hanfei zi*, S. 101.
189 *Shenjian* 3, 17; Ch'en Ch'i-yun 1980, 157.
190 *Zhuangzi* 15, 399; Watson 1968, 169.
191 LS 28 (Kouwen), 250.

4.3. Das Hegen des Qi *(aiqi)*

Der Begriff *aiqi* 愛氣, mit dem das zweite Kapitel des *Yangsheng yaoji* überschrieben ist, findet sich, beginnend mit den Manuskriptfunden der frühen Hanzeit, in nahezu allen wesentlichen Schriften zum Yangsheng. Eine der frühesten Texte, die das Hegen des Qi in Zusammenhang mit der Entstehung von Krankheiten bringen, ist die zu den früh-hanzeitlichen Manuskriptfunden gehörende „Schrift über das [Leiten und] Dehnen“ *(Yinshu)*, die gerade im Unwissen über die Bedeutung des Hegens seines Qi die wesentliche Ursache für Erkrankungen und frühen Tod sieht. In den anschließenden Ausführungen wird deutlich, was der unbekannte Verfasser darunter versteht, wenn er vom „Hegen des Qi“ spricht: es gilt, mit seinem Qi zu „haushalten“ 節氣 *(jieqi)*, das heißt seinen Verbrauch einzuschränken und es in Fülle - das *Yinshu* spricht an dieser Stelle davon, das Yin zu füllen - zu bewahren.[192] Den Verbrauch einzuschränken, um so einen Mangelzustand 虛 *(xu)* zu vermeiden, bedeutet ja nichts anderes, als zu „geizen“ und zu „horten“. Interessanterweise wird in den lexikologischen Nachschlagewerken ein Zeichen mit eben dieser Bedeutung als ein Synonym für *ai* angeführt, nämlich *se* 嗇, das Zhang Zhan in Verbindung mit Geist *(shen)* als Überschrift für das einleitende Kapitel seines Yangsheng-Kompendiums benutzt. Während Wang Chong beispielsweise vom „Nähren der Essenz und dem Hegen des Qi“ spricht 養精愛氣 *(yangjing aiqi)*[193], findet man in späteren Schriften häufiger auch *se*, allerdings eher in Verbindung mit dem Begriff Essenz *(jing)*. Daß sowohl Xi Kang als auch Ge Hong sich des Ausdrucks „Hegen des Qi und Sparen der Essenz“ 愛氣嗇精 *(aiqi sejing)* bedienen, mag ein Hinweis darauf sein, daß sich die Verwendung dieser Phrase innerhalb der Yangsheng-Literatur im 3./4. Jh. bereits im Sinne eines *terminus technicus* verfestigt hatte.[194]

Vor einer eingehenderen Betrachtung der entsprechenden Fragmente eine Anmerkung zur Terminologie des *Ishimpō*: Der vierte Abschnitt des 27. Kapitels, der die Zitate zur Theorie und Praxis der Qi-Kultivierung versammelt, ist überschrieben „Anwendung des Qi“ 用氣 *(yongqi)*. Tamba Yasuyori benutzt hier einen Ausdruck, der in den von ihm zitierten Textpassagen zwar nicht ein einziges Mal vorkommt, gleichwohl aber im *Baopuzi* belegt ist. Darin werden im Kapitel Shizhi die magischen Wirkungen einer verständigen Anwendung von Qi beschrieben.[195] Ein Vergleich der Ausführungen im *Baopuzi* mit den Zitaten im *Ishimpō* macht deutlich, daß der Begriff dort eine von der Verwendung bei Ge Hong abweichende Bedeutung haben muß. Eine mögliche Interpretation ist die, *yong* 用 als *xing* 行 zu glossieren[196], so daß die „Anwendung des Qi“ im Sinne des „Führens des Qi“

---

192 S. hierzu Kap. 2.4 der vorliegenden Arbeit.

193 *Lunheng*, Kap. Daoxu.

194 S. Xi Kangs *Da Nan yangsheng lun* und *Baopu zi*, Kap. Weizhi; die Sammelbiographie der *fangshi* im *Hou Hanshu* enthält die Variante *aise jingqi* 愛嗇精氣.

195 BPZ 8, 150.

196 S. beispielsweise ZWDCD 6. 22197 (4), S. 9458.

(xingqi) zu verstehen wäre. Tatsächlich werden in einem wesentlichen Teil der Texte dieses Abschnittes methodische Aspekte der als *xingqi* und „Aufnahme des Qi" 服氣 *(fuqi)* bezeichneten Qi-Techniken dargelegt.
Ge Hong betrachtet das Führen des Qi zusammen mit dem „Horten der Essenz" und der Einnahme der „großen Medizin" als wesentliche Methoden zur Erlangung der Unsterblichkeit. Hinzu müsse freilich, dies wird von ihm wiederholt hervorgehoben, die Unterweisung durch einen „wissenden Meister" 明師 *(mingshi)* treten.[197] Mittels des Führens von Qi, so schreibt er, lassen sich nicht allein Krankheiten heilen, sondern auch Schutz vor Epidemien, Tiger und Schlangen und die Verlängerung der Lebensspanne erlangen. Die wichtigste Technik sei die Embryonalatmung 胎息 *(taixi)*, von der es heißt: „Wer die Embryonalatmung beherrscht, der kann, gleich dem Fötus im Mutterleib, ohne Nase und Mund atmen 噓吸 *(xu xi)*, und so vollendet sich das dao".[198] Die Embryonalatmung wird in keinem der Fragmente des „Kompendiums" thematisiert, was einen Hinweis darauf bedeuten könnte, daß diese Technik vor Ge Hong noch keine weitere Verbreitung gefunden hatte. Dies gilt allerdings nicht für das „Verschließen des Qi" 閉氣 *(biqi)*, das gleichsam die erste Stufe der Manipulation des Qi darstellt.[199] In Ergänzung zu den Zitaten des *Yangsheng yaoji* sei hier eine ausführlichere Beschreibung dieser Technik aus dem *Baopuzi* wiedergegeben:

> *Wer mit dem Studium der Qi-Führung beginnt, wird das Qi durch die Nase aufnehmen und es dann verschließen; im Geist zählt man bis einhundertzwanzig, um das Qi dann behutsam durch den Mund auszustoßen.*[200] *Beim Aufnehmen [und Ausstoßen] soll man so verfahren, daß man selbst das Geräusch des Ein- und Austretens nicht vernimmt; es soll immer mehr aufgenommen als abgegeben werden. Bedeckt man Nase und Mund mit einer Flaumfeder, dann soll man dahin gelangen, daß diese sich nicht bewegt, während das Qi ausgestoßen wird. Mit zunehmender Praxis steigere man das Zählen im Geiste, so daß man nach einiger Zeit bis auf tausend kommt. Dahin gelangt, verjüngen sich die Alten täglich um einen Tag. Das Führen des Qi gilt es zur Zeit des vitalen Qi, nicht aber in der Zeit des toten Qi zu praktizieren. Das ist gemeint, wenn es heißt 'Die Unsterblichen nehmen die sechs Qi auf'. Tag und Nacht sind in zwölf Doppelstunden unterteilt; in den sechs Doppelstunden von Mitternacht bis zur Tagesmitte herrscht das vitale Qi, in den sechs Doppelstunden vom Mittag bis Mitternacht herrscht das tote Qi. In dieser Zeit ist das Führen des Qi ohne jeden Nutzen.*[201]

---

197 BPZ 8 (Shizhi), 149; Ware 1966, 138.
198 Ebd. Zu einer Darstellung der Embryonalatmung, s. Maspero 1971, 497ff.
199 S. beisp. YSYJ 81.
200 Ware (1966, 139) übersetzt *xinshu* 心數 als „heartbeat", was ich für eher unwahrscheinlich halte. In einer ähnlichen Beschreibung der *xingqi*-Technik aus dem „Klassiker über die Aufnahme des Qi" *(Fuqi jing)*, den das *Yangsheng yaoji* zitiert (Is. 23, 17b; 27. 4, S. 454), soll der Adept den Atem anhalten um dann 於心中數至二百, was sich wohl nicht anders übersetzen läßt als „im Geist bis zweihundert zählen".
201 BPZ 8, 149f.

Inhaltlich lassen sich die Zitate über das „Hegen des Qi" des *Yangsheng yaoji* folgendermaßen zusammenfassen: die Fragmente 71 bis 73 enthalten allgemeine theoretische Ausführungen, während die restlichen Fragmente (74 bis 84) verschiedene Aspekte der Praxis des *xingqi* behandeln. Acht der insgesamt vierzehn Textpassagen sind auch im Abschnitt über die „Aufnahme des Qi zur Behandlung von Krankheiten" 服氣療病 *(fuqi liaobing)* des *Yangxing yanming lu* enthalten.[202]

Die Techniken der Lebensverlängerung verbanden sich, darauf wurde im Zusammenhang mit dem *Zhuangzi* hingewiesen, bereits in der späten Zhouzeit mit dem Namen Pengzu, jener Gestalt, die sich aufgrund ihres legendären Alters von achthundert Jahren in besonderer Weise als Ahnherr und „Meister" jener Praktiken eignete, denen sich der Adept in seinem Streben nach Langlebigkeit unterzog. Unter den erhaltenen Fragmenten des *Yangsheng yaoji* finden sich wenigstens vier Zitate, die ihm zugeschrieben sind, zwei davon enthält das Kapitel über die Qi-Techniken.[203] Als Quelle des Fragmentes 72 läßt sich die Biographie Pengzus im *Shenxian zhuan* identifizieren. Das Hegen und angemessene Nähren des Qi, so wird ausgeführt, ermöglicht es auch ohne die Kenntnis esoterischer Techniken *(fangshu)*, eine Lebensspanne von einhundertzwanzig Jahren zu erlangen.[204] Das Wissen und die Anwendung dieser Techniken, die Pengzu in dem zweiten ihm zugeschriebenen Passus als „Methode zur Harmonisierung des Geistes und Leiten des Qi" 和神導氣 *(heshen daoqi)* bezeichnet, ermöglicht eine Verdoppelung dieser Lebensdauer, die sich durch die Einnahme von Heilmitteln ein weiteres Mal potenzieren läßt. Während das Zitat im *Yangsheng yaoji* hier abbricht, wird der Text im *Shenxian zhuan* fortgeführt und endet mit einem überraschenden Schluß: „Wer die Prinzipien vollständig anwendet, der vermag dem Tode zu entgehen, doch wird er nicht zu einem *xian*-Unsterblichen."[205] Interessanterweise fehlt dieser Passus auch im *Yangxing yanming lu*, das ja an manchen Stellen textliche Abweichungen gegenüber dem *Yangsheng yaoji* aufweist, doch wird der Text dort von einem kommentierenden Zitat aus Xi Kangs Essay „Über das Nähren des Lebens" begleitet.[206] Übereinstimmung besteht bei beiden Autoren in der Ansicht über die Unmöglichkeit, durch die Praxis bestimmter Techniken, zu denen auch die Einnahme von Drogen gehört, die „nurmehr" zu einer wenn auch beachtlichen Verlängerung des Lebens führen, Unsterblichkeit zu erlangen. Während Xi Kang einen Unsterblichkeits-Determinismus postuliert, bleibt die Ursache für die Unmöglichkeit, sich trotz Überwindung des Todes in einen Unsterblichen zu verwandeln, ungenannt. Wahrscheinlich ist, daß hier Unsterblichkeit mit der Vorstellung eines Aufstieges in himmlische Gefilde 升天 *(shengtian)* verbunden ist, die gemäß der Legende solch illustren

---

202 YYML 2. 4, 19b-3b. Drei weitere Zitate sind in anderen Abschnitten zu finden: Fragm. 72 und 77 erscheinen in YYML 1. 1, S. 10a u. 6a, Fragm. 78 wird in 2. 5, S. 4b zitiert.

203 Fragm. 46, 47, 72 und 81.

204 Zu den Textvarianten s. die Anmerkungen im Übersetzungsteil.

205 *Shenxian zhuan*, 1, S. 7.

206 YYML 1. 1, 10 a.

Figuren des Unsterblichkeitspantheons wie dem Gelben Ahnherrscher (Huangdi) und dem König von Huainan (Liu An) widerfahren sein soll.[207]
Von Bedeutung ist das Zitat aus dem „Klassiker über die Aufnahme des Qi" 服氣經 *(Fuqi jing)*, einer möglicherweise aus der Späten Hanzeit datierenden Schrift, die als verloren gilt.[208] Die Erwähnung im *Yangsheng yaoji* liefert einen *terminus ante quem* für die Abfassung dieser Schrift, die in Ge Hongs Inventar daoistischer Schriften *(Baopu zi* 19) nicht aufgelistet wird. Der Text läßt sich in zwei Abschnitte teilen, deren erster mehr theoretischen Charakter hat, während der zweite sich mit methodischen Details befaßt. Wenn es zu Beginn heißt „Dao ist Qi" und „Geist ist Essenz"[209], so stellt dies weniger eine definitorische Gleichsetzung als vielmehr eine funktionale In-Beziehung-Setzung dar, die das praktisch-methodische Vorgehen begründet. Bei den Texten, die das *Yangsheng yaoji* versammelt, handelt es sich im wesentlichen ja um Instruktionen für die „Praxis des Dao" 爲道 *(weidao)*, wie es das vorliegende Zitat auch selbst formuliert. Zur Verdeutlichung sei ein Zitat aus dem „Qi-Klassiker der höchsten Klarheit über das Nähren des Lebens und die Embryonalatmung" *(Taishang yangsheng taixi qijing)* angeführt, das gleichsam einen Kommentar zu dem genannten Passus darstellt. Darin heißt es: „Essenz ist mein Geist, Qi ist mein Dao".[210] Hier ist in anderer Form ausgedrückt, was der Fuqi-Klassiker selbst auch formuliert, wenn es heißt, daß durch Bewahren des Qi das Dao erlangt und damit langes Leben verwirklicht wird. Qi ist nicht Dao, sondern der Weg zur Erlangung des Dao führt über das Qi, das es mittels bestimmter Techniken zu hegen *(ai)* oder zu bewahren gilt. Gleiches gilt für *shen*, das Erreichen der „göttlichen Klarheit" 神明 *(shenming)*, als deren Voraussetzung das Bewahren der Essenz genannt wird. Essenz oder Feinststoff, auch Samenessenz, wird hier in seinem nährenden, die vitalen Strukturen des Körpers erhaltenden Aspekt beschrieben. Der Verlust der Essenz läßt die Knochen verdorren und führt zum Tode, oder wie es allgemeiner im Kapitel über die Sexualhygiene im *Yangxing yanming lu* heißt, „Ein Mangel an Essenz ruft Krankheiten hervor, ist sie erschöpft, tritt der Tod ein".[211]
Auf die Beziehung der Qi-Techniken zu anderen Bereichen der Lebenspflege weisen die Fragmente 75 und 76 hin. Das Führen des Qi hat die Durchlässigkeit jener Bahnen im Inneren des Körpers, auf denen es fließt, zur Voraussetzung. Exogene sowohl als auch endogene Faktoren können Störungen verursachen, die sich in Form von Blockaden und Stauungen manifestieren: „Verschließen sich die Leitbahnen, kann das Qi nicht mehr zirkulieren; zirkuliert das Qi nicht, so ruft dies Krankheiten hervor".[212] Ein wesentlicher pathogener Faktor ist die

207 S. deren Biographien in *Liexian zhuan*, j. 1 und *Shenxian zhuan*, j. 6.
208 Die Angabe zur Datierung stammt von Despeux 1988, 31. Das YYML (2. 4, 2a-b) zitiert denselben Text.
209 道者氣也；神者精也; Is. 23, 17a.
210 精是吾神，氣是吾道; DZ 819, Fasz. 568, 4a.
211 YYML 2. 6, 9b; vgl. weiter unten den Abschnitt „Sexualhygiene".
212 YSYJ 76, 23, 18a; 27. 4, S. 455.

Ernährung, die sowohl in ihrer qualitativen als auch quantitativen Beschaffenheit den Qi-Kreislauf potentiell negativ zu beeinflussen vermag. Somit gilt es, nicht allein Mäßigung bei Speise und Trank zu üben, sondern diese nach Regeln und Vorschriften auszuwählen, wie sie das 6. Kapitel des *Yangsheng yaoji* in großer Ausführlichkeit darlegt.[213] Weiterhin sind klimatische Aspekte bei der Praxis des *xingqi* zu berücksichtigen.[214] Den Emotionen zuzurechnen ist auch das „Denken" 思慮 *(silü)* im Sinne eines intensiven Nachdenkens oder sich gedanklich Klammerns an etwas. Ge Hong impliziert mit seinen Ausführungen, daß nicht Emotionen an sich, sondern vielmehr deren Übermaß es ist, was eine „Unordnung des Qi" verursacht.[215] Dagegen heißt es im *Yangsheng yaoji*, daß Freude, Zorn, Sorge und Haß zu beseitigen 除 *(chu)* sind, und unter Verwendung desselben Wortes spricht Pengzu davon, sich der Gedanken allmählich zu entledigen, um zu einem Zustand der „Gedankenleere" 無思慮 *(wu silü)* zu gelangen.[216]
Das Führen des Qi ist auch als therapeutische Methode anwendbar, und zwar auf zweierlei Weise: zum einen durch gedankliche Konzentration auf den Bereich des Körpers, in dem eine Störung, beispielsweise in Form von Schmerz, auftritt, die das Qi angreift und allmählich beseitigt, zum anderen mittels unterschiedlicher Arten des Ausstoßens von Qi, denen eine regulierende Wirkung zugeschrieben wird. Der Ursprung dieser später als „Methode der sechs Qi" 六氣法 *(liuqi fa)* bezeichneten Technik, reicht vermutlich bis in die Hanzeit zurück; sie wird in keinem der überlieferten Fragmente des *Yangsheng yaoji* erwähnt, doch enthält das *Yangxing yanming lu* eine ausführliche Darstellung.

4.4. Die Kultivierung des Körpers *(yangxing)*

Aufgrund seiner Leiblichkeit ist der Mensch anfällig für Schädigungen und so läßt sich sein Leben nur schwer kultivieren.

Ge Hong, *Baopuzi*

Unter der Überschrift „Nähren der Gestalt" 養形 *(yangxing)* sind jene Vorschriften und Regeln zusammengefaßt, die man dem Bereich der Hygiene zurechnen kann. Die Pflege der einzelnen Körperbereiche, das Baden, Waschen der Haare, die Pflege der Zähne und andere hygienische Maßnahmen besitzen freilich nicht nur einen medizinischen Aspekt im Sinne von Reinlichkeitsregeln, durch deren

213 Die allgemeine Erkenntnis, daß die Ernährung wesentlichen Einfluß auf die Physiologie des Organismus hat, ist natürlich nicht hier zum ersten Mal formuliert.
214 YSYJ 83, 23, 19a.
215 S. z.B. BPZ 8, S. 150.
216 S. Fragm. 75, 23, 18a und Fragm. 81, 23, 19a.

Beachtung sich Krankheiten zum Teil verhindern lassen, sondern ihnen kommt auch eine rituelle Bedeutung zu, die sich in den Fragmenten des *Yangsheng yaoji* widerspiegelt. Das Nähren der Gestalt wird im *Zhuangzi* im Zusammenhang mit den Adepten des Pengzu genannt, die durch Atemübungen und das Praktizieren des Daoyin Langlebigkeit anstrebten. Zu den Lehren der Leibesregulierung von Meister Guangcheng gehört es, seine „Gestalt nicht zu ermüden", denn, so beschreibt es das *Zhuangzi* an anderer Stelle, „Wird die Gestalt Anstrengungen ausgesetzt, ohne ihr Ruhe zu gönnen, so ermüdet sie und nutzt sich ab".[217]

Vergleicht man nun diese frühe Praxis der Leibespflege mit den hier versammelten Vorschriften, so wird man feststellen, daß eine Bedeutungsverschiebung von der Ausübung spezieller Techniken, denen die „Wesentlichen Prinzipien" jeweils eigene Kapitel widmen, hin zur Körperhygiene in einem umfassenden Sinn stattgefunden hat. Dies läßt sich erkennen, wenn man sich einen Überblick über die behandelten Themen verschafft: den Körper schädigende, Krankheiten verursachende Handlungen, das Verhältnis von Muße und Beschäftigung, oder allgemeiner, von Aktivität und Ruhe, Verhaltensregeln für bestimmte physische Zustände, allgemeine Regeln zur Pflege des Körpers und die förderlichen Wirkungen des Badens an bestimmten Tagen und zu bestimmten Jahreszeiten.

Die Fragmente 65, 66, 68 und 69 unterscheiden sich von den übrigen Textpassagen des Kapitels dadurch, daß sie dem Baden zu ganz bestimmten Zeitpunkten Wirkungen zuschreiben, die als Langlebigkeit *(changsheng)*, Freisein von Krankheiten 不病 *(bubing)* und Unsterblichkeit 延年無已, 不老 *(yannian wuyi, bulao)* benannt werden. Die Beachtung kalendarischer Tabus ist für die gesamte Lebenspflege von Bedeutung, da jeder Zeitpunkt und jeder Zeitraum eine ihm spezifische Qualität und Wertigkeit besitzt. Die Existenz eines solchen kalendarischen Regelwerkes in der Hanzeit macht die Erwähnung eines *Mushu* 沐書 bei Wang Chong deutlich, der daraus nurmehr aus dem Grunde zitiert, um die Absurdität der darin enthaltenen Vorstellungen aufzuzeigen.[218] Ähnliche Schriften sind auch für spätere Jahrhunderte belegt.[219] Der rituelle Aspekt der Hygiene wird in Fragment 67 angesprochen. Hierin zeigt sich einmal mehr das für die „Wesentlichen Prinzipien" charakteristische Nebeneinander von medizinisch-hygienischen und magisch-religiösen Elementen, die sich aus der Heterogenität der verwendeten Quellen ergibt.

Die Erörterung der vorhanzeitlichen Quellen des heilkundlichen Denkens hatte bereits deutlich gemacht, daß den Hygienevorschriften innerhalb einer umfas-

---

217 *Zhuangzi* 15, S. 399; Watson, S. 169; zu den Lehren von Meister Guangcheng, s. *Zhuangzi* 11, 119; Watson, S. 119.

218 S. *Lunheng*, Kap. 70 (Jiri), S. 233, in dem Wang Chong das *Mushu* mit folgendem Passus zitiert „Sich an Tagen mit dem Zykluszeichen *zi* die Haare zu waschen bewirkt, daß man geliebt wird; sich an *mao*-Tagen die Haare zu waschen, läßt diese weiß werden". Interessanterweise erläutert Wang in den nachfolgenden Ausführungen die Begrifflichkeit des Waschens: „*Mu* beseitigt den Schmutz des Kopfes, *xi* den der Füße, *guan* den der Hände und *yu* den des Körpers" (ebd.).

219 S. die Angaben bei Needham 1970, 366, Anm. 5.

senden Lebenspflege ein großer Stellenwert zukam. In diesem Zusammenhang spielte auch der potentiell schädigende Effekt bestimmter Handlungen eine Rolle, wie ein Passus aus den „Reinen Fragen“ zeigt: „Sammelt sich das Qi im Unterbauch und in den Genitalien, so spricht man von einer Nieren-Hemmung 腎痺 *(shenbi)*. Man bekommt sie, wenn man sich mit kaltem Wasser wäscht und anschließend zum Schlafen niederlegt“.[220] Die aus solchen Erkenntnissen abgeleiteten Verhaltensregeln bilden einen wesentlichen Bestandteil des Kapitels über das Nähren des Körpers.

Ein Zhongchang Tong zugeschriebenes Fragment (YSYJ 48) weist auf zwei elementare Faktoren hin, die Einfluß auf Konstitution und Lebensspanne des Menschen nehmen. Zum einen handelt es sich um klimatische Auswirkungen der Lebensumgebung. Bereits im *Huangdi neijing suwen* wird dieser geomedizinische Aspekt im Zusammenhang mit den unterschiedlichen Therapieformen behandelt.[221] Zum anderen beeinflussen, so wird festgestellt, die äußeren Bedingungen der Erziehung die Konstitution des Kindes in der Weise, daß zu üppige Kleidung und Ernährung und die Gewöhnung an die Freuden des Müßigganges zu einer gesteigerten Anfälligkeit des Leibes gegenüber schädigenden Einflüssen führt. In ähnlicher Weise, doch mit größerer Ausführlichkeit und nicht allein auf das Kind bezogen, wird dasselbe Thema in einem längeren Passus dargelegt (YSYJ 47), als dessen Autor Pengzu gilt. In diesen Ausführungen wird erneut deutlich, daß die Trennung zwischen einer mehr auf die körperlichen Daseinsaspekte bezogenen Lebenspflege und der Kultivierung des Geistes im Grunde genommen eine artifizielle, nurmehr methodisch-formal begründete ist.

Techniken der Leibespflege

Zu den Praktiken, die sich dem als „Kultivierung des Körpers“ bezeichneten Bereich zurechnen lassen, gehören auch die nachfolgend genannten Techniken, die sich auf die Pflege bestimmter Bereiche des Körpers beziehen. Dabei handelt es sich wohl weniger um die Lebenspflege begleitende Maßnahmen, die als Vorbereitung oder im Anschluß an solche Methoden wie das „Leiten und Dehnen“ oder das „Führen des Qi“ ausgeführt werden, als vielmehr um eigenständige Praktiken, denen über die rein hygienisch-physiologische Funktion hinaus auch Wirkungen zugeschrieben werden, die im Zusammenhang mit spezifisch daoistischen Vorstellungen zu sehen sind. Dies gilt insbesondere für das „Klappern mit den Zähnen“ und das „Schlucken des Speichels“.[222] Steht in den Fragmenten des *Yangsheng yaoji* mehr der heilkundliche Aspekt im Vordergrund, so verweisen entsprechende Passagen des *Yangxing yanming lu* und verschiedene Zitate des *Yangsheng fang* auf die Einbindung dieser Techniken in das Streben nach Langlebigkeit.

---

220 SW 10 (Wuzang shengcheng), I, 159.

221 S. beisp. SW 11 (Yifa fangyi), I, 168ff.

222 S. hierzu Sakade 1983, 266ff. und Ding 1993, 1- 4.

Pflege der Haare

Die Pflege der Haare 理髮 *(lifa)* umfaßt das Kämmen, Waschen und die Massage. Dem pflegenden Umgang mit den Haaren werden therapeutische Wirkungen zugeschrieben. Im *Yangsheng yaoji* wird das *Zhongjing* mit folgender Bemerkung zitiert: „Die Kopfhaare stellen die äußersten Bereiche dar, in die das Blut gelangt. Kämmt man sich mehr als tausendmal das Haar, so ergraut es nicht".[223] Die Förderung der Durchblutung durch ausgiebiges Kämmen, wodurch das Ergrauen verhindert wird, ist das Hauptanliegen dieser Praxis. Fragmente 3, 61 bis 68 und 77 des *Yangsheng fang* sind mit dieser Thematik befaßt. Neben den rein hygienisch-medizinischen Vorschriften (YSF 3, 62, 64) finden sich Anweisungen, die im Zusammenhang mit magisch-kalendarischen Vorstellungen stehen, wie sie spätestens seit der Hanzeit dokumentiert sind (YSF 63, 65-67). Besonders interessant ist ein in zwei unterschiedlichen Kapiteln des *Zhubing yuanhou lun* gleich dreimal angeführtes Verfahren zum Kämmen der Haare in Kombination mit dem „Klappern der Zähne", dem „Schlucken des Speichels" und der Rezitation einer auf bestimmte Körpergottheiten bezogenen magischen Formel.[224]

Klappern mit den Zähnen (kouchi)

Die charakteristische Verbindung von gesundheitsfördernder Wirkung und spezifisch daoistischen Vorstellungen macht das folgende Zitat von Liu Jing deutlich: „Das Klappern mit den Zähnen versammelt die Gottheiten im Inneren [des Körpers] und läßt diese darin in Ruhe verweilen. Darüber hinaus verhindert es den Verfall der Zähne." Zur Wirkung dieser Technik auf die Körpergottheiten heißt es in den „Offenbarungen der Wahrhaftmenschen" 眞誥 *(Zhengao)* von Tao Hongjing, daß diese durch das Klappern in Achtsamkeit versetzt würden, was ihrer Zerstreuung verhindere und es somit „dämonischem Qi" 鬼氣 *(guiqi)* unmöglich mache, in den Körper einzudringen.[225] Der prophylaktische Nutzen im Sinne einer Festigung der Zähne wird auch im *Baopuzi* erwähnt. Die Zitate des *Yangsheng fang* machen deutlich, daß das Klappern der Zähne in Verbindung mit dem Schlucken des Speichels, dem innerhalb der Techniken zur Lebenspflege ein bedeutender Stellenwert zukommt, auch allgemein die Gesundheit befördernde Effekte zeitigt, beispielsweise als Maßnahme zur Kräftigung bei Mangel- und Erschöpfungszuständen.[226]

Schlucken des Speichels

Der Speichel gilt als wertvolles Körpersekret. Von diesen Sekreten heißt es in einem Zitat aus den „Esoterischen Erläuterungen zum Nähren des Lebens" *(Yangsheng neijie)*: „Essenz, Speichel, Tränen(flüssigkeit), Nasenschleim, Schweiß und Urin, durch diese Sekrete kann der Mensch Schädigung erfahren. Bei den hervorgerufenen Schädigungen gibt es solche, die leicht, und solche,

---

223 Is. 23, 13a; 27. 3, S. 453.

224 YSF 61, 68, ZBYH 27, 763 u. 765f. und YSF 77, ebd., 29, 822.

225 *Zhengao* 10, zit. nach Ding 1993, 2.

226 S. YSF 22, ZBYH 3, S. 90 und YSF 79 bis 82.

die schwerwiegend sind.“ [227] Gemeint ist damit wohl, so wird aus den sich anschließenden Ausführungen deutlich, daß ein übermäßiges Ausscheiden dieser Sekrete schädigende Effekte zeitigen kann und somit zu vermeiden ist. Die besondere „Wertigkeit“ des Speichels zeigt sich nicht zuletzt in der Differenziertheit der Bezeichnungen, wie sie ein Zitat im *Yangsheng yaoji* erläutert: „Sammelt sich der Speichel, so wird er zu *liquan* („süßem Quell“), verdichtet er sich, wird er zu *yujiang* („Jadesaft“), fließt er, so wird er zu *huachi* („Blumenteich“), zerstreut er sich, so wird er *jingye* („Feinststoffsekret“) und sinkt er, wird er zu *ganlu* („süßem Tau“)“.[228] Beschreibungen des Speichelschluckens sprechen davon, daß zunächst der Mund mit dem Speichel „auszuspülen“ ist, um diesen dann herunterzuschlucken. Als „Sublimierung der Essenz“ 煉精 *(lianjing)* benannt, beschreibt folgender, Liu Jing zugeschriebener Passus diese Technik als Methode zur Erlangung des langen Lebens und der Unsterblichkeit: „Nach dem morgendlichen Erwachen, vor dem Waschen, nehme man eine gerade Sitzhaltung ein und spüle den Mund mit Speichel, der als ‘Jadequelle’ bezeichnet wird. Ist der ganze Mund erfüllt, so schlucke man ihn herunter, klappere vierzehnmal mit den Zähnen und halte dann inne [...] Das Schlucken des Speichels verleiht dem Leib Glanz und befeuchtet ihn, verleiht Kraft, eine gesunde Farbe und es vertreibt die drei Kadaver. Genannt wird dies ‘die Essenz sublimieren’. Man erlangt dadurch langes Leben und wird, wenn es einem gelingt, diese Technik ein Leben lang auszuführen, zum Unsterblichen“.[229]

4.5. Das Leiten und Dehnen *(daoyin)*

Die Übungen des Leitens und Dehnens heilen Erkrankungen, wenn sie noch nicht ausgebrochen sind, und regulieren Disharmonien des Qi. Sie sind ein bedeutendes Regularium zur Kultivierung des Lebens und eine wunderwirksame Technik zur Beseitigung von Krankheiten.

Ge Hong, *Baopuzi*

Innerhalb der Disziplinen der Lebenspflege gehören die Übungen des Leitens und Dehnens zu dem Bereich der aktiven Anwendung genau beschriebener Methoden und Praktiken. Während das Regelwerk des Yangsheng für die mannigfaltigen Verrichtungen des Alltags lediglich vorgibt, welche Handlungen aufgrund möglicher schädigender Wirkungen zu unterlassen sind, ist der Adept

227 YYML 2. 5, 5a.
228 Is. 23, 18a; 27. 4, S. 455.
229 *Sandong zhunang* 10, DZ 1139, Fasz. 782, 2a; Sakade 1983, 267.

aufgefordert, bestimmte Übungen auszuführen und vorgegebene Techniken zu praktizieren, die, darauf wurde im vorangehenden Kapitel verwiesen, in den Jahrhunderten vor der Zeitenwende bereits in einem hohen Maße entwickelt waren. Zur Zeit der Kompilation des *Yangsheng yaoji* muß es bereits eine Reihe von Spezialwerken zum Daoyin gegeben haben, auf die der Autor zurückgreifen konnte. Diese Werke sind häufig allerdings nicht überliefert oder nurmehr in Form von Zitaten faßbar, die sich in späteren Quellen erhalten haben. Dies trifft beispielsweise für den „Daoyin-Klassiker von Meister Ning" *(Ning xiansheng daoyin jing)* zu, aus dem die „Wesentlichen Prinzipien" zitieren. Meister Ning soll, so seine Biographie im *Liexian zhuan*, Töpfer zur Zeit des Huangdi gewesen sein und sich selbst verbrannt haben.[230] In einer späteren Quelle werden ihm, in Abwandlung der ursprünglichen Legende, die Fähigkeit der Beherrschung des Feuers und verschiedene Übungen des Leitens und Dehnens sowie der Qi-Zirkulation zugeschrieben.[231] Nach dem im *Yangsheng yaoji* zitierten Passus aus Meister Nings Daoyin-Klassiker besteht die Funktion der Übungen des Leitens und Dehnens darin, pathogenes Qi aus „Gliedmaßen, Knochen und Gelenken", also jenen Strukturen des Organismus, die eher dem Bereich des Äußeren zugeordnet sind, zu entfernen.[232] Der ausführlichere Text des *Taiqing daoyin yangsheng jing* ergänzt dazu: „Das Führen des Qi *(xingqi)* stärkt das Innere, das Leiten und Dehnen reguliert die Gliedmaßen".[233] Xingqi und Daoyin bilden demnach komplementäre Techniken, die zur Beseitigung Krankheit verursachender Agenzien im Körper dienen, also eine therapeutische Funktion besitzen. In einem weiteren Zitat des *Yangsheng yaoji*, als dessen Quelle ein *Daoyin jing* 導引經 genannt wird - wobei es nicht klar ist, ob es sich um das Meister Ning zugeschriebene Werk oder eine andere Schrift handelt - werden die Störungen vermeidenden Effekte des Leitens und Dehnens, das eine Regulierung des Qi bewirkt und somit der Kultivierung des Lebens dient, angesprochen.[234]

Wie bereits an anderer Stelle angedeutet, sind die Ursprünge des Daoyin in Verbindung mit schamanistischen Praktiken zur Austreibung dämonischer Einflüsse zu sehen. Diese Vorstellung ist in dem Wort *yin* 引 enthalten, das ursprünglich „heranziehen und ausstoßen, austreiben" bedeutet.[235] In diesem Sinne wird der Begriff in der „Abhandlung über Ursprung und Symptomatik sämtlicher Krankheiten" *(Zhubing yuanhou lun)* erläutert: „Yin heißt, daß das im Leib verborgene schlechte pathogene Qi zusammengezogen wird, um es anschließend auszu-

---

230 S. *Liexian zhuan*, j. 1; Übers. in Kaltenmark 1953, 43-47.

231 Die Übungen sind im „Klassiker der höchsten Reinheit über Daoyin und Lebenspflege" 太清導引養生經 *(Taiqing daoyin yangsheng jing*, DZ 818, Fasz. 568) enthalten, der, möglicherweise relativ spät kompiliert, auf Quellen aus der Zeit der Sechs Dynastien basiert, s. Despeux 1995, S. 136. Zu Meister Ning s. Maspero 1971, 570 u. 584ff.

232 S. YSYJ-Fragm. 85, Is. 23, 22a; 27. 5, S. 456.

233 DZ 818, Fasz. 568, 6b.

234 YSYJ-Fragm. 87, Is. 23, 22b-23a; 27. 5, S. 456.

235 Despeux 1989, 239.

stoßen".[236] Ein weiterer Aspekt ist der des Dehnens oder Spannens, der auf den gymnastischen Anteil der Daoyin-Übungen verweist. Bei der Ausführung wird der Körper gedehnt und gestreckt, um darin vorhandene Störungen in Form von Stauungen oder Blockaden zu beseitigen.[237] Der im *Ishimpō* zitierte Passus aus dem *Taisu jing* 太素經 von Yang Shangshan benennt einige spezifische Daoyin-Übungen und verweist auf deren Wirkung: „Leiten und Dehnen bezeichnet das Gleiten des Bären und das Strecken des Vogels, das Spiel der fünf Tiere und andere Formen. Seine unmittelbaren Wirkungen bestehen darin, daß es sämtliche Erkrankungen wie Kräfteverfall 痿 *(wei)* und Lähmung der Beine 痺 *(bi)* heilt, doch dient es darüber hinaus zur Erlangung der Langlebigkeit 長生久視 *(changsheng jiushi)*."[238] In diesem Kommentar wird noch einmal deutlich auf die doppelte Einbindung des Daoyin verwiesen, das im heilkundlich-diätetischen Kontext Anwendung findet und darüber hinaus wichtiger Bestandteil des Methodenrepertoires der Adepten der Lebensverlängerung und Unsterblichkeitssucher ist. Das von Yang erwähnte „Spiel der fünf Tiere" von Hua Tuo gehört zu den bekanntesten Formen der therapeutischen Tiermimikry.[239] Die Biographie Hua Tuos teilt über seine Daoyin-Technik folgendes mit:

> *Mit dem menschlichen Körper verhält es sich wie mit der Türangel, die niemals rostet. Aus diesem Grunde praktizieren die Daoisten gymnastische Übungen. Sie ahmen die Bewegungen des kletternden Bären und der Eule nach, die den Kopf wendet [...] Ich selbst besitze eine Methode, genannt das 'Spiel der 5 Tiere', nämlich des Tigers, des Hirschen, des Bären, des Affen und des Vogels. Mit ihr lassen sich Krankheiten heilen und die Beweglichkeit der unteren Gliedmaßen verbessern".*[240]

Eine kurze Anmerkung gilt es zur Form der Überlieferung von Übungen des Daoyin zu machen. Neben der beschreibenden Darstellung der Bewegungsabläufe in Verbindung mit Hinweisen zur Indikation, wie sie das *Yinshu* enthält, scheint auch die bildliche Vermittlung bedeutsam gewesen zu sein. Das früheste erhaltene Beispiel hierfür liefert der zu den Mawangdui-Schriften gehörende „Plan zum Leiten und Dehnen" *(Daoyin tu)*. Man wird davon ausgehen können, daß diese Form der Darstellung und Weitergabe als „Plan, Diagramm" 圖 *(tu)* einigermaßen verbreitet war, denn sie wird in unterschiedlichen Quellen, unter anderem im *Taiqing daoyin yangsheng jing* und im *Baopuzi* erwähnt, das in seiner Bibliographie daoistischer Schriften eine ganze Reihe solcher als *tu*

---

236 ZBYH, zit. nach Ding 1993, 4; zur Übers. s. Despeux 1989, 239.
237 Engelhardt 1987, 288, 293f.
238 Zit. in Is. 23, 22b; 27. 5, S. 456.
239 Zur Tiermimikry und dem Spiel der fünf Tiere, s. auch Kap. 2. 4 der vorliegenden Arbeit.
240 *Sanguo zhi* 29; aus Hua Tuos Biographie zitiert das YYML in seinem Abschnitt über „Leiten und Dehnen und Massage", 2. 5, 7a-8a., der die früheste erhaltene Beschreibung zur Ausführung dieser Übungen enthält. Zu Hua Tuo, s. Porkert 1972; zum Spiel der 5 Tiere vgl. auch Despeux 1988, 24.

bezeichnete Werke auflistet.[241] Das im *Yangsheng yaoji* zitierte *Shenxian tu* macht freilich deutlich, daß die Bezeichnung *tu* sich nicht ausschließlich auf bildliche Darstellung beschränkt, sondern vielmehr können diese Abbildungen auch von einem ausführlichen Text begleitet werden.[242]

4.6. Das Sprechen *(yanyu)*

Die Krankheit dringt durch den Mund ein, das Unglück kommt aus ihm hervor.

Fu Xuan (218-278), *Fuzi*[243]

Auf den ersten Blick erscheint es gewiß als ungewöhnlich, daß innerhalb eines Kompendiums zum Yangsheng ein ganzes Kapitel der Sprache bzw. dem Sprechen gewidmet ist. Es gilt freilich zu bedenken, daß das Sprechen wenigstens zwei Aspekte besitzt, die den Adepten der Lebenspflege dazu veranlassen, ihm einige Beachtung zukommen zu lassen. Darüber hinaus gehören nach dem Verständnis des Autors auch andere Formen verbaler Äußerung wie beispielsweise das Lachen zu dem Bereich, der mit dem Begriff „yanyu" 言語 überschrieben ist, und finden darin Berücksichtigung.
Folgende Aspekte des Sprechens lassen sich unterscheiden:

- physiologisch
- geistig-emotional
- sozial
- moralisch
- religiös

Ich möchte zunächst durch einige Bemerkungen die einzelnen Punkte kurz beleuchten, um anschließend die Ausführungen des *Yangsheng yaoji* zu diesem Thema, die nicht allzu umfangreich sind, zu betrachten.
Dem Sprechen ist zunächst einmal, dadurch daß es mittels bestimmter Organe geschieht, ein physischer Aspekt eigen. Zur Physiologie des Sprachvorganges, wie sie unter anderem das Kap. 69 des *Lingshu* beschreibt, gehört die Bewegung des Qi, die im Zusammenspiel mit Rachen, Zunge, Mund und Lippen Laute und Töne erzeugt.[244] Die Sprechhandlung beeinflußt durch ihre quantitativen

---

241 S. BPZ 19, 333. Die Bibliographie des *Suishu* führt zwei Werke auf, bei denen es sich dem Titel nach um Übungsdarstellungen gehandelt hat, ein *Yinqi tu* 引氣圖 in 1 *juan* und ein *Daoyin tu* 導引圖 in 3 *juan*.
242 S. YSYJ 42 und vor allem 101.
243 S. *Fuzi*, Kap. Kouming 口銘. Fu Xuan 傅玄 *(zi* Xiuyi, 217-278) hat eine Biographie in *Jinshu*, Kap. 47. Er ist der Verfasser eines *Fuzi* („Meister Fu") betitelten Werkes.
244 LS 69 (Youhui wuyan), S. 447ff.

und qualitativen Eigenschaften auch jene Strukturen, die in Beziehung zur Dynamik des Qi im Organismus stehen, also insbesondere die Lunge.[245] Häufiges Sprechen führt zu Beeinträchtigungen, die das *Zhubing yuanhou lun* in seinem Kapitel über „Erkrankungen der Lunge" 肺病 *(feibing)* benennt: „Die Folge häufigen Sprechens ist ein Widerstreit 爭 *(zheng)* des Qi, der ein Anschwellen der Lunge und das Austrocknen des Mundes verursacht." [246] In ähnlicher Weise ruft das Lachen, sofern es ein maßloses ist, pathologische Veränderungen hervor: „Übermäßiges Lachen verursacht eine Verlagerung der Nieren und führt zu Schmerzen im Lendenbereich."[247] An anderer Stelle weist dasselbe Werk im Rahmen einer Behandlung sogenannter „Mangel-Auszehrungserkrankungen" 虛勞 *(xulao)* auf die den Geist schädigenden Effekte übermäßigen Sprechens hin. So heißt es: „Reguliere still das Qi und nähre den Geist, halte das Qi solange wie möglich zurück und stoße es auf feine Weise aus. Auch enthalte man sich übermäßigen Sprechens und lauten Rufens, denn dies ermüdet und schädigt den Geist."[248] Auch das erwähnte *Lingshu*-Kapitel weist bereits über den rein organischen Zusammenhang hinaus, denn in der Erörterung der durch Trauer und Wut hervorgerufenen Stimmlosigkeit wird deutlich, daß die Heilkunde eine Beeinflussung physiologischer Vorgänge durch psychische Zustände annahm. Die Beziehung zwischen Geist-Emotionen und Leib wird, so macht das Zitat aus dem *Zhubing yuanhou lun* deutlich, als eine der wechselseitigen Beeinflussung vorgestellt.

Der soziale Aspekt bezeichnet zum einen die Regeln der Etikette oder Sitte, die sich auch auf das Sprechen ausdehnen, zum anderen die Wirkungen des Gesprochenen. Die „Gespräche" des Konfuzius berichten beispielsweise darüber, zu welchen Gelegenheiten der Meister nicht sprach: „Beim Essen führte er keine Unterhaltung, im Bett redete er nicht".[249] Im *Huainan zi* wird zur Achtsamkeit beim Sprechen aufgefordert, wenn es heißt: „Unbesonnene Reden rufen Unheil hervor".[250] In die gleiche Richtung weist die anfangs zitierte sprichwortartige Formulierung Fu Xuans.

Auf die moralische Dimension des Sprechens verweisen mehrere Passagen des *Lunyu*, in denen Konfuzius über den Umgang des Edlen mit Worten doziert. So zeichnet diesen ein Mißfallen an Schmeicheleien aus: „Glatte Worte und heuchlerische Miene - da ist es mit einem guten Charakter meist nicht weit her".[251] Bedachtsamkeit mit Worten gehört zu den Eigenschaften des Edlen; er „handelt klug und redet mit Bedacht", denn „In alten Zeiten gingen die Leute nicht so leichtfertig mit der Sprache um, denn sie hatten Skrupel, daß sie hinter ihren

---

245 In Kap. 9 des *Suwen* (Liujie zangxiang lun) heißt es beispielsweise von der Lunge, daß sie „die Wurzel des Qi" 氣之本 *(qi zhi ben)* sei, SW I, 143.

246 ZBYH 15, S. 477.

247 ZBYH 5, S. 144 (Abschnitt „Lendenschmerzen", *yaotong)*.

248 ZBYH 3, S. 89f.

249 *Lunyu* X, 10; Moritz, S. 85.

250 *Huainan zi*, 9 (Zhushu xun),

251 *Lunyu* I. 3; Moritz, S. 43.

eigenen Worten zurückbleiben könnten".[252] Scham empfindet er, „wenn seine Worte seine Taten übertreffen".[253]
Zu dem religiösen Aspekt sei auf ein Zitat aus dem *Zhenzhong fang*[254] verwiesen, das den daoistischen Adepten im Zusammenhang mit dem Studium des dao an den esoterischen Charakter der Lehre erinnert: „Wer sich dem Studium des dao widmet, soll jede Angelegenheit für sich behalten und kein Wort darüber preisgeben, denn jedes Wort führt zu einen Abzug, und ein Abzug macht drei Tage [der Lebensspanne] aus."[255] Ein Passus aus der „Abhandlung über die Kultivierung des Lebens" *(Yangsheng zhi)*, den das *Ishimpō* zitiert, führt aus: „Nach dem Aufstehen am Morgen spreche man nicht und singe und pfeife nicht, dies wird bezeichnet als 'Erbitten von Glück'", und „Zur Schlafenszeit soll man nicht singen, denn das Singen kann Unglück heraufbeschwören".[256] Eine ähnliche Aussage enthält auch das *Yangxing yanming lu*: „Wer nach dem morgendlichen Aufstehen stets von Gutem spricht, dem wird vom Himmel Glück zuteil. Man rede nichts Beliebiges daher."[257] Dasselbe Thema wird an anderer Stelle des Werkes noch einmal aufgegriffen: „Die Gottheit, die über das Töten herrscht *(sisha)*, weilt auf der rechten Seite des Mundes. Wenn jemand Schlechtes spricht, so berichtet die Gottheit dies dem Herrn des Schicksals *(siming)*, der es aufzeichnet. Ist das Maß der Vergehen [des betreffenden Menschen] voll, tötet ihn der Herr des Schicksals. Die beiden Gottheiten[258] überwachen den Mund und trachten einzig danach, die Fehler des Menschen zu erhaschen. Wie sollte man da nicht achtsam sein mit seinen Worten! Die Zunge ist gleichsam die Waffe des Leibes; sie ist es, die Gutes und Böses hervorbringt, und deshalb belegen die Adepten des dao [das Sprechen] mit Tabus".[259]
Der physische Aspekt des Sprechens wird im Fragment 98 (Zitat aus dem *Zhongjing)* thematisiert. Darin wird angeraten, wenig zu lachen und beim Sprechen eine „hohe" Stimme zu vermeiden. Gemeint ist hier, daß man einem Erheben der Stimme, wie es beispielsweise bei Disputen und Auseinandersetzungen mit anderen geschieht, dadurch zu begegnen sucht, daß man den „Geist leert" und das „Qi absenkt".
Ein längerer Passus aus den „Abbildungen der Unsterblichen" *(Shenxian tu)* zählt zu den achtundzwanzig aufgelisteten Verboten auch das des „langanhaltenden Sprechens". Es heißt dort: „Man soll nicht langanhaltend sprechen, denn dies bewirkt eine starke Austrocknung der Zunge".[260] Auch dieses Verbot grün-

252 *Lunyu* I. 14, Moritz, S. 45 (vgl. IV. 24, Moritz, S. 58) und IV. 22, Moritz, ebd.
253 *Lunyu* XIV. 27, Moritz, S. 111.
254 Es handelt sich um das *Sheyang zhenzhong fang*, in YJQQ 33.
255 Zit. in Is. 24, 28b; 27. 8, S. 458. Das *Sheyang zhenzhong fang* in YJQQ 33 ist weitgehend identisch mit dem *Zhenzhong ji*, DZ, Fasz. 572.
256 Is. 23, 28b; 27. 8, S. 458.
257 YYML, 1. 3, S. 17b.
258 I.e. der Herrscher des Tötens *(sisha)* und die Gottheit, die über das Yin herrscht *(siyin)*, von der zuvor die Rede war.
259 YYML 1. 3, 17b-18a.
260 Is. 23, 30b; 27, 459.

det sich auf mögliche schädlichen Effekte für die Physis. Eine im weiteren Sinne dem Sprechen zugehörige Art und Weise der Artikulation ist das Rufen oder Schreien, das an gleicher Stelle erwähnt wird: „Man soll nicht schreien, denn es versetzt *hun* und *po* in Schrecken".[261] In diesem Zusammenhang interessant ist ein Zitat, als dessen Quelle das *Shaoyou jing* angegeben wird. Zu den zwölf aufgelisteten „Beschränkungen" *(shao)* gehören auch die in bezug auf das Sprechen und das Lachen, denn „ein Übermaß beim Sprechen führt zur Unruhe des Qi, ein Übermaß beim Lachen schädigt die *zang*".[262]

Auf die abträglichen Wirkungen lauten Sprechens geht auch das bereits zitierte *Yangsheng zhi* ein: „Nach dem Schlafe spreche man nicht mit lauter Stimme, denn dies schadet dem Qi und verringert die Vitalkraft".[263] In nahezu identischer Formulierung ist dieser Satz auch im *Yangxing yanming lu* zu finden.[264] Einige interessante Verhaltensregeln zum Sprechen im Zusammenhang mit der Lebenspflege enthält der „Daolins Kultivierung der natürlichen Anlagen" 道林養性 *(Daolin yangxing)* überschriebene Abschnitt im Kapitel über Lebenspflege des *Qianjin yaofang*, der inhaltliche Ähnlichkeiten mit dem *Taiqing Daolin shesheng lun* (DZ 1427, Fasz. 1055) zeigt, und wahrscheinlich auf Quellen basiert, die vor die Tangzeit zu datieren sind.[265] Der entsprechende Passus wird im Übersetzungsteil des vorliegenden Kapitels als Ergänzung zu dem einzig erhaltenen Zitat aus dem *Yangsheng yaoji* angeführt.

4.7. Die Ernährung *(yinshi)*

Der Edle hält Maß im Essen

Gespräche des Konfuzius *(Lunyu)*

Die essentielle Bedeutung der Ernährung für die Bewahrung und Kultivierung des Lebens wird im *Yangsheng yaoji* bereits durch die große Zahl der Textfragmente zu diesem Thema augenscheinlich. Keines der anderen Themen wird ausführlicher behandelt, ein Faktum, das man der Zufälligkeit der Auswahl aus dem ursprünglichen Text zuschreiben kann, das auf der anderen Seite freilich nurmehr als natürlich und logisch und der Sache angemessen erscheint.

Für eine kultivierte Form der Ernährung der Menschen gesorgt zu haben, gehört nach der Darstellung im *Hanfei zi* zu den kulturschöpferischen Leistungen der

---

261 Ebd., 31a.

262 Is. 23, 2b; 27, 449.

263 Is. 23, 28b; 27, S. 458.

264 „Nach dem Schlafe spreche man nicht mit lauter Stimme, denn dies verringert das Qi des Menschen", YYML, 1.3, 15a-b.

265 S. Despeux 1989, 231f.

Heiligen des Altertums, auf die das Wissen um die Nutzung des Feuers zur Zubereitung von Speisen zurückgeht.[266] Das Hongfan-Kapitel des „Buches der Urkunden“ *(Shangshu)* nennt unter den acht Regierungsmaßnahmen die Ernährung an erster Stelle; dazu führt der „Große Kommentar zum Buch der Urkunden“ 尚書大傳 *(Shangshu dazhuan)* aus: „Nahrung ist der Beginn aller Dinge, das, worauf das menschliche Tun sich gründet, und so steht unter den acht Maßnahmen zur Regierung die [Versorgung mit] Nahrungsmitteln an erster Stelle.“[267] Die hier formulierte oberste Aufgabe der Herrschenden, für die Ernährung des Volkes Sorge zu tragen, findet in beeindruckender Weise ihren Niederschlag in der Idealbeschreibung der zhouzeitlichen Herrschaftsinstitutionen, wie sie die zur Hanzeit kompilierten „Riten der Zhou“ 周禮 *(Zhouli)* enthalten. Nach der darin beschriebenen Einteilung des Beamtenapparates finden sich in den unterschiedlichen Kategorien nicht weniger als 30 Beamtentitel, die mit der Ernährung im Zusammenhang stehen.[268] Die offensichtlich sehr früh gewonnene Erkenntnis, daß der Nahrung eine bedeutende Funktion zur Gesunderhaltung und Behandlung von Störungen zukommt, manifestiert sich in der Institution des „Facharztes für Ernährung“ 食醫 *(shiyi)*, dessen Aufgabe darin besteht, „für die Ausgewogenheit der sechs Eßwaren, sechs Getränke, sechs Gerichte, hundert Speisen, hundert Saucen und acht wertvollen Speisen des Königs zu sorgen“.[269] Bei der Zubereitung der Speisen und der Kombination verschiedener Nahrungsbestandteile gilt es, nach einem System der Entsprechungen zu verfahren, dessen Regeln und Prinzipien das *Zhouli* in Ansätzen entwickelt. Eine umfassende Darlegung im Rahmen der heilkundlichen Entsprechungssystematik nimmt dann der „Innere Klassiker des Gelben Ahnherrschers“ vor. Einige der auf den Bereich der Nahrungsmittel bezogene Koordinaten dieses Systems, das eine wesentliche Grundlage der Regularien zur Ernährung bildet, wie sie das *Yangsheng yaoji* und andere Quellen formulieren, seien hier kurz aufgeführt. Die Zuordnungen sind den Kapiteln 56 des *Lingshu* (Wuwei) und 23 (Xuanming wuqi) des *Suwen* entnommen:

Entsprechung Geschmacksrichtung - Speicher (zang) - Farben:
sauer-Leber-grün, bitter-Herz-rot, süß-Milz-gelb, scharf-Lunge-weiß, salzig-Nieren-schwarz.

Zuordnung Geschmacksrichtung - Getreide, Früchte, Haustier, Gemüse:
süß-nichtglutinöser Reis *(jingmi)*, Jujube *(zao)*, Rind, *kui* (粳米, 棗, 牛, 葵).
sauer-Sesam *(zhima)*[270], Pflaume *(li)*, Hund *(quan)*, Schnittlauch *(jiu)* (麻, 李, 犬, 韭).

---

[266] *Hanfei zi* 49 (Wudu), 339.
[267] *Shangshu dazhuan*, zit. nach Yao Weijun 1995, 128.
[268] Zu einer Beschreibung, s. Li, Guo 1990: 64ff.; nach Yao Weijun (a.a.O.) sollen nahezu 60% der 4000 Hofchargen der Zhou-Herrscher mit Nahrungsangelegenheiten betraut gewesen sein.
[269] *Zhouli* 5, 1a; Übers. in Unschuld 1973, 178.
[270] Vgl. *Suwen* 22, S. 326, dort 小豆 anstatt 麻 (s. textkrit. Anm. 1, S. 327).

salzig-Sojabohne *(dadou)*, Weichkastanie *(li)*, Schwein[271], *huo* (Pflanzenblätter von Bohnenkulturen) (大豆, 栗, 豬, 藿).
bitter-Weizen *(mai)*, Aprikose *(xing)*, Lamm *(yang)*, Chinesischer Lauch *(xie)* (麥, 杏, 羊, 薤).
scharf- Hirse *(huangshu)*, Pfirsich *(tao)*, Huhn, Lauch *(cong)* (黃黍, 桃, 雞, 蔥).

Verbote bei Erkrankung des betreffenden Speichers:
Leber-scharf, Herz-salzig, Milz-sauer, Nieren-süß, Lunge-bitter.

Gebote bei Erkrankung:
Milz - (süß) nichtglutinöser Reis *(jingmi)*, Jujube *(zao)*, Rind, *kui* (粳米, 棗, 牛, 葵).
Herz-(bitter) Weizen *(mai)*, Aprikose *(xing)*, Lamm *(yang)*, Chinesischer Lauch *(xie)* (麥, 杏, 羊, 薤).
Nieren - (salzig) Sojabohne *(dadou)*, Weichkastanie *(li)*, Schwein, *huo* (Pflanzenblätter von Bohnenkulturen) (大, 豆, 栗, 豬, 藿).
Leber - (sauer) Sesam *(zhima)*, Pflaume *(li)*, Hund *(quan)*, Schnittlauch *(jiu)* (麻, 李, 犬韭).
Lunge - (scharf) Hirse *(huangshu)*, Pfirsich *(tao)*, Huhn, Lauch *(cong)* (黃, 黍, 桃, 雞, 蔥).[272]

Unterstützung der Speicher durch eine Geschmacksrichtung:
Leber - süße Nahrungsmittel. Dazu erläutert Yang Shangshan: „Die Leber ist dem Holz zugeordnet, Süßes entspricht der Erde. Es sollen süße Nahrungsmittel gegessen werden, bedeutet, da Holz die Erde bezwingt, wird mittels des Bezwungenen die Leber gestützt".
Herz - saure Nahrungsmittel. Yang Shangshan erläutert: „Das Herz ist dem Feuer zugeordnet, Saures entspricht dem Holz. Holz bringt Feuer hervor. So wird durch die Mutter das Kind gestützt.
Milz - salzige Nahrungsmittel. Yang Shangshan erläutert: „Die Milz ist der Erde zugeordnet, Salziges entspricht dem Wasser. Die Erde bezwingt das Wasser, der Geschmack des Wassers ist salzig, und so wird durch das Verspeisen von salzigen Dingen die Milz gestützt."
Lunge - bittere Nahrungsmittel. Dazu erläutert Yang Shangshan: „Die Lunge ist dem Metall zugeordnet, Bitteres entspricht dem Feuer. Feuer bezwingt Metall, und so dient das Bezwingende zur Stützung."
Nieren - scharfe Nahrungsmittel. Yang Shangshan erläutert: „Die Nieren sind dem Wasser zugeordnet, Scharfes entspricht der Lunge. Metall bringt Wasser hervor, und so stützt die Mutter das Kind." [273]

Verbote bezüglich der Geschmäcker bei Erkrankung bestimmter Körperstrukturen:
Qi-scharf, Blut *(xue)*-salzig, Knochen-bitter, Muskeln/Gewebe-süß, Sehnen-sauer.[274]

---

271 In *Suwen* 22, ebd., findet sich *shi* 豕 anstelle von 豬.
272 Ls. 56, 383.
273 Ebd., 384.

Bilden die entsprechungssystematischen Zuordnungen die theoretische Grundlage einer diätetisch ausgerichteten Ernährung, so sind doch darüber hinaus Grundsätze von einer solchen Allgemeingültigkeit von Belang, daß sie auch außerhalb der heilkundlichen Literatur allenthalben anzutreffen sind. So gehört zu dem in den „Gesprächen" des Konfuzius dargelegten idealtypischen Verhalten des Edlen, daß er maßvoll in der Ernährung ist. Das Prinzip der Beschränkung und des richtigen Maßes bildet unter dem Aspekt der Wirkung von Speise und Trank auf den Leib in ganz unterschiedlichen Quellen geradezu ein Leitmotiv. Die „Beschränkung in Speise und Trank" stellt nach der Beschreibung des „Inneren Klassikers" ein Kennzeichen der Lebensweise dar, die es den Menschen des Altertums ermöglichte, ihre Lebensspanne auszuschöpfen.[275] Über die angemessene Art und Weise der Ernährung 食之道 *(shi zhi dao)* wird im *Guanzi* und dem „Frühling und Herbst des Lü Buwei" reflektiert. Im Neiye-Kapitel des erstgenannten Werkes heißt es dazu: „Bei der Ernährung verhält es sich so, daß übermäßige Fülle den Körper schädigt, so daß dieser die Nahrung nicht speichern kann, übermäßige Enthaltsamkeit läßt die Knochen austrocknen und das Blut gerinnen. Was zwischen Völlerei und Enthaltsamkeit liegt, wird als die Vollendung der Harmonie bezeichnet".[276] Das Streben nach harmonischer Ausgewogenheit kennzeichnet auch die Ausführungen im „Frühling und Herbst des Lü Buwei", die vor einem Übermaß der fünf Geschmäcker warnen, denn „wenn diese den Körper erfüllen, so entstehen Schädigungen".[277] Das zuträgliche Maß zwischen Hunger und (übermäßiger) Sättigung ist den „fünf Speichern" förderlich, stark gewürzte Speisen und schwerer Wein dagegen gelten wie auch im *Guanzi* als Ursache für die Entstehung von Krankheiten. Ein weiterer Aspekt im Zusammenhang mit der täglichen Ernährung wird hervorgehoben: „Speist man zu festgesetzten Zeiten, so bleibt der Leib von Fährnissen gewiß verschont".[278] Ein häufig anzutreffender Topos ist der, in der Mahnung vor dem Übermaß leibliche und sinnliche Genüsse miteinander zu verbinden. So heißt es beispielsweise in Xi Kangs *Yangsheng lun*: „Speise und Trank ohne Maß rufen zahlreiche Erkrankungen hervor; unermüdliche Freude an sinnlichen Genüssen erschöpft die Lebenskraft".[279] Eine weitere Entwicklung dieses Themas ist in dem Chen Yuanfang zugeschriebenen Zitat im *Yangsheng yaoji* zu erkennen. Darin bezeichnet der Autor die Ernährung als vorrangige Ursache für die Entstehung von Krankheiten und frühen Tod und warnt eindringlich, daß durch die Ernährung herbeigeführtes Unheil dasjenige übertreffe, das durch sinnliche Freuden verursacht werde. Zur Begründung erinnert Chen an die jedem erfahrbare Abhängigkeit von „Speise und Trank", auf die man nicht einen Tag verzichten könne.[280]

---

274 SW 23, I, 331.
275 SW 1 (Shanggu tianzhen lun), I, 1.
276 *Guanzi* 49, 271; W. Rickett 1965, 166f.
277 LSCQ 3. 2, 136; Wilhelm 1979, 30.
278 LSCQ, ebd., 137; Wilhelm, ebd., 31.
279 Holzman 1957, 88 u. 159.

Bereits nach einem halben Tag ohne Nahrung, so heißt es in dem das Ernährungskapitel des *Ishimpō* einleitenden Zitat aus dem „Klassiker des Gelben Ahnherrschers zur Kultivierung des Körpers" 黃帝養身經 *(Huangdi yangshen jing)*, „sind Magen und Darm leer und das Nahrungs-Qi ist geschwächt". Das Werk fährt anschließend fort, den stetigen körperlichen Verfall durch Enthaltsamkeit von Nahrung, der von einer anfänglichen Schwächung über das Verdorren der Yang-Organe (sechs Speicher) und das darauffolgende Austrocknen der Yin-Organe (fünf Paläste) bis hin zum Exitus am siebten Tage, an dem der Nahrungs-Geist" 谷神 *(gushen)* den Körper verläßt, zu beschreiben.[281] Die beiden angeführten Zitate verweisen bereits auf die thematische Ausrichtung des Bereiches Ernährung im Gesamtgefüge der Lebenspflege, wie sie das *Yangsheng yaoji* darlegt. Ganz allgemein läßt sich feststellen, daß religiöse Ernährungsvorschriften, etwa im Sinne eines buddhistischen Vegetarianismus, einer daoistischen Enthaltsamkeit von Getreide oder anderer Einschränkungen, die eher durch religiöse Vorstellungen als durch heilkundlich-hygienische Einsichten begründet sind, so gut wie nicht thematisiert werden. Freilich wird man bei einem Vergleich der Ernährungsregeln des „Kompendiums" mit Anweisungen und Vorschriften zur Ernährung in daoistischen Quellen, etwa dem *Sandong zhunang*, einige Übereinstimmungen feststellen, doch ist die spezifisch daoistische, auf Sublimierung des Körpers ausgerichtete Diät kein Gegenstand der Darstellung. Solche Äußerungen wie „Die fünf Getreidearten sind Meißel, die die Existenz aushöhlen und die Eingeweide faulen und stinken lassen" oder Vorschriften darüber, daß „bei jeder Mahlzeit Weihrauch zu verbrennen" und bei der Enthaltsamkeit von Getreide auf Wein, Fleisch und scharfe Gemüsespeisen zu verzichten sei, sind im *Yangsheng yaoji* schlichtweg absent.[282] Die darin versammelten, überaus detaillierten Regularien zu zahlreichen Aspekten der Ernährung scheinen sich vielmehr an den Adepten des Yangsheng zu richten, der für seine reichhaltige Diät, in deren Genuß er als Angehöriger der Oberschicht kommt, Anweisungen zu deren Gestaltung, begleitet auch von Rezepturen zur Beseitigung ernährungsbedingter Störungen, bedarf. Eine Zusammenfassung der behandelten Themen anhand der Überschriften des *Ishimpō* mag dies verdeutlichen.

Thematische Übersicht der YSYJ-Fragmente zur Ernährung:

Allgemeine Prinzipien

Ernährungstabus für:
- die Jahreszeiten
- einzelne Monate
- bestimmte Tage

280 YSYJ 109, 25, 3a; 29. 1, 480f.

281 Is. 25, 2b; 29. 1, 480. Die Bibliographie des *Suishu* listet ein *Yangsheng jing* in einem *juan* auf (Hs. 34, 1049; vgl. Okanishi 1969, 1371.

282 S. *Sandong zhunang* 3 服食品 (Fushi pin), 1b-2a, 4a-b; Reiter 1990, 42-46.

Regeln für Mahlzeiten am Abend
Regeln bezüglich des Verhaltens nach einer Mahlzeit
Regeln den Alkoholgenuß betreffend
Regeln zum Trinken von Wasser
Regeln bezüglich der Zusammenstellung bestimmter Lebensmittel

Verbote bezüglich des Verzehrs von:
- Früchten
- Gemüse
- Fleisch

Ernährung nach einer Erkrankung
Ernährung in der Schwangerschaft
Ernährung von Kleinkindern

Rezepte
- bei Kältebeschwerden
- bei Völlerei, Übermaß beim Essen und Trinken
- bei Trunkenheit
- bei Lebensmittelvergiftungen
- bei Vergiftung durch Früchte
- Vergiftung durch Gemüse
- Blutegelbefall durch Verzehr von wildwachsendem Gemüse
- Vergiftung durch Fleischgenuß
- Vergiftung durch Pilze *(jun)*

Es ist nun zu fragen, welches die möglichen Quellen des *Yangsheng yaoji* sind. Das *Yiwen lüe*-Kapitel des *Hanshu* führt in der Sektion über die fangshi-Techniken *(fangji)* ein als *Shennong Huangdi shijin* 神農黃帝食禁 betiteltes Werk in 7 *juan* auf.[283] Diese „Ernährungsvorschriften des Göttlichen Landmannes und des Gelben Ahnherrschers" gehören zu den „klassischen Rezeptwerken" *(jingfang)*, von denen das *Hanshu* elf Titel nennt, doch scheint dieses Werk das einzige zu sein, das sich speziell mit der Ernährung befaßt. In seiner Gesamtheit ist es nicht erhalten, doch führt das Kapitel über „Ernährungstherapie" 食治 *(shizhi)* im *Qianjin yaofang* von Sun Simiao achtundvierzig Zitate an, die mit der Formel „Huangdi sprach" 黃帝云 eingeleitet werden und so möglicherweise als Fragmente dieser „Ernährungsregeln" anzusehen sind.[284] Nimmt man als Entstehungszeit das späte 3. bis frühe 2. Jh. v.u.Z. an[285], so müßte das *Shennong Huangdi shijin* als das früheste bekannte Spezialwerk über Ernährungsvorschriften zu gelten haben. In seiner formalen Struktur entspricht es exakt den Regeln über Ernährung im *Jinkui yaolüe* 金匱要略, auf die weiter unten einzugehen sein wird, und zeigt große Ähnlichkeit mit den im *Yangsheng yaoji*

---

283 HS 30, S. 1777.
284 Die Identifikation des *Shennong huangdi shijin* als Quelle dieser Zitate im QJYF findet sich in Wang Renxiang 1994, 240.
285 Wang (a.a.O.) nennt ganz allgemein die vor-Qinzeit als mogliche Entstehungszeit.

Der Heilkundige Zhang Ji, Verfasser der Abhandlung „Über durch Kälte verursachte Krankheiten“ *(Shanghan lun)*, aus „Beseitigung der Unwissenheit in der Arzneikunde, versehen mit Diagrammen und Portraits“ *(Tuxiang bencao mengquan)*, 17. Jh.

formulierten Vorschriften, als deren mögliche Quelle es gelten kann. Inhaltlich beziehen sich die im *Qianjin yaofang* enthaltenen Zitate zum einen auf Verbote bezüglich der Kombination bestimmter Nahrungsmittel, deren schädliche Wirkungen beschrieben werden, und zum anderen werden Hinweise auf die Schädlichkeit beim Verzehr zu ganz bestimmten Zeiten gegeben.

Eine zweite mögliche Quelle, auf die Zhang Zhan bei der Kompilation seines Kapitels über Ernährung zurückgreifen konnte, ist das *Jinkui yuhan yaolüe* 金櫃玉函要略方 („Abriß des Wichtigsten aus Goldtruhe und Jadekasten“ von Zhang Ji 張機 (Zhongjing 仲景, ca. 150-219). In seiner heutigen Form stellt das Werk, ebenso wie auch das *Shanghan lun* („Über durch Kälte verursachte Krankheiten“), eine songzeitliche Bearbeitung dar.[286] Beide Rezeptsammlungen erfuhren allerdings erst ab der Songzeit die Aufmerksamkeit der Gelehrten und Kommentatoren, die Zhang Jis Ansätze aufgriffen und weiterentwickelten. In der vorliegenden Textgestalt umfaßt das *Jinkui yaolue* 25 Kapitel; von einigen Kommentatoren wird freilich die Ansicht vertreten, daß es sich bei den letzten drei Kapiteln, die Rezepturen für diverse Erkrankungen und Ernährungsvorschriften enthalten, um spätere Hinzufügungen handelt.[287] Dieses Problem ist natürlich insofern von Bedeutung, als es die Datierung dieser Kapitel betrifft. Möglicherweise kann ein Vergleich mit dem Kapitel über Ernährung im *Yangsheng yaoji* Hinweise für eine Klärung dieser Frage liefern. Interessanterweise werden in den Kapiteln sechs und neun der „Wesentlichen Prinzipien“, anders als in den übrigen Teilen des Werkes, keinerlei Quellen genannt. Das *Jinkui yaolüe* nun wäre eine denkbare Quelle. Relevant sind die Kapitel 24, „Verbote und Rezepturen bezüglich Geflügel, Vierfüßlern, Fisch und Insekten“, und 25, „Verbote und Rezepte bezüglich Früchten, Gemüse und Getreide“, die durch einige allgemeine Ausführungen zur Beziehung zwischen Nahrung und Krankheit eingeleitet werden:

> *Essen, Trinken und die unterschiedlichen Geschmäcker dienen dazu, das Leben zu nähren, doch können sie im Gegenteil auch Schaden zufügen. Wer nicht Heilmittel einnimmt und seine Körpersäfte sublimiert [i.e. Langlebigkeits- oder Unsterblichkeitstechniken praktiziert], wie könnte der sich der Nahrung enthalten? Nun sieht man freilich bei den Zeitgenossen, daß sie sich nicht die Muße nehmen, [die Ernährung] zu regulieren, und so treten Erkrankungen auf. Wenn diese nicht aufgrund der Ernährung entstehen, so muß man doch, will man sein Leben vollständig machen, die entsprechenden Verbote kennen. Bei den Geschmäckern gibt es solche, die mit der Erkrankung vereinbar sind und solche, die dem Körper Schaden zufügen. Wählt man die angemessenen aus, nützt man dadurch dem Körper, durch die schädlichen freilich werden Krankheiten hervorgerufen. Kommt es auf diese Weise zu einer kritischen Situation, dann ist im allge-*

---

286 S. JKYL, S. 2; Wang Yunkai 1993, 289ff.; Unschuld 1980, 129f.
287 Wang, Hsu 1983: XXIV.

meinen Heilung nur schwerlich zu erreichen. Für einen durch Kochen von Heilmitteln hergestellten Saft zur Entgiftung gilt, daß er auch bei einem Akutfall nicht heiß getrunken werden darf, denn die Giftwirkung intensiviert sich durch Hitze. Man sollte das Gegenmittel also kalt trinken. [288]

An diese Ausführungen schließt sich ein Passus über die Beziehung zwischen Geschmäckern, Funktionskreisen und Jahreszeiten an, der auf dem Entsprechungssystem des Inneren Klassikers des Gelben Kaisers beruht. So heißt es beispielsweise über den Verzehr von Innereien zu bestimmten Jahreszeiten: „Im Frühjahr esse man keine Leber, im Sommer kein Herz, im Herbst keine Lunge und im Winter keine Niere. In allen Jahreszeiten meide man den Verzehr von Milz." [289] In welcher Weise die Formulierungen der Ernährungsregeln von dem Modell der Wandlungsphasen bestimmt wird, macht der als „Erörterung" 辯 *(bian)* gekennzeichnete Abschnitt deutlich, der die allgemeine Regel gleichsam erläutert:

Es heißt, man solle im Frühjahr keine Leber essen, weil [in dieser Jahreszeit] das Leber-Qi sich im Füllezustand befindet, während das Qi der Milz schwach ist. Verzehrt man nun Leber, so wird diese noch gestärkt, was die Schwäche des Milz-Qi derart intensiviert, daß sie nicht mehr ausgeglichen werden kann. Auch darf während der Fülle des Leber-Qi kein totes Qi in die Leber dringen, denn dann ist eine Schädigung der hun *zu befürchten.* [290] *Zu den Zeiten, da das Leber-Qi nicht im Füllezustand ist, herrscht bei ihm ein Mangel. In diesem Fall ist es gut, diesen durch [den Verzehr] von Leber auszugleichen. Für die übrigen Speicher gilt dasselbe.*

Hier ist ein wesentliches Prinzip einer in das heilkundliche Entsprechungssystem integrierten Ernährungslehre als wesentlicher Bestandteil des Yangsheng explizit gemacht; in den Fragmenten des *Yangsheng yaoji* wird man derartiges nicht finden, d.h. es werden nurmehr die Regeln aufgelistet, ohne diese allerdings zu begründen. Ein Grund hierfür mag es sein, daß der Leser, für den eine solche Kompilation gedacht war, mit jenen Axiomen so vertraut war, daß er die darin enthaltenen Vorschriften, die dem heutigen Leser fast wie eine Gleichung mit mehreren Unbekannten erscheint, als sinnvoll und eines Kommentares nicht bedürftig erachtete.
Nach folgenden Prinzipien lassen sich die Ernährungsregeln im wesentlichen aufschlüsseln:

Fünf Wandlungsphasen: wenn es beispielsweise heißt, daß bei Erkrankungen der Leber keine scharfen Lebensmittel gegessen werden sollen, so deshalb, weil die Leber der Wandlungsphase Holz, die Geschmacksrichtung scharf der

---

288 JKYL, 24, S. 287f.
289 JKYL, S. 288; vgl. die in Is. 29, S. 482 angeführten Zitate aus dem tangzeitlichen *Shanfu jing* 膳夫經 von Yang Yu 楊煜.
290 Die Leber speichert die *hun*, s. LS, Kap. 8 (Benshen).

Lunge und somit der Wandlungsphase Metall zugeordnet ist. Da gemäß der Beziehung gegenseitiger Bezwingung Metall Holz bezwingt, hat der Verzehr scharfer Speisen abträgliche Wirkungen auf die Leber.
Pferdefleisch darf nicht heiß verzehrt werden, da das Pferd dem Feuer zugeordnet ist, eine Qualität, die durch das Erhitzen noch potenziert wird, und somit das Herz schädigen kann.

Ungewöhnliche, unnatürliche Phänomene: wenn z.B. Fleisch auf den Boden fällt, ohne daß Erde daran haften bleibt, so wird man von diesem Phänomen her auf seine Ungenießbarkeit schließen und auf seinen Verzehr verzichten.

Gegensätzlichkeit bestimmter Eigenschaften: so soll beispielsweise Heißes nicht mit Kaltem zusammen gegessen werden; aus einer ungewöhnlichen Kombination von Farben (schwarzes Huhn mit weißem Kopf) wird auf Giftigkeit geschlossen. Nahrungsmittel mit gegensätzlichen Qualitäten dürfen nicht kombiniert werden, so z.B. Hase (dem Yin zugeordnet) und getrockneter Ingwer (Yang).

Gebote/Verbote im Zusammenhang mit dem Kalender.

Liegen diese Prinzipien den Vorschriften zur Zusammenstellung von Lebensmitteln zugrunde, so gilt es ergänzend auf das Konzept des „Tonisierens, Stärkens, Ergänzens" *(bu)* 補 hinzuweisen - zu diesem gehört auch der Bereich der Aphrodisiaka - das eine wesentliche Rolle bei der Auswahl der Nahrungsmittel spielt.[291] Seine Anwendung zur Regulierung von Disharmonien und vorbeugenden Stärkung des Körpers ist eingebunden in das System der Entsprechungen und die in der *bencao*-Literatur beschriebenen Qualitäten der einzelnen Nahrungsbestandteile, doch lassen sich andere bestimmende Faktoren feststellen, die dem Bereich der sympathetischen Magie angehören. E. Anderson nennt als Beispiele hierfür den aufgrund von Gestalt und Farbe empfohlenen Verzehr von Walnüssen und roten Jujuben zur Stärkung des Gehirns bzw. des Blutes.[292] Die Homophonie von *cong* 葱 (Zwiebel) und *cong* 聰 (klug) liegt der Vorstellung zugrunde, dergemäß der Verzehr von Zwiebeln *(cong)* während der Schwangerschaft die Klugheit des Kindes fördert.[293] Das Konzept des Tonisierens, in dem sich „empirische Tatsachen" und „psychologische Konstruktionen" mischen[294], weist auf die Qualität der Nahrungsmittel als Heilmittel hin, die der „Ernährungstherapie" zugrunde liegt. Eine strikte Trennung zwischen beiden Kategorien wurde nicht gemacht und ist auch im *Yangsheng yaoji* nicht zu finden.[295] Im Rahmen der Ausführungen dieses Kapitels genügt es, anhand

---

291 S. hierzu Anderson 1988, 235ff.; Simoons 1991, 27f.
292 Anderson, a.a.O., 236.
293 Simoons, a.a.O., 28.
294 Anderson, a.a.O., 237.
295 S. hierzu den Abschnitt „Heilmittel" des vorliegenden Kapitels.

eines Beispiels auf die heilkundliche Bedeutung der Ernährung zu verweisen. Sun Simiaos *Qianjin yifang* enthält in seinem 12. Kapitel einen Abschnitt über „Das Nähren der Alten und die Behandlung mit Lebensmitteln" 養老食療 *(Yanglao shiliao)* folgenden Diskurs über Lebens- und Heilmittel:

> *Wei Fan sprach zu Bian Que: Die Grundlage körperlicher Gesundheit basiert unbedingt auf den Lebensmitteln*[296]*; das Verfahren zur Heilung von Krankheiten besteht einzig in der Anwendung von Heilmitteln. Wer nicht weiß, was bei der Ernährung angemessen ist, der vermag kaum sein Leben vollständig zu bewahren; wer die Eigenschaften der Heilmittel nicht kennt, der ist unfähig, sie zur Beseitigung von Erkrankungen einzusetzen. Lebensmittel können pathogene Agenzien vertreiben und die Speicher und Paläste stabilisieren; Heilmittel vermögen den Geist zu beruhigen und die natürlichen Anlagen zu nähren, um so Blut und Qi zu stärken.*[297] *Als Sohn muß man diese beiden Dinge wissen. Wenn der Vater erkrankt, dann sollte [der Sohn] mittels der Lebensmittel eine Heilung zu erreichen suchen. Bleibt die Behandlung mit Lebensmitteln erfolglos, dann muß er Heilmittel verabreichen. Ein fürsorglicher Sohn muß daher ein eingehendes Wissen über die Eigenschaften von Lebens- und Heilmitteln besitzen.*[298]

Dasselbe Prinzip formuliert Sun Simiao in seinem Traktat über Ernährungstherapie (食治), im 26. Kapitel des *Qianjin yaofang*. Darin heißt es, der Arzt solle die Erkrankung zunächst mittels der Ernährung therapieren; erst wenn die Behandlung durch Nahrungsmitteltherapie nicht helfe, gelte es, die Heilmittel einzusetzen (wörtl. zu „befehligen" 命).[299] Eine umfassende Kenntnis über die Nahrungsmittel in ihrer Qualität als Lebensmittel und zugleich Heilmittel gehörte somit wohl zum Wissensfundus des Gebildeten und war keineswegs auf einen Kreis von Spezialisten beschränkt.

Wie für die übrigen Bereiche des Lebens galt auch bei der Ernährung, bestimmten kalendarischen Gegebenheiten, die in Form von Tabuvorschriften dargelegt sind, Beachtung zu schenken. In gleicher Weise wie bei den Regeln bezüglich der Zusammenstellung von Nahrungsmitteln mischen sich hier magische Vorstellungen mit hygienisch-heilkundlichen, durch Erfahrung gewonnenen Einsichten. Die Ausführlichkeit mit der die Themen Alkohol und das Trinken von Wasser dargestellt und mit Regeln bedacht werden, weist auf die Bedeutung dieser beiden Aspekte im Rahmen der Ernährung hin. Interessanterweise wird in keinem der Zitate des *Yangsheng yaoji* der Tee erwähnt, und zwar weder im Kapitel über „Speise und Trank", noch im Rahmen der Heilmittel. Tee, den wahr-

---

296 必須於食; die Parallelstelle in QJYF 26. 1 (S. 367) lautet 必資於食.

297 Anstelle von *si qi* 四氣 findet sich in QJYF 26 (ebd.) *xieqi* 血氣; die Übersetzung folgt dieser Variante.

298 QJIF 12. 4, 116. Am Schluß dieses Abschnittes verweist Sun Simiao noch auf das Kapitel über Ernährungstherapie in QJYF 26.

299 QJYF 26, 367; s. a. P. Unschuld 1986, 209.

scheinlich buddhistische Mönche während oder kurz nach der Hanzeit in China eingeführt haben[300], wurde ursprünglich als Heilmittel benutzt und galt als gesundheitsfördernd.[301] Seine Popularität verdankt er einer Mode der Tangzeit, in der Tee noch als exotisches Getränk angesehen wurde.[302] Das weitverbreitetste Getränk, vor allem in den unteren Schichten, war Wasser, das aus Brunnen geschöpft wurde; in den Städten geschah die Versorgung mittels Wasserleitungssystemen, die bereits in der Qin- und Hanzeit existierten. Die hier versammelten Regeln beinhalten überwiegend Verbote in Verbindung mit ungewöhnlichen Erscheinungen. Das Abkochen wurde bereits empfohlen, von dem es heißt, daß dadurch die „zahlreichen Erkrankungen keinen Grund haben, zu entstehen".[303] Die detaillierte Reglementierung des Alkoholgenusses vermag kaum zu erstaunen angesichts des „obszessiven Interesses, das dem Alkohol in den Jahrhunderten nach dem Fall der Han entgegengebracht wurde. Sein Genuß wird poetisch verklärt, so beispielsweise in Liu Lings (gest. ca. 265) berühmter „Ode an die Tugend des Weines" 酒德訟 *(Jiude song)*, er ist Bestandteil sozialer Aktivitäten und widerspiegelt, wie auch die weitverbreitete Gewohnheit der Einnahme halluzinogener Drogen, die eskapistischen Tendenzen dieses Zeitalters.[304] Gehörten Trinkgelage, wie sie die berühmten „Sieben Weisen vom Bambushain" veranstalteten, zum Lebensstil der Oberschicht, so wurde das Bild des „trunkenen Poeten" aber auch bewußt kultiviert.[305] *Jiu* 酒 bezeichnet ursprünglich ein aus verschiedenen Getreide, Reis, Sorghum oder Hirse, hergestelltes alkoholische Getränk, das dem „ale" vergleichbar ist. Traubenwein wurde seit der Hanzeit hergestellt; weiterhin wurde *li* 醴, ein einfaches, unbehandeltes weißliches Gärgetränk, konsumiert.[306] Übermäßiger Genuß von Alkohol galt als physisch schädigend; Alkohol als die „Essenz der 5 Getreidesorten" vermag ebenso zu nutzen, als auch zu schaden. So formuliert Han Rong in einem Zitat des *Yangsheng yaoji* die Beschränkung als allgemeines diätetisches Prinzip. Ein maßvoller Genuß, so führt er aus, „wirkt regulierend auf sämtliche Leitbahnen, beseitigt pathogene Agenzien und vertreibt Kälte".[307]

---

300 Anderson 1988, 67; der früheste eindeutige schriftliche Beleg für die Praxis des Teetrinkens in Sichuan stammt aus der Hanzeit, s. Simoons 1991, 441; vgl auch Needham 1970, 362, der in Anlehnung an von ihm genannte Studien den Ursprung des Teetrinkens in China in die Späte Hanzeit datiert.

301 Simoons, a.a.O., 441, 447.

302 Anderson, a.a.O., 67; Needham (a.a.O.) spricht dagegen von einer Popularisierung als Erfrischungsgetränk bereits im 4. Jh.

303 YSYJ 176, 25. 15b.

304 S. Anderson, a.a.O., 58; Holzman 1956, 340f. Zur Drogenkultur des Mittelalters, s. den Aufsatz von R. Wagner 1973

305 Zu Liu Lings *Jiude song*, S. Maspero 1971, 337f.

306 S. Simoons 1991, 448ff.; Anderson 1988, 52, 58f.

307 YSYJ 153; 25, 13b-14a.

4.8. Die Sexualhygiene

Weiße Zähne und fein geschwungene Brauen
sind die Axt, die das Leben fällt.

Mei Cheng (gest. 140 v.), *Qifa*[308]

„Das Bedürfnis nach Nahrung und Sexualität ist der menschlichen Natur eigen", so Gaozis Postulat im *Mengzi*, und dieselbe Erkenntnis vermitteln die „Aufzeichnungen über die Sitte" *(Liji)*, wenn es darin heißt „Essen und Trinken und die Beziehung von Mann und Frau, darauf richtet sich das starke Begehren des Menschen".[309] Unter diesem Gesichtspunkt betrachtet, scheint die Gewichtung der verschiedenen Lebensbereiche, wie sie in der Anordnung der Kapitel zum Ausdruck kommt, keineswegs als zufällig. Erstaunlicherweise führt das Kap. 29 des *Ishimpō* nurmehr sechs Zitate aus dem *Yangsheng yaoji* an, in denen es überwiegend um Tabus für sexuelle Aktivitäten geht. Ein möglicher Grund ist der, daß Tamba Yasuyori genügend andere Quellen, nämlich all jene berühmten „sexology classics"[310], die in späteren Jahrhunderten verloren gingen, zur Verfügung standen, auf die er bei seiner umfassenden Darstellung der Sexualhygiene zurückgreifen konnte. Die Reichhaltigkeit der sexualkundlichen Schriften mag ihn auch dazu veranlaßt haben, die „Kunst der inneren Gemächer" nicht im Rahmen der Lebenspflege darzustellen, sondern ihr ein eigenes Kapitel zu widmen. Es läßt sich nur darüber spekulieren, wie viele der Zitate im Kapitel „Über Nutzen und Nachteil der Geschlechtsbeziehung" des *Yangxing yanming lu* dem Yangsheng-Kompendium Zhang Zhans entstammen. Bei der Erörterung des Themas werde ich freilich im wesentlichen auf das dort versammelte Material zurückgreifen, das möglicherweise früher zu datieren ist als der „Sunü-Klassiker" und die „Geheimnisse der Jadekammer".
Alle wesentlichen Lebensbereiche sind von der Vorstellung durchdrungen, daß es für jedes Tun sowohl einen angemessenen als auch unangemessenen Zeitpunkt gibt. In welcher Weise dies auch für den Bereich der Ernährung gilt, ist im vorangehenden Abschnitt ja bereits deutlich gemacht worden. Die Wertigkeit der Zeit, die weitgehend von kalendarischen Gegebenheiten bestimmt wird, ist ein zweifache, und entsprechend wird das Verhalten zum einen von Tabus und zum anderen von Vorschriften im Sinne von Geboten bestimmt. Bei der Ausführung wichtiger Handlungen gilt es nun, durch die Auswahl des richtigen Zeitpunktes deren Erfolg bzw. glückbringende Folgen zu garantieren (beispielsweise bezüglich der Zeugung männlicher oder weiblicher Nachkommen) oder

---

308 Mei Cheng war während der Herrschaft Kaiser Jings (reg. 156-141 v.u.Z.) aktiv, s. HS 51. Zu Mei und seinem Werk „Sieben Anregungen", s. die Literaturangaben in Schmidt-Glintzer 1990, 591, Anm. 61.
309 *Mengzi* VIA. 4, Lau 1979, 224f.; *Liji*, Kap. Liyun; Wilhelm 1981, 64.
310 Wile 1992, 83.

aber durch Beachtung der Tabus negative Auswirkungen zu vermeiden.[311] Die Zitate des *Yangsheng yaoji* beschreiben im wesentlichen Tabus für die Ausübung sexueller Aktivitäten. Interessant ist das Zitat aus den „Monatlichen Bestimmungen für das Volk" *(Simin yueling)* des Gelehrten Cui Shi aus der Späten Hanzeit, denn es stellt gleichsam eine Fußnote zu den Tabuvorschriften des vorangehenden Zitates dar[312], wird darin doch ausgeführt, warum die Zeiträume um die Sommer- und Wintersonnenwenden im 5. und 11. Monat des Jahres tabu sind. Es handelt sich um Perioden einer makrokosmischen Yin-Yang-Instabilität und damit verbundenen physischen Labilität des Menschen („Blut und Qi befinden sich im Zustand der Zerstreuung"), denen es sich bezüglich Sexualität und Ernährung anzupassen gilt. Neben den kalendarisch bedingten Tabus gibt es solche, die auf außergewöhnlichen klimatischen Gegebenheiten wie beispielsweise große Hitze, starker Wind oder Erdbeben beruhen. Es sind aber nicht nur diese äußerlichen Faktoren, die Einfluß nehmen, denn bestimmte innere Faktoren - Zustände und Befindlichkeiten des einzelnen - werden auch benannt. Beiden gemeinsam ist, so ließe sich vielleicht formulieren, das Charakteristikum der Maßlosigkeit bzw. des Abweichens von einem Zustand der Ausgewogenheit auf der makro- und mikrokosmischen Ebene. In heftiger emotionaler Erregung, die ja nichts anderes ist als eine Form der Unausgewogenheit, und im trunkenen und satten Zustand gilt es, sich der „Vereinigung von Yin und Yang" 合陰陽 *(he yinyang)* zu enthalten. Der Gesundheit in gleichem Maße abträglich ist die Vernachlässigung bestimmter, im weitesten Sinne hygienischer Vorschriften, die ihren Ursprung häufig auch im magischen Denken haben. Dies trifft sicherlich für das Tabu zu, mit einer Frau zu verkehren, deren „Monatsregel" 月事 *(yueshi)* noch nicht beendet ist.[313]

Die „Kunst der inneren Gemächer" gehörte zu den Disziplinen, mit denen sich die „Meister der Techniken" *(fangshi)* beschäftigten. Ein Spezialist auf dem Gebiet der Sexualhygiene war Liu Jing, der mit Ausführungen über den Zusammenhang zwischen Jahreszeiten und Ejakulationshäufigkeit zitiert wird.[314] Einen Hinweis auf seine diesbezüglichen Kenntnisse enthält auch seine Biographie im *Shenxian zhuan*, aus der das *Yangsheng yaoji* an anderer Stelle zitiert.[315] Das *Yufang zhiyao* 玉房指要 schließlich läßt Liu Jing mit Ausführungen über „die Methoden, Frauen zu besteigen" 御女之道 *(yunü zhi dao)* zu Wort kommen.[316]

---

311 Zu diesem Thema s. auch das Zitat a. d. *Yufang bijue* über himmlische, menschliche und irdische Tabus für den Beischlaf, Is. 28, S. 474.

312 YSYJ-Fragm. 105, s. den Übersetzungsteil. Zu Cui Shis *Simin yueling*, s. Twitchett, Loewe (1986), 566ff.

313 S. Fragm. 107; *yueshi* ist eine andere Bezeichnung für den heutzutage gebräuchlichen Terminus *yuejing* 月經 („Monatsregel") für Menstruation, s. z.B. *Suwen*, Kap. 1 (I, S. 8). Hier spielen sicherlich auch Tabuvorschriften über den Umgang mit menstruierenden Frauen und die magischen Qualitäten des Blutes eine Rolle.

314 YSYJ 103.

315 S. das Kapitel über „Leiten und Dehnen" (YSYJ 88).

In Ge Hongs *Baopuzi* nehmen die Sexualpraktiken innerhalb der Langlebigkeitstechniken eine nicht unwichtige Rangstellung ein. Aufgrund der gesundheitsbeeinträchtigenden Folgen sexueller Enthaltsamkeit gewinnt der Aspekt der Reglementierung einige Bedeutung. *Fangzhong shu*, die „Kunst der inneren Gemächer" ist Sexualhygiene, Sexualtechnik und „Eugenik" zugleich.[317] Die Notwendigkeit zu einer „Ökonomie der Lüste" scheint innerhalb eines polygamen Systems der Ehe nurmehr folgerichtig zu sein. So schreibt das *Baopuzi*:

> *Was die Techniken der inneren Gemächer betrifft, so gibt es mehr als zehn Schulen, die unterschiedliche Ansichten über deren Nutzen vertreten: Schädigungen und Mängel beheben, zahlreiche Krankheiten behandeln, durch Sammeln von Yin wird das Yang befördert oder die Lebensspanne verlängert. Das wesentliche besteht aber darin, die Essenz zurückzuführen, um das Gehirn zu stärken. Diese Techniken wurden von den Wahrhaftmenschen von Generation zu Generation mündlich tradiert und ursprünglich auch nicht niedergeschrieben. Wer bekannte Drogen einnimmt, ohne allerdings das Wesentliche zu kennen, der wird Langlebigkeit nicht erlangen. Der Mensch kann sich sexueller Aktivität nicht vollkommen enthalten. Wer Enthaltsamkeit übt, bei dem werden Blockaden zu Krankheiten führen. Wer in Zurückgezogenheit und Enthaltsamkeit lebt, wird von zahlreichen Erkrankungen heimgesucht und kann seine Lebensspanne nicht voll ausleben. Aber auch die Zügellosen und Ausschweifenden mindern ihre Lebensjahre. Einzig in der Ausgewogenheit durch Beschränkung liegt der Weg, seine Lebenspanne nicht zu vermindern. Ohne mündliche Unterweisung aber wird es unter Zehntausenden kaum einen geben, der sich durch die Ausübung dieser Kunst nicht selbst um sein Leben bringt.*[318]

Einen weitaus umfassenderen Einblick in die „Kunst der inneren Gemächer" als ihn die spärlichen Fragmente des *Yangsheng yaoji* ermöglichen, vermittelt der Schlußabschnitt in den „Aufzeichnungen über die Kultivierung der natürlichen Anlagen und die Lebensverlängerung" *(Yangxing yanming lu)*, der im Titel („Über Nutzen und Nachteil der Geschlechtsbeziehung") schon die Ambivalenz der Sexualität, die „Leben hervorbringen, aber auch töten kann"[319] und deshalb einem strengen Regimen unterworfen werden muß, andeutet.
Das Horten und Hegen *(ai)* der Essenz, das Haushalten im Sinne eines geregelten Umganges, bildet ein zentrales Thema der Sexualhygiene. „Das Dao betrachtet die Essenz als einen Schatz"[320] und so gilt es, sein *jing* gleich einem Schatz zu hüten 寶精 *(baojing)*. In der „Hege der Essenz", so heißt es an an-

---

316 S. das Zitat in Is. 24, 10a; 28. 4, S. 465; Übers. in Wile 1992, 101. Zum Begriff *yunü*, den ich in Anlehnung an Wiles „to mount women" mit „Besteigen von Frauen" übersetzt habe, s. ebd., 235, Anm. 68.
317 Der eugenische Aspekt wird im YYML (2. 6., 10b) thematisiert.
318 BPZ 8, 150; Ware, S. 140.
319 YYML 2. 6, 12a (Zitat v. Daolin).
320 Ebd., 8b.

derer Stelle, „besteht das Grundanliegen der Lebenspflege".[321] Es sind zwei Aspekte der Sexualität, die hier nebeneinander bestehen: zum einen die Sexualhygiene als eine Form der Mäßigung sexueller Aktivität, basierend auf der allgemeinen Erkenntnis, daß die unkontrollierte Emission von *jing* als Samenessenz schädlich ist: „Ein Mangel an Essenz verursacht Krankheit, ist sie erschöpft, tritt der Tod ein".[322] Dazu gehören detaillierte Anweisungen zur Häufigkeit der geschlechtlichen Vereinigung, die mit einer Veräußerung von *jing* einhergeht. Diese steht in der Weise in Beziehung zum Lebensalter, daß sie sich mit zunehmendem Alter verringert.[323] Zum anderen gibt es die esoterische Form der Sexualtechnik, die durch häufigen Verkehr mit einer Vielzahl wechselnder Partnerinnen ohne Emission die Essenz zu potenzieren sucht: „Wer mit dreiundneunzig Frauen verkehrt, ohne sein *jing* zu veräußern, erlangt eine Lebensspanne von zehntausend Jahren".[324] Der Adept praktiziert zu diesem Zweck den *coitus thesauratus*, der in den Sexualhandbüchern als das „Zurückführen der Essenz zur Stärkung des Gehirns" 還精補腦 *(huanjing bunao)* bezeichnet wird.[325] Dabei gilt es, nach der im *Ishimpō* zitierten Beschreibung des *Yufang zhiyao*, kurz vor der Emission mit zwei Fingern fest auf den Bereich zwischen Skrotum und Anus zu pressen, in bestimmter Weise zu atmen und mit den Zähnen zu klappern, um so die Essenz gleichsam in das Gehirn umzulenken.[326]
Ein Bereich der Sexualität sei ergänzend erwähnt, der in den vorliegenden Quellen keine Erwähnung findet. Bestandteil religiöser Zeremonien der Himmelsmeister-Sekte der Späten Hanzeit war eine als „Vereinigung des Qi" *(heqi)* bezeichneter kollektiver Ritus, der wohl weniger orgiastischer Natur war als vielmehr ein nach strengen Regeln vollzogenes, von Fasten und Gebeten begleitetes Zeremoniell darstellte, einen ritualisierten Tanz, bei dem Mann und Frau in Entsprechung mit kosmischen Ordnungsschemata eine „hierogamische Vereinigung" mit dem Ziel vollzogen, Unsterblichkeit zu erlangen.[327]
Die Yangshengfang-Zitate im *Zhubing yuanhou lun* lassen eine rein „medizinische" Behandlung des Komplexes Sexualität erkennen, was in einem Spezialwerk zur Ätiologie nicht weiter verwundert. Es werden Ursachen für die Entstehung bestimmter Erkrankungen benannt, die im Zusammenhang mit Sexualverhalten stehen; ein Zitat weist auf die Schädlichkeit von Quecksilber hin.[328] Ein deutlicher Unterschied zur Sexualhygiene des *Yangxing yanming lu* ist in YSF-Zitat 7 zu erkennen, das auf die Gefahr des Verlustes von Essenz aufgrund

---

321 Ebd., 11a.
322 Ebd., 9b; zu diesem Aspekt, s. Wile 1992, 19ff.
323 S. beisp. die Zitate aus dem *Yufang bijue* in Is. 28. 19, S. 470.
324 Ebd.; vgl. auch 11a-b.
325 Zum *Coitus thesauratus*, s. Needham 1983, 197ff., insbes. 199, Anm. d.
326 Is. 25, 12b; 28. 18, 470; Übers. van Gulik 1974, 145, Wile, a.a.O., 101; vgl. auch Maspero 1971, 557ff., der eine Übersetzung relevanter Passagen des *Huangting waijing jing* gibt, und Robinet 1988, 54ff.
327 Robinet, a.a.O., 56 u. zu einer Beschreibung dies., 1991, 67f. u. Despeux 1990, 29f.; vgl. auch Maspero, a.a.O , 568ff.
328 YSF 25, ZBYH 4, 137.

zu häufigen Beischlafs hinweist, dessen Folgen als psychisches Ungleichgewicht, manifestiert in Niedergeschlagenheit und häufigem Auftreten von Furchtgefühlen, beschrieben werden.[329]

4.9. Die Ablehnung schädlicher Sitten *(fansu)*

Der Titel dieses Kapitels stellt den Interpreten vor Schwierigkeiten. Bezeichnet der Begriff *fansu* 反俗 zwar die Rückkehr *(fan)* eines buddhistischen Mönches in das weltliche Leben *(su)*[330], so ist doch zu fragen, ob diese Bedeutung im Kontext des *Yangsheng yaoji* plausibel und sinnvoll erscheint. C. Despeux übersetzt mit „return to the common world", ohne ihrer Übersetzung jedoch weitere Erläuterungen hinzuzufügen.[331] Folgt man dieser Interpretation, so würde dies bedeuten, daß eines der zehn Kapitel des Werkes sich an den beschränkten Kreis von Mönchen, die in den Laienstand zurückkehren, wendet und sich mit Regeln der Lebenspflege befaßt, die von ihnen zu beachten sind. Dies erscheint angesichts des inhaltlichen Gesamtgefüges des Werkes und im Vergleich mit anderen Werken des Yangsheng als unwahrscheinlich. So wird man vermuten, daß beispielsweise in den „Aufzeichnungen über die Kultivierung der natürlichen Anlagen und die Lebensverlängerung", die ja wesentlich auf dem *Yangsheng yaoji* basieren, Passagen enthalten sind, die sich thematisch diesem Kapitel zuordnen lassen. Dies ist meines Erachtens nicht der Fall. Eine alternative Interpretation ist die, das Wort *su* im Sinne von allgemein verbreiteten Sitten und Gewohnheiten zu deuten, gegen die es sich zu wenden, die es abzulehnen *(fan)*, mit anderen Worten zu überwinden gilt, da sie die Gesundheit schädigen können.

Die Bedeutung von *su* als „Sitten", womit die Sitten der „gewöhnlichen" Menschen gemeint sind, findet sich z.B. im 1. Kapitel des *Suwen*, wo es von den „Vollkommenen Menschen" 至人 *(zhiren)* heißt, daß sie sich in Harmonie mit Yin und Yang befanden, sich den Jahreszeiten anglichen und „die Welt verließen und sich von den Sitten trennten" 去世離俗 *(qushi lisu)*, wodurch sie ihrer Lebensspanne nutzten und schließlich die höchste Stufe, die der „Wahrhaftmenschen" 眞人 *(zhenren)*, zu erreichen vermochten.[332] In ähnlicher Bedeutung wird man das in einem Zitat des *Yangxing yanming lu* gebrauchte 與俗反 als „etwas entgegen den üblichen Sitten" zu verstehen haben.[333]

Aufgrund der interpretatorischen Probleme und dem durch die Überschrift „Ablehnung schädlicher Sitten" thematisch doch sehr weitgesteckten Rahmen, wurden diesem Kapitel keine Textfragmente zugeordnet.

---

329 ZBYH 1, S. 27.

330 S. beispielsweise ZWDCD 2, 3191. 95, S. 2206.

331 Despeux 1989, 229.

332 SW 1, I, S. 12; vgl. die Übersetzung in Unschuld 1980, 222.

333 YYML 1. 1, 5b.

4.10. Heilmittel *(yiyao)*

Von den drei Gattungen, in die sich die heilkundliche Literatur einteilen läßt - medizinisch-theoretische Schriften, Rezeptliteratur und pharmazeutische Literatur - ist es die letztgenannte, die das Wissen über Qualitäten, Wirksamkeit und Verarbeitung von pflanzlichen, tierischen und mineralischen Drogen vermittelt.[334] Dieser gattungsmäßigen Differenzierung ging, so führt P. Unschuld aus, ein Stadium voraus, in dem das pharmazeutische Wissen Bestandteil der Rezeptvorschriften war, deren Entwicklung durch neuzeitliche Manuskriptfunde dokumentiert ist. Die Reichhaltigkeit dieser Materia Medica machte spätestens in der Hanzeit die Herausbildung einer eigenständigen Gattung notwendig, die mit der Kompilation des *Shennong bencao jing* begründet wurde.[335] Über die bencao-Spezialisten und ihrer Beziehung zum Streben nach langem Leben und Unsterblichkeit schreibt P. Unschuld folgendes: „Die „pen-ts'ao-Kundigen waren solche Praktiker, die ihre Bemühungen um ein 'langes Leben. ohne zu altern' auf Versuche mit zumeist Kräuter-Drogen stützten. In ihren Kreisen müssen wir die Verfasser des *Shen-nung pen-ching* suchen. Es war nicht der aktuelle heilkundliche Wert der Drogen, den sie für ihre Versuche auswerteten, sondern die Fähigkeit mancher Drogenkräfte, den Körper über lange Zeit zu stärken und gegen gesundheitliche Störungen aller Art zu schützen. Hand in Hand mit dieser Einstellung ging der bereits im Huang-ti nei-ching su-wen zum Ausdruck kommende präventive Charakter im Anspruch des chinesischen Heilsystems." [336]

Als Ahnherr der Drogenkunde gilt seit der Beschreibung im Buch *Huainan zi* (Kap. 19) Shennong, der „Göttliche Landmann", der als einer der zahlreichen legendären Kulturschöpfer dem Volk die Landwirtschaft gab und als erster Kräuter auf ihre arzneiliche Wirksamkeit hin untersuchte. Diese als Ursprungsmythos konzipierte Zuschreibung fand ihre Widerspiegelung in der frühen Werken der Bencao-Literatur, die sich, was bereits im Titel zum Ausdruck kommt, auf Shennong beziehen. So gilt er auch als Verfasser des ersten chinesischen pharmazeutischen Spezialwerkes, dem in der Späten Hanzeit niedergeschriebenen „Klassiker der Drogenkunde von Shennong" *(Shennong bencao jing)*, der Tao Hongjing als Grundlage für seine Bearbeitung und kommentierte Erweiterung diente.[337] Als frühester Beleg für die Assoziation des Shennong mit medizinthematischen Schriften gilt das hanzeitliche Ernährungshandbuch „Ernährungsvorschriften des Göttlichen Landmannes und des Gelben Ahnherr-

---

334 S. hierzu Unschuld 1973, 11.

335 Unschuld 1986, 16. Der Mawangdui-Text *Wushi'er bingfang*, der in 170 Rezepturen ca. 247 Drogen erwähnt, kann als Bestandteil der pharmazeutischen Tradition angesehen werden, die zu einem späteren Zeitpunkt eine Systematisierung in der Bencao-Literatur erfuhr. Frühe Dokumente zur Drogenkunde stellen auch die anläßlich mehrerer Ausgrabungen gefundenen Sammlungen von Bambustafel-Texten dar, z.B. der rezeptkundliche Text aus einem hanzeitlichen Grab in Wuwei (Provinz Gansu); s. Unschuld, ebd., 14f.

336 P. Unschuld 1973, 24.

337 Zu einer ausführlichen Beschreibung der frühen Bencao-Literatur s. Unschuld, ebd., 15ff.

schers" *(Shennong Huangdi shijin)*, das bereits an anderer Stelle Erwähnung gefunden hat. Wahrscheinlich ebenfalls heilkundlichen Inhaltes war das in verschiedenen Werken des 3. und 4. Jh. erwähnte *Shennong jing*, das zu dem umfangreichen Korpus der nichtüberlieferten Literatur zu zählen ist.[338] Etwa aus der gleichen Zeit stammen jene drogenkundlichen Werke und Überarbeitungen von Zhang Ji, Hua Tuo, Wu Pu und Li Dangzhi, die Tao Hongjing im Vorwort seines Shennong-Klassikers auflistet. Diese Literatur ist als mögliche Quelle des Kapitels über Heilmittel in den „Wesentlichen Prinzipien" anzusehen.
Es gilt freilich daran zu erinnern, daß zur Zeit der Kompilation des *Yangsheng yaoji* heilkundliches Wissen, mithin auch pharmazeutische Kenntnisse, sich nicht auf eine Gruppe von Spezialisten beschränkte, sondern Bestandteil der Wissenskultur der Gebildeten war.[339] Dieses Wissen, dessen praktische Anwendung in erster Linie wohl der medizinischen Versorgung der Familie diente, wurde sicherlich auch schriftlich fixiert und tradiert, und so wird man die Existenz einer Reihe von Werken heilkundlichen und speziell pharmazeutischen Inhaltes annehmen können, die in keiner offiziellen Bibliographie verzeichnet sind. Daß Zhang Zhan heilkundliche Kenntnisse besaß, ist in den biographischen Angaben zu seiner Person belegt, und so erscheint es als durchaus vorstellbar, daß er bei der Kompilation des „Kompendiums" auf eigenständige Überlieferungen zurückgreifen konnte. Hierin mag eine mögliche Erklärung dafür liegen, daß in den Fragmenten zum Thema Heilmittel keinerlei Verweise auf entsprechende Quellen zu finden sind. Ein Vergleich der Einträge im *Yangsheng yaoji* und im *Bencao jing* am Beispiel „Azukibohne" *(chi xiaodou)* und „Rinde von der Birke" *(yupi)* läßt deutliche inhaltliche Unterschiede erkennen, die die vorgetragene Vermutung stützen. In Zhangs Kompendium findet sich folgender Eintrag zur Azukibohne:

> – *Geschmacksrichtung bitter, (Temperaturausstrahlung) warm; längerer Verzehr mindert die Speichelbildung, so daß ein Gefühl der Austrocknung [im Mund] entsteht.*
> – *Ihr Verzehr verursacht Schläfrigkeit und führt zu Schleimbildung.* [340]

Dazu im Vergleich die Eintragung im Bencao-Klassiker:

> – *Azukibohnen sind wasserausleitend, sie beseitigen Furunkel* (yong), *Schwellungen* (zhong) *mit Austritt von Blut und Eiter.*
> – *Geschmack süß, (Temperaturausstrahlung) ausgeglichen; sie beseitigen Schwierigkeiten bei Ausscheidungen, fördert die wasserleitenden Bahnen und vertreiben pathogenes Qi.* [341]

Die *Ishimpō*-Fragmente des *Yangsheng yaoji* zum Komplex Heilmittel lassen sich thematisch in zwei Gruppen unterteilen. Ein kleiner Teil der Zitate erörtert all-

---

338 Unschuld, ebd., 16; zum *Shennong Huangdi shijin*, s.o., Abschnitt zur Ernährung.
339 S. Unschuld 1986, 4f.
340 Is. 26, 4b; 30, S. 498 u. 26, 47b; 30, S. 511.
341 *Bencao jing*, zit. in ZLBC 25, 586 u. 12, 351.

gemeine Prinzipien der Einnahme von Heilmitteln und listet Verbote bezüglich der Ernährung auf, die es bei der Einnahme bestimmter Drogen zu beachten gilt.[342] Der überwiegende Teil der Zitate besteht aus zumeist kurzen Einträgen zu einer Anzahl von Lebensmitteln, die in der Anordnung des *Ishimpō*-Kapitels einem viergliedrigen Kategorisierungsschema folgen.[343] Zu diesem Schema seien einige Anmerkungen gemacht. Die Grundlage für die Einteilung im *Ishimpō* bildet ein Passus aus dem *Taisu jing*, der am Anfang des 30. Kapitels zitiert wird: „Die fünf Getreidearten nähren, die fünf Arten von Früchten unterstützen, die fünf Arten von Haustieren befördern und die fünf Arten von Gemüse steigern".[344] Im Kommentar von Yang Shanshang heißt es: „Das Nähren des Lebens basiert vor allem auf den fünf Getreidearten; die fünf Arten von Früchten dienen zur Unterstützung der Getreidearten, die fünf Haustiere dienen dazu, sie zu befördern und durch die fünf Arten von Gemüse werden sie gesteigert. Werden sie benutzt, um damit den Hunger zu stillen, so spricht man von Nahrungsmitteln, bedient man sich ihrer zur Behandlung von Krankheiten, so bezeichnet man sie als Heilmittel".[345] Dieses Viererschema, das auch dem ernährungstherapeutischen Kapitel in Sun Simos „Rezeptvorschriften" zugrunde liegt, stellt gegenüber dem in der pharmazeutischen Literatur angewandten Klassifikationsschema eine Vereinfachung dar: Gewürm, Fisch, Federtiere und Vierfüßler werden beispielsweise in der Abteilung „Fünf Arten von Fleisch" zusammengefaßt. Das *Shennong bencao jing* beispielsweise ordnet sämtliche Drogen einer oberen, mittleren bzw. unteren Klasse zu und unterscheidet innerhalb einer jeden Klasse folgende 10 Abteilungen: Edelsteine/Mineralien, Kräuter, Bäume, Mensch, Vierfüßler, Federtiere, Gewürm/Fische, Früchte, Gemüse und Reis/Kornarten.[346] Tao Hongjing verwendet in seinem *Shennong bencao jing jizhu* 神農本草經集注 („Shennongs Klassiker der Drogenkunde, zusammengestellt und kommentiert [von Tao Hongjing]") dagegen ein 7 Abteilungen umfassendes Klassifikationsschema (Edelsteine/Mineralien, Kräuter/Bäume, Gewürm/Fische, Federtiere/Vierfüßler, Früchte/Gemüse, Kornarten/Eßwaren und bekannte, aber nutzlose Dinge).[347] Es ist zu vermuten, daß Zhang seinem Kapitel über Heilmittel das auf dem *Suwen*-Zitat basierende Einteilungsschema zugrundegelegt hat. Im Rahmen eines Kompendiums zur Lebenspflege wird die Vermittlung von Kenntnissen über solche Heilmittel im Vordergrund gestanden haben, die zugleich als Nahrungsmittel im Rahmen der täglichen Ernährung in Gebrauch waren. Sie bildeten die „Grundlage der körperlichen Gesundheit" und sind zugleich das erste Mittel zur Behandlung von Störungen.[348]

---

342 S. Fragm. 1-8 in Kap. 1 und 2 des *Ishimpō*.
343 Bei den Fragmenten 302, 303 und 326 handelt es sich um Rezepte gegen Vergiftungen, die eher dem Ernährungskapitel zuzuordnen sind.
344 Is. 26, 2b; 30, 497. Die Parallelstelle im *Suwen* findet sich in Kap. 22 (Zangqi fashi lun), I, 326.
345 Is. 26, 2b-3a; ebd.
346 Unschuld 1973, 22.
347 Ebd., 37.

4.11. Verbote und Tabus *(zaji)*

Das Schlußkapitel des *Yangsheng yaoji* findet eine inhaltliche und formale Entsprechung in der Einteilung des *Ishimpō* und stellt auch einen der sechs Abschnitte des *Yangxing yanming lu* dar. In beiden genannten Werken ist die Überschrift durch den Zusatz „vermischt" 雜 *(za)* ergänzt, wodurch gleichsam die Möglichkeit eröffnet wird, all jene Regeln, Verbote und Vorschriften, die für eine Zuordnung zu den übrigen Bereichen der Lebenspflege als zu allgemein erscheinen, unter dieser Rubrik zu subsumieren. Dies gilt sicherlich für den betreffenden Abschnitt der „Aufzeichnungen", dessen Themenspektrum von der Sexualhygiene und Schlafangelgenheiten, über Hygienevorschriften und Verhaltensregeln für das Sprechen bis hin zu Techniken der Visualisation und kalendarischen Anweisungen für nutzbringende Bäder reicht. Es handelt sich dabei geradezu um eine erweiterte, gleichsam annotierte und ausgeführte Fassung der „Techniken" zur Lebenspflege, wie sie Ge Hong im 13. Kapitel seines *Baopu zi* auflistet.[349] Ein kurzes Zitat aus dem *Yangxing yanming lu* mag einen Eindruck vermitteln:

> *Langes Sehen schädigt das „Blut", langes Liegen schädigt das Qi, langes Stehen schädigt die Knochen, langes Gehen schädigt die Sehnen und langes Sitzen schädigt die Muskeln.* [350] *Folgende Verhaltensweisen fügen dem Menschen Schaden zu: das Richten der Gedanken auf Fernes und übermäßiges Streben nach Gesundheit; die Gefühle von Bedrückung, Zorn und Trauer; Freude und Vergnügung im Übermaß; Wut und Zorn, wenn sie nicht beseitigt werden; gieriges Erstreben des Gewünschten; Klagen über Erlittenes; übermäßige Kälte und Hitze und die Enthaltsamkeit von sexueller Aktivität.* [351]

Eine typisch zu nennende Form der Darstellung diätetischer Regularien ist die Ordnung in numerische Kategorien, die schon in der Mawangdui-Literatur dokumentiert ist. Ein Beispiel enthält der bereits zitierte Abschnitt aus dem *Yangxing yanming lu*, der eine Aufzählung von fünf ungebührlichen und sechs unheilbringenden Verhaltensweisen anführt.[352] Interessanterweise ist derselbe Passus Bestandteil eines längeren Zitates aus einem „Klassiker zur Kultivierung des Leibes" 養身經 *(Yangshen jing)*, mit dem das Kapitel über die Kultivierung des Lebens im *Ishimpō* abschließt. Die Bibliographie des *Suishu* listet ein Werk mit diesem Titel auf [353]; vermutlich handelt es sich bei dem zu Beginn des 29. Kapitels zitierten *Huangdi yangshen jing* um dasselbe Werk. In einer Einleitung

---

348 S. das Zitat aus dem *Qianjin yifang* im Abschnitt über „Ernährung" des vorliegenden Kapitels.

349 S. BPZ 13 (Jiyan), 245.

350 Bei diesen „fünf Überanstrengungen" *(wulao)* handelt es sich um ein Zitat aus dem *Suwen*, Kap. 23 (Xuanming wuqi), I, 336.

351 YYML, 1. 3, 14b-15a.

352 Ebd., 17b-18a.

353 Is. 27, S. 460; *Suishu* 34, 1049.

werden die von eins bis acht zählenden Kategorien zu vermeidender Verhaltensweisen zunächst aufgezählt und im Anschluß detailliert aufgelistet.

> *Für den Menschen gibt es eine unangemessene und zwei zu vermeidende Taten, drei Torheiten, vier Verirrungen, fünf Ungebührlichkeiten, sechs unheilbringende Taten, sieben törichte und acht wahnwitzige Handlungen, die man sämtlich nicht begehen darf. [...]*
> *Die fünf Ungebührlichkeiten: Stuhlgang und Wasserlassen nach Westen gerichtet zu verrichten stellt die erste Ungebührlichkeit dar, dies nach Norden gerichtet zu tun die zweite, zur Sonne gewendet die dritte, zum Mond hin die vierte, dabei den Blick nach oben zum Himmel und den Sternen zu wenden die fünfte Ungebührlichkeit.*
> *Die sechs unheilbringenden Taten: die erste unheilbringende Tat ist es, des nachts unbekleidet aufzustehen, sich morgens zu erheben und Zorn zu hegen die zweite, zur Feuerstelle gerichtet Beschimpfungen auszustoßen die dritte, mit dem Fuß Feuer [?] die vierte, die Vereinigung von Mann und Frau während des Tages die fünfte, Lehrer und Vater zu bestehlen oder mit Zorn zu begegnen die sechste.* [354]

Einige der Fragmente, die diesem Kapitel zugeordnet sind, enthalten Verhaltensregeln für Frauen in der Schwangerschaft, die in der Anordnung des *Ishimpō* zusammen mit Ernährungstabus Bestandteil eines von insgesamt drei Kapiteln zur Frauenheilkunde bilden.[355] Die Überschrift des entsprechenden Abschnittes im *Ishimpō* - „Methoden zur Kultivierung des Leibes für Schwangere"[356] - weist auf einen Bereich diätetischer Reglementierung hin, der auf einen speziellen Personenkreis bezogen war. Eine ähnliche Spezialisierung findet sich auch im 25. Kapitel über Pädiatrie, das ebenfalls Zitate aus dem *Yangsheng yaoji* wiedergibt. Es stellt sich hier die Frage, die freilich unbeantwortet bleiben muß, ob innerhalb des „Kompendiums" bereits eine inhaltliche Differenzierung in der beschriebenen Weise vorgenommen wurde, oder ob diese vielmehr erst in späteren Werken der Yangsheng-Literatur erfolgte.[357]
Das weitaus interessanteste Zitat dieses Kapitels stammt aus dem *Shenxian tu.* Es entwirft in Form von 28 Verboten gleichsam eine Lebenspflege *in nuce*, die dem Adepten des Yangsheng die Folgen bestimmter Verhaltensweisen mit Begriffen wie Schwund, Verlust, Disharmonie, Ermüdung und Schädigung vor Augen führt.[358]

---

354 Is. 23, 35b-36a; 27. 11, 460f.
355 Die Zitate zur Ernährung in der Schwangerschaft wurden dem 6. Kapitel des *Yangsheng yaoji* über „Ernährung" zugeordnet.
356 *Renfu xiushen fa* 妊婦修身法, s. Is 18, 12b; 22, S. 357.
357 Das *Jinkui yaolue* beispielsweise enthält drei gynäkologische Kapitel (Kap. 20-22); vgl. diesbezüglich auch Sun Simiaos *Qianjin fang*.
358 Fragm. 101, Is. 23, 30b 31a.

5. Übersetzung

5.1. Übersetzung der Fragmente des *Yangsheng yaoji*

Vorwort

In früheren Generationen gab es zahlreiche Autoren, die klassische Rezepte zur Kultivierung der natürlichen Anlagen kopierten. Die vortrefflichste Abhandlung zu diesem Thema stammt von Xi Shuye [i.e. Xi Kang], doch berühren seine Ausführungen mehr Fernliegendes und zeigen wenig Verständnis für das Naheliegende. Die Dinge, von denen ich spreche, stimmen in Theorie und Praxis überein; ich habe alles wahrheitsgemäß aufgezeichnet, um es späteren Generationen zu übergeben. Es läuft dem, woran der Mensch seinem Wesen nach Freude findet, nicht zuwider, und kann ohne großen Aufwand befolgt werden. Die Genüsse von Auge und Ohr werden nicht verworfen, alles läßt sich einfach verwirklichen. So sind die zu beachtenden Weisungen beschränkt, doch ist ihr Nutzen weitgefächert. Mit wenig Anstrengung wird viel erreicht, und so heißt es 'Was leicht ist, ist leicht zu erkennen, was einfach ist, ist leicht zu befolgen'[359].

Die wichtigsten Bereiche [der Lebenspflege] sind:

1. Horten des Geistes
2. Hegen des Qi
3. Nähren der Gestalt
4. Leiten und Dehnen
5. Sprechen
6. Ernährung
7. Innere Gemächer [i.e. Sexualhygiene]
8. Ablehnung schädlicher Sitten
9. Heilmittel und
10. Verbote.

Was darüber hinausgeht, ist in seiner Bedeutung vernachlässigbar.[360]

Allgemeine Prinzipien

1. [42][361] Im *Shenxian tu* („Abbildungen der Unsterblichen") heißt es: Für denjenigen, der die Methoden der Langlebigkeit praktiziert, gilt es, sich diese be-

---

359 Zitat a. d. *Yijing*, *Xici shang*; Wilhelm 1983, 265.

360 QJIF, 12, S. 111; YYML, 1. 1, 9b-10a, wo der letzte Satz lautet: 過此已往，義可略焉. Die Übersetzung folgt dieser Version.

361 Die erste Zahl bezieht sich auf die Anzahl der Zitate innerhalb der einzelnen Kapitel; die in eckige Klammern gesetzte Zahl entspricht der fortlaufenden Numerierung sämtlicher Zitate.

ständig zu vergegenwärtigen, sei es im Gehen oder Verweilen, im Sitzen oder Stehen, während des Speisens, Liegens oder Schlafens. Wer ihrer zu jeder Zeit eingedenk ist und sie weder des Tags noch in der Nacht vergißt, wer seine Essenz, sein Qi und seinen Geist in Vollkommenheit bewahrt und dafür sorgt, daß sie nicht aus dem Körper entweichen, der vermag langes Leben zu erlangen. (23, 1b-2a; 27. 1, S. 449)

2. [46] Pengzu sprach: Die Methode zur Kultivierung der Langlebigkeit besteht einzig darin, daß man dieser keinerlei Schaden zufügt. Im Winter für Wärme und im Sommer für Kühle sorgen und nicht dem, was für eine jede Jahreszeit angemessen ist, zuwiderhandeln: auf diese Weise läßt man dem Körper das ihm Angemessene zukommen *(shishen)*.[362] Rufen physische Schönheit und aufreizende Haltungen, Müßiggang und Unterhaltung keine Gedanken an Begierden hervor, so erreicht man Übereinstimmung mit dem Geist *(tongshen)*. In bezug auf Pferd und Wagen und aufwendiges Zeremoniell Genügsamkeit und Freisein von [übermäßigem] Streben üben: auf diese Weise läßt sich der Wille einen *(yizhi)*. Die acht Töne und fünf Farben dienen dazu, die Sinnesfreuden des Sehens und Hörens zufriedenzustellen: so wird das Herz geleitet *(daoxin)*. All dies sind Methoden, um die Langlebigkeit zu kultivieren; wer sie freilich nicht zu berücksichtigen vermag, der wird durch sie in die Irre geführt. So fürchtet sich der Vollkommene Mensch *(zhiren)* vor dem Entweichen ohne Wiederkehr, denn dadurch erschöpft er seine Quelle. Und so heißt es[363]: Der mit höchster [Erkenntnis begabte] Gelehrte teilt das Bett nicht [mit seiner Frau] und der Gelehrte mittlerer [Erkenntnis] sorgt für getrennte Bettdecken. Wirkungsvoller als die Einnahme von Heilmitteln ist es, alleine zu schlafen. Die Farben lassen die Augen erblinden, die Töne machen die Ohren taub und die Geschmäcker verwirren den Gaumen.[364] Wem es gelingt, das Angemessene zu beherrschen und zu unterstützen, Blockaden zu beseitigen und Durchgängigkeit zu fördern, der wird davon keinen Schaden haben, sondern im Gegenteil Nutzen erlangen. (23, 3a; ebd.)

3. [49] Im *Daoji* findet sich folgender Passus: Daß es in bezug auf das Leben des Menschen kurze und lange Lebensspannen gibt, ist keineswegs natürlicherweise so, sondern rührt daher, daß der Leib *(shen)* nicht mit Achtsamkeit bedacht wird, die Ernährung schlecht ist, Zügellosigkeit in sexuellen Dingen herrscht, [den Gesetzmäßigkeiten] von Yin und Yang zuwidergehandelt wird, *hun*, *po* und Geist *(shen)* sich zerstreuen, die Essenz sich erschöpft und die Lebenskraft *(ming)* geschwächt wird. Aus diesem Grunde können die vielfältigen Erkrankungen entstehen und der Mensch vermag seine Lebensspanne nicht auszuschöpfen.[365] (23, 4a; S. 450)

---

362 Vgl. YYML, 1. 1, 10b.

363 Der nachfolgende Abschnitt wird im YYML, 2. 6, S. 8a (im Abschnitt „Über Nutzen und Nachteil der Geschlechtsbeziehung") zitiert. Der Schluß lautet dort freilich anders.

364 „Die Farben...verwirren den Gaumen"; es handelt sich um ein Zitat aus dem *Daode jing*, Kap. 12; Henricks 1989, 210f.

365 Vgl. YYML, 1. 1, S. 4b.

Kapitel 1

Horten des Geistes 嗇神

1. [43] Das *Zhongjing* führt aus: Der Mensch erhält die fünf Konstanten. Von den natürlichen Eigenschaften sind es die der Ruhe und Unrast, der Härte und Weichheit, die sich nicht ändern lassen. Wohl kann man die Ruhe in Unrast versetzen, doch läßt sich Unrast nicht zur Ruhe bringen. Ruhe und Unrast sind je von eigenem Wesen; widersetzt man sich diesem, so geht man seines Teiles verlustig, gibt man ihm uneingeschränkt nach, dann fügt man seinem Leben Schaden zu. Der Nachteil der Ruhe besteht darin, daß keine Durchgängigkeit herrscht; das Übel der Unrast ist es, ohne Dichte zu sein. Die Methode zur Beherrschung des Lebens besteht in folgendem: seinem natürlichen Wesen entsprechen, in Übereinstimmung mit seinem Geschick sein, dem Angemessenen folgend annehmen oder verwerfen und Schaden und Nutzen abwägen, und so erhält jeder das ihm Angemessene. Ruhe ermöglicht es, die zugemessene Lebensspanne *(shou)* auszuschöpfen, Unrast führt zu frühzeitigem Tod. Ist jemand vom Wesen her ruhig, widmet sich jedoch nicht der Kultivierung, dann verringert sich die Lebensspanne; ist die Unrast zwar vorherrschend, doch versteht man sich auf das richtige Nähren, so läßt sich die Lebensspanne verlängern. Nun läßt sich Ruhe leicht beherrschen, die Unrast ist freilich nur schwer zu kommandieren. Wenn man es vermag, den Prinzipien des Nährens in angemessener Weise zu entsprechen, dann läßt sich die Ruhe ebenso kultivieren wie auch die Unrast. (23, 2a; 27. 1, S. 449)

2. [44] Wer in großem Maße freigiebig und sorglos ist, der lebt lange; wer geizig und arbeitsam ist, stirbt früh. Das ist der Unterschied zwischen einer unbeschwert-großzügigen und einer mühselig-kargen Lebensweise. Ein Pachtbauer lebt lange, der üppige Speisen genießende Reiche stirbt dagegen frühzeitig; darin besteht die Auswirkung von vielen oder aber wenigen Begierden. Der seßhafte Gelehrte leidet selten an Krankheiten, während dem umherziehenden Scholar zahlreiches Unheil widerfährt; der Unterschied ist der zwischen vielfältigen und mäßigen Angelegenheiten und Aufgaben. Und so strebt der gewöhnliche Mensch nach Nutzen, während den Adepten des dao Ehre und Ruhm kaum berühren.[366] (23, 2a-b; ebd.)

3. [45] Im *Shaoyou jing* heißt es: Beschränkung in der Kontemplation, in der Vorstellung, im Begehren, im Tun und Sprechen, im Lachen, in Trauer und Freude, Fröhlichkeit, Zorn, Zuneigung und Abneigung: das Ausüben dieser zwölf Beschränkungen bildet die Essenz des Yangsheng. Ein Übermaß an Kontemplation führt zur Ermüdung des Geistes *(shen)*, ein Übermaß an Vorstellung bewirkt eine Zerstreuung des Willens, ein Übermaß im Begehren resul-

---

[366] Ein identisches Zitat enthält YYML, 1. 1, S. 6a. Das im *Ishimpō* an den obigen Passus anschließende Zitat aus dem *Shaoyou jing* ist dort vorangestellt; möglicherweise stammt Fragm. 44 aus dieser Quelle. Zur Übersetzung, vgl. Hsia 1986, II, 81.

tiert in einer Schädigung des Wissens, ein Übermaß im Tun ermüdet den Körper, ein Übermaß beim Sprechen führt zur Unruhe des Qi, ein Übermaß beim Lachen schädigt die *zang*[367]. Ein Übermaß bei der Trauer bewirkt Furcht im Herzen, ein Übermaß der Freude läßt das Bewußtsein überfließen, übermäßige Fröhlichkeit resultiert in Fehlerhaftigkeit und Verwirrung, übermäßiger Zorn bewirkt eine Unruhe in den Leitbahnen, ein Übermaß an Zuneigung führt zu unkontrollierbarem Anhaften an einer Sache, übermäßige Abneigung bewirkt Sorge und freudloses Leid. Befreit man sich nicht von diesen zwölf Übertreibungen, dann bilden sie die Wurzel der Vernichtung des Lebens. Wenn weder ein Zuwenig noch ein Übermaß vorherrschen, so kann man nahezu als ein Wahrhaftmensch gelten. (23, 2b; ebd.)

4. [50] Bei Hu Zhao *(zi* Kongming) aus Yingchuan[368] heißt es: Die Augen finden keinen Gefallen an unreinen Farben, die Ohren wollen keine häßlichen und unzüchtigen Töne vernehmen, die Nase will keine üblen Gerüche aufnehmen, der Mund will keine giftigen und reizenden Geschmäcker kosten und der Geist *(xin)* will sich nicht mit betrügerischen Angelegenheiten abgeben, denn all dies ist dazu angetan, den Geist *(shen)* zu beflecken und seine Lebensspanne zu mindern. Ein gewöhnlicher Mensch vermag nicht ohne Begierden zu sein, und ebensowenig kann er sich von seinen Angelegenheiten freimachen, doch gilt es, beständig seinen Geist zu befrieden, den Gedanken Beschränkung aufzuerlegen, einen Zustand der Ruhe anzustreben und die Dinge zu vermindern; zuallererst freilich sollte man sich von all dem befreien, was den Geist verwirrt und der eigenen Natur zuwider ist. Darin besteht die Technik, seinen Geist zu horten *(seshen)*.[369] (23, 8b-9a; S. 451)

5. [51] Zhang Cun *(zi* Ziming) aus Julu führt aus: Das Denken soll nicht gesammelt, aber auch nicht zerstreut sein. Ist es gesammelt, führt es zu Torheit und Verwirrung, ist es zerstreut, so mündet es in Muße und Ausschweifung. Übermäßiges Nachdenken beim Lesen von Büchern verursacht eine überaus tiefgehende Schädigung der natürlichen Anlagen. Freilich kann man auf das Lesen nicht verzichten, doch gilt es solche Dinge zu lesen, die sich dem eigenen Verständnis erschließen. Versteht man etwas nicht und denkt unaufhörlich darüber nach, so verringert dies nicht allein die Lebensspanne, sondern kann auch zu Debilität und Verlust des Willens oder zu nicht heilbarer Betrübtheit führen. In schweren Fällen mag es gar zum Verlust der Potenz *(xing)* kommen; bezeichnet wird dieser Zustand heutzutage als Bücher-Manie.[370] (23, 9a; 27, 451)

367 Die traditionelle chinesische Medizin beschreibt zwölf „Organe“, die in zwei funktional unterschiedliche Gruppen eingeteilt werden, die *zang*, „Speicher“, und die *fu*, „Paläste“; s. hierzu Unschuld 1980, 62f. und Porkert, der den Begriff „Funktionskreis“ benutzt (1991, 88ff.).
368 Zu Hu Zhao, s. die Ausführungen im Abschnitt „Quellen des *Yangsheng yaoji*“ der vorliegenden Arbeit.
369 Wörtl. „sparsam sein, geizen“ (嗇) mit dem Geist, was den Effekt hat, daß man ihn bewahren kann. Vgl. YYML, 1, 6a.
370 Die Bedeutung des Audruckes *jingyi* 經逸 ist nicht ganz klar; ich übersetzte tentativ als „Bücher-Manie“.

Kapitel 2

Das Hegen des Qi 愛氣

1. [71] Lugong[371] sprach: Der Mensch lebt inmitten von Qi, gleich einem Fisch im Wasser: ist das Wasser trübe, so sind die Fische mager, ist das Qi dunkel, dann befallen Krankheiten den Menschen.[372] Trübheit meint nicht, daß alleine das Qi des Himmels trübe und dunkel ist, denn wenn Denken und Reflexion den Geist umfangen, oder Erfolg und Mißerfolg sich einander abwechseln [...][373], so wird auch dies als Trübheit bezeichnet. (23, 17a; 27. 4, S. 454)

2. [72] Pengzu sprach: Wer das Qi liebt, ohne jedoch die Methoden der „Meister der Techniken" *(fangshi)* zu kennen, der kann gleichwohl, wenn er es auf angemessene Weise nährt, häufig eine Lebensspanne von einhundertvierzig Jahren erreichen.[374] Wer dies nicht angemessen tut, der fügt [seinem Qi] in jedem Falle Schaden zu. Wenn jemand darüber hinaus das dao versteht, so läßt sich eine Lebensdauer von zweihundertvierzig Jahren erlangen; nimmt man zudem noch Heilmittel in geringen Mengen, so kann man es bis auf vierhundertachtzig Lebensjahre bringen.[375] (ebd.)

3. [73] Im „Klassiker über die Aufnahme des Qi" *(Fuqi jing)* heißt es: Dao ist Qi; wer das Qi bewahrt, erlangt das dao; das Erlangen des dao verleiht langes Dasein. Geist ist Essenz; vermag man die Essenz zu bewahren, dann stellt sich göttliche Klarheit *(shenming)* ein, und diese verleiht Langlebigkeit. Die Essenz bewirkt das Fließen in den Leitbahnen des Blutes, sie ist die Wirkkraft, welche die Knochen bewahrt. Verläßt die Essenz den Körper, so verdorren die Knochen; verdorren die Knochen, dann stirbt der Mensch. Deshalb läßt, wer das dao praktiziert, es sich angelegen sein, seine Essenz zu bewahren. Von Mitternacht bis zum Mittag herrscht das vitale Qi, vom Mittag bis Mitternacht herrscht das tote Qi.[376] Zur Zeit des belebenden Qi soll man regelmäßig gerade ausgerichtet auf dem Rücken liegen, die Augen schließen und die Fäuste ballen - die Fäuste ballen, gleich der eingerollten Hand eines Säuglings[377] - das Qi verschließen

---

371 Es ist nicht klar, um wen es sich bei dieser Person handelt.

372 Ein identische Formulierung enthält Tao Hongjings Vorwort zu seiner Bearbeitung des *Shennong bencao jing*, zitiert in ZLBC, S. 87.

373 Der Text scheint an dieser Stelle korrupt zu sein (s. Is. 27. 4, S. 454, Anm. 7). In Hsia 1986, II, 105 findet sich die Übersetzung „When exercise and massage become futile".

374 Vgl. das identische Zitat in YYML 1. 1, 10b, wo von 120 Jahren die Rede ist.

375 Das Zitat stammt aus der Biographie des Pengzu in *Shenxian zhuan*, Kap. 1. Die Version im YYML scheint sinnvoller zu sein als die beiden identischen Textfassungen des YSYJ und des *Shenxian zhuan*, in denen nicht genannt wird, wodurch eine Verdoppelung der Lebensspanne erreicht wird. Durch den Hinweis auf die Einnahme von Heilmitteln im YYML erst wird dies plausibel. Die Übersetzung folgt der Textfassung des YYML.

376 Vgl. die identische Aussage in BPZ 8 (Shizhi), 150; Ge Hong fügt hinzu, daß zur Zeit des „toten Qi" das Führen des Qi auszuführen ohne jeglichen Nutzen sei.

377 Der Kommentar in der Parallelstelle des YYML (2. 4, 2b) ergänzt zum Ballen der Fäuste, daß „die vier Finger den Daumen umschließen".

und nicht atmen, im Geist bis zweihundert zählen, um dann das Qi durch den Mund auszustoßen, es nach außen abzugeben. Täglich erhöhe man die Anzahl der Atemzüge, während der man den Atem anhält. Mittels dieser Technik werden Körper und Geist bewahrt und die fünf Speicher bleiben von Krankheiten verschont. Vermag man den Atem anzuhalten und bis zweihundertfünfzig zu zählen, so verschönern sich die Augenbrauen - *Huagai* bezeichnet die Augenbrauen - Sehkraft und Gehör werden geschärft, der ganze Körper bleibt frei von Krankheiten und pathogenes Qi befällt den Menschen nicht.[378] (23, 17a-b/454)

4. [74] Wenn das Führen des Qi praktiziert wird, gilt es zuvor, die Haare in der Nase zu entfernen, was als das Durchlässigmachen des Weges für die Körpergottheiten *(shen)* bezeichnet wird. Häufig hat dies auch positive Wirkungen bei Menschen mit Kurzatmigkeit.[379] (17b/455)

5. [75] Beim Führen des Qi ist zwar das Zurückhalten des Qi die wesentliche Technik zur Regulierung des Körpers, doch gilt es zunächst zu erreichen, daß seine Poren durchlässig werden [380]; zudem ist es notwendig, einen Zustand der Leere herzustellen, denn es darf keine Fülle herrschen.[381] Ist das Qi gestaut und vermag nicht zu zirkulieren, dann entstehen möglicherweise Entzündungen *(chuang)*. Es verhält sich dabei wie mit einem Flußquell, der auch nicht gestaut werden darf. Verzehrt man Fisch, Insekten und Gemüse in rohem Zustand und fettes Fleisch, entledigt sich nicht der Emotionen der Freude und des Zorns, der Sorge und des Hasses und praktiziert dann das Führen des Qi, so ruft dies ein Steigen des Qi hervor.[382] Wer diese Methode praktizieren will, sollte dies immer schrittweise tun.[383] (17b-18a/455)

6. [76] Im „Klassiker des ursprünglichen Yang" *(Yuanyang jing)* heißt es: Regelmäßig soll man das Qi durch die Nase aufnehmen, es im Mund bewahren, den Mund spülen, bis er ganz erfüllt ist, mit der Zunge Lippen und Zähne bearbeiten, und anschließend (das Qi) herunterschlucken.[384] Vermag man während eines Tages und einer Nacht es in dieser Weise eintausendmal herunterzuschlucken, so ist das ausgezeichnet. Es gilt Mäßigung beim Essen und Trinken zu üben, denn eine üppige Ernährung führt dazu, daß das Qi sich gegenläufig bewegt

---

[378] Vgl. YYML, 2.4, 2a-b; s.a. *Taiping yulan*, Kap. 720, *fangshu* 1. Die Fassung des YYML benutzt anstelle von 寶 das Homophon 保.

[379] Vgl. YYML, 2.4, 3a; dort fehlt der letzte Passus über die positiven Wirkungen dieses Verfahrens bei Kurzatmigkeit.

[380] *Li* ist hier wohl eine Verkürzung des Begriffes *couli* 腠理, der die Hautlinien und -zwischenräume und die Poren bezeichnet.

[381] Vgl. das identische Zitat in YYML 2. 4, 2a, wo dieser Passus lautet 達解其理，又宜空虛; die Übersetzung folgt dieser Version. Fülle 飽滿 meint hier die durch verzehrte Speisen verursachte Fülle.

[382] Zu *shangqi*, s. ZBYH, Kap. 14, S. 430f. (Kesou shangqi hou).

[383] Vgl. BPZ 8, 150, das ganz ähnliche Hinweise auf die abträglichen Wirkungen von Speise und Emotionen auf das Führen des Qi gibt.

[384] Die Textfassung des YSYJ scheint hier fehlerhaft zu sein, vgl. dasselbe Zitat in YYML 2. 4, ,1a; dort lautet der einleitende Passus 常以鼻納氣，含而漱滿，舌料脣齒...; die Übersetzung folgt dieser Version.

und die Leitbahnen sich verschließen. Verschließen diese sich, so kann das Qi nicht mehr zirkulieren und es kommt zur Entstehung von Krankheiten.[385] (18a; 27. 4, S. 455)

7. [77] Das *Laozi Yinshi neijie*[386] führt aus: Sammelt sich der Speichel, so wird er zu *liquan* („süßem Quell"), verdichtet er sich, wird er zu *yujiang* („Jadesaft"), fließt er, so wird er zu *huachi* („Blumenteich"), zerstreut er sich, so wird er *jingye* („Feinststoffsekret") und sinkt er, wird er zu *ganlu* („süßem Tau"). Der Mund bildet den Blumenteich, in dem sich der süße Quell befindet; spült man [den Mund damit][387] und schluckt ihn hinunter, so werden die Speicher bewässert und der ganze Körper wird befeuchtet; er macht sämtliche Leitbahnen durchgängig, transformiert und nährt die zehntausend Körpergottheiten, die Gliedmaßen, Gelenke, Körper- und Kopfhaare. Wertschätzt man [den Speichel], so wird das Leben bewahrt.[388] (ebd.)

8. [78] Im *Yangsheng neijie* heißt es: Vermag der Mensch einen ganzen Tag lang keinen Speichel auszuscheiden, sondern ihn im Mund zu bewegen (spülen) bis dieser ganz erfüllt ist, um ihn dann herunterzuschlucken - gleichsam so als habe man ständig einen Dattelkern im Mund und schluckt ihn - so bedeutet dies, daß der Mensch sein Qi hegt und Körperflüssigkeiten erzeugt werden. Dies stellt das Wesentliche dar. [Anm.: Gemeint ist, daß man hierdurch Körperflüssigkeiten gewinnt, nicht aber, daß man den Kern herunterschluckt.] [389] (18b; ebd.)

9. [79] Liu Jun'an [390] schreibt: Sich von vitalem (Qi) nähren und das tote (Qi) ausstoßen, auf diese Weise vermag man lange zu existieren. Gemeint ist damit, daß jenes Qi, welches durch die Nase aufgenommen wird, das vitale Qi und das durch den Mund ausgestoßene das tote Qi ist. Die gewöhnlichen Menschen vermögen die Aufnahme des Qi nicht zu praktizieren, denn dazu ist es notwendig, sich vom Tagesanbruch bis zum Abend unaufhörlich darin zu üben und die Praxis der Qi-Aufnahme allmählich auszudehnen. Regelmäßig sollte man durch die Nase das Qi aufnehmen und es durch den Mund ausstoßen; das ist es, was man unter dem 'Ausstoßen des Alten und Aufnahme des Neuen' *(tugu naxin)* versteht.[391] (ebd.)

---

385 Ein *Yuanyang zi jing* 元陽子經 betiteltes Werk listet das 19. Kap. des *Baopu zi* auf (Ware, 383).

386 Zu diesem Laozi-Kommentar, der dem Titel nach dem Paßwärter Yin Xi zugeschrieben wird s. Robinet 1977: 49-55.

387 Im YYML (1.1, 6b) findet sich 漱 anstelle von 嗽.

388 Vgl. YYML 1.1, 6b, wo das Werk unter dem Titel *Laojun Yinshi neijie* angeführt wird. Mugitani (1987: 72, Anm. 1) verweist auf das *Yuanqi lun* in YJQQ 56, in dem ein *Laozi jiejie* 老子節解 mit einem ähnlichen Passus zitiert wird.

389 Vgl. YYML, 2.5, 4b; der als Zitat aus dem *Neijie* ausgewiesene Passus ist ausführlicher und wird durch folgende Erklärung eingeleitet: „Essenz, Speichel, Tränen(flüssigkeit), Nasenschleim, Schweiß und Urin, durch sie erfährt der Mensch Schädigungen. Bei den hervorgerufenen Schädigungen gibt es solche, die leicht, und solche die schwerwiegend sind". Der in eckige Klammern gesetzte Teil ist aus dem YYML ergänzt.

390 Zu Liu Jun'an (Liu Gen), s. oben, Abschnitt „Quellen des *Yangsheng yaoji*".

10. [80] Unter den Zeitgenossen gibt es Menschen, die mittels der Nase die *sheng* (Mundorgel) blasen können und Alkohol durch die Nase zu trinken vermögen; diese Fähigkeit ist das Ergebnis dauernder Übung, durch welche die Nase gleichsam zum Mund gemacht wird. Diejenigen, die heutzutage [die Technik des *tuna*] praktizieren, üben sich darin, durch den Mund auszustoßen und die Nase aufzunehmen, was ungleich einfacher ist, als das Qi kräftig durch die Nase herauszublasen oder durch sie zu trinken. Doch [viele] Menschen sind nicht fähig, dies zu üben, oder aber sie zeigen in ihrer Übungspraxis keine Beständigkeit. (ebd.)

11. [81] Pengzu sprach: Die Methode zur Harmonisierung des Geistes *(heshen)* und zum Leiten des Qi *(daoqi)* besteht in folgendem: man bedarf eines windgeschützten Hauses und eines ruhigen Raumes, einer stabilen Bettstatt und einer warmen Matte; die Kopfstütze sollte ein Höhe von 2,5 *cun* haben.[392] Man lege sich gerade ausgestreckt auf den Rücken, die Augen sind geschlossen, und die Atmung findet im Brustbereich statt. Sie sollte in der Weise geschehen, daß wenn Nase und Mund mit einer Flaumfeder bedeckt werden, diese sich nicht bewegen darf. Nach dreihundert Atemzügen hören die Ohren nichts mehr und die Augen sehen nichts mehr, kein Gedanke erfüllt den Geist, weder Hitze noch Kälte können einem schaden, und auch das Gift von Bienen und Skorpionen vermag einem nichts anzuhaben. Wer auf diese Weise eine Lebensspanne von dreihundertsechzig Jahren erreicht, ist ein Wahrhaftmensch. Vermag man sich [zunächst] auch nicht von Gedanken frei zu machen, so gilt es doch, diese allmählich zu vertreiben. [Das Qi] darf nicht plötzlich verschlossen werden, sondern man muß diese Technik schrittweise erlernen, indem man mit drei, fünf, sieben und neun Atemzügen beginnt, anschließend das Qi mit einem Mal entweichen läßt und es dann erneut einatmet. Das Qi für zwölf Atemzüge verschließen zu können ohne auszuatmen, stellt einen kleinen Zyklus dar, das Verschließen für einhundertzwanzig Atemzüge ist ein großer Zyklus. (18b-19a; ebd.)

12. [82] Nach Mitternacht, zur Zeit des belebenden Qi, soll man das Qi zurückzuhalten und im Geist zählen; dabei gilt es, keinen Abstand zwischen den Zähleinheiten zuzulassen, um Verwirrung zu vermeiden. Um dies zu erreichen, kann man zugleich auch mit den Händen zählen. Wenn man bis eintausend zu gelangen vermag, dann ist man nicht mehr weit von der Erlangung der Unsterblichkeit entfernt. Beim Ausstoßen des Qi soll viel hineingelangen und wenig abgegeben werden; regelmäßig nehme man das Qi durch die Nase auf und stoße es durch den Mund aus. (19a; 27, S. 455)

---

391 Identisch in YYML 2.4, 2a; der letzte Satz, der im YYML-Passus zum Zitat gehört, bildet im *Ishimpō* den Beginn des nachfolgenden YSYJ-Fragmentes (S. 18b; 27. 4, S. 455.), das sich thematisch unmittelbar anschließt, vermutlich also auch von Liu Gen stammt.

392 Ein *cun* entspricht etwa 3 cm.

13. [83] Bei Nebel [393], heftigen Stürmen, grimmiger Kälte und großer Hitze soll man kein Qi aufnehmen, sondern es nurmehr verschließen. Nachdem man es auf feine Weise ausgestoßen hat, verschließe man es geschwind wieder.[394] (19a-b; ebd.)

14. [84] Will man mittels der Qi-Führung Krankheiten beseitigen, so richte man seine Gedanken auf den Ort der Erkrankung. Schmerzt der Kopf, so richte man die Gedanken auf den Kopf, schmerzt der Fuß, dann richte man seine Gedanken zum Fuß, um so eine Heilung und Harmonisierung herbeizuführen. Das Qi begibt sich an den entsprechenden Ort und greift [die Störung] an; so verschwindet sie im Verlaufe der Zeit wie von selbst. Diese Technik stellt ein wesentliches Verfahren zur Kultivierung des Lebens dar.[395] (19b; ebd.)

Die Methode der Sechs Qi im *Yangxing yanming lu*

Für das Führen des Qi gilt, daß das Qi durch die Nase aufgenommen und durch den Mund ausgestoßen wird. Das Qi auf feine Weise einziehen wird als 'langgezogene Atmung' bezeichnet. Es gibt eine Art der Aufnahme und sechs Arten des Ausstoßens von Qi. Die eine Art der Qi-Aufnahme wird als *xi* bezeichnet, die sechs Arten des Ausstoßens von Qi sind *chui*, *hu*, *xi*, *he*, *xu* und *si*, bei denen das Qi nach außen abgegeben wird. Ein Atemzug *(xi)* besteht, so die ursprüngliche Weise des Zählens, aus einer Ein- *(xi)* und einer Ausatmung *(hu)*. Will man die langgezogene Atmung und die Methode des Qi-Ausstoßens ausführen, dann verfahre man so: bei Kälte stoße man *chui* und bei Wärme *hu* aus. Wird diese Methode zur Behandlung von Krankheiten angewendet, so beseitigt *chui* pathologische Windeinflüsse und *hu* leitet übermäßige Hitze ab, *xi* dient der Vertreibung von Unruhe, *he* bewirkt ein Sinken des Qi, *xu* löst Stauungen auf und durch *si* wird extreme Erschöpfung beseitigt.[396] Wer an extremer Erschöpfung leidet, der sollte häufig *xu* und *si* praktizieren. Die daoistischen Praktiker vermeiden beim Führen des Qi gemeinhin *xu* und *si*. *Xu* und *si* bilden den Kern der langgezogenen Atmung. Es handelt sich um eine Methode zur Bewahrung der Lebensspanne für Männer und Frauen gleichermaßen, die dem 'Klassiker der Unsterblichen' entstammt.[397]

(Die therapeutische Anwendung der Laute beschreibt folgender Passus desselben Kapitels:)
Bei Erkrankungen des Herzens treten im Körperinneren Kälte und Hitze auf. Diese lassen sich mittels der beiden Qi *hu* und *chui* beseitigen. Bei Erkran-

---

393 Im YYML (2.4, 3a) steht 天露, im *Ishimpō* hingegen 天霧, was dem Kontext eher zu entsprechen scheint.
394 Das YYML (ebd.) zitiert an dieser Stelle nur den ersten Satz. Ihm vorangestellt ist der Passus über das Entfernen der Nasenhaare (s. YSYJ 74).
395 Vgl. YYML, 2.4, 1b; das Zitat ist dort nur unvollständig wiedergegeben..
396 *Liu ji* 六極; sie werden im selben Kapitel des YYML (2.4, 3a) beschrieben.
397 YYML 2. 4, 2b-3a.

kungen der Lunge entstehen Schwellungen und Fülle im Brust- und Rückenbereich[398]; mittels des Qi *xu* werden sie entfernt. Bei Erkrankungen der Milz entsteht auf der Körperoberfläche ein umherwandernder Wind, der Körper juckt und es bestehen Schmerz und Beklemmung; mit dem Qi *xi* läßt sich dies beseitigen. Bei Erkrankungen der Leber stellen sich Augenschmerzen und Gefühle der Sorge und des Kummers ein, die sich durch das Qi *he* beseitigen lassen.[399] Bei den oben beschriebenen zwölf Methoden zur Regulierung des Qi wird das Qi immer durch die Nase aufgenommen und durch den Mund ausgestoßen; dabei soll der Laut des Qi zusammen mit *chui*, *hu*, *xu*, *he*, *xi* und *si* ausgestoßen werden. Wer erkrankt und diese Methode ausführt, der soll dies mit Ehrfurcht und gewissenhaft tun. Es ist dies eine wesentliche Methode, um Krankheiten zu heilen und Langlebigkeit zu erlangen.[400]

---

398 Vgl. ZBYH 15, 477, wo die Indikation lautet: „Schmerzen und Fülle im Bereich von Brust und Rücken, Unruhe und Beklemmungen in den Gliedmaßen".

399 Im ZBYH 15, 461 werden folgende Störungen genannt: „Sorgen und Kummer, Trauer und Zorn, Benommenheit und Augenschmerzen".

400 YYML, 2. 4, 3b-4a. In der Beschreibung der 6 Qi im YYML fehlt *si*, das den Nieren als einem der fünf Speicher zugeordnet ist, s. ZBYH 15, 481.

Kapitel 3

Nähren der Gestalt 養形

1. [10] Kommt man während einer langen Reise an einen Fluß, dann soll man sich mit seinem Wasser nicht das Gesicht waschen, denn dies ruft eine dunkle Verfärbung der Haut hervor, die ihrer Form nach der Maserung eines Vogeleis gleicht.[401] (4, 15a; 4. 15, S. 82)

2. [11] Wäscht man die Augen mit kaltem Wasser, so wird dadurch heißes Qi angezogen, welches eine frühzeitige Trübung der Sehkraft verursacht.[402] (5, 9b; 5. 13, S. 94)

3. [47] Pengzu führt aus: Dicke Kleidung und wattierte Bettdecken zu verwenden, so daß der Körper keine Belastungen zu ertragen vermag: dies führt zu Erkrankungen, die durch Wind und Kälte verursacht werden. Intensiv gewürzte Speisen, Geflügel und Trockenfleisch, Übermaß in den Speisen und das Trinken alkoholischer Getränke bis zum Überdruß: dadurch werden Erkrankungen herbeigeführt, bei denen das Qi steigt *(shang)* und koaguliert *(jie)*. Physische Schönheit, verführerische Anblicke und ein Schlafgemach voller bezaubernder Frauen verursachen das Übel der Erschöpfung und des Mangels. Laszive Stimmen und betörende Klänge, die das Herz berücken und die Ohren erfreuen rufen die Verirrungen der Ausschweifung und Schamlosigkeit hervor. Auf Pferden galoppierend Ausflüge zu machen oder in den Ebenen zu jagen läßt einen den Wahnsinn erleiden. Das Streben nach kriegerischen Erfolgen, den Vorteil von Schwäche und Unruhen auszunutzen führt zum Scheitern durch Hochmut und Müßiggang. Die Ermahnungen der Weisen und Heiligen vor der Unvernunft sind die „Werkzeuge der Lebenspflege", vergleichbar Wasser und Feuer: man hüte sich vor Unmäßigkeit, denn dann wendet sich ihr Nutzen zum Schaden.[403] (23, 3a-b; 27. 1, 449f.)

4. [48] Zhongchang Tong[404] sprach: Im Norden herrscht kalte Witterung, die Menschen dort genießen langes Leben. Der Süden ist heiß, die Menschen sterben früh. Dies sind die Einwirkungen von Geographie und Klima (Hitze und Kälte) auf den Menschen. Bei der Seidenraupe ist es gemeinhin so, daß sie

---

[401] Das Zitat ist identisch mit Fragm. 70, S. 454. Im ZBYH heißt es zu diesem Krankheitsbild. „Als *mian ganyun*, schwarze Verfärbungen im Gesichtsbereich wird das Phänomen bezeichnet, wenn auf der Gesichtshaut Verfärbungen auftreten, die entweder schwarzem Sesam oder aber der Färbung auf Sperlingseiern gleichen. Hervorgerufen werden sie durch Windheteropathien, die sich in der Haut niederlassen oder aber Schleim, der sich in den Palästen und Speichern ansammelt. Sie erzeugen eine schwarze Hautverfärbung" (ZBYH 27, 774; auch zit. in Is. 4, 82). Vgl. YYML, 1.3, 16b, das eine verkürzte Version wiedergibt.

[402] Das Fragm. 55 ist identischen Inhalts.

[403] Identisch mit YYML, 1. 1., 10b-11a.

[404] Zu Zhongchang Tong, s. oben, Abschnitt „Quellen des *Yangsheng yaoji*".. Ein anderes Zitat von ihm findet sich in YYML, 1. 1, S. 8b.

über lange Zeit Seide spinnt, wenn sie im Kalten gehalten wird und man sie hungern läßt; hält man sie warm und füttert sie stets satt, dann sind sie nur wenige Tage lang von Nutzen. Von dieser Art sind die Einwirkungen auf die Dinge, die von Kälte und Hitze, Hunger und Sättigung herrühren. Wird ein Kind geboren und mit neu Gewebtem bekleidet, so werden gleichsam seine Knochen gedämpft; ernährt man es mit Fisch und Fleisch, dann entstehen Parasiten; gewöhnt man es an die Freuden des Müßigganges, resultiert daraus eine Anfälligkeit für Verletzungen. Dies sind die Auswirkungen von Kälte, Not und Unbeständigkeit auf die menschliche Natur. (23, 3b-4a; ebd.)

5. [52] Qingniu daoshi sprach[405]: Die Menschen sollte man nicht den Freuden des Müßigganges überlassen, denn der Müßige lebt nicht lange.[406] Freilich darf man sie zu nichts zwingen, was ihre Kräfte übersteigt, indem man sie schwere Gewichte heben und die Erde umgraben läßt. Werden sie dadurch ermüdet und können keine Pause machen, so führt dies zu übermäßiger Erschöpfung des Körpers [wörtl.: von Sehnen und Knochen]. Ein Übermaß an körperlicher Anstrengung ist jedoch weitaus besser als ein Zuviel des Müßigganges. Besser ist es, von morgens bis zum Abend stets tätig zu sein, denn die Geschäftigkeit bringt Freude. Stellt sich das Gefühl der Ermüdung ein, soll eine Ruhephase eingelegt werden, nach der man sich erneut seiner Arbeit widmet, und so unterscheidet sich [diese Vorgehensweise] nicht von den Übungen des Leitens und Dehnens. 'Fließendes Wasser fault nicht und die Türangel rostet nicht, deshalb, weil viel Bewegung herrscht'.[407] (23, 10b-11a; 27. 3, S. 452)

6. [53] Im *Zhongjing* heißt es: Der Mensch betrachte sich regelmäßig mehrfach im Spiegel, was bezeichnet wird als das Bewahren der Gestalt *(cunxing)*. Daß Gestalt und Geist einander bewahren, darin [liegt der Sinn] des Schauens in den Spiegel.[408] Besser wäre es, dies nicht zu tun, wenn man lediglich danach strebt, sein Äußeres zu verschönern und in Selbstverliebtheit seine Zeit zu vergeuden. (11a; ebd.)

7. [54] Tritt heftiges Schwitzen ein, so beeile man sich, den Körper zu pudern. Von Schweiß durchnäßte Kleidung zu tragen ruft Entzündungen hervor und verursacht Schwierigkeiten bei den Ausscheidungen.[409] (ebd.)

8. [55] Identisch mit Fragment 11.[410]

---

405 Zu Qingniu daoshi, s. oben, Abschnitt „Quellen des *Yangsheng yaoji*".

406 An dieser Stelle steht im Text *le* 樂, weiter unten dann findet sich der Begriff *yile* 逸樂, für den keine Übersetzung mir treffender erscheint als „Freuden des Müßigganges", was ja auch der Intention des gesamten Abschnittes entspricht, der den Vorteil maßvoller Anstrengung gegenüber dem bloßen Nichtstun hervorhebt.

407 Die letzte Sentenz geht zurück auf das *Lüshi chunqiu*, Kap. 3. 3, 136.

408 Vgl. die Parallelstelle in YYML 1.3, 18b; dort findet sich die hier wiedergegebene Einfügung 此其意也.

409 S. ZBYH, 1, S. 31, das einen identischen Passus zitiert, als dessen Quelle ein *Yangshengjing yaoji* angegeben wird.

410 Is. 5, 9b; 5. 13, S. 94; zur Übersetzung, s. oben, S. 178.

9. [56] Im Zhongjin*g* heißt es: Die Kopfhaare stellen die äußersten Bereiche dar, in die das Blut gelangt. Kämmt man sich mehr als tausendmal das Haar, so ergraut es nicht.[411] (23, 13a; 27. 3, S. 453)

10. [57] Die Zähne bilden den äußersten Bereich der Knochen dar. Morgens und abends mit den Zähnen zu klappern verhindert, daß sie verfallen.[412]

11. [58] Nach einer Mahlzeit soll man sich mehrmals den Mund ausspülen; geschieht dies nicht, so erkrankt man an Zahnverfall *(qu)*.[413]

12. [59] Gelangt Quecksilber in die Nähe der Zähne, ruft es Schwellungen des Zahnfleisches hervor und es kommt häufig zu Zahnausfall.[414]

13. [60] Im *Zhongjing* heißt es: Die Fingernägel sind die Endigungen der Sehnen. Werden sie nicht häufig geschnitten, können die Sehnen sich nicht erneuern.[415]

14. [61] Im *Zhongjing* heißt es: Man soll nicht [zu] häufig baden und sich die Haare waschen, denn dies verursacht eine Agitation der Blutbahnen und zieht äußerliches [pathogenes] Qi *(waiqi)* an.

15. [62] Sich unmittelbar nach einer Mahlzeit die Haare zu waschen, ruft Kopfschmerzen [wörtl.: Kopfwind-Erkrankung] hervor.[416]

16. [63] Qingniu daoshi führt aus: wenn man schwitzt, vermeide man es, unbedeckt zu schlafen und zu baden, denn dies ruft ein Zittern des ganzen Körpers und Kälte-Hitze Empfindungen hervor; auch können Windpusteln *(fengzhen)* auftreten.[417]

17. [64] Nachdem man sich die Haare gewaschen hat und die Haare noch nicht getrocknet sind, soll man sich nicht hinlegen, denn dies führt zu Schweregefühl im Kopf, Hitzeempfindung am ganzen Körper und ruft Kopfwind und Unruhe mit Füllegefühl hervor.[418]

18. [65] Baopu z*i* schreibt: An den Tagen, an denen der Mond sich in der Sternkonstellation *dongjing*[419] befindet, ist das Waschen der Haare und das Baden zulässig, denn es bewirkt Langlebigkeit und Freisein von Erkrankungen. (23, 15a; S. 453)

---

411 Vgl. YYML, 1.3, 18b.

412 Vgl. ebd. In verkürzter Form wird dieser Passus auch als YSF-Zitat in Is. 5, 112, wiedergegeben.

413 S.a. das YSF-Zitat in Is. 5, ebd.

414 Identisches Zitat in ZBYH, 29, S. 824 (Chiyin zhong hou, *Yangshengfang*-Fragment); zit. auch in Is. 5, S. 113. Dort finden sich zwei Varianten des Zeichens *yin*; anstelle von *xi* 喜 steht im ZBYH *shan* 善.

415 Vgl. Fragmente 56 und 57, die ebenfalls dem *Zhongjing* entstammen. Alle drei Passagen gibt auch das YYML (1. 3, 18b) wieder.

416 Zu „Kopfwind-Erkrankung" *(toufeng bing)*, s. ZHDCD, S. 463.

417 Zu *fengzhen*, s. ZHDCD, S. 304. Das Krankheitsbild wird in Kap. 5 des QJYF beschrieben.

418 Zu *fanman*, s. SW 31 (Relun); ZHDCD, S. 1292.

419 *Dongjing*, eine Sternenkonstellation der südlichen Hemisphäre, s. ZWDCD, 5, S. 4.

19. [66] Am 10. des 1. Monats, wenn man sich zur Ruhe begibt, am 8. des 2. Monats zur Zeit der Dämmerung, am 6. des 3. Monats bei Sonnenuntergang, am 7. des 4. Monats nach Mittag[420], am 1. des 5. Monats zur Tagesmitte, am 27. des 6. Monats während einer Sonnenfinsternis, am 25. des 7. Monats während einer kleinen Sonnenfinsternis, am 25. des 8. Monats bei Sonnenaufgang, am 20. des 9. Monats wenn der Hahn zum dritten Mal kräht, am 18. des 10. Monats wenn der Hahn zu krähen beginnt, am 15. des 11. Monats zur Doppelstunde nach Mitternacht, am 13. des 12. Monats um Mitternacht und in Schaltmonaten bei Sonnenuntergang ist das Baden angeraten, denn dann erlangt man die Gunst der göttlichen Klarheit[421] und vertreibt sämtliche Krankheiten. (ebd.; S.454)

20. [67] Bei der Ausübung des rituellen Fastens *(zhaijie)* badet der Adept des dao in einem Sud aus Orchideen und Chrysanthemen. Dies verleiht langes Leben.[422] (ebd.)

21. [68] Während der drei Monate des Frühlings bade man morgens in Wasser, das mit Keimlingen der Chrysantheme, in den drei Monaten des Sommers mit Chrysanthemenstengeln, in den drei Monaten des Herbstes mit Blüten und in den drei Monaten des Winters mit den Wurzeln der Chrysantheme versetzt ist. Badet man regelmäßig an Yin-Tagen, so wird die Lebensspanne um dreihundert Jahre verlängert. Damit ist gemeint, daß man die genannten Bestandteile nicht einnehmen, sondern zum Baden verwenden soll. Werden sie eingenommen, so läßt sich die Lebensspanne unendlich verlängern.[423] (23, 15b; S. 454)

22. [69] Regelmäßig sollte man am 2. Tag des 1. Monats, am 3. Tag des 2. Monats, am 6. Tag des 3. Monats, am 8. Tag des 4. Monats, am 1.(?) Tag des 5. Monats, am 21. Tag des 6. Monats, am 7. Tag des 7. Monats, am 8. Tag des 8. Monats, am 20. Tag des 9. Monats, am 8. Tag des 10. Monats, am 20. Tag des 11. Monats und am 30. Tag des 12. Monats Bocksdorn *(Lycium sinense)* pflücken, zu einem Sud verkochen und diesen zur Waschung verwenden. Er fördert Glanz und Farbe der Haut, so daß ein 80- oder 90jähriger Greis das Aussehen seiner Jugend wiedergewinnt; auch verhindert er das Altern und hält Krankheiten fern. (ebd.)

---

420 昳 *die*, bezeichnet die Doppelstunde *wei* 未 (13-15 Uhr).

421 „Gunst der göttlichen Klarheit" 神明恩 *(shenming en)*, in Hsia u.a. (1986: II, 101) übersetzt als „to obtain blessings from the bright gods".

422 Hier handelt es sich um den einzigen Passus, der eine hygienische Maßnahme in Verbindung mit einer spezifisch daoistischen Praxis erwähnt. Zum rituellen Fasten/Purifikation im Kontext des daoistischen Ritualwesens, s. Malek 1985.

423 Zur Erläuterung dieses Passus zitiert das *Ishimpō* hier aus dem *Taiqing jing* 太清經 (s.a. Is. 26, S. 437) und dem *Hama jing* 蛤蟆經: „Im Taiqing heißt es: '*Gengsheng* sind die ersten Keime der Chrysantheme, *zhouying* ihre Stengel, *rijing* die Blüten und *changsheng* ihre Wurzeln.' Das *Hama jing* schreibt: 'Tage mit den Zykluszeichen *jia, bing, wu, geng* und *ren* sind Yang-Tage, solche mit den Zykluszeichen *yi, ding, ji, xin* und *gui* werden als Yin-Tage bezeichnet.'"

23. [70] Identisch mit Fragm. 10.[424]

24. [38] Wird ein Kind geboren und mit neu Gewebtem bekleidet, so werden gleichsam seine Knochen gedämpft; ernährt man es mit Fisch und Fleisch, dann entstehen Parasiten; gewöhnt man es an die Freuden des Müßigganges, resultiert daraus eine Anfälligkeit für Verletzungen.[425] (Is. 25, S. 406)

25. [97] In den „Esoterischen Erläuterungen" heißt es: Beim Schlafen sollte man gerade auf dem Rücken liegen und die Gliedmaßen gerade strecken, denn dann ist der Schlaf von selbst ruhig. Man vermeide es, auf der Seite, auf dem Bauch oder verkehrt herum zu schlafen. Man stelle sich regelmäßig vor, daß die fünf Speicher von außen und innen hell erstrahlen. Für die Schlafenszeit wähle man nicht die von den Menschen festgesetzte Zeit der Doppelstunde vor Mitternacht *(hai*, 21-23 Uhr), denn zu dieser Zeit schlafen Himmel, Erde und sämtliche Wesenheiten, sie sind gleichsam alle tot, und der Weg der Dämonen ist geöffnet. Alle Menschen sind tot und nur ich alleine bin lebendig. Als Schlafenszeit wähle man regelmäßig die Zeit der Doppelstunde nach Mitternacht *(zi*, 23-1 Uhr); um diese Zeit schlafen Himmel, Erde und alle Wesen, sie sind gleichsam alle lebendig, denn das lebendige Qi kehrt zurück. Man halte mit anderen nicht unbedingt die gleichen Schlafenszeiten ein und folge darin dem Wechsel der Jahreszeiten und der acht Feste. Im Frühjahr und Sommer stehe man früh auf, das heißt mit dem Hahnenschrei, im Herbst und Winter aber stehe man spät auf und warte die Zeit des Sonnenaufganges ab. Diesen Regeln handle man nicht zuwider, denn dies verursacht Schädigungen.[426] (23, 26a; 27. 7, S. 457)

26. [99] Qingniu daoshi führt aus: Auch wenn im Frühling warmes Wetter herrscht, soll man keine dünne Kleidung tragen. Angenehm ist es, den Körper häufig leicht schwitzen zu lassen. (28b-29a; S. 458)

27. 1. [100] Im *Hetu dishi meng* heißt es: Himmel und Erde zuwider zu handeln bringt Unglück, den Zeitläuften des Himmels zu entsprechen ist glückbringend. Im Frühling und Sommer sich mit Vorliebe an hochgelegenen Orten im Gebirge aufzuhalten und während des Herbstes und Winters an niedrigen, tief verborgenen Plätzen zu wohnen, bringt Glück. Man wird daraus viel Nutzen ziehen und Reichtum und langes Leben in unerschöpflichem Maße gewinnen.[427] (29b; S. 458)

---

[424] Is. 5, 9b; 5. 13, S. 94; s. oben, S. 178.

[425] Einen identischen Passus enthält der letzte Teil eines Zhongchang Tong zugeschriebenen Zitats in Kap. 27, S. 450.

[426] Wahrscheinlich handelt es sich bei dem Passus um ein Zitat aus dem bereits in Fragm. 78 (27. 4, S. 455) zitierten *Yangsheng neijie*. Die Anpassung der Schlafdauer an den Lauf der Jahreszeiten thematisiert auch der Abschnitt über „Vermischte Gebote und Verbote" in YYML 1. 3, 17a.

[427] Vgl. YYML 1. 1, 4b.

Kapitel 4

Leiten und Dehnen 導引

1. [85] Im „Klassiker des Leitens und Dehnens von Meister Ning“ heißt es: Man praktiziert die Übungen des Leitens und Dehnens, um schlechtes Qi [428], das sich in den Gliedmaßen, Knochen und Gelenken des Menschen befindet, vollständig zu entfernen, so daß das rechte Qi dort bewahrt werden kann.[429] (23, 22a; 27. 5, S. 456)

2. [86] Wer das Leiten und Dehnen praktiziert, sollte damit immer warten, bis die Temperatur eine angenehme Wärme erreicht hat, und Sonne und Mond klar und ruhig erscheinen; dann kann man den Raum aufsuchen [in dem die Übungen praktiziert werden]. Ist es sehr kalt oder aber sehr heiß, darf man die Übungen des Leitens und Dehnens nicht ausführen.[430] (22b; ebd.)

3. [87] Der „Klassiker des Leitens und Dehnens“ *(Daoyin jing)* schreibt: Wer das Leiten und Dehnen zur Regulierung des Qi praktiziert, um so seine Lebenskraft zu kultivieren, sollte dies täglich zu drei unterschiedlichen Zeiten tun, nämlich zu den Doppelstunden *mao*, *wu* und *you*.[431] Kurz bevor man das Leiten und Dehnen praktizieren will, soll man sich einer Reinigung unterziehen.[432] (22b-23a, S. 456)

4. [88] Der Daoist Liu Jing führt aus: Der Mensch soll jeden Morgen aus der Jadequelle trinken (Speichel schlucken), dies macht ihn kräftig, verleiht ihm Farbe, vertreibt Parasiten und festigt die Zähne. Jadequelle ist der Speichel im Mund. Jeden Morgen spüle man den Mund mit dem Speichel und schlucke diesen herunter, sobald er den Mund erfüllt. Häufig soll man mit den Zähnen klappern[433]; in dieser Weise verfahre man zweimal und halte dann inne. Dies wird bezeichnet als Verfeinerung der Essenz.[434] (23, 23a; 27. 5, S. 456)

---

428 *Eqi* 惡氣, bezeichnet allgemein pathogenes Qi, s.ZHDCD, S. 1211.

429 Das Zitat ist Teil einer längeren Passage von Meister Ning im *Taiqing daoyin yangsheng jing*, DZ 818, Fasz. 568, S. 5b-6a.

430 Vgl. die ähnlichen Ausführungen zu Einschränkungen bezüglich des Führens des Qi in YSYJ 83.

431 I.e. 5-7, 11-13 und 17-19 Uhr.

432 Das im YYML (2. 5, 4a-b) angeführte Zitat aus derselben Quelle enthält diesen Passus nicht.

433 *Hui* 喙 ist vermutlich eine Verschreibung für *zhuo* 啄, das eigentlich „klopfen“ bedeutet. Hier ist sicherlich die Praxis des Zähneklapperns gemeint, die in späterer Quellen als *kouchi* 叩齒 bezeichnet wird.

434 Das Zitat entstammt der Biographie von Liu Jing im *Shenxian zhuan*, Kap. 7, S. 38. Dort findet sich noch die Schlußbemerkung „Sie [diese Praxis] verleiht langes Leben“. Das Kap. 1. 3 des *Yangxing yanming lu* weist an zwei Stellen auf die Bedeutung des Speichels für die Lebensverlängerung hin. So heißt es zunächst „Unterläßt man es, den Speichel zu schlucken, dann wird das Meer nicht befeuchtet und es mangelt an Körpersäften. Und so erkennt man, daß die Aufnahme des Ursprungs-Qi und das Trinken des süßen Quellwassers (i.e. des Speichels) die Grundlage der Lebensverlängerung bildet“ (1. 3, S. 15a); etwas später ist dann zu lesen „Das Aufnehmen *(shi)* der Jadequelle verlängert die Lebensspanne und

5. [89] In den „Esoterischen Erläuterungen zum Nähren des Lebens“ *(Yang-sheng neijie)* heißt es: Regelmäßig reibe man am frühen Morgen die Hände solange, bis der Bereich des „kleinen Yang“ heiß geworden ist, und streiche dann damit über die Augen, insgesamt vierzehnmal.[435] (ebd.)

6. [90] Zur Zeit der Abenddämmerung massiere man regelmäßig mit den Fingern die vier Augenwinkel; dies wird bezeichnet als das Bewahren der Fülle des göttlichen Glanzes.

7. [91] Die *hun*-Pforte versperren und das *po*-Tor beherrschen wird 'Ballen der Fäuste' *(wogu)* genannt. Hierdurch lassen sich *po* und *hun* sichern. *Hun*-Pforte und *po*-Tor sind die Bereiche auf der Innenseite der Daumen beider Hände in der Nähe der Nägel. Es ist dies eine Methode zur Festigung der Essenz, Stärkung der Sehkraft, Verhinderung des Alterns und Verjüngung. Vermag man solcherart die Fäuste den ganzen Tag lang zu ballen, so können weder pathogenes Qi noch die zahlreichen schädlichen Agenzien in den Körper eindringen. Die Technik des Ballens der Fäuste: den Daumen krümmen und mit den restlichen Fingern umschließen. Ein fortgesetztes Praktizieren führt schließlich dazu, daß die Finger selbst im Schlaf nicht geöffnet werden. Einer Theorie zufolge bewirkt diese Technik, daß man vor Dämonen gefeit ist.[436] (23a-b; ebd.)

8. [92] Regelmäßig die Augen reiben und danach sechsunddreißigmal mit den Zähnen klappern; mit der Zunge vierzehnmal über die Lippen streichen, den Mund mit den *jin*- und *ye*-Säften spülen und sie herunterschlucken, wenn dieser davon erfüllt ist. In der Weise dreimal verfahren und dann innehalten. Anschließend kann man vierzehnmal mit den Zähnen klappern; das Klappern mit den Zähnen zusammen mit dem Schlucken des Speichels insgesamt dreimal ausführen. (23, 23b; 27. 5, S. 456)

9. [93] Nach dem morgendlichen Aufstehen eine nach Osten ausgerichtete Sitzhaltung einnehmen, die Hände aneinanderreiben, bis sie warm werden, um dann mit ihnen von der Stirn aufwärts bis zum Scheitel zu streichen; nachdem dies achtzehnmal ausgeführt wurde innehalten. Dies wird bezeichnet als das „Bewahren des Niwan“.[437]

10. [94] Jeden Morgen nach dem Aufstehen mit den Händen die Ohren über Kreuz ergreifen und soweit als möglich nach oben und unten ziehen, insge-

---

vertreibt Krankheiten. Mit Jadequelle ist der Speichel im Mund gemeint. Zum ersten Hahnenschrei, am Morgen, zum Mittag, am Nachmittag, zur Abenddämmerung und um Mitternacht, zu diesen Zeiten im Verlaufe eines Tages und einer Nacht spüle man sich siebenmal den Mund mit Speichel und nehme ihn auf. Dabei warte man jedesmal, bis der Mund ganz erfüllt ist, und schlucke ihn dann herunter. Dies verlängert die Lebensspanne“ (ebd., S. 18b).

435 Shaoyang 少陽 bezeichnet hier den Bereich des Handrückens; dort verläuft die Leitbahn Hand Shaoyang Drei Erwärmer.

436 S. den nahezu identischen Passus im YYML 2. 5, 4b-5a. Anstelle von 不厭魅 steht dort 不遭魔魅; die Übersetzung folgt dieser Variante.

437 *Niwan* bezeichnet in der daoistischen „Anatomie“ einen der Paläste des im Kopf lokalisierten „oberen Dantian“, der eine wichtige Wohnstatt der Körpergottheiten darstellt und innerhalb der Qi-Techniken große Bedeutung hat; s. Maspero 1971, 492f.

samt vierzehnmal und dann innehalten. Hierdurch läßt sich dem Ertauben vorbeugen.[438]

11. [95] Die Hände warm reiben und mit ihnen das Gesicht von oben nach unten massieren; hierdurch wird pathogenes Qi gestoppt und das Gesicht erhält Glanz.[439]

12. [96] Die Hände reiben bis sie warm sind und dann den Körper von oben nach unten reiben; dies wird bezeichnet als trockenes Waschen. Hierdurch lassen sich Störungen, hervorgerufen durch übermäßigen Wind und heißes Qi, bei kalter Witterung und auch Kopfschmerzen sämtlich beseitigen.[440]

(Zitat aus dem *Daoyin jing* in YYML, 2. 5)

Im „Klassiker des Leitens und Dehnens" *(Daoyin jing)*[441] heißt es: In der Klarheit des Tagesanbruchs praktiziere man vor dem Aufstehen folgende Übungen: siebenundzwanzigmal mit den Zähnen klappern, die Augen schließen und die Fäuste ballen, den Mund spülen, bis er mit Speichel gefüllt ist und anschließend dreimal Qi herunterschlucken. Man versucht, den Atem so lange wie möglich anzuhalten, um dann das Qi allmählich entweichen zu lassen. Dies führe man dreimal hintereinander aus und richte sich dann auf. Es folgen die Übungen „Kauern wie ein Wolf" und „Den Kopf wenden gleich einer Eule"; sich nach links und rechts drehen und gleichzeitig erneut den Atem bis zum äußersten anhalten. Dies dreimal wiederholen und anschließend von der Bettstatt aufstehen, die Fäuste ballen und den Atem anhalten, wobei man das Qi dreimal vom Scheitel bis zu den Fersen zirkulieren läßt. Einen Arm nach oben, den anderen nach unten führen und wieder den Atem dreimal so lange wie möglich anhalten. Nachfolgend die Hände über dem Scheitel verschränken und ohne zu atmen sich nach links und rechts drehen; dies dreimal wiederholen. Anschließend beide Füße ausstrecken und die verschränkten Hände so weit wie möglich nach vorne strecken; dreimal wiederholen. Alle Übungen sollen morgens und abends praktiziert werden; besonders gut sind die Wirkungen, wenn man sie mehrmals ausführen kann. Zur frühen Morgenstunde reibe man beide Handflächen aneinander, so daß sie sich erwärmen, und reibe dann dreimal mit ihnen über die Augen; anschließend streiche man mit den Fingern die vier Augenwinkel; hierdurch wird die Sehkraft gefördert.[442]

---

438 S. YYML. 2. 5, 5b.

439 Vgl. YYML, ebd.

440 Vgl. YYML, ebd. C. Despeux (1989, 233, Anm. 10) weist darauf hin, daß im Daoyin-Kapitel des tang- bzw. vortangzeitlichen Werk *Shesheng zuanlu* 攝生纂錄 (DZ 578, Fasz. 321) ein längerer Passus aus dem *Daoyin jing* zitiert wird, als dessen Quelle das YSYJ ausgewiesen ist. Dieser Text enthält nicht nur die hier als YSYJ-Fragmente 94-96 übersetzten Passagen, sondern auch, mit einigen Abweichungen, das *Daoyinjing-Zitat* in YYML, 2. 5, 4a-b. Die genannten Texte gehören, so ist zu schließen, sämtlich zum „Klassiker des Leitens und Dehnens", den das YSYJ in extenso zitiert.

441 Vgl. dasselbe Zitat in *Shesheng zuanlu* 攝生纂錄, DZ 578, Fasz. 321, Kapitel über *Daoyin*, S. 1a-b.

Kapitel 5

Über das Sprechen 言語 [443]

1. [98] Im *Zhongjing* heißt es: Der Mensch sollte im Sprechen und Lachen Mäßigung üben und es zu vermeiden suchen, in hoher Stimmlage (laut) zu sprechen; lautes Sprechen rührt daher, daß man Argumente abwägt, Richtig und Falsch erörtert, sich gegenseitig verspottet und sich mit unflätigen Äußerungen und Unhöflichkeiten übereinander lustig macht. Jedesmal wenn es zu solch einer Gelegenheit kommt, leere man seinen Geist, senke das Qi ab und wetteifere nicht mit anderen. Übermäßiges Sprechen und Lachen beeinträchtigt die Lunge, schädigt die Nieren und führt zu einer Unruhe von Essenz und Geist. (23, 27b; 27. 8, 458)

(Zitat aus *Qianjin yaofang*, Kap. 27)

„Hat man durch die Kultivierung des Geistes einen Zustand der Ausgewogenheit erlangt, dann übe man die Achtsamkeit in der Rede. Bei allem Sprechen, laut Lesen und Rezitieren stelle man sich beständig vor, daß der Laut sich inmitten des 'Meeres des Qi'[444] unterhalb des Nabels befindet. Für jeden Tag gilt, daß man nach Sonnenuntergang (?) weder spricht, laut liest oder rezitiert, sondern man erwarte in Ruhe den frühen Morgen. Nach dem morgendlichen Aufstehen spreche man ausschließlich von guten Dingen und vermeide es, als erstes am Tage über Geld und Besitz zu disputieren. Auch während einer Mahlzeit enthalte man sich des Redens, denn wer redet und zugleich ißt, wird häufig an Schmerzen in Brust und Rücken leiden. Beim Schlafen soll man ebenso weder übermäßig sprechen noch viel lachen. Während des Sprechens gleichen die fünf *zang* Glocken und Klangsteinen: hängen sie nicht, so vermögen sie nicht zu tönen. Während des Gehens vermeide man zu sprechen; will man es gleichwohl tun, so halte man zuerst an und spreche dann. Zu sprechen während man geht, führt zum Verlust von Qi *(shiqi)*. Am Tag des Wintersolstitiums kann man antworten, doch nicht von selbst sprechen. Von sich aus sprechen heißt *yan*, jemandem antworten wird als *yu* bezeichnet. Das heißt, kommt jemand, um etwas zu erfragen, so wird man nicht umhinkönnen zu antworten, doch soll man nicht von selbst das Wort ergreifen. Bei kalter Witterung ist es das beste, den Mund nicht zu lautem Reden aufzumachen.[445]

---

442 YYML 2. 5, 3b-4a.

443 In Kap. 27 des *Qianjin yaofang* findet sich folgende Erläuterung: „Von sich aus Sprechen wird *yan* genannt, jemandem antworten wird als *yu* bezeichnet" (27. 2, 380; im *Ishimpō* wird diese Textstelle ebenfalls zitiert, Is. 23, 27b; 27. 8, 458). Demnach würde man *yan* als „sprechen", *yu* als „entgegnen oder erwidern" übersetzen.

444 Meer des Qi, *qihai* 氣海, bezeichnet das untere Dantian, das drei *cun* unterhalb des Nabels lokalisiert ist (In der Akupunktur wird der Einflußpunkt Tanzhong (Ren 17) als Meer des Qi bezeichnet, s. LS 33 *(Hailun)*, 269).

445 QJYF 27. 2, S. 380.

Kapitel 6

Ernährung 飲食

Allgemeine Prinzipien

1. [109] Chen Ji [Yuan]fang aus Pinchuan führt aus: Daß die hundert Krankheiten allenthalben entstehen und die Lebensspanne vielfach sich verkürzt, rührt in den meisten Fällen von der Ernährung her. Das durch die Ernährung herbeigeführte Unheil übertrifft das, welches durch Töne und Farben [i.e. die Sinnesorgane] verursacht werden kann. Töne und Farben vermag man jahrelang aufzugeben, doch auf Essen und Trinken kann man nicht einen Tag verzichten. Was zu einer bestimmten Zeit nützlich sein kann, mag freilich zu anderer Gelegenheit Schaden bewirken. Unter der Vielfalt der Geschmäcker [der Nahrungsmittel] kann es solche geben, deren Qi-Qualitäten sich gegenseitig schädigen. Verstößt man gegen die Verbote und Einschränkungen, so bildet sich Stauungs-Gift *(yudu)*, bei einem langsamen Verlauf sammelt dieses sich an und bildet eine Hitze-Erkrankung *(chen)*[446], bei schnellem Verlauf kommt es zu wechselnden Störungen bis hin zu äußerst bedrohlichen Zuständen; der Verzehr von Jujuben in Verbindung mit Alkohol führt zu Benommenheit und Beklemmung *(hunmen)*. Dies ist die Bestätigung.[447] (25, 3a; 29. 1, S. 480f.)

2. [110] Nachdem man begonnen hat zu arbeiten, soll man nicht essen; hat man bereits mit dem Essen begonnen, so führe man keine körperlichen Aktivitäten aus; nachdem das Schwitzen begonnen hat, vermeide man es, zu essen oder zu trinken. Im Zustand des Zornigseins nehme man keine Nahrung zu sich und vermeide Zornesregungen beim Essen. In der Trauer soll man nichts essen und während des Essens keine Gefühle der Trauer hegen. (ebd.; S. 481)

3. [111] Qingniu daoshi führt aus: In bezug auf das Essen vermeide man übermäßige Sättigung. So ißt der daoistische Adept erst, wenn er Hunger verspürt; beim Trinken ist das Übermaß unzuträglich, und so empfindet der daoistische Adept zunächst Durst, um dann zu trinken. Nach Beendigung der Mahlzeit erhebt man sich und läuft einige hundert Schritte, was von großem Nutzen ist. Nach der abendlichen Mahlzeit soll man einen Spaziergang von fünf *li* machen und sich anschließend zur Nachtruhe hinlegen; auf diese Weise lassen sich sämtliche Krankheiten vermeiden.[448] (25, 3b; ebd.)

4. [112] Qingniu daoshi sagt: Man sollte immer warme Mahlzeiten zu sich neh-

---

446 *Chen* 疢 wird im *Shuowen* als „Hitze-Erkrankung" 熱病 *(rebing)* erläutert (SWJZ, S. 155).
447 Vgl. YYML, 1.1, S. 8b-9a (Mugitani 1987, 78), Zitat von Chen Ji (Yuanfang). Das Zitat ist kürzer und schließt anders ab. Das *Ishimpō* zitiert Chen als Chen Jifang; zu biographischen Angaben, s. oben, Abschnitt „*Quellen des Yangsheng yaoji*".
448 Vgl. den nahezu identischen Passus in YYML, 1. 2, S. 11b. Ein *li* entspricht 0,5 Kilometer.

men, denn sie sind angenehm, können leicht verdaut werden. Warm zu speisen ist besser als die Angewohnheit, Kaltes zu essen.[449] (ebd.)

5. [113] Gao [Yin] Zhongkan sprach: Feste und feine Dinge sind häufig von trockenem, betäubendem Geschmack. Kommt man nicht umhin, solche Dinge zu essen, dann soll man ausspucken, um die Rückstände (aus dem Mund) zu entfernen. In dem Falle, daß diese nicht beseitigt werden, entsteht eine Stauung des Qi *(jiju)*. Weiche und dünne Dinge besitzen kein *zhenkun* (?); werden sie häufig gegessen, so verliert das Mark der Knochen seine Fülle.[450] (ebd.)

6. [114] Fisch, Fleisch und andere „kalte" Lebensmittel schaden vielfach dem Menschen und so wäre es am besten, auf ihren Verzehr zu verzichten; kommt man nicht umhin, sie zu essen, dann ist unbedingt Mäßigung zu üben. (ebd.)

7. [115] Der „Plan der Unsterblichen" *(Shenxian tu)* führt aus:
Folgende Dinge gilt es zu unterlassen: übermäßige Mahlzeiten einzunehmen, denn dadurch verschließen sich die Leitbahnen; im Übermaß zu trinken, da dies eine Anspannung der Blase zur Folge hat; Heißes zu essen, da dies zu einer Schädigung der fünf Qi führt; kalte Speisen zu sich zu nehmen, denn dies verursacht eine Ansammlung pathogener Agenzien; Rohes zu essen, da es Darm und Magen schädigt; sich zu betrinken, was eine Schädigung des vitalen Qi *(shengqi)* bewirkt.[451] (S. 481)

Ernährungstabus für die Jahreszeiten

8. [116] Wang Xisheng aus Gaoben sagt: In der Zeit zwischen Sommersolstitium und Herbstäquinoktium *(qiufen)* reduziere man den Verzehr von fetten und öligen Speisen, von Nudeln und Fleischbrühe *(rougeng)*, denn in Verbindung mit Alkohol, Wasser, Melonen und Früchten beeinträchtigen sich diese Dinge gegenseitig. Zur Zeit (des Verzehrs) wird man nicht notwendig erkranken, bei Eintritt in den Herbst [?] schwindet das Yang und das Yin vermehrt sich und bei Eintritt des Qi [?] kommt es häufig zu tödlichen Erkrankungen. Die Ursache liegt darin, daß im Sommer übermäßig viel Kälte aufgenommen und in der Ernährung keine Beschränkung geübt wurde. Manche Menschen sagen, daß der Tag, an dem die Störung sich einstellt, den Beginn der Erkrankung darstellt; sie wissen jedoch nicht, daß diese sich allmählich entwickelt. (25, 7b; 29. 4, S. 482)

9. [117] Zhang Heng (Pingzi aus Nanyang) schreibt: Zur Wintersonnenwende kehrt das Yang-Qi ins Innere zurück, im Bereich des Bauches ist Hitze vorhan-

---

449 Vgl. YYML, 1.2, S. 12b; dort wird allerdings nicht von heißen, sondern von wohltemperierten, warmen *(wennuan)* Speisen gesprochen.
450 Wahrscheinlich handelt es sich hier um Yin Zhongkan 殷仲堪, der während der Östlichen Jin (317-419) gelebt hat (s. *Jinshu*, Kap. 84). Die Bedeutung des Ausdrucks *zhenkun* ist nicht klar, möglicherweise ist der Text an dieser Stelle korrupt; s. auch *Is.* 29, S. 481, Anm. 2.
451 Dieser Passus ist ein Auszug aus den „28 Verboten" des *Shenxian tu*, die vollständig in Is. 27, 11, S. 459 (YSYJ 101) zitiert werden.

den und die Dinge, die in den Magen gelangen, können leicht umgewandelt werden. Zur Zeit der Sommersonnenwende verbirgt sich das Yin-Qi im Innern, im Bereich des Bauches herrscht Kälte und so können die Dinge, die in den Magen gelangen, nur schwer umgewandelt werden. Außerhalb der jeweiligen Jahreszeit soll man keine der Nahrungsmittel essen, die dieser nicht entsprechen. Damit ist gemeint, daß unzeitgemäße Ernährung die natürlichen Anlagen schädigt und die Lebensspanne verkürzt.[452] (ebd.)

Ernährungstabus für einzelne Monate

10. [118] Im ersten Monat verzehre man keine Nahrungsmittel, die von Ratten angefressen wurden, denn dies führt augenblicklich zur Entstehung von Ratten-Fisteln *(shulou)*, die auf dem Scheitel ausbrechen. Bisweilen dringt das Gift in den Bauch und die Milz, so daß dauerhafter blutiger Ausfluß resultiert, oder es bilden sich Geschwüre im Mund, die in ihrer Form einer Sonnenfinsternis *(yueshi)* oder einem *douxu* (?) gleichen.[453] (25, 8a; ebd.)

11. [119] [Im ersten Monat] esse man keine rohen Zwiebeln, denn diese bringen latente Erkrankungen *(subing)* zum Ausbruch. (ebd.)

12. [120] Im zweiten Monat vermeide man es, während einer langen Wanderung oder auf einer langen Reise Quellwasser, das aus beschattetem Boden fließt, zu trinken, denn es führt zu einem erneuten, langanhaltenden Ausbruch der Malaria *(nue)*; häufig treten Schluckbeschwerden *(ye)* auf, die Milz wird geschädigt, Husten und Qi-Mangel stellen sich ein, so daß man Atembeschwerden bekommt.[454] (ebd.)

13. [121] Im 3. Monat esse man kein altes eingelegtes Gemüse oder Fleisch *(ji)*, denn sonst erleidet man im Sommer unweigerlich Hitzeerkrankungen *(rebing)*, es entstehen bösartige Entzündungen, es kommt zu Gelbsucht *(huangdan)* und im Mund bildet sich übermäßig viel Speichel. *Ji* bezeichnet solche Dinge wie Rapsrübe *(manjing)* und eingelegtes Gemüse *(ju)*.[455] (25, S. 8b; ebd.)

---

[452] Zhang Heng, *zi* Pingzi (78-139), Dichter und Naturkundler der Östlichen Hanzeit, er verfaßte u.a. die zwei bekannten Prosagedichte *(fu)* über die Westliche und Östliche Hauptstadt, s. *Wenxuan*, Kap. 2 und 3.

[453] Vgl. ZBYH, S. 967 (mit Abweichungen).

[454] Zu *nue* („malariaähnliche Erkrankung“), s. ZBYH 11, S. 339ff; zu *ye*, S. ebd. 20, S. 616. Dort heißt es: „Entsteht eine Yin-Yang-Disharmonie, ruft dies eine Blockade im Dreifachen Erwärmer hervor; ist der Dreifache Erwärmer blockiert, können die *jin-* und *ye*-Säfte nicht mehr fließen, so daß das Qi gestaut wird und seine Ausgewogenheit verliert, und eine *ye*-Blockade entsteht. Ursache sind die Emotionen der Trauer und des Zorns, die dazu führen, daß das Qi koaguliert und nicht mehr ungehindert fließt und eine Blockade hervorruft. *Ye* bedeutet, blockiert und nicht durchgängig.“

[455] Zu Hitze-Erkrankungen, s. ZBYH 9, S. 303, zu *echuang* s. ebd. 35, S. 991; zu *huangdan*, s. ebd. 20, S. 371. Zu *manjing*, s. ZYDCD 2138, 1, 1051 *(wujing)*; ZLBC, 27, S. 605f. Der erste Teil dieses Fragmentes wird im ZBYH (S. 305) als *Yangshengfang*-Zitat angeführt (YSF 31).

14. [122] Im 4. Monat vermeide man Knoblauch, da dieser die fünf Innereien des Menschen schädigt. (ebd.; S. 483)

15. [123] Am 8. des 4. Monats verzehre man keinerlei Kräuter, Gemüse oder Fleisch. (ebd.)

16. [124] Im 5. Monat esse man kein unreifes Kernobst wie beispielsweise Pfirsiche und Datteln, denn es verursacht Abszesse und Furunkel.[456] In anderen Fällen kommt es nachts zu extremen Kälteempfindungen [457], es entsteht Gelbsucht und man bekommt Durchfall *(xieli)*.[458] (25, S. 8a-b; ebd.)

17. [125] Ißt man ab dem 5. des 5. Monats bis zum Monatsende verschiedene Gemüse, so ruft dies Kälte des yang *(lengyang)* und Kurzatmigkeit *(duanqi)* hervor.[459]

18. [126] Am 5. des 5. Monats darf man Schweineleber nicht zusammen mit Flußkarpfen *(lizi)* verzehren, denn dieser wird nicht verdaut und bildet Zusammenballungen *(jia)*.[460]

19. [127] Am 5. des 5. Monats verzehre man keinen Sarepta-Senf *(jiecai)* und kein Fasanenfleisch *(zhirou)*.[461]

20. [128] [Im 6. Monat] soll man weder brackiges Wasser aus Sümpfen trinken noch in größeren Mengen Fleisch der Weichschildkröte *(bie)* essen, denn es verursacht schildkrötenförmige Zusammenballungen *(biejia)*.[462]

21. [129] Man vermeide den Verzehr der fünf Sorten von Früchten, nachdem diese von selbst zu Boden gefallen sind und bereits von Ameisen, Maulwurfsgrillen und Mistkäfern befallen wurden, denn sie verursachen häufig Fisteln.[463]

---

456 Dieser Abschnitt findet sich in Is. 15, S. 261 als Zitat aus dem *Yangsheng fang*.
457 Im ZBYH (33, S. 898, Zitat a. d. *Yangsheng fang)* heißt es hier 發寒熱，變爲黃疸 (YSF 91); vgl. auch ebd. 33, S. 958 (YSF 103).
458 Zu *yong*, s. ZBYH 32, S. 894; *jie*, ebd. 33, S. 958. Die Symptome der *li*-Erkrankungen sind beschrieben in ebd. 17, S. 522.
459 Zu *duanqi*, s. ZBYH 13, S. 403f.
460 Zu *jia*, s. ZBYH Kap. 19. 11, *Jiabing hou* 瘕病候, wo folgende Erläuterung gegeben wird: „*Jia* wird dadurch hervorgerufen, daß Kaltes und Warmes unangemessen zugeführt und die aufgenommene Nahrung nicht verdaut wird, so daß sie in Auseinandersetzung mit dem Speicher-Qi geraten und sich im Bauch ansammeln kann, wo sie zu einer schmerzhaften Verdickung koagulieren kann, die der Qi-Bewegung entsprechend ihre Lage verändert. Da es sich um eine vorübergehende *(xujia)* und nicht stabile Erscheinung handelt, spricht man von *jia*" (Hervorhebung S.).
461 Zu *jiecai* ZYDCD 2173, 1, S. 1066; ZLBC, 27, S. 610.
462 Im ZBYH, Kap. 19. 12 heißt es: „*Biejia* besagt, daß sich im Bauch Verdickungen *(jia)* bilden, die ihrer Form nach einer Weichschildkröte ähneln" (S. 585). Dasselbe Kapitel (S. 586) bringt ein ähnlich lautendes Zitat aus dem *Yangsheng fang* (YSF 43), in dem allerdings keine Rede von einem Verzehr von Weichschildkrötenfleisch ist. Vgl. auch YSYJ Fragm. 184 (Is. S. 485).
463 Anstelle des hier verwendeten Zeichens *lou* 漏 muß vermutlich das Homophon *lou* 瘻 stehen, s. ZYDCD, S. 1674 (Eintrag „*lou*"); vgl. auch ZBYH 34, S. 963 (YSF 103). Dort heißt es: „sie verursachen neun Formen von Fisteln". Dasselbe Zitat enthält auch Is. 16, S. 275.

22. [130] Das Verspeisen von Honig im 7. Monat führt zu abruptem Durchfall und ruft heftige Darmbeschwerden *(huoluan)* hervor.[464]

23. [131] Man esse keinen rohen Weizen, da dieser Spulwürmer *(naochong)* hervorruft.[465]

24. [132] Im 8. Monat verzehre man weder Lunge vom Schwein noch Essig *(taicu)*, da dies im Winter unweigerlich Husten hervorruft. Trinkt man Wasser von einem beschatteten Ort, so verursacht dies unweigerlich Malaria *(jienue)*.[466]

25. [133] Im 9. Monat esse man keine Kräuter, die Frost ausgesetzt waren, denn dies ruft im Winter Wechsel von Hitze und Kälte und Wärme-Erkrankungen *(wenbing)* hervor. Nach dem Verzehr stellt sich Brechreiz ein, manchmal staut sich im Herzen Wasser, das nicht abgeleitet werden kann und bisweilen kommt es zu einer Magenreflux-Störung.[467]

26. [134] [Im 9. Monat] esse man keinen Ingwer, da dieser zu Erkrankungen der *hun*-Seele führt.

27. [135] [Im 9. Monat] vermeide man den Verzehr von Schweinefleisch.

28. [136] Im 10. Monat verzehre man kein rohes Gemüse, das Frost ausgesetzt war: die Folge ist, daß das Gesicht keinen Glanz hat und die Augen stumpf werden, es kommt zu Schmerzen im Bereich von Herz und Lenden; auch können eine malariaähnliche Erkrankung des Herzens *(xinnue)* und eine Grünfärbung *(qing)* von Händen und Füßen auftreten.[468]

29. [137] [Im 10. Monat] esse man keinen Pfeffer, denn er verursacht eine Schwäche des Qi *(qiwei)*.[469]

30. [138] [Im 10. Monat] sind Schnecken *(luo)*, Muscheln *(feng)* und Schweinefleisch tabu.

31. [139] Im 11. Monat verzehre man weder schlechtriechendes Fleisch noch getrocknetes Fleisch, das den Sommer über [aufbewahrt wurde]. Es ruft Bewegung in den Nieren hervor, häufig kommt es zu Wasser-Erkrankungen *(shuibing)* und Benommenheit *(touxuan)*; man esse weder Schnecken oder Muscheln noch andere Schalentiere.[470]

Zur allgemeinen Symptomatik von *lou*, s. ZBYH 34, S. 961. Vgl. auch weiter unten, Fragm. 140.

464 Vgl. dasselbe Zitat in ZBYH 22, S. 649 (YSF 52); dort steht anstelle von 夏=下, ebenso auch in Is. 11, S. 186. Zu einer Beschreibung von *huoluan*, s. ZBYH 22, S. 648.

465 Zu *naochong*, s. ZBYH 18, S. 563.

466 Zu *jienue*, s. ZBYH 11, S. 351.

467 Die Smptomatik der Wärme-Erkrankungen beschreibt ZBYH 10, S. 318ff. Zu *weifan bing*, s. ebd. 21, S. 622f.

468 Vgl. das nahezu identische Zitat in JKYL 25, S. 292, in dem anstelle von qing 清 das Homophon 青 verwendet wird. Zu *xinnue*, s. ZBYH 11, S. 346 *(nuebing hou)*.

469 Vgl. JKYL 25, S. 292; dort wird als Folge eines Verzehrs von Pfeffer im 10. Monat „Schwächung des Herzens und Schädigung der Herzbahnen" genannt.

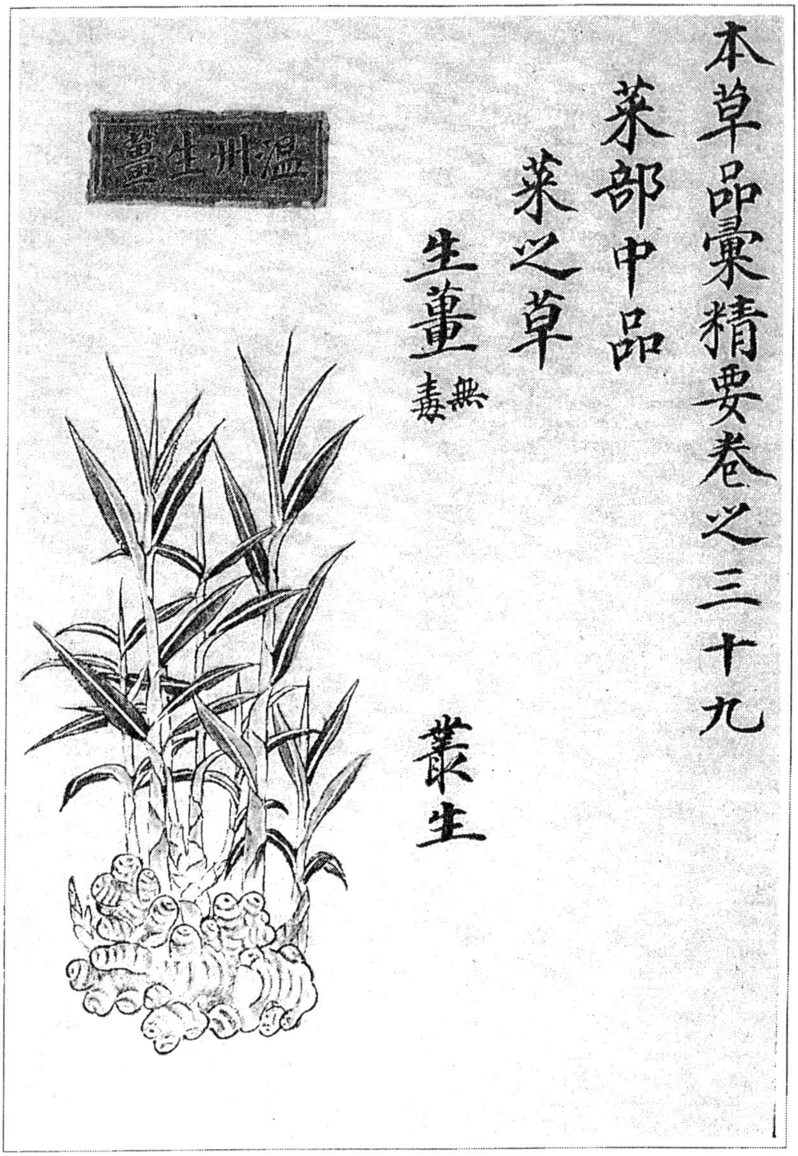

Roher Ingwer *(shengjiang)*, aus „Abriß der klassifizierten Drogenkunde“ *(Bencao pinhui jingyao)*, Anfang 16. Jh. Dazu schreibt die „Durch Quellen belegte klassifizierte Drogenkunde” *(Zhenglei bencao)*: „Geschmack scharf, Temperaturausstrahlung leicht warm. Wirkt bei Kopfschmerzen und Verstopfung der Nase, hervorgerufen durch Kälteschädigung, und bei Husten, verursacht durch gegenläufiges Qi. Stoppt Erbrechen.”

32. [140] Im 12. Monat verzehre man keine Dinge, die von Hunden und Ratten angefressen wurden, da diese Herz-*xian* und Fisteln *(lou)* erzeugen. Wenn Kleinkinder diese Dinge essen, bildet sich im Rachen eine weißliche Entzündung *(baichuang)*, die zum Tode führt.[471]

33. [141] Im 1. und 2. Monat herrscht [die Wandlungsphase] Wasser. Man verzehre keine Leber; der Verzehr von Leber schädigt die *hun*, und eine geschädigte *hun* führt zu Tollheit.
Im 4. und 5. Monat herrscht das Feuer. Man verzehre kein Herz, da dies den Geist *(shen)* schädigt; hat der Geist Schaden genommen, überwiegen die Gefühle von Trauer und Furcht.
Im 7. und 8. Monat herrscht das Metall. Man verzehre keine Lunge, denn dies führt zu einer Schädigung der *po*; ist die *po* geschädigt, kommt es zu unbedachten Taten.
Im 10. und 11. Monat herrscht das Wasser. Man verzehre keine Niere; ihr Verzehr schädigt den Willen *(zhi)*, was zu einer Unruhe der fünf Speicher führt.
Im 3., 6., 9. und 12. Monat herrscht die Erde. Man verzehre keine Milz, da dies das Bewußtsein schädigt. Ist das Bewußtsein geschädigt, verliert man die Kontrolle über die Gliedmaßen.[472]

Ernährungstabus für bestimmte Tage

34. [142] In allen sechs Monaten mit dem Zykluszeichen *jia* esse man kein Fleisch von schwarzen Tieren (i.e. Tieren mit dunklem Fell).[473] (25, S. 11a; S. 483)

35. [143] An Tagen mit den Zykluszeichen *ren* und *zi* unterlasse man es, die 5 [tierischen] Innereien zu verspeisen. (ebd.)

Regeln für Mahlzeiten am Abend

36. [144] Sich abends übermäßig sättigen und sich einen starken Rausch antrinken, an den Tagen des Sommers der Völlerei und Trunkenheit frönen, wenn Schweiß ausbricht sich mit kaltem Wasser waschen, sich mit dem Fächer Wind zuführen, unbedeckt dem Wind ausgesetzt schlafen, im trunkenen Zustand die Essenzen vereinigen, oder Kaltes essen, nicht auf Verdauung achten, sondern [die Nahrung] in großen Stücken herunterschlucken - diese Verhaltensweisen

---

470 S. Is 29, S. 483, Anm. 5, 用=甲. Zur Symptomatik der Wasser-Erkrankungen, s. ZBYH 21, 635ff.

471 Vgl. das ähnliche YSF-Fragment 102, ZBYH 34, S. 963. Wie in Fragm. 129 auch, ist *lou* 漏 als *lou* 瘻 zu lesen. Zu *xinxian*, s.a. ZHDCD, S. 338.

472 Zum Verbot des Verzehrs bestimmter Innereien während der Jahreszeiten s.a. JKYL 24, S. 288.

473 Vermutlich muß es heißen „An den sechs Tagen mit dem Zykluszeichen *jia*...“; vgl. JKYL 24, S. 290, wo es heißt, daß man an diesen Tagen auf den Verzehr von geschuppten und gepanzerten Tieren verzichten soll.

machen deutlich, daß vor allem Ernährung und Sexualität die Wurzel sämtlicher Erkrankungen bilden. (25, 11b-12a; S. 484)

37. [145] Es beständig zu vermeiden, sich abends vollkommen satt zu essen, hält sämtliche Krankheiten fern. Dies ist die wesentliche Methode zur Kultivierung der natürlichen Anlagen *(xing)*. (25, 12a; ebd.)

38. [146] Am Abend (übermäßig) zu essen und sich zu betrinken, ruft vielfältige Erkrankungen hervor, doch wer dies begreift, kann sich davor in acht nehmen.

39. [147] Nachdem man abends gespeist hat, soll man nicht sofort schlafen, denn sonst wird die Nahrung von der Milz nicht verteilt und nicht verdaut, und sämtliche Krankheiten entstehen.[474]

Regeln bezüglich des Verhaltens nach einer Mahlzeit

40. [148] Qingniu daoshi führt aus: Nachdem man eine sättigende Mahlzeit zu sich genommen hat, verbietet es sich, schnell zu laufen, denn dies führt anderntags dazu, daß sich beim Essen [wörtl. wenn die Speise in den Mund geführt wird] ein Drang zur Toilette zeigt. (25, 13a; 484)

41. [149] Qingniu daoshi sprach: Nach einer Mahlzeit sitzend untätig zu sein und keinen Spaziergang zu unternehmen oder sich seinen Aufgaben zu widmen[475] ist nicht allein ohne Nutzen [für den Körper], sondern ruft Qi-Stauungen *(jiju)* und Verdauungsstörungen hervor, führt zu Lähmungserscheinungen in Armen und Beinen *(bijue)*, zu dunkelgelben Verfärbungen im Gesichtsbereich *(ligan)* und fügt der Lebensspanne Schaden zu. Wenn es einem weder möglich ist, regelmäßig etwas zu tun noch nach Beendigung einer Mahlzeit spazieren zu gehen, so wird man doch innerhalb der Gemächer kleineren oder größeren Aktivitäten[476] wie beispielsweise dem Ringen oder dem Tanz nachgehen können, um ein leichtes Schwitzen herbeizuführen; tritt dies ein, stelle man die Betätigung ein und trage Puder auf. Dies ist eine wichtige Methode zur Verlängerung des Lebens. (ebd.)

42. [150] Trinkt man sofort nach der Mahlzeit Wasser, so zerstreut sich das Nahrungs-Qi *(guqi)* und es kommt zu Erkrankungen aufgrund von Qi-Ansammlung und zu Lendenschmerzen. (ebd.)

43. [151] Steckt man nach einer Mahlzeit sofort beide Füße ins Wasser, so läßt dies die Nieren anschwellen und eine Wassererkrankung *(shuibing)* ist die Folge.

44. [152] Hunger zu erleiden und sich anschließend plötzlich satt zu essen führt nach längerer Zeit zu Zusammenballungen im Bereich des Herzens *(xinjia)* und zur Ansammlung von Wasser.

---

474 Anstelle von 脾眠 muß es heißen 眠脾, s. Is. 484, Anm. 2.

475 Vgl. das nahezu identische, jedoch kürzere Zitat aus dem *Yangsheng fang* (YSF 71) in ZBYH 27, S. 774f., in dem es heißt 不行步有所作務...; die Übersetzung folgt dieser Fassung.

476 Der Text lautet hier 但可止家中大小流述 ...(mod. Textfassung, s. Is. 29, S. 484); die Bedeutung des Ausdrucks *liushu*, hier als „Aktivitäten" übersetzt, ist unklar.

45. [153] Han Rong *(zi* Yuanzhang) aus Yingchuan sprach: Alkohol stellt die Essenz der 5 Getreidesorten dar und ist im Geschmack unübertrefflich; so vermag er dem Menschen von Nutzen zu sein, aber auch ihm zu schaden. Wird er mit Beschränkung genossen, wirkt er regulierend auf sämtliche Leitbahnen, beseitigt pathogene Agenzien und vertreibt Kälte [aus dem Körper]. Wird Alkohol für längere Zeit und ohne Maß getrunken, so schwächt er das Qi des Körpers, greift den Geist an und verwirrt ihn. Vergleicht man die Wirkung der Dinge miteinander[477], so übertrifft keine die des Alkohols. Es gilt freilich, achtsam zu sein, um nicht das rechte Maß zu verlieren.[478] (25, 13b-14a; 29/484)

46. [154] Haben nach Völlerei und Trunkenheit Speisen und Wein sich noch nicht zerstreut, kommt es aber trotzdem zur geschlechtlichen Vereinigung *(goujing)*, so ruft dies zahlreicher Erkrankungen hervor und führt eines Tages beim Kind zu mentalen Störungen *(dian)* und Zusammenballungen *(jia)*. (ebd.)

47. [155] Völlerei und Trunkenheit am Abend bringen gleichermaßen zahlreiche Krankheiten hervor. Die Fähigkeit, in beidem Achtsamkeit zu üben - darin besteht das Geheimnis zur Kultivierung des Lebens. (ebd.)

48. [156] Ist man schon trunken vom Wein, soll man nicht unbedingt viel essen, denn dies kann im ungünstigen Falle flache Abszesse *(ju)* hervorrufen. (ebd.)

49. [157] Ist jemand stark betrunken, so darf man ihn nicht ruhig bewegungslos schlafen lassen, sondern muß ihn häufiger schütteln, so daß er sich zur anderen Seite dreht. Geschieht dies nicht, so erkrankt er. (ebd.)

50. [158] Im betrunkenen Zustand darf man sich nicht dem Wind aussetzen; geschieht dies doch, so verursacht es den Verlust der Stimme. (In einer Quelle heißt es: man darf sich nicht der Sonne *(yang)* zuwenden).[479]

51. [159] Wendet man bei einem Betrunkenen Moxa im Kopfbereich an, so ist dies tödlich. (ebd.)

52. [160] Hat sich die aufgrund von Trunkenheit entstandene Hitze noch nicht zerstreut, so vermeide man es, sich mit kaltem Wasser das Gesicht zu waschen, denn dies induziert Entzündungen und führt in leichteren Fällen zu Bläschenbildung.[480] (25, 14b; 29, S. 484)

---

477 Nach Is. 29, 484, Anm. 9 ist 交 eine Verschreibung für 效, so daß die Übersetzung lauten müßte: „Was die Wirkung des Weines betrifft, ...".
478 Vgl. YYML 1. 1, 6b-7a, wo Han Rong zitiert wird. In nahezu identischer Form wird dieser Passus ein weiteres Mal in Is. Kap. 30, 499 zitiert, freilich ohne Nennung einer Quelle.
479 Vgl. ZBYH 1, S. 8; dort findet sich 瘖 anstelle von 喑.
480 Identisch mit Fragm. 9 (Is. 4/82); s.a. Is. 17, S. 285, wo als Quelle das *Yangsheng fang* angegeben wird. Im ZBYH heißt es dazu: „Hautausschlag im Gesicht bedeutet, daß im Gesichtsbereich Wind und Hitze-Qi Hautausschlag (Pusteln) erzeugen, der entweder so groß wie ein Reiskorn ist oder aber die Größe von Getreidekörnern hat und weißliche Färbung zeigt" (27, 773; auch zit. in Is. 4, 82). Derselbe Passus wird im ZBYH zweimal zitiert: einmal

53. [161] Schläft man im trunkenen Zustand auf den Stielen der Hirse *(shurang)* und schwitzt dabei, fallen hintereinander Augenbrauen und Kopfhaare aus, doch wachsen diese nach längerer Zeit wieder nach. (Dies ist schwierig, und so kann man dem Gesagten keinen Glauben schenken.) (ebd.; 29/484f.)

54. [162] Wer in großem Maße alkoholische Getränke und Speisen zu sich nimmt, soll weder laut rufen, noch in heftigen Zorn ausbrechen, nicht schnell mit dem Wagen fahren oder auf einem Pferd reiten und große Distanzen springen, denn dies führt dazu, daß die fünf Speicher sich im Körper umdrehen und in manchen Fällen kann es zu einem Reißen mit letalen Folgen kommen. (ebd.; 29/485)

55. [163] Trinkt man im Sommer Wein und beginnt im Zustand der Trunkenheit zu schwitzen, so vermeide man das Waschen mit Wasser oder das Zuführen von Wind mittels eines Fächers, denn dies führt zur Entstehung von Krankheiten.[481] (ebd.)

56. [164] Im trunkenen Zustand soll man nicht unbedeckt schlafen, da dies im Gesicht Entzündungen hervorruft. In unglücklichen Fällen entsteht eine mentale Störung *(dian)*.[482] (ebd.)

57. [165] Wird bei einem Opfer Wein dargebracht, der sich von alleine bewegt und von selbst verbraucht, so darf man diesen nicht trinken, da er schädlich ist.[483]

58. [166] Bei der Opferung von Wein und Fleisch … [?], so verzehre man diese nicht, sondern werfe beides in einen Fluß.[484]

59. [167] Wird viel Ingwer verspeist und genießt man Wein bis zur Trunkenheit, so führt dies zum Tode. (25, 15a; ebd.)

60. [168] Gehört Knoblauch zu einer Mahlzeit und wird anschließend viel Wein getrunken, so ist dies tödlich, noch bevor man sich erhebt. (ebd.)

---

im Anschluß an die oben übersetzten Ausführungen zum Hautausschlag (27, 774), zum zweiten Mal in Kap. 35, S. 991 (YSF-Fragm. 107); das YYML (1. 2, 13a-b) läßt den letzten Teil des Satzes (In leichten Fällen...) weg. Die Bezeichnungen der auftretenden Störung im Gesichtsbereich ist in den Zitaten des YSYJ und des YSF unterschiedlich. 皻皰 wird in der Anmerkung zu YSF 107 (ZBYH 35, 991f.) folgendermaßen erläutert: „Bei *zhapao* handelt es sich um Pusteln, die auf der Haut entstehen. *Pao* verweist darauf, daß die sich im Gesichtsbereich bildenden Hautgeschwüre weißliches Fett (Eiter?) enthalten“ (S. 992). Vgl. ZBYH 27, S. 774, Anm. 3, wo es heißt 查皮 = 皻 (齇, die Schreibweise in Is. 4, 82).

481 Vgl. das nahezu identische Zitat in JKYL 25, S. 293, in dem davor gewarnt wird, sich mit *kaltem* Wasser zu waschen.

482 Vgl. auch Is. 4, S. 82 (Zitat a. d. *Yangsheng fang)*; dort heißt es „.. 令人面發瘡皰“; die sich im obigen Zitat anschließende Bemerkung ist dort weggelassen. In Is. 25, 14b findet sich neben *dian* das Zeichen *lai* 癩 (lai-Erkrankung).

483 Die Bedeutung dieses Passus ist nicht ganz klar; vgl. YSYJ 271, wo von Fleisch gesprochen wird, das sich von alleine bewegt *(zidong)* 自動.

484 Die Bedeutung des Textes ist an dieser Stelle unklar; s. auch Is. 29, S. 485, Anm. 2.

61. [169] Wird viel Wein getrunken und zugleich Knoblauch verspeist, verursacht dies eine Verletzung des Herzens, die zum Tode führt. (ebd.)

62. [170] Ißt man Sesam *(mazi)* und trinkt anschließend Alkohol, so ruft dies Schwellung und Völlegefühl hervor und es entsteht eine Wasserkrankheit *(shuibing)*. (ebd.)

63. [171] Genießt man Schweinefleisch zusammen mit Alkohol, legt sich auf Hirsestroh zum Schlafen und sieht dabei die Sterne, so ruft dies Gelbsucht *(huang)* hervor. (ebd.)

64. [172] Trinkt man Alkohol so soll man nicht zugleich Nieren von Vierfüßlern verspeisen, da dies zu Schmerzen im Hüft-Lendenbereich führt. (ebd.)

65. [173] Bei Genuß von alkoholischen Getränken trinke man keine Milch, denn dies verursacht eine Koagulation von Qi. (ebd.)

66. [174] Bei Genuß von Alkohol esse man kein rohes *huxi (Xanthium strumdrium)*, da es Herzerkrankungen hervorruft.[485] (ebd.)

67. [175] Auberginen in Verbindung mit Rettich sind in größeren Mengen verzehrt und in Verbindung mit Weingenuß tödlich.[486] (ebd.)

Regeln zum Trinken von Wasser

68. [176] Kocht man das Wasser ab, bevor es getrunken wird, so gibt es für die zahlreichen Erkrankungen keinerlei Grund zu entstehen. (25, 15b; 29. 9, S. 485)

69. [177] Wein und Reissuppe, in denen man sich nicht spiegeln kann, dürfen nicht getrunken werden, denn ihr Genuß ist tödlich. (ebd.)

70. [178] Wurde Brunnenwasser nicht abgekocht, soll man es nicht trinken, da es tödlich ist. (ebd.)

71. [179] Beginnt das Brunnenwasser sich grundlos heftig zu bewegen, darf man es nicht trinken, denn es ist schädlich. (25, 16a; ebd.)

72. [180] Wenn das Brunnenwasser an yin-Tagen ansteigt, so trinke man in dem betreffenden Monat nicht davon, denn es verursacht Wärme-Erkrankungen. (ebd.)

73. [181] Des nachts trinke man kein frisch geschöpftes Brunnenwasser, denn das Verschlucken darin befindlicher Kaulquappen *(longzi)* ist tödlich.[487] (ebd.)

74. [182] Tritt aus dunklem Erdreich ein Quell aus, soll man an diesem Ort nicht lange wohnen bleiben, denn häufiges Trinken dieses Wassers ruft Schwellungen im Halsbereich *(ying)* hervor.[488] (ebd.)

---

485 Zu *huxi*, s. ZLBC, S. 215 (Eintrag *xi'er shi)*.

486 Zu *qie*, s. ZYDCD 2689, 1, S. 1310.

487 *Longzi*, Kaulquappe, s. ZWDCD 10, S. 1134 (Eintrag *longzi)*.

75. [183] Wird sehr kaltes Wasser aus einer Bergquelle getrunken, so ruft dies stets Diarrhöe, Wärme-Malaria *(wennue)*, Schwellungen und Geschwüre im Halsbereich hervor. (ebd.)

76. [184] In den Sommermonaten soll man es vermeiden, in den Bergen Wasser aus einer beschatteten Quelle zu trinken, denn dadurch zieht man sich Erkrankungen zu. (ebd.)

77. [185] Während der Sommermonate trinke man kein Wasser, das sich im Feld angesammelt hat, da es zur Entstehung von schildkrötenförmigen Zusammenballungen *(biejia)* führt.[489] (ebd.)

78. [186] Nach Beginn des Herbstes soll man keine Reissuppe *(shuijiang)* trinken, denn sie ist schädlich. (ebd.)

79. [187] Trinkt man im Sommer Wasser, so tue man dies nicht an einem sonnengeschützten Ort, denn das ruft Kälte-Erkrankungen hervor.[490] (ebd.)

80. [188] Eis soll man nicht zerkleinern; wird es zu einer Mahlzeit gegessen, dann mag man dies zwar auch schnell tun, doch ruft dies nach längerem notwendig Erkrankungen hervor. (25, 16b; ebd.)

81. [189] Ist man durch schnelles Laufen oder Reiten außer Atem, soll man kein kaltes Wasser trinken, denn dies führt zu einem Steigen des Qi und ruft Wärme-Erkrankungen hervor. (ebd.)

82. [190] Beim Wassertrinken vermeide man schnelles Schlucken, denn dies ruft Qi (?) und Wasseransammlungen *(shuijia)* hervor.[491] (ebd.)

83. [191] Beginnt Wasser beim Schöpfen sich ohne Grund von selbst zu bewegen und wird es zum Kochen von Speisen benutzt, so ist deren Verzehr tödlich. (ebd.)

84. [192] Verursacht Wasser, das man zuvor getrunken hat, im Bereich zwischen Brust und Diaphragma Geräusche, dann führe man durch Einnahme von Heilmitteln Erbrechen hervor. Wird das Wasser nicht erbrochen, so kommt es zu Wasserschwellungen, die nur schwer zu heilen sind. (ebd.)

85. [193] Wacht man während des Schlafes plötzlich auf, dann trinke man nicht sofort Wasser und lege sich dann erneut zum Schlafen, denn dies ruft eine durch Wasser verursachte Schwellung hervor.[492] (ebd.)

---

488 Ich lese hier 鳥 als 烏, so daß der Beginn dieses Zitates lautet 烏土中...; s.a. die Anmerkung zu diesem Zitat in Is. 29, S. 485.

489 Zu *biejia* s. die Fußnote zu Fragm. 127.

490 Ich lese hier 用水不可... anstelle von 用水正可.

491 Vgl. ZBYH, S. 608; dort heißt es: 久成水癖. Zu *jia*, s. oben Fragm. 127.

492 Vgl. ZBYH, S. 608.

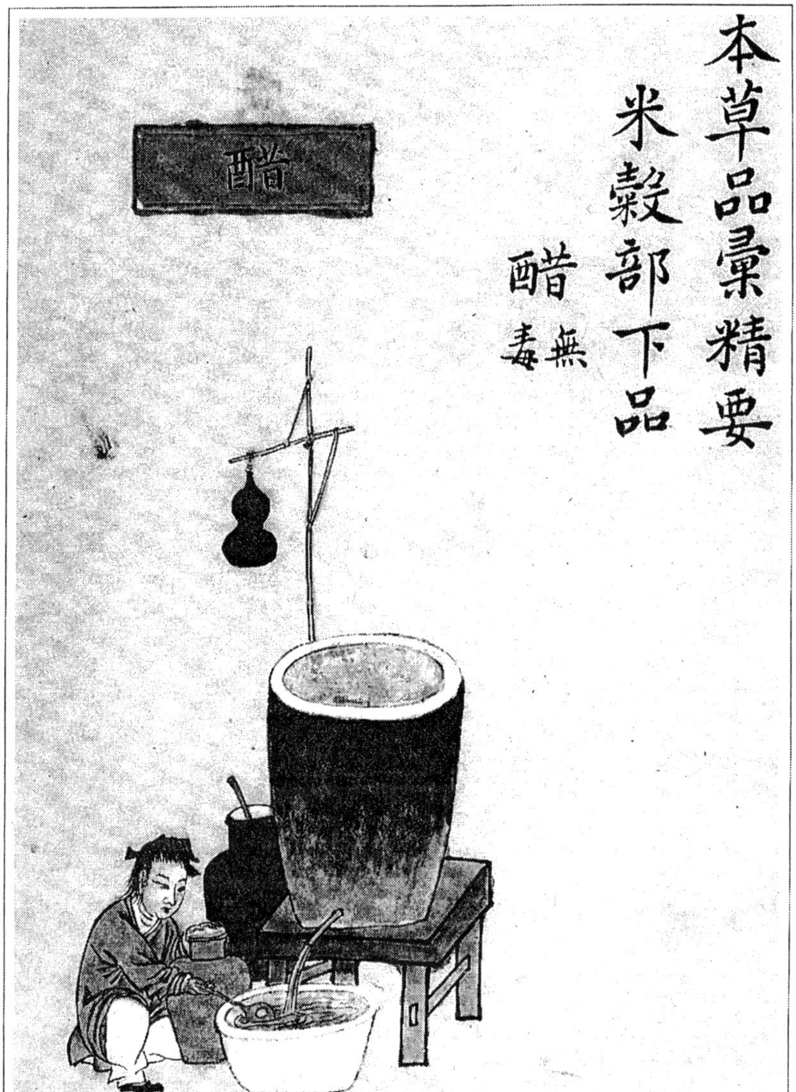

Herstellung von Essig *(cu)*, aus Abriß der klassifizierten Drogenkunde *(Bencao pinhui jingyao)*, Anfang 16. Jh. In der „Durch Quellen belegten klassifizierten Drogenkunde" *(Zhenglei bencao)* heißt es: „Essig: Geschmack sauer, Temperaturausstrahlung warm, besitzt keine starke arzneiliche Wirkkraft. Beseitigt Abszesse und Schwellungen, zerstreut Wasseransammlungen und hat entgiftende Wirkung."

Regeln bezüglich der Zusammenstellung von Nahrungsmitteln

86. [14] Verzehrt man Weizen zusammen mit Haferreis und trinkt dazu Alkohol, so ruft dies verzehrenden Durst hervor.

87. [194] Wang Xisheng aus Gaoben führt aus: Bei den Speisen vermeide man Vermischungen, denn solch eine Vermischung kann schädigende Wirkung haben; zwar tritt eine Störung nicht unbedingt gleich auf, doch auf Dauer entstehen Krankheiten.[493] (17b; S. 486)

88. [195] Heiße und kalte Speisen und Getränke dürfen nicht zusammen verzehrt werden, denn dies verursacht eine Schädigung des Qi.[494] (ebd.)

89. [196] Beim Verzehr heißer fettiger Dinge trinke man keinen kalten Essig, denn häufig ist Stimmlosigkeit die Folge. (18a; ebd.)

90. [197] Nach dem Verzehr heißer Speisen vermeide man es, den Mund mit Essig zu spülen, denn dies ruft Zahnfäule hervor. (ebd.)

91. [198] Im Anschluß an süße dickflüssige Suppe esse man keinen Ingwer. Bereits der Verzehr einer kleinen Menge ruft sofortiges Erbrechen hervor und kann auch zu heftigen Darmbeschwerden *(huoluan)* führen. (ebd.)

92. [199] Gibt man Sirup in dickflüssige Suppe und verzehrt diese, so ist dies tödlich. (ebd.)

93. [200] Sind süße Speisen Bestandteil der Mahlzeiten, verzichte man drei Tage lang auf den Verzehr von rohem Gemüse, denn es verursacht Herzschmerzen. (ebd.)

94. [201] Getrocknete Kolbenhirse *(shumi)* in Verbindung mit Schwein und fetten Speisen verursacht langanhaltende Verdauungsbeschwerden. (ebd.)

95. [202] Weizen zusammen mit Haferreis *(gu)* verspeist, ruft, wenn dazu Alkohol getrunken wird, starken Durst hervor.[495] (ebd.)

96. [203] Weizen in Verbindung mit Haferreis *(gumi)* führt zur Entstehung von Parasiten im Bauch. (ebd.)

97. [204] Weizen darf nicht mit Spitzen der Haferreispflanze zusammen gegessen werden, da dies schädigend wirkt. (ebd.)

---

493 Vgl. oben, Fragm. 116, das vom gleichen Autor stammt.

494 Vgl. JKYL 25, S. 293.

495 Identisch mit Fragm. 14, Is. 12. 1, S. 203; zu *xiaomai* s. ZYDCD 474, 1, S. 240f.; vgl. das Bencao-Zitat zu *xiaomai* in Is. 30, S. 498, wo es heißt: „Weizen, Geschmacksrichtung süß, (Temperaturausstrahlung) leicht kalt, ungiftig, vertreibt Hitze, beseitigt Durst verursacht durch Trockenheit, fördert die Ausscheidung von Urin, nährt das Leber-Qi ..."; vgl. ZLBC, 25, S.591ff.; zu *gu* s. ZYDCD 4142, 2, S. 2016.

98. [205] Knoblauch in Verbindung mit Malzsirup *(yixing)* ist schädlich. (18b; ebd.)

99. [206] Ißt man Buchweizen *(qiaomai)* zusammen mit Schweinefleisch, kommt es innerhalb von drei Tagen zu Hitzewind-Erkrankungen.[496] (ebd.)

100. [207] Verspeist man rohe Zwiebel *(cong)* zusammen mit Huhn und Fleisch vom Fasanenhahn, so ist extreme Auszehrung die Folge, es kommt zu dauerhaften Blutungen, an denen man stirbt.[497] (ebd.)

101. [208] Zwiebel und Lauch *(xie)* dürfen nicht mit Honig gegessen werden, da dies die Speicher *(zang)* schädigt.[498] (ebd.)

102. [209] Zwiebel und Zimt *(gui)* dürfen nicht in Verbindung miteinander verspeist werden, denn dies zeitigt schädigende Wirkung. (ebd.)

103. [210] Ißt man Zwiebeln und verspeist dann Honig, so resultiert daraus Diarrhöe und es kommt zu einer nahezu letalen Qi-Stauung. (ebd.)

104. [211] Rohe Zwiebeln soll man nicht in Verbindung mit Karpfen essen, da dies zu Erkrankungen führt. (ebd.)

105. [212] Sind rohe Zwiebeln Bestandteil der Mahlzeit, esse man keine Jujuben, da man sonst erkrankt.[499] (ebd.)

106. [213] [Zwiebel] und alten Lauch gleichzeitig zu verzehren ist tödlich.[500] (ebd.)

107. [214] *Kuicai* soll nicht zusammen mit Schweinefleisch gegessen werden, denn dies führt zum Verlust von Qi und zur Entstehung von Krankheiten. (19a; ebd.)

108. [215] Alten und frischen Lauch zusammen zu essen hat schädliche Auswirkungen. (ebd.)

109. [216] *Kui* soll nicht mit Hirse gegessen werden, denn sonst entstehen Erkrankungen. (ebd.)

110. [217] Die fünf Gemüse mit scharfem Geschmack kombiniere man nicht mit Schweinefleisch oder rohem Fisch, denn der Verzehr ist tödlich.[501] (ebd.)

111. [218] Lebensmittel mit scharfem Geschmack darf man nicht zusammen verzehren, denn sie lösen Herzschmerzen aus. (ebd.)

---

496 Zu *qiaomai* s. ZYDCD 3311, 2, S. 1595f.

497 Zu *cong*, s. ZYDCD 4812, 2, S. 2318ff.; zu *zhi* s. ebd., 5193, 2, S. 2493.

498 Zu *xie* s. ZYDCD 5544, 2, S. 2642.

499 Zu *zao* s. ZYDCD 187, 1, S. 101f. *(dazao)*.

500 Bei dem fehlenden Zeichen handelt es sich möglicherweise um *cong* 蔥; vgl. auch Is. 29. 11, S. 486, Anm. 3.

501 Es handelt sich um *jiu*, *xie*, *cong*, *suan* und *jiang* 韭薤蔥蒜薑 (ZWDCD 1, 638).

112. [219] Man vermeide es, Gemüse mit Stacheln zusammen mit Fleisch vom Reh oder Garnele zu essen, denn dies wirkt schädigend. (ebd.)

113. [220] Birnen und *kucai (Sonchus oleraceus L.)* in Verbindung mit rohem Lauch verursachen Schwellungen des Körpers.[502] (ebd.)

114. [221] Sellerie *(qincai)* mit roher Schweineleber zusammen verzehrt, ruft langanhaltende donnerartige Geräuschentwicklung im Bauch hervor. (ebd.)

115. [222] Stockrose *(rongkui)* in Kombination mit Eiern führt zum Verlust der Gesichtsfarbe.[503] (ebd.)

116. [223] Ißt man getrockneten Ingwer zusammen mit Hase, so ruft dies starke Darmbeschwerden *(huoluan)* hervor. (19b; ebd.)

117. [224] Ißt man Süßholz, so verzichte man auf *wuyi (Ulmus macrocarpa* Hance) und Knöterich *(liao)*, denn sie verursachen Impotenz (?).[504] (ebd.)

118. [225] Ißt man Knöterich und verzehrt zugleich rohen Fisch, führt dies zu einer Qi-Stauung, oder es können Schmerzen des *yinhe* auftreten, die bis zum Tode führen.[505] (ebd.)

119. [226] Knöterichblätter mit rohem Fisch verspeist führen zur Entstehung von Parasiten in den Muskeln. (ebd.)

120. [227] Sarepta-Senf *(jiecai)* darf man nicht zusammen mit Fleisch vom Hasen verzehren, denn dies führt zur Entstehung bösartiger Erkrankungen.[506] (ebd.)

121. [228] Rohes Gemüse soll man nicht gemeinsam mit Krebsfüßen essen, da dies schädlich ist.[507] (ebd.)

122. [229] Weichkastanie *(li)* in Verbindung mit rohem Fisch ruft Schwellungen des Bauches hervor.[508] (ebd.)

123. [230] Li-Pflaumen zusammen mit Fleisch vom Fasan verzehrt, verursachen starke Blutungen. (ebd.)

124. [231] Umeboshi-Pflaumen *(wumei)* sollen nicht mit Schweinefett gegessen werden, denn dies wirkt schädigend. (ebd.)

125. [232] Li-Pflaumen verzehre man nicht zusammen mit Honig; dies schädigt die fünf Speicher. (20a)

---

502 Zu *li* s. ZYDCD 5651, 2, S. 2691f.; zu *kucai* ebd. 2627, 1, S. 1286f.
503 *Rongkui*, andere Bezeichnung für *shukui*, s. ZYDCD 5181, 2, S. 2487f.
504 Zu *wuyi*, s. ZYDCD 2137, 1, S. 1050f.; zu *liao*, s. ebd. 5317, 2, S. 2545f.
505 Vgl. JKYL 25, S. 292.
506 Vgl. das identische Zitat in JKYL 25, S. 292.
507 Zu *xie*, s. ZYDCD 5701, 2, S. 2721f.
508 Zu *li*, s. ZYDCD 3731, 2, S. 1819f.

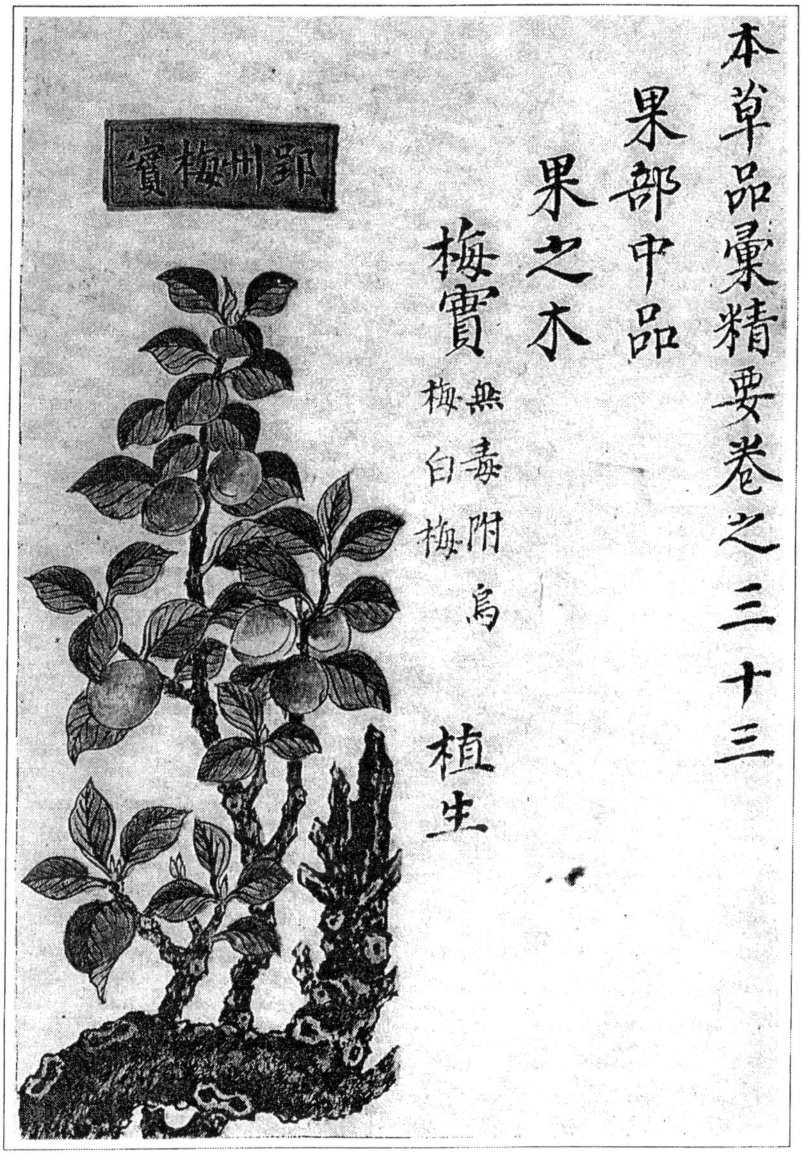

Pflaume *(mei)*, aus „Abriß der klassifizierten Drogenkunde“ *(Bencao pinhui jingyao)*, 16. Jh. In der „Durch Quellen belegten klassifizierten Drogenkunde” *(Zhenglei bencao)* wird die Pflaume folgendermaßen beschrieben: „Geschmack sauer, Temperaturverhalten ausgeglichen, besitzt keine starke arzneiliche Wirkkraft. Anwendung bei Absenkungen des Qi, beseitigt Unruhe und Fülle verursacht durch Hitze, beruhigt den Geist, löst Schmerzen in den Gliedmaßen, behebt partielle Lähmungen und Muskelfunktionsstörungen und beseitigt grünlich-schwarze Hautverfärbungen.”

126. [233] Ißt man Jujuben, so verzichte man auf den Verzehr von rohen Zwiebeln, da dies Schmerzen hervorruft. (ebd.)

127. [234] Aprikosen in Verbindung mit Schweineschmalz sind tödlich. (ebd.)

128. [235] Ähren des Haferreises soll man nicht mit weißem Honig vermischen, denn dann verursacht ihr Verzehr Parasiten. (ebd.)

129. [236] Ba-Früchte zusammen mit weißem Amaranth *(xian)* verzehrt führen zur Entstehung von Parasiten.[509] (ebd.)

130. [237] Garnelen *(xia)* darf man weder mit Fleisch vom Wasserreh noch mit *mei*- und *li*-Pflaumen oder rohem Gemüse verzehren, denn in allen Fällen führt dies dazu, daß bestehende Erkrankungen chronisch werden *(gu)*. (ebd.; 487)

131. [238] Der Verzehr sämtlicher Arten von Muscheln *(luo* [si]) und Austern ([ge]*li)* zusammen mit Sareptasenf ruft Schmerzen des Herzens hervor, die alle drei Monate einmal auftreten.[510] (ebd.)

132. [239] Die verschiedenen Früchte zusammen mit Muscheln und Austern gegessen, verursachen Herzschmerzen, die einmal innerhalb von drei Tagen auftreten. (ebd.)

133. [240] Unterschiedliche Gemüsearten in Kombination mit Muscheln, Austern und Schnecken *(wo* [niu]) zu verzehren ist in jedem Fall schädlich.[511] (ebd.)

134. [241] Der Genuß von Schweinefleisch in Verbindung mit Fisch ist von schädigender Wirkung. (Es heißt auch: Gelangt es in den Bauch, führt es zu Schluckbeschwerden.) (20b)

135. [242] Werden Leber und Milz vom Schwein zusammen mit Goldkarpfen *(jiyu)* gegessen, rufen sie Auszehrung *(sunxiao)* hervor. (ebd.)

136. [243] Schweineleber darf nicht mit den Eiern des Goldkarpfens verzehrt werden, denn dies ruft Schädigungen hervor. (ebd.)

137. [244] Ißt man Leber vom Schwein zusammen mit Eiern des Karpfens und Sarepta-Senf, so führt dies zu Schädigungen. (ebd.)

138. [245] Schweineleber zusammen mit kleinen Bohnen sind schädlich und führen zu einer Trübung von Herz und Augen (?).(ebd.)

139. [246] Wird zu rohem Fleisch Milch getrunken, führt dies zur Entstehung von Parasiten. (ebd.)

140. [247] Rohes Fleisch vom Hirsch mit Brühe von Garnelen *(xia)* verzehrt, löst Herzschmerzen aus. (ebd.)

---

509 Ba, s. YXDCD 2, S. 1968; zu *baixian*, s. ZYDCD 1381, 1, S. 679.

510 Zu *luo*, s. ZYDCD 5622, 2, S. 2678 (Eintrag *luosi)*; zu *li*, s. ebd. 4931, 2, S. 2377f. (Eintrag *geli)*.

511 Zu *woniu*, s. ZYDCD 5165, 2, S. 2477f.

141. [248] Fleisch von Wasserreh und Hirsch darf nicht in Vermischung mit Garnelen und rohem stacheligem Gemüse verspeist werden; die Folge sind Parasiten, die innerhalb von drei Jahren zum Tode führen. (ebd.)

142. [249] Hirschfleisch zusammen mit Sardelle *(ti)* gegessen ist tödlich.[512] (21a)

143. [250] Wird Saft von Schweinefleisch in einem Kupfergefäß über Nacht aufbewahrt, so daß er in das Fleisch gelangt, um dann mit der Brühe dickflüssige Aprikosenkernsuppe zuzubereiten (?), so ist diese beim Verzehr tödlich. (ebd.)

144. [251] Weißer Honig *(baimi)* und weiße Hirse zusammen verzehrt, schädigen die fünf Innereien und rufen Stauungen hervor.[513] (ebd.)

145. [252] Weißer Honig in Verbindung mit Jujuben schädigen die fünf Innereien. (ebd.)

146. [253] Weißen Honig soll man nicht gemeinsam mit Zwiebeln und Lauch essen; dies schädigt die fünf Speicher.[514] (ebd.)

147. [254] Ißt man Honig und verspeist dazu rohe Zwiebeln, so verursacht das Diarrhöe. (ebd.)

148. [255] Süßer Joghurt *(lao)* soll nicht mit Essig *(dacu)* gegessen werden, denn dies führt zu blutigem Urin.[515] (ebd.)

149. [256] Joghurt aus Kuhmilch darf nicht in Kombination mit kleingehacktem Fisch *(yukuai)* gegessen werden, denn dies ruft Parasiten hervor. (ebd.)

150. [257] Milch darf nicht zu rohem Fleisch getrunken werden, da sonst Parasiten entstehen. (21b)

151. [258] Milch darf nicht zu rohem Fisch getrunken werden, denn dies führt zu Zusammenballungen *(jia)*. (ebd.)

152. [259] Joghurt aus Kuhmilch soll nicht in Vermischung mit Reissuppe gegessen werden, da Erbrechen die Folge ist. (ebd.)

153. [260] Fleisch und Eier von Vögeln zusammen zu verzehren ist schädlich. (ebd.)

154. [261] Bezüglich solcher Zusammenstellungen von Nahrungsmitteln, bei denen sich die Geschmäcker in abträglicher Weise beeinflussen, heißt es zwar, daß sie der Gesundheit nicht abträglich seien, doch ist es besser, solche Disharmonien zu vermeiden. Enthält die Mahlzeit Bärenfett, so vermeide man es, sie mit Fischbrühe *(yugeng)* zu beenden, denn dies beeinträchtigt den Geschmack.

---

512 Zu *tiyu* s. ZYDCD 5359, 2, S. 2565f.
513 Zu *baimi* s. YXDCD 1, S. 887.
514 Zu *jiu* s. ZYDCD 3394, 2, S. 1646ff.
515 Zu *lao* s. ZYDCD 5097, 2, S. 2442.

Ist Kleingehacktes vom Fisch Bestandteil der Mahlzeit, ist es nicht angebracht, diese mit einer Brühe aus dem Fleisch von Huhn oder Fasan abzuschließen, denn dies führt zu einer Geschmacksbeeinträchtigung. (22b)

Verbote bezüglich des Verzehrs von Früchten

155. [262] Für sämtliche Früchte gilt, daß man sie nicht zur unangemessenen Zeit essen soll, wenn sie noch keinen Kern gebildet haben, denn dann verursachen sie Geschwüre oder rufen Gelbsucht hervor. (24a; 488)

156. [263] Sämtliche Früchte, die eine doppelte Schale hervorbringen, sind giftig und dürfen nicht verzehrt werden, denn sie wirken schädigend. (ebd.)

157. [264] Der Verzehr solcher Früchte wie Jujuba, Pfirsich, Aprikose und *li*-Pflaumen, die zwei Kerne haben, ist schädlich. (ebd.)

158. [265] Verzehrt man Früchte, die lange Zeit gelagert wurden, ruft dies Krankheiten hervor. (ebd.)

159. [266] Früchte, die in drei Lagen übereinander zu Boden gefallen sind, wirken tödlich, wenn sie gegessen werden. (ebd.)

Verbote bezüglich des Verzehrs von Gemüse

160. [267] Zwiebeln und Lauch *(xie)* die keimen, dürfen nicht verzehrt werden, denn sie schädigen das Herz-Qi.[516] (24b)

161. [268] Bittere Flaschenkürbisse *(paohu)* dürfen nicht im überreifen Zustand gegessen werden, denn dann sind sie giftig und wirken tödlich.[517] (ebd.)

Verbote bezüglich des Verzehrs von Fleisch[518]

162. [269] Haustiere, die von selbst verendet sind und deren Mäuler nicht geschlossen sind, führen bei Verzehr zu Schädigungen.[519] (25a)

163. [270] Von selbst verendete Vierfüßler, die mit dem Bauch nach unten auf dem Boden liegen, sind, wenn sie verzehrt werden, tödlich. (25b)

164. [271] Opferfleisch, das sich von selbst bewegt, darf nicht verzehrt werden.[520] (ebd.)

---

516 Ich lese hier 牙生 als 生芽.

517 Zu *pao*, s. ZWDCD 6/21878; danach ist *pao* die Bezeichnung für eine kleine Kürbis- bzw. Gurkenart, identisch mit 瓟.

518 Wörtlich „Verbote die Vierfüßler betreffend" (諸獸禁), doch ist in den Zitaten dieses Abschnittes hauptsächlich von Fleisch und seiner Zubereitung die Rede.

519 S. die Anmerkung 3 zu Fragm. 270, der zufolge eine Version 自死 anstelle von 臭 schreibt. Vgl. auch JKYL 24, S. 288, wo in drei Passagen auf „von selbst verendete" (自死) Tiere Bezug genommen wird.

165. [272] Leber von Tieren, die glänzend erscheint, soll nicht gegessen werden, da die Folgen letal sind. (ebd.)

166. [273] Dörrfleisch, das in einem Reisbehälter gelegt wurde, darf man nicht essen, denn es ist tödlich. (ebd.)

167. [274] Dörrfleisch lege man nicht in einen irdenen Behälter *(weng)* für Hirse; wird es verzehrt, so ruft es schädliche Qi-Blockaden hervor. (ebd.)

168. [275] Das Fleisch von Schwein, Lamm, Rind und Hirsch darf nicht mit *cai*- und Dattelholz gebraten werden, da sein Verzehr durch Parasitenbildung im Darm schädlich ist. (ebd.)

169. [276] Wird heißes Fleisch in einem Kupferbehältnis zugedeckt, so daß Flüssigkeit in das Gericht gelangt, ruft sein Verzehr bösartige Entzündungen und tiefe Abszesse *(rouju)* hervor. (ebd.)

170. [277] Solche Dinge wie rohes Fleisch und Innereien, die sich im Gras bewegen, bei Zugabe von Essig und Salz ihre Farbe nicht ändern, an denen keine Erde haftet, wenn sie auf den Boden fallen, und das Hunde verschmähen, sind immer giftig, so daß ihr Verzehr tödlich ist. (25b-26a)

171. [278] Der Verzehr von fettiger Brühe *(geng)* und Fleischsaft, die in einem *fu*-Kochgefäß über nacht zugedeckt und anschließend in einem Topf erhitzt werden, ist dann tödlich, wenn das im Gefäß befindliche Qi nicht entweicht. (26a)

172. [279] Brät man Dörrfleisch, ohne daß es sich bewegt, und bewegt es sich bei Zugabe von Wasser, dann ist sein Verzehr tödlich. (ebd.)

173. [280] Wird Fleisch gedörrt, dann darf man es nicht trocken essen, denn dies kann tödlich sein. (ebd.)

174. [281] Verdorbenen Reis und weiches Fleisch zu essen ist schädlich und ruft Erkrankungen hervor. (ebd.)

175. [282] Gedörrtes, das in einem grasgedeckten Raum aufbewahrt wird, heißt *loufu*, wird es in einem luftdichten Gefäß gelagert, so nennt man es *yufu*; beides soll man nicht essen.[521] (ebd.)

176. [283] [...] Zerkleinertes aus rohem Fisch und rohem Fleisch verzehre man nicht, denn sie wirken schädlich. (ebd.)

---

520 Zur Emendation von 癸 durch 祭, s. die Anm. 4 zu diesem Zitat in Is. 29, S. 488.

521 *Loufu* 漏脯 und *yufu* 鬱脯; vermutlich ist hier gemeint, daß das Gedörrte einmal nicht dicht genug verschlossen bzw. luftdicht verschlossen wird, was offensichtlich seiner Qualität abträglich ist.

Ernährung nach einer Erkrankung

177. [15] Nach der Heilung von wärmebedingten und durch Kälte verursachten Erkrankungen ist lediglich der Verzehr von Hirsesuppe angemessen, doch soll man diese nur in kleinen Mengen, aber nicht bis zur völligen Sättigung essen. Nach längerer Zeit der Genesung kann man sie mit etwas dickflüssiger Brühe zubereitet aus Fleisch von Ziege/Schaf *(yang)*, Hirsch *(lu)*, Fasan *(zhi)*, Hase *(tu)* und Wasserreh *(zhang)* zu sich nehmen. Es gilt Vorsicht walten zu lassen, denn durch Unvorsichtigkeit kann die Erkrankung erneut ausbrechen und zum Tode führen.[522] (11, 60a; 14, 246)

178. [16] Innerhalb eines Zeitraumes von einhundert Tagen nach Behandlung von Erkrankungen, die durch Kälte oder Vergiftung hervorgerufen wurden, ist der Genuß von schwerverdaulichen Speisen wie Schweinefleisch, Darm, Blut, fetter Fisch und ölige getrocknete Nahrungsmittel, untersagt. Wer sich nicht an dieses Verbot hält, bei dem führen sie zu Diarrhöe und eine erneute Heilung ist nicht möglich. (ebd.)

Ernährung in der Schwangerschaft

179. [22] In der Schwangerschaft vermeide man es, das Fleisch der sechs Haustiere zu essen, denn dadurch werden Seh- und Hörvermögen des Kindes geschwächt. [523] (18, 14a; 22,.358).

180. [23] Man vermeide den Verzehr von Schweineleber, denn sonst wird der Fötus nicht geboren (bleibt der Fötus nicht lebensfähig). (ebd.)

181. [24] Man verzehre kein Fleisch vom Hasen, denn dies verursacht beim Kind eine mangelnde Ausbildung der Lippen; auch sollte man sich vom Anblick von Hasen fernhalten.[524] (ebd.)

182. [25] Man esse weder Hühnereier *(jizi)* noch getrockneten Aal *(shanyu)*, denn dies verursacht beim Kind zahlreiche Entzündungen.[525] (ebd.)

183. [26] Man esse keine Fischköpfe, da der Embryo sonst Schaden erleidet. (ebd.)

184. [27] Der Verzehr von zerkleinertem Karpfen *(likuai)* führt beim Kind zur Entstehung zahlreicher Geschwüre.[526] (24b)

---

522 *Yang*, s. ZYDCD 1921, 1, S. 959f.; *lu*, s. ebd. 4633, 2, S. 2230f.; *zhi*, s. ebd.5193, 2, S. 2493; *tu*, s. ebd., 2978, 1, S. 1432f.; *zhang*, s. ebd., 5355, 2, S. 2564f.

523 Die sechs Haustiere *(liuxu* 六畜) sind Pferd, Rind, Ziege/Lamm, Schwein, Hund und Huhn, s. ZLBC, 18, S. 472 (Zitat Tao Hongjing).

524 S. ZLBC, 17, S. 459, Zitat Tao Hongjing.

525 Zu *jizi*, s. ZYDCD 2418, 1, 1196f.; zu Huhn *(ji)* allgemein s.ZLBC, 19, S. 475ff.; *shanyu*, s. ZYDCD 5725, 2, S. 2730f. und ZLBC, 20, S. 500f.

526 Zu *liyu* s. ZYDCD 5495, 2, 2620f.; zu *kuai* s. ZLBC, 20, S. 504; *kuai* vom Karpfen wird dort speziell erwähnt. Nach der Definition des *Shuowen jiezi* handelt es sich dabei um feingeschnittenes Fleisch bzw. Fisch (膾, 細切肉也) .

185. [28] Man vermeide es, rohen Ingwer zu essen, da dieser beim Kind zum Wachstum eines überzähligen Fingers *(yingzhi)* führt.[527] (ebd.)

186. [29] Man vermeide den Verzehr von getrocknetem Ingwer, Zimt *(gui)* und Süßholz *(gancao)*, denn sie verursachen eine Auflösung *(xiao)* des Fötus oder versetzen diesen in Unruhe.[528] (ebd.)

187. [30] Man trinke keine eisgekühlte Reissuppe, denn sie führt dazu, daß der Embryo nicht lebensfähig bleibt.[529] (ebd.)

188. [31] Man esse weder Aprikosenkerne noch heißes Malzsirup; beides verletzt und schädigt das Kind.[530] (ebd.)

189. [32] Man vermeide es, gebratenen Sperling *(que*[531]) in Kombination mit Soße aus Sojabohnen zu essen, denn dies verursacht eine leichte Blutung der Gebärmutter *(baolou)* und führt dazu, daß das Kind an heftigem Hautausschlag leidet.[532] (ebd.)

190. [33] Man trinke keinen Wein und verspeise keine größeren Mengen Fleisch vom Sperling, denn sie rufen beim Kind geistige Unruhe und eine Unordnung der Feinststoffe hervor.[533] (ebd.)

191. [34] Man verzichte auf Sperlingsfleisch, denn dies ruft beim Kind zahlreiche Begierden hervor. (ebd.)

192. [35] Man esse weder Fleisch noch Hirn vom Sperling, da sie beim Menschen zu Nachtblindheit *(quemang)* führen.[534] (ebd.)

193. [36] Man esse Sperling nicht zusammen mit Birnen, denn dies ruft eine Verkürzung der Zunge hervor.[535] (15a)

194. [37] Davidshirsch *(mi)* kombiniert mit *mei*-Pflaumen und *li*-Pflaumen verspeist verursacht eine Sehtrübung *(qingmang)*.[536] (ebd.; 358)

---

527 Vgl. das identische Zitat in JKYL 25, S. 292, in dem die Bezeichnung *yuzhi* 余指 verwendet wird.

528 Zu *gui* s. ZYDCD 3632, 2, S. 1770f.; zu *gancao* s. ebd. 1187, 1, S. 567ff.

529 Zu *jiang* s. ZWDCD, 5, 1539; zu *jiangshui* ZYDCD, 4023, 1, S.1960.

530 Zu *xingren* s. ZYDCD 2240, 1, S. 1100ff.

531 S. ZYDCD, 4308, S. 2097f.

532 Zu *que* s ZYDCD 4308, 2, S. 2097f. S.a. ZLBC, 19, S. 480f. (Eintrag *que luan)*; im Kommentar von Tao Hongjing wird auf das Tabu von Sperlingsfleisch in Verbindung mit *jiang* 醬 besonders für Schwangere hingewiesen; s.a. Zitat a.d. *Guangli fang*, ebd., S. 481.

533 Vgl. den ähnlichen Passus im JKYL 24, S. 290, wo nur von dem Verzehr des Fleisches vom Sperling die Rede ist. In einiger Deutlichkeit heißt es zu den negativen Auswirkungen für das Kind 使子淫亂無恥, in der Übersetzung „dies ruft beim Kind Laszivität und Schamlosigkeit hervor“. Dabei ist, um dies zu betonen, ja von dem noch ungeborenen Kind die Rede! Das nachfolgende Zitat drückt nahezu denselben Sachverhalt aus. Im *Guangli fang* findet sich ein fast identischer Passus, zit. in ZLBC, 19, S. 481.

534 *Quemang* erwähnt Tao Hongjing, zit. in ZLBC, 19, S. 480, Eintrag *que luan*.

535 Zu *li*, s. ZYDCD 4496, 2, S. 2175f.

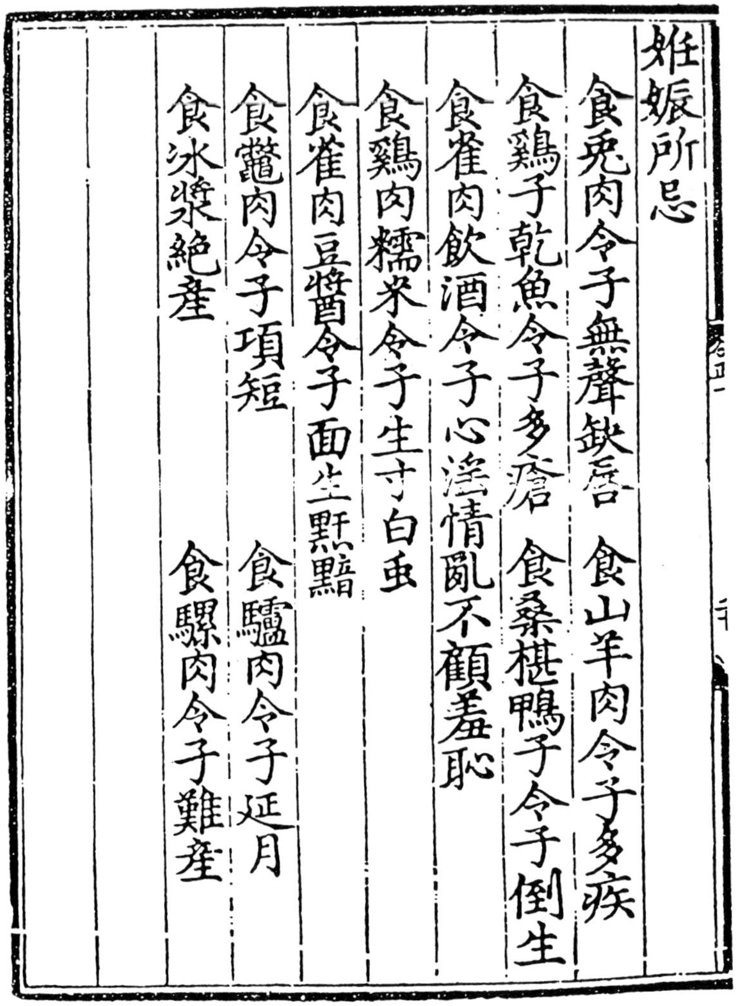

妊娠所忌

食兎肉令子無聲缺脣　食山羊肉令子多疾

食雞子乾魚令子多瘡　食桑椹鴨子令子倒生

食雀肉飲酒令子心淫情亂不顧羞恥

食雞肉糯米令子生寸白虫

食雀肉豆醬令子面生䵟黯

食鼈肉令子項短　食驢肉令子延月

食冰漿絶產　食騾肉令子難產

Ernährungstabus für Schwangere, aus „Korrekte Grundsätze der Ernährung" dat. 14. Jh. Einige der darin enthaltenen Ernährungsvorschriften sind bereits im *Yangsheng yaoji* zu finden, so z.B. das Verbot des Verzehrs von Hasenfleisch und Eiern.

乳母食忌

Ernährung von Kindern

195. [39] Sojabohnen und gerösteter Weizen sind für Kinder zwischen einem und zehn Jahren nicht geeignet, denn sie verursachen vielfach eine Stagnation des Qi und führen zum Tode. (21, 21a; 25, 407)

196. [40] Knaben die jünger als 15 Jahre sind, sollen keine kalten dickflüssigen Getränke zu sich nehmen, da ihre Hautstrukturen noch nicht fertig ausgebildet sind und es deshalb zu Erkrankungen kommen kann. (ebd.)

197. [41] Kleinkinder, die noch nicht von der Muttermilch entwöhnt wurden, dürfen nicht mit Hühnerfleisch gefüttert werden, da es zur Entstehung von Spulwürmern führt und zudem Schmächtigkeit des Körperbaus verursacht. (ebd.)

Rezepte

198. [12] Rezept zur Beseitigung von Schädigungen der Zähne, hervorgerufen durch den Verzehr saurer Früchte:
Man nehme Honig in den Mund und kaue diesen; die Beschwerden verschwinden augenblicklich. (5, 50b; 5, 114)

199. [13] Bei Kältebeschwerden im Bereich des Bauches soll man Milch trinken, wodurch Bauchschmerzen ausgeleitet werden. (9, 23a; 11, 193)[537]

200. [284] Rezept gegen [die Folgen] der Völlerei:
Man kaue rohe Rettichwurzel *(laifu)* und schlucke diese dann herunter, was unmittelbar die Verdauung befördert. Des weiteren kann man die Wurzeln zu Saft pressen und diesen einnehmen.[538] (25, 19a; 489)

201. [285] Rezept zur Behandlung starker Trunkenheit mit unerträglichen Vergiftungserscheinungen:
Man koche Rapsrübe *(wujing cai)* und Hirse zusammen mit Wasser gar und filtere die groben Bestandteile heraus: der kalt getrunkene Sud beseitigt die Erscheinungen. Dies ist das wirksamste Rezept.[539] (20a; 29, 490)

202. [286] Ein weiteres Rezept:
Man koche aus Reis *(gengmi)* eine dickflüssige Suppe, schöpfe die Flüssigkeit ab und trinke sie. Dies zeitigt gute Wirkungen.[540] (ebd.)

---

536 Zu *mi*, s. ZYDCD 5635, 2, S. 2688; s. ZLBC, 18, S. 466f. (Eintrag *mizhi)*; Tao Hongjing weist darauf hin, daß sein Fleisch nicht zusammen mit rohem Gemüse, Pflaumen, *li* und Früchten gegessen werden darf. Zu *mei*, s. ZYDCD 935, 1, 454f. *(wumei)*; zu *li*, s. ebd. 2247, 1, 1104 *(lizi)*.

537 Vgl. das identische YSYJ Fragm. 303, ls. 30, S. 504. Vgl. hierzu den Eintrag zu „Kuhmilch" *(niuru)* in ZLBC, 16, S. 443. *Xieli*, die Bezeichnung für Diarrhöe, ist hier im Sinne eines Ausleitens *(xie* 泄) der vorherrschenden Störung gemeint.

538 Zu *laifu*, s. ZYDCD 3688, 2, S. 1800f., ZLBC, 27, S. 610f.

539 Zu *wujing cai* s. ZYDCD 2138, 1, S. 1051 und ZLBC, 27, S. 605f.

540 Zu *jingmi (gengmi)* s. ZYDCD 5242, 2, S.2511f., ZLBC, 25, S. 589.

Karpfen *(jiyu)*, aus „Durch Quellen belegte klassifizierte Drogenkunde“ *(Zhenglei bencao)*, dat. 11./12. Jh. Darin heißt es: „Karpfen: Geschmack süß, Temperaturausstrahlung warm. Stoppt Diarrhöe, doch ist übermäßiger Verzehr nicht angeraten.“

203. [287] Man koche Azukibohnen *(chi xiaodou)* mit Wasser, schöpfe ein *sheng* des Suds ab: kalt getrunken beseitigt er die Folgen.[541] (ebd.)

204. [288] Rohe Wurzeln der Kopoubohne *(gegen)* zerstampfen, den Saft abschütten und trinken. (ebd.)

205. [289] Rezept bei Vergiftungen durch Fladen, dickflüssige Fleischsuppe und andere Dinge:
Man nehme eine *beichi*-Muschel und lutsche diese eine Weile, worauf die gegessenen Nahrungsmittel erbrochen werden. Dies Rezept zeitigt gute Wirkung. (25a; 491)

206. [290] Ein weiteres Rezept: Man zerstampfe Lauch *(jiu)* zu Saft, den man trinkt. (ebd.)

207. [291] Rezept für Verdauungsbeschwerden nach dem Genuß von Früchten: Süßholz, *beichi*-Muschel und Mehl *(fen?)* zu gleichen Teilen mahlen und mit Wasser einnehmen. Dies zeitigt gute Wirkung.[542] (27a; 492)

208. [292] Ein weiteres Rezept: Das Trinken von zwei *sheng* Milch zeitigt gute Wirkung. (ebd.)

209. [293] Ein weiteres Rezept: Man nehme Honig in den Mund und kaue ihn. Dies beseitigt augenblicklich die Beschwerden. (ebd.)

210. [294] [Rezept bei Vergiftungen durch Gemüse:] Sesam *(huma)* zermahlen und zwei *ge* zusammen mit Wasser einnehmen.[543] (27b)

211. [295] Rezept zur Behandlung der Folgen des Genusses von wildwachsendem Gemüse, bei dem man irrtümlich Blutegel *(zhi)* verspeist, die im Magen und den übrigen *zang* des Menschen sich von dessen Blut ernähren, so daß der Betroffene derart abmagert, daß er zu sterben wünscht:
Man trinke ungefähr ein *sheng* frisch entnommenes Rinderblut. Nach einer Nacht erwärme man ein *sheng* Schweinefett und trinke es. Der Blutegel wird dann durch eine große Öffnung den Körper verlassen. Die Wirksamkeit dieses Rezeptes hat sich in der Anwendung gezeigt. Das angestochene Rind wird nicht geschlachtet, sondern man entnimmt ihm nurmehr [eine entsprechende Menge] Blut. (27b-28a)

212. [296] Rezept bei scheinbar durch einen Gegenstand hervorgerufene Blockaden im Rachenbereich beim Verzehr von fettem Fleisch und Reissuppe: Man nehme ein *he* Saft vom rohen Ingwer, der zusammen mit dickflüssiger Suppe aus fermentierten Bohnen gegessen wird; die Beschwerden sind augenblicklich behoben.[544] (31b; 493)

---

541 Ein *sheng* entspricht 198 ml.

542 Zu *beichi (beizi)* s. ZYDCD 809, 1, S. 407f.

543 1 *ge* entspricht 1/10 *sheng*.

544 Fermentierte Bohnen *(chi)*, s. ZWDCD, 8, 1208, s.a ZYDCD, 2, 1991, Eintrag *chizhi*.

Kapitel 7

Sexualhygiene („Innere Gemächer") 房室

1. [103] Der Daoist Liu Jing führt aus: Während der Frühlingsmonate darf man alle drei Tage Essenz (Samenessenz) abgeben, im Sommer und Herbst zweimal innerhalb eines Monats, im Winter dann gilt es, die Essenz zu verschließen und nicht abzugeben. Der Lauf der Natur *(tiandao)* ist es, im Winter das Yang zu horten; vermag der Mensch demgemäß zu handeln, so erlangt er Langlebigkeit. Das einmalige Ausstoßen [von Essenz] im Winter kommt einhundert Emissionen im Frühling gleich.[545] (24, 24a; 28. 19, S. 470)

2. [104] Zu den folgenden Zeiten sind die Angelegenheiten der inneren Gemächer tabu: am ersten und letzten Tag eines jeden Monats, im ersten und letzten Viertel des Monats, an den sechs *ding*- und den sechs *bing*-Tagen[546], an *po*-Tagen[547], am 28. des Monats, bei Mondfinsternissen, bei Sturm und heftigem Regen, bei Erdbeben, Blitz und Donner, während großer Kälte und großer Hitze, an den Tagen des Jahreszeitenwechsels von Frühling, Sommer, Herbst und Winter, das heißt innerhalb der fünf Tage, an denen sie verabschiedet und willkommen geheißen werden. Während dieser Tage übe man [die Vereinigung von] Yin und Yang nicht aus. Untersagt ist sie in den Jahren, deren Zykluszeichen dem Jahr der eigenen Geburt entspricht, an den Tagen *bing*, *zi*, *ding* und *si* nach dem Sommersolstitium, an den Tagen *geng*, *shen*, *xin* und *you* nach dem Wintersolstitium, nach dem Waschen der Haare, bei Erschöpfung unmittelbar nach einer langen Reise und auch bei heftiger Freude und großem Zorn soll man sich der Vereinigung von Yin und Yang enthalten.[548] Erreicht der Ehemann die Lebensjahre, in denen [seine Vitalkraft] verfällt, so vermeide er unbeherrschte[549] Abgaben der Essenz.[550] (24, 36b; 28. 24, S. 474)

---

545 Dasselbe Zitat enthält YYML 2. 6, 11b-12a. Liu Jing wird ein weiteres Mal in einem Zitat aus dem *Yufang zhiyao* erwähnt (s. Is. 28, 465, übers. in Wile 1992, 101). Dort vertritt er die Theorie, daß häufiger Verkehr innerhalb eines Tages und einer Nacht, ohne dabei Samenessenz abzugeben, sowohl eine therapeutische als auch lebensverlängernde Wirkung zeitigt. Liu Jing hat einen Eintrag im *Shenxian zhuan*, Kap.7; dort wird Huangfu Long erwähnt, der von Liu Belehrung über Langlebigkeitsdrogen und Sexualtechniken (*jiaojie zhi dao*) erhielt.

546 Tage, in deren Bezeichnung nach dem Sechzigerzyklus die Zykluszeichen *bing* bzw. *ding* vorkommen.

547 Nach Hsia 1986, Bd. 2, S. 212, handelt es sich dabei um den 4. Tag innerhalb eines Zwölferzyklus.

548 Vgl. zu diesen Beischlaf-Tabus den ähnlichen Passus in YYML 1. 3, 14b-15a.

549 忌=忘, s. Is. 28. 24, S. 474, Anm. 9.

550 Vgl. das Zitat im YYML, 2. 6, 12b, als dessen Quelle das *Daoji* angegeben wird. Beide Versionen zeigen einige Abweichungen in der Anordnung des Textes; vgl. die Übersetzung in Wile 1992, 122. Das gesamte Kapitel 28. 24 des *Ishimpō*, das fünf der insgesamt sechs Zitate zur Sexualhygiene aus dem YSYJ enthält, ist dem Thema der Tabus für die Ausübung der geschlechtlichen Vereinigung gewidmet.

3. [105] In den „Monatlichen Bestimmungen für die vier Schichten des Volkes“ von Cui Shi aus Anping heißt es: Der fünfte Monat ist der mittlere Sommermonat, der Monat der Sommersonnenwende; Yin und Yang sind im Widerstreit, „Blut“ und Qi befinden sich im Zustand der Zerstreuung. Jeweils fünf Tage vor und nach der Sommersonnenwende sollen [Mann und Frau] getrennt voneinander in einem inneren und äußeren [Raum] schlafen.[551] Der elfte Monat ist der mittlere Wintermonat, in den die Wintersonnenwende fällt; Yin und Yang sind im Widerstreit, „Blut“ und Qi befinden sich im Zustand der Zerstreuung. Jeweils fünf Tage vor und nach der Wintersonnenwende solien [Mann und Frau] getrennt voneinander in einem inneren und äußeren [Raum] schlafen.[552] (24, 36b-37a; 28. 24, S. 474f.)

4. [106] Ein unbedingtes Verbot für die geschlechtliche Vereinigung ist es, sie im Zustand der Trunkenheit oder großen Sättigung zu vollziehen, denn seine Nichtbeachtung schädigt den Menschen hundertfach. Sexuelle Aktivität im trunkenen Zustand kann bösartige Entzündungen *(echuang)* herbeiführen oder aber aufsteigendes Qi verursachen. Das Zurückhalten bei Harndrang während des Verkehrs führt zu einer schmerzenden Tropferkrankung *(lin)*[553] und Schwierigkeiten beim Wasserlassen, Schmerzen im Membrum und Verspannung des Unterbauches. Nach heftigen Freuden- und Zornesregungen soll man sexuellen Aktivitäten nicht nachgehen, da dies Furunkel und Abszesse entstehen läßt. (24, 37a; ebd.)

5. [107] Meister Bu führt aus: Geschlechtliche Vereinigung mit einer Frau, deren Menstruation noch nicht beendet ist, ruft Erkrankungen hervor. Bringt die Frau ein Kind zur Welt, so hat dies ein handtellergroßes rötliches Mal im Gesicht oder auf dem Körper. Der Mann erkrankt an weißen Flecken.[554] (ebd.; 24, 37a-b)

6. [108] Ist man bereits betrunken, enthalte man sich der Angelegenheiten der inneren Gemächer; ist man mit diesen befaßt, so betrinke man sich nicht.
Hat man eine sättigende Mahlzeit eingenommen, dann enthalte man sich der Angelegenheiten der inneren Gemächer; ist man mit diesen befaßt, so nehme man keine sättigende Mahlzeit ein.
Hat man anstrengende Tätigkeiten begonnen, so enthalte man sich der Angelegenheiten der inneren Gemächer; ist man mit diesen befaßt, so vermeide man anstrengende Tätigkeiten.
Ist man bereits sehr hungrig, dann enthalte man sich der Angelegenheiten der inneren Gemächer; ist man mit diesen befaßt, so vermeide man großen Hunger. (ebd.; 24, 37b)

---

551 Vgl. die Übersetzung in Hsu Cho-yun, Han Agriculture, S. 222. Im Anschluß an den oben zitierten Passus gibt der Text Ratschläge zur Ernährung.

552 S. Hsu, ebd., S. 226.

553 淋 = 淋病, vgl. YYML, 2. 6, S. 12b; zu dieser Erkrankung, die bereits das *Suwen* (Liuyuan zhengji dalun) erwähnt, s. das ZBYH, *Zhulin hou*; vgl. ZHDCD, S. 1450.

554 白駁病, identisch mit 白癜風 („weiße-Flecken-Wind).

7. [46] Der mit höchster [Erkenntnis begabte] Gelehrte teilt das Bett nicht (mit seiner Frau) und der Gelehrte mittlerer [Erkenntnis] sorgt für getrennte Bettdecken. Wirkungsvoller als die Einnahme von Heilmitteln ist es, alleine zu schlafen. Die Farben lassen die Augen erblinden, die Töne machen die Ohren taub und die Geschmäcker verwirren den Gaumen. Wem es gelingt, das Angemessene zu beherrschen und zu unterstützen, Blockaden zu beseitigen und Durchlässigkeit zu fördern, der wird davon keinen Schaden haben, sondern im Gegenteil Nutzen erlangen.[555] (23, 3a; 27. 1, S. 449)

YYML, Kap. 2. 6, „Über Nutzen und Nachteil der Geschlechtsbeziehung“ [556]
御女損益

1. Für das Dao ist die Essenz *(jing)* ein Schatz; entweicht sie, so bringt sie einen Menschen hervor, wird sie bewahrt, dann verleiht sie dem eigenen Leib Leben. Kultiviert man das Leben des Leibes, so kann man danach streben, in den Rang eines Unsterblichen zu gelangen; wird ein Mensch gezeugt, dann erlangt man dadurch Verdienst, der Körper aber beginnt zu verfallen. Erwirbt man Verdienst auf Kosten des leiblichen Verfalles, dann verliert man sich in seinen Begierden und betrachtet diese gleichsam als ein Spiel. Um wieviel mehr gilt das für den, der unbesonnen seine Essenz entweichen läßt und so sein Leben vergeudet! Da er dies nicht als einen großen Verlust empfindet, wird er zunehmend an Ermattung leiden, um schließlich sein Leben zu verlieren.
Himmel und Erde eignet Yin und Yang, und Yin und Yang sind es, die der Mensch wertschätzt. Er wertschätzt sie, weil er durch sie zur Einheit mit dem Dao gelangt. Doch gilt es, sich vor Exzessen in acht zu nehmen. (2.6, 8a)
2. Identisch mit YSYJ-Fragm. 46
[...] Das tägliche Verbot besteht darin, sich beim abendlichen Mahl übermäßig zu sättigen. (Komm.: Durch abendliche Übersättigung und anschließende Nachtruhe verliert man einen Tag seiner Lebensspanne). Das monatliche Verbot besagt, sich abends nicht zu betrinken. (Komm.: Legt man sich betrunken zur Nachtruhe, so bedeutet das den Verlust eines Lebensmonats). Das für das ganze Jahr geltende Verbot ist es, sich abends von den inneren Gemächern fernzuhalten. (Komm.: Ein Koitus raubt ein Jahr der Lebensspanne, das selbst durch das Kultivieren (des Lebens) nicht zurückgewonnen werden kann). Das ganze Leben lang geltende Verbot besagt, daß man am Abend sein Qi bewahren soll. (Komm.: Zur Zeit der abendlichen Bettruhe soll man sich das Verschließen des Mundes zur Angewohnheit machen, denn durch den geöffneten Mund verliert man Qi und zudem kann pathogenes Qi durch den Mund eindringen). (2.6, 8a-b)

---

555 Der angeführte Passus stellt das letzte Drittel eines Pengzu-Zitates (YSYJ 46) dar, das in ls. 27 wiedergegeben wird. Derselbe Abschnitt ist im YYML, Kapitel 2.6, "Über Schaden und Nutzen der Geschlechterbeziehung“, Teil einer längeren, ebenfalls Pengzu zugeschriebenen Ausführung (S. 8a-b).

556 Die Übersetzung folgt der von Mugitani (1987, 50ff.) gemachten Einteilung des Textes in Abschnitte. Bei den Passagen, die auch im YSYJ angeführt sind, wird auf die entsprechende Stelle verwiesen. Für die deutsche Fassung wurde die englische Übersetzung in Wile 1992, 119-122, konsultiert.

3. Cainü [557] wandte sich mit folgender Frage an Pengzu: Im Alter von 60 Jahren soll der Mann seine Essenz verschließen und das Eine bewahren *(shouyi)*; kann man dies tun, es aber auch nicht tun? Pengzu antwortete: So ist es nicht. Der Mann will nicht ohne Frau sein; ist er ohne Frau, dann wird seine Vorstellung *(yi)* aktiviert; ist die Vorstellung aktiviert, so ermüdet dies den Geist *(shen)* und das Ermüden des Geistes vermindert die Lebensspanne. Sind die Gedanken wahr und aufrichtig und ist man frei von Bedenken, so wäre das wohl der beste Zustand, doch vermag dies von Zehntausenden kaum einer. Die Essenz gewaltsam zu verschließen läßt sich nur schwer beibehalten und führt leicht zu deren Verlust. Es bewirkt ein Heraussickern der Essenz und führt zu Trübungen des Urins und mag sogar ein pathologisches Kopulieren mit Geistern verursachen. Auch bewirkt das Streben danach, das Qi nicht zu agitieren, zu einer Erschlaffung des Yang [*yangdao*, i.e. des Membrum]. Wer mit Frauen geschlechtlich verkehren will, der soll zunächst seine Essenz in Bewegung bringen, was eine starke Erektion bewirkt, um dann ohne Hast das Liebesspiel zu beginnen und das Yin-Qi aufzunehmen. Bewege das Yin-Qi und nach einer Weile empfindet man eine Stärkung. In der Stärke benutze man es, achte darauf, sich langsam und nicht heftig zu bewegen. Ist die Essenz in Bewegung versetzt, dann halte man inne.[558] Verschließe die Essenz, verlangsame die Atmung, schließe die Augen und führe auf dem Rücken liegend Übungen des Leitens und Dehnens aus. Wenn sich der Körper wieder erholt hat, kann man Verkehr mit einer anderen Frau haben. Sobald das Begehren erwacht ist, wende man sich einer anderen Frau zu. Durch diesen Wechsel vermag man langes Leben zu erlangen. Verkehrt man hingegen nurmehr mit ein und derselben Frau, so wird deren Yin-Qi schwach und ist von geringem Nutzen.[559]
Das Dao des Yang folgt den Gesetzmäßigkeiten des Feuers, das Dao des Yin folgt den Gesetzmäßigkeiten des Wassers; Wasser vermag Feuer zu kontrollieren, so wie Yin in der Lage ist, Yang auszulöschen. Bei langanhaltendem Gebrauch ohne Unterlaß wird das Yang vom Yin-Qi absorbiert, mit dem Effekt, daß der Zustand des Yang sich in einen des Mangels verwandelt. Was man gewinnt, vermag den Verlust nicht zu kompensieren. Wenn es einem jedoch gelingt, mit zwölf Frauen zu verkehren ohne [seine Essenz] zu emittieren, so wird man im Alter von schöner Gestalt sein. Der Verkehr mit dreiundneunzig Frauen ohne Emission [von Essenz] verleiht eine Lebensspanne von zehntausend Jahren. Ein Mangel von Essenz ruft Krankheiten hervor, ist die Essenz erschöpft, stirbt man. Es gilt, sich zu enthalten, es gilt, achtsam zu sein. Bei mehrfachem Verkehr mit nur gelegentlicher Emission wächst das Essenz-Qi an und es kommt nicht zu Leere- oder Mangelzuständen. Mehrmalige sexuelle Aktivität, bei der jedesmal [Essenz] emittiert wird, läßt diese nicht anwachsen, und so wird sich die Essenz erschöpfen. Bei häufig zu Hause praktiziertem Verkehr gilt, daß jedes-

---

557 Zur Gestalt der Cainü 采女 s. Wile:1992, 228, Anm. 12.
558 Zur Emendation von 正 durch 止, s. Wile, ebd., 120, Anm. 3.
559 Der Passus „Sobald das Begehren ... geringem Nutzen“ wird in Is. 292, S. 464 als Zitat aus dem *Yufang bijue* wiedergegeben.

mal wenn die Essenz aktiviert aber nicht emittiert wird, man das Äquivalent einer Emission gewinnt. Ist man zu häufiger sexueller Aktivität nicht in der Lage, so soll man zweimal pro Monat Essenz emittieren. Das Essenz-Qi wird auch so auf natürliche Weise anwachsen, doch geschieht dies langsam und schwach. Der Effekt stellt sich nicht so schnell wie bei häufigem Verkehr ohne Emission von Essenz ein. Cainu erlangte diese Techniken in ihrer Jugend und verstand sich darauf, die natürlichen Anlagen zu nähren. Im Alter von einhundertsiebzig Jahren glich sie einer Fünfzehnjährigen. Als sie beim König von Yin in Diensten stand, bat sie Pengzu um Belehrung über diese Techniken.

4. Pengzu sprach: Daß sexuelle Zügellosigkeit die Lebensspanne verkürzt, ist nicht das Werk von Dämonen und Geistern, sondern wird verursacht durch niedrige und unzüchtige Absichten. Sobald die Essenz aktiviert ist, trachten sie danach, diese zu emittieren; sie lassen es sich angelegen sein, den anderen zufrieden zu stellen [560]; unersättlich setzen sie all ihre Kraft ein, doch führt dies nicht zu gegenseitigen Nutzen, sondern sie fügen sich gegenseitig Schaden zu. Bei einigen führt dies zu Furcht bis hin zum Irrsinn oder Verzehrungsdurst [561]; andere verlieren den Verstand[562] oder ziehen sich bösartige Entzündungen zu. Die Ursache hierfür ist der Verlust von Essenz. Nach einer Ejakulation muß man die Vitalkräfte [im Innern] leiten und führen *(daoyin)*, um den Verlust auszugleichen.[563] Geschieht dies nicht, so werden Blutbahnen, Mark und Hirn zunehmend geschädigt, und das Eindringen von Wind und Feuchtigkeit ruft Erkrankungen hervor. Der Grund ist, daß gewöhnliche Menschen nichts von der Notwendigkeit wissen, einen Verlust auszugleichen.

5. Pengzu führt aus: Ein Mann kann nicht ohne Frau sein und eine Frau nicht ohne Mann. Alleine zu sein und seine Gedanken auf die geschlechtliche Vereinigung zu richten vermindert die Lebensspanne und bringt die vielfältigen Erkrankungen hervor. Geister und Dämonen nutzen dies aus, um mit ihnen zu kopulieren. Der dabei erlittene Verlust an Essenz ist hundertmal so groß wie bei normalem Verkehr.[564]

6. Wer Nachkommenschaft begehrt und diesen Nachkommen langes Leben, Weisheit, Reichtum und Amt sichern will, der sollte die Tage der Mondhäuser auswählen, um sein *jing* zu emittieren. Die Tage der Mondhäuser sind weiter unten verzeichnet.
Tianlao legt dar: Von der Geburt an besitzen die Menschen die fünf Kardinaltugenden *(wu chang)*. Daß sie sich in ihrer Gestalt ähnlich sind, doch in bezug

560 Vgl. Song 1992, 227, Anm. 14, der 副彼心 glossiert als 使他稱心.
561 *Xiaoke* 消渴, s. ZBYH 5, S. 155ff.
562 *Dianchi* 癲癡, s. ZHDCD, S. 1745 u.1628 *(chi)*.
563 *Daoyin* bezieht sich hier offensichtlich auf bestimmte innere Praktiken und nicht auf äußerliche Übungen des Leitens und Dehnens, s. Wile, S. 120.
564 Das *Ishimpō* (28. 1, S. 463) führt denselben Passus als Zitat aus dem *Qianjin fang* an. Vgl. auch die ähnliche, ebenfalls Pengzu zugeschriebene Formulierung in YYML 2. 6, S. 9a, wo es heißt 男不欲無女，無女則意動 (z. Übersetzung, s.o., S. 218).

auf ihre Stellung und Achtung in der Gesellschaft unterscheiden, ist das Resultat der Vereinigung der acht Konstellationen und von Yin und Yang durch Vater und Mutter. Wenn Yin und Yang nicht zu der ihnen gemäßen Zeit vereinigt werden, dann besitzen die Nachkommen mittelmäßige Eigenschaften. Werden die acht Konstellationen nicht vereint, doch ist der Zeitpunkt angemessen, so gehören sie der mittleren oder oberen Kategorie an. Werden freilich weder die acht Konstellationen vereint noch die rechte Zeit gewählt, dann sind die Nachkommen von gewöhnlicher Art. Die geschlechtliche Vereinigung in Harmonie mit den Konstellationen zu vollziehen ist, wenn auch keine Nachkommen, denen Reichtum und Stellung sicher sind, gezeugt werden, von Nutzen für einen selbst. Es ist ein überaus glückbringendes Omen. Die acht Konstellationen sind *shi*, *can*, *jing*, *gui*, *liu*, *zhang*, *xin* und *dou*. Befindet sich der Mond in diesen Konstellationen, kann die Vereinigung von Yin und Yang vollzogen werden, um Nachkommen anzustreben. Der 2., 3., 5., 9. und 20. Tag eines Monats sind die Königs- und Ministertage, an denen das vitale Qi vorherrscht. Wird die Vereinigung an diesen Tagen vollzogen, so ist der Nutzen fünfmal so groß [wie an anderen Tagen], Blut und Qi nehmen keinen Schaden und Krankheiten bleiben aus. Für die Vereinigung an den Königs- und Ministertagen wähle man die Zeit zwischen Mitternacht und Hahnenschrei; gemächlich stimuliere man ihre Jadequelle, trinke ihren Jadesaft und necke sie. Kombiniert man im Frühjahr die Tage *jiayin* und *yimao*, *bingwu* und *dingwei* im Sommer, *gengshen* und *xinyou* im Herbst und *renzi* und *denghai* im Winter mit den oben angeführten Tagen der Mondhäuser, so ist dies besonders gut. Strebt man Nachkommenschaft an, dann warte man den 1., 3. und 5. Tag nach Beendigung der Monatsregel ab und wähle an den Königs- und Ministertagen die Zeit nach Mitternacht, in der das vitale Qi vorherrscht, aus. Wird die Essenz in dieser Zeit emittiert und führt zur Empfängnis, dann werden die Nachkommen sämtlich männlich sein, lange leben, tugendhaft und klug sein. Die Königs- und Ministertage sind jene Tage, die im Frühjahr mit den Zykluszeichen *jia* und *yi*, im Sommer mit *bing* und *ding*, im Herbst mit *geng* und *xin* und im Winter mit *ren* und *gui* beginnen.

7. Das Wichtigste bei der Kultivierung des Lebens ist das Hegen der Essenz *(aijing)*. Wer es vermag, innerhalb eines Monats zweimal, das heißt innerhalb der vierundzwanzig Perioden (Halbmonate) eines Jahres jeweils einmal Essenz zu emittieren, der erreicht so eine Lebensspanne von einhundertzwanzig Jahren. Nimmt man zusätzlich noch Heilmittel ein, so kann man lange leben. Das Unglück besteht darin, daß der Mensch in seiner Jugend diese Prinzipien *(dao)* nicht erkennt, oder aber sie zwar erkennt, nicht aber gewissenhaft nach ihnen zu handeln vermag. Stellt sich eine allmähliche Erkenntnis im Alter ein, so ist es bereits fast zu spät, und Krankheiten lassen sich nur schwer heilen. Doch wer es dann noch versteht, seine Vitalkräfte zu bewahren, der vermag seine Lebensjahre zu mehren. Wer freilich in seiner Jugend gemäß diesen Prinzipien handelt, kann hoffen, ein Unsterblicher zu werden.

8. Im „Klassiker der Unsterblichen“ heißt es: Die Methode zur gemeinsamen Erlangung der Unsterblichkeit für Männer und Frauen besteht darin, tief zu penetrieren, ohne die Essenz zu aktivieren. Man stellt sich etwas Rotes von der Größe eines Eis vor, das sich in der Nabelmitte befindet. Nun führt man langsame Bewegungen vor und zurück aus und zieht sich zurück, sobald die Essenz aktiviert wird. In dieser Weise morgens und abends mehrere Dutzend Mal ausgeführt, befördert [diese Technik] die Lebensspanne. Mann und Frau sollen beide ihren Geist zur Ruhe bringen und gemeinsam konzentrieren. Sie sollen nur intensiv an die Ausführungen des Daoisten Liu Jing denken, der gesagt hatte: „Während der Frühlingsmonate darf man alle drei Tage Essenz abgeben [...].[565]

9. Der Daoist Kuai bemerkt: Wenn ein Mann das Alter von sechzig Jahren erreicht, so sollte er es ganz aufgeben, den Angelegenheiten der inneren Gemächer nachzugehen. Vermag er es allerdings, dabei seine Essenz nicht zu emittieren, dann kann er Frauen besteigen. Wer aber das Vermögen der Selbstkontrolle nicht hat, für den ist es das beste, sich [von den inneren Gemächern] fern zu halten. Heilmittel in großer Zahl zu sich zu nehmen ist weniger wirksam, als diese Angelegenheit zu beachten, denn dann erlangt man eine lange Lebensspanne.

10. Bei Daolin heißt es: Die Grundlage des Schicksals ist die Wurzel des Lebens. Die Grundlage wird durch dieses dao bestimmt. Wer zwar das „große Elixier“ einnimmt, Atemübungen macht, das Leiten und Dehnen ausführt und sämtliche Methoden *(dao)* vollständig praktiziert ohne jedoch die Wurzel des Lebens zu erkennen, dem ergeht es wie dem Baum, der zwar dichte Zweige und üppiges Blättergrün aber keine Wurzeln hat, er lebt nicht lange. Die Wurzel des Lebens, das sind die Angelegenheiten der inneren Gemächer. Deshalb heißt es bei den Heiligen: ‘Wenn man langes Leben erstrebt, muß man bei dem beginnen, wodurch Leben entsteht’. Die Angelegenheiten der inneren Gemächer können einem Menschen Leben geben, ihn aber auch umbringen. Es verhält sich damit wie mit Wasser und Feuer: wer sie zu gebrauchen weiß, der vermag damit sein Leben zu nähren, wer sich nicht darauf versteht, dem können sie sofortigen Tod bedeuten.

11. Ein unbedingtes Verbot für die geschlechtliche Vereinigung ist es, sie im Zustand der Trunkenheit oder großen Sättigung zu vollziehen [...] .[566]

12. Tabus für die inneren Gemächer aus dem *Daoji* [...].[567]

---

565 Das Zitat von Liu Jing ist identisch mit YSYJ-Fragm. 103, Is. 24, 24a; 28. 19, S. 470. Während Mugitani (1987, 55) mit dem Zitat einen neuen Abschnitt beginnen läßt, das heißt den Abschnitt mit 唯須猛念 enden läßt, interpretiert Wile (1992, 121) diesen Passus meines Erachtens richtig als 唯須猛念道人劉京云... .

566 Dieser Abschnitt ist identisch mit YSYJ-Fragm. 106, Is. 24, 37a; 28. 24, S. 475.

567 Die Auflistung der Tabuvorschriften ist im wesentlichen identisch mit YSYJ-Fragm. 104, Is. 24, 36b; 28. 24, S. 474. Sie wird im YYML durch folgenden Passus ergänzt, der als Kommentar gekennzeichnet ist: „Wenn Yin und Yang sich vermischen, soll man die Vereinigung

13. Pengzu sprach: Man darf nicht unwissend sein über das Wesen von Gedeih und Vergehen. Es gilt, große Kälte und Hitze, starken Wind und Regen und heftigen Schneefall, Sonnen- und Mondfinsternisse, Erdbeben, Donner und Blitz[568] zu meiden. Dies sind die Tabus des Himmels. Trunkenheit und Völlerei, Freude, Zorn, Sorgen, Niedergeschlagenheit, Trauer und Furcht, dies sind die Tabus des Menschen. Gebirge und Flüsse und die Altäre der Himmels- und Erdgottheiten, sowie Brunnen und Herdstätten, all diese Orte sind die Tabus der Erde. Es gilt sowohl diese drei Tabus zu vermeiden als auch die glückbringenden Tage zu beachten. Diese sind Tage, die mit den Zykluszeichen *jia* und *yi* im Frühjahr, *bing* und *ding* im Sommer, *geng* und *xin* im Herbst und *ren* und *gui* im Winter beginnen. Während allen Jahreszeiten sind die Tage, die mit den Zykluszeichen *wu* und *ji* beginnen, die Königs- und Ministertage. Man sollte die günstigen Zusammenkünfte *(jiahui)* nutzen, denn sie verleihen langes Leben und sichern den Nachkommen Langlebigkeit. Gegen diese Tabus zu verstoßen ruft Krankheiten hervor und zudem wird die Nachkommenschaft von unheilvollen Einflüssen heimgesucht und nur eine kurze Lebensspanne erleben.

14. Laozi sagt: Indem man die Essenz zurückführt, um das Gehirn zu stärken, kann man das Altern verhindern *(bu lao)*.[569]

15. Im *Zidu jing* heißt es[570]: Die Methode zur Emission der Essenz besteht darin, schwach einzudringen und sich erstarkt zurückzuziehen. Was ist damit gemeint, 'schwach einzudringen und stark zurückzuziehen'? Führe den Jadeschaft bis zu einer Tiefe zwischen den „Saiten der Zither" und den „Zähnen des Weizens" ein; sobald er anschwillt, ziehe man ihn zurück und führe ihn ein, wenn er schwach ist. Dies ist damit gemeint 'schwach eindringen und stark zurückziehen'. Wiederhole dies solange, bis achtzig Bewegungen erreicht sind; dann ist die Yang-Zahl vollkommen und die wunderbaren Wirkungen zeigen sich unmittelbar.

16. Laozi sprach: 'Schwach eindringen und stark zurückziehen, dies ist die Methode derer, die darum wissen, wie das Leben zu nähren ist. Stark eindringen und schwach zurückziehen, damit findet selbst jemand mit günstigem Schicksal sein Ende.' Dies ist hiermit gemeint.[571]

---

meiden, denn sie schädigt Blut und Qi, das Rechte entweicht und Übles wird aufgenommen. Hierdurch nimmt das rechte Qi großen Schaden. Man vermeide sie." (YYML 2. 6, 12b).

568 *Zhen* 震 ist eine Verschreibung für *dian* 電, s. den identischen Text des *Yufang bijue*, zit. in Is. 24, 37b; 28. 24, S. 474.

569 Das Zitat ist in der überlieferten Version des *Daode jing* nicht enthalten; vgl die Anm. in Wile 1992, 263, Anm. 6.

570 Ein *Zidu jing* wird in *Baopuzi* 19 (*Jialan*, S. 332) aufgelistet. Der Titel stellt eine Beziehung zu Wu Yan 巫炎, Großjährigkeitsname Zidu 子都 her, der zur Zeit Han Wudis gelebt und ein Spezialist der „Angelegenheiten von Yin und Yang" gewesen sein soll; s. seine Biographie im *Shenxian zhuan*, Kap. 8. Das Kap. 28 des *Ishimpō* zitiert daraus, s. Is. 24, 2b-3a; 28. 1, S. 462. Eine längere Unterweisung Wu Zidus führt das *Yufang bijue* an, s. Is. 24, 16b-17b; 28. 20, S. 471; zur Übersetzung, s. Wile 1992, 104.

571 Das Zitat ist in der überlieferten Textfassung des *Daode jing* nicht enthalten.

[Kap. 8, Ablehnung schädlicher Sitten 反俗]

Kapitel 9

Heilmittel 醫藥

1. [1] Zhang Zhongjing führt aus: Ist der Körper im Zustand des Gleichgewichts und frei von Störungen, so ist es einzig angeraten, sich seiner Pflege und Kultivierung zu widmen, man sollte aber nicht unbedacht Heilmittel einnehmen. Ist dem Heilmittel eine partikulär unterstützende Wirkung eigen, dann bewirkt es ein Ungleichgewicht des Qi der Speicher *(zang)* und somit eine Anfälligkeit für exogene Störungen. Allein diejenigen, die Enthaltsamkeit von Getreide praktizieren, können dauerhaft Heilmittel einnehmen.[572] (1, 15b; 1. 3, S. 5)

2. [2] Xi Wu erörtert die Einnahme von Heilmitteln: Wer Heilmittel einnehmen will, sollte diejenigen heraussuchen, die seinen natürlichen Anlagen nützlich sind und zudem prüfen, ob deren wärmende bzw. kühlende Wirkungen angemessen für einen selbst sind. Man darf nicht ein Heilmittel nur deshalb einnehmen, weil man sieht, daß es bei jemand anderem kräftigend wirkt. Wenn man mit der Einnahme von Heilmitteln beginnt, so nimmt man zuerst Kräuter, dann Wurzeln und anschließend Mineralien. Es gilt, die Heilmittel gegeneinander abzuwägen, was bezeichnet wird als 'Feines und Grobes wechseln sich ab' und 'vom Groben zum Feinen gelangen'.[573] (15b-16a; ebd.)

3. [3] Während der Einnahme von Heilmitteln darf man folgende Speisen nicht essen: sämtliche Dinge, die glatt-ölig sind, Früchte, Samen, Gemüse, Öl, Nudeln, Rohes, Kaltes und Essig. (25b; 1. 4, S. 8)

4. [4] Während der Einnahme von Heilmitteln soll man es vermeiden, in größeren Mengen rohen Knoblauch, verschiedene rohe Gemüse, Schweinefleisch und übelriechenden zerkleinerten Fisch *(kuai)* zu essen. (ebd.)

5. [5] Ist Kiefernharz *(songzhi)* ein Bestandteil der eingenommenen Heilmittel, dann sind die fünf Sorten von Fleisch , Fisch Gemüse, Salz und Sojasauce zu meiden; man sollte einzig Wasser trinken und Wein mit getrocknetem Fleisch in kleinen Mengen zu sich nehmen.[574] (ebd.)

6. [6] Gehört Spargelwurzel *(tianmen dong)* zu den eingenommenen Heilmitteln, so darf kein Karpfen verzehrt werden.[575] (ebd.)

---

572 Vgl. QJYF, 26, S. 367; Dort findet sich der letzte Satz über die Einnahme von Heilmitteln bei Enthaltsamkeit von Getreide nicht.

573 Vgl. denselben Passus in QJYF, 27.6, S. 384f.; s. die Übers. in *Essentials*, I, 67f. Im QJYF findet sich Yin 愔 anstelle von Wu 悟, was auf Chi Yin 郗愔 als Autor dieses Passus verweist.

574 Zum Harz von *Pinus tabulaeformis* Carr. bzw. *P. massoniana* Lamb (ZYDCD 2549, I, S. 1252f.) s. ZLBC 12, S. 341 f., wo es heißt, daß eine längere Einnahme „den Körper leicht macht, das Altern verhindert und die Lebensspanne verlängert".

575 *Tianmen dong*, s. ZYDCD 645, I, S. 318ff.

Kiefernharz *(songzhi)*, im Text heißt es zu seiner Wirkung: „Eine längere Einnahme macht den Körper leicht, verhindert das Altern und verlängert die Lebensspanne", aus Abriß der klassifizierten Drogenkunde *(Bencao pinhui jingyao)*, Anfang 16. Jh.

7. [7] Enthalten die verabreichten Heilmittel Weißwurz *(huangjing)*, dann verbietet sich der Genuß von *mei*-Pflaumen.[576] (ebd.)

8. [8] An den vier *ji* und den Tagen *po*, *chu* und *wei* ist es nicht angebracht, Heilmittel zusammenzustellen oder einzunehmen.[577] (2, 58a; 2. 7, S. 52)

Die fünf Klassen von Getreide *(wugu)*

9. [297] Azukibohne *chi xiaodou* 赤小豆 *(Phaseolus calcaratus)*: Geschmacksrichtung bitter, (Temperaturausstrahlung) warm; längerer Verzehr mindert die Speichelbildung, so daß ein Gefühl der Austrocknung [im Mund] entsteht.[578] (26, 4b; 30. 1, S. 498)

10. [298] Klebreis *nuomi* 糯米 *(Oryza sativa)*: Geschmacksrichtung süß, (Temperaturausstrahlung) ausgeglichen; auch wenn Klebreis zum Verzehr geeignet ist, sollte man ihn jedoch nicht über einen langen Zeitraum hinweg essen.[579] (9a; S. 499)

11. [299] Alkoholische Getränke *jiu* 酒: Alkohol stellt die Essenz der fünf Getreidesorten dar und ist im Geschmack unübertrefflich; so vermag er dem Menschen von Nutzen zu sein, aber auch ihm zu schaden. Wird er mit Beschränkung genossen, wirkt er regulierend auf sämtliche Leitbahnen, beseitigt pathogene Agenzien und vertreibt Kälte [aus dem Körper]. Erhöht man aber die Menge für eine längere Zeit und wird er ohne Maß getrunken, so schwächt Alkohol die Konstitution (wörtl. das Qi des Körpers), greift den Geist an und verwirrt ihn. Vergleicht man die Wirkung der Dinge miteinander, so übertrifft keine die des Alkohols. Es gilt freilich, achtsam zu sein, um nicht das rechte Maß zu verlieren.[580] (10a-b; ebd.)

Die fünf Klassen von Früchten *(wuguo)*

12. [300] Früchte der Spitzeiche *xiangshi* 橡實 *(Quercus acutissima)*: Der Verzehr von Früchten der Spitzeiche zeitigt beste Wirkungen: er behebt Qi-Mangel, regt den Appetit an, fördert die Verdauung und beseitigt Diarrhöe. Allgemein wirkt er kräftigend.[581] (18b; 30.2, S. 502)

---

576 Zu *huangjing* s. ZYDCD 4157, II, S. 2041ff.

577 Die vier *ji*-Tage werden in einem Zitat aus dem *Hama jing* 蝦蟆經 („Froschklassiker", evtl. Hanzeit) folgendermaßen erläutert: „Die vier *ji* sind: im Frühling (die Tage mit dem Zykluszeichen) *xu*, im Sommer *chou*, im Herbst *chen* und im Winter *mao*" (Is. 2, 57a; 2. S. 52). Bei den *po*-, *chu*- und *wei*-Tagen handelt es sich um Tage, die mit den Zykluszeichen *shen*, *mao* und *you* bezeichnet sind, s. Hsia 1986, I, S. 279, Anm. 11.

578 *Chi xiaodou*, s. ZYDCD 2233, I, S. 1098f.; ZLBC, 25, S. 586f.

579 Zu Reis allgemein, s. Simoons, S. 66ff.; *nuomi*, s. ZYDCD 5732, II, S. 2732f.; ZLBC, S. 589.

580 Zu alkoholischen Getränken s. Simoons, S. 448ff.; ZLBC, 25, S. 587f. Der Passus ist identisch mit YSYJ-Fragment 153 (Is 25, 13b-14a; 29, S. 484), das Han Yuanzhang (i.e. Han Rong) zugeschrieben wird. Die ersten beiden Sätze dieses Abschnittes werden auch im YYML angeführt, s. YYML 1.1, 6b-7a.

581 Als Quelle des Eintrags wird ein *Yangxing yaoji* 養性要集 genannt, wobei *xing* hier wahrscheinlich eine Verschreibung für *sheng* ist; vgl. Okanishi 1969, 1368, Eintrag zum

13. [301] Taro *yu* 芋 *(Colocasia esculenta)*: Wenn die Samen der Taro-Pflanze nach drei Jahren Wachstum noch keine Früchte tragen, so handelt es sich um wilden Taro, dessen Genuß tödlich ist.[582] (21a; S. 503)

14. [302] Rezept zur Beseitigung einer Vergiftung durch wilden Taro: Man koche Sojabohnen, lasse den Sud abkühlen und trinke diesen. (ebd.)

15. [303] Ein weiteres Rezept lautet: Man trinke Brackwasser *(tujiang)*.[583] (ebd.)

16. [304] Schwarzer Taro *wuyu* 烏芋 *(Eleocharis tuberosa)*: Geschmacksrichtung bitter, (Temperaturausstrahlung) leicht kalt; sein Verzehr beseitigt Hitze. Es handelt sich um die als *fuzi* bezeichnete Pflanze[584]. Schwarzer Taro wird in pulverisierter Form verspeist, seine Farbe gleicht der der Jade. Dauerhafter Genuß fördert die Gesundheit. Eine andere Bezeichnung lautet *wanyun*, ein Name ist *huoyu*, ein anderer *yuyin*. (22a; ebd.)

17. [305] Wurzeln des Haferreises *gugen* 菰根 *(Zizania caduciflora)*: Geschmacksrichtung süß, (Temperaturausstrahlung) ausgeglichen; beseitigt Beklemmungen im Brustbereich, mindert die Wirkung von Alkohol und fördert die Verdauung.[585] (ebd.)

Die fünf Klassen von Fleisch *(wurou)*

18. [306] Kuhmilch *niuru* 牛乳 : Besteht im Bauchbereich eine kältebedingte Störung, so trinke man Milch, denn diese führt Bauchschmerzen ab.[586] (24a; 30. 3, S. 504)

19. [307] Joghurt *lao* 酪 : Besteht eine leichte Irritation im Bauchbereich, soll man keinen Joghurt essen, denn dieser beeinträchtigt die Verdauung.[587] (ebd.)

20. [308] Butter, Rahm *su* 酥 : Der Daoist Gan (Gan daoren) führt aus: Joghurt aus Kuhmilch und Butter 酥髓 *(susui)* führen, wenn sie häufig verzehrt werden, zu kräftigen Sehnen, bewirken Unerschrockenheit, und die Muskeln werden gut befeuchtet. Nach dem Verzehr verursachen sie Blähungen des Bauches und Diarrhöe, die allmählich von selbst aufhören.[588] (24a-b; ebd.)

Yangsheng yaoji. Zu *xiangshi*, s. ZLBC, 14, S. 417f.; vgl. den Eintrag a. d. *Sun zhenren zhenzhong ji*, S. 418; ZYDCD 5433, II, S. 2591f.

582 *Yu*, Taro, s. Simoons, S. 104ff.; ZYDCD 1672, I, S. 833f.; ZLBC, 23, S. 562f.; der Passus a. d. Kommentar von Tao Hongjing (Tao yinju) ist ähnlichen Inhaltes.

583 *Tujiang* ist eine andere Bezeichnung für *dijiang* 地漿, das Tao Hongjing folgendermaßen beschreibt: „Man hebt in der Erde eine Grube aus und und füllt diese mit Wasser. Anschließend rührt man darin herum, damit das Wasser trüb wird und schöpft es nach einer Weile ab. Seine Einnahme beseitigt Vergiftungserscheinungen, die durch unterschiedliche giftige Substanzen hervorgerufen werden“ (ZLBC 5, S. 132), vgl. auch ZYDCD 1613, I, S. 803f.

584 S. zu dieser Bezeichnung ZLBC, 23, S. 563, Komm. von Tao Hongjing.

585 S. ZYDCD 4143, II, S. 2016; ZLBC, 11, S. 311f.; vgl. S. 312.

586 Zu Milch und Milchprodukten s. Simoons, S. 454ff.; ZLBC, 16, S. 443 u. ZYDCD, 821 (S. 412).

587 S. ZYDCD 5097, II, S. 2442; ZLBC, 16, S. 443f.

588 S. ZYDCD 4778, II, S. 2300; ZLBC, ebd., Komm. von Tao Hongjing. *Susui* 酥髓, möglicherweise handelt es sich um eine alternative Bezeichnung für Butter.

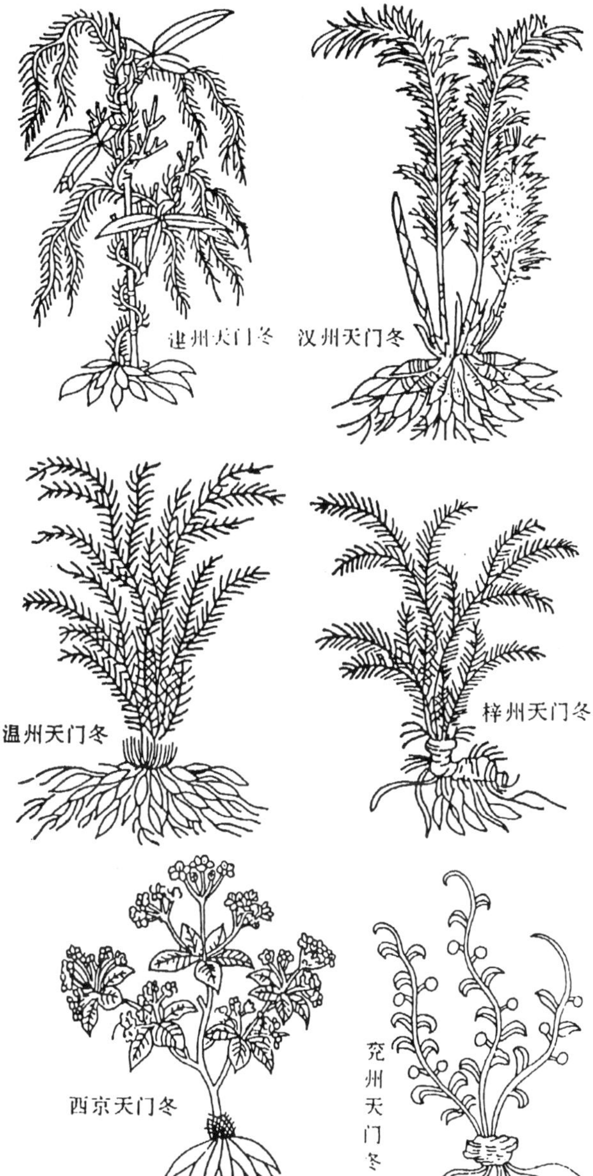

Verschiedene Arten von Spargelwurzel *(tianmen dong)* aus „Durch Quellen belegte klassifizierte Drogenkunde“ *(Zhenglei bencao)*, dat. 11./12. Jh. Darin ist zu lesen: „Spargelwurzel: Geschmack süß, Temperaturausstrahlung stark kalt, besitzt keine starke arzneiliche Wirkkraft. Bewahrt und stabilisiert das Qi der Lunge, beseitigt Hitze und Kälte, nährt Muskeln und Haut, befördert das Qi, wirkt Harn ausleitend und besitzt tonisierende Effekte bei Kälte-Befunden“.

21. [309] Fleisch vom Hirsch *lurou* 鹿肉: Besitzt der Hirsch eine dem Leoparden gleichende Maserung, dann vermeide man es, sein Fleisch zu essen, denn dies ist tödlich.[589] (25b; ebd.)

22. [310] Bastgeweih und Geweih des Hirschen *lu'er, lujiao* 鹿耳鹿角: Sie verströmen keinen Übelgeruch. Enthält das Geweih kleine Parasiten, deren Gestalt weißer Hirse gleicht und gelangen diese in den Rachen, so rufen sie die durch Parasiten verursachte *lai*-Erkrankung *(chonglai)* hervor, die keinerlei ärztliche Kunst zu heilen vermag.[590] (ebd.)

23. [311] Leber vom Schwein *zhugan* 豬肝: Fällt Schweineleber zu Boden, doch es bleibt keine Erde an ihr haften, so ist ihr Verzehr tödlich.[591] (26a; ebd.)

24. [312] Gedörrte Schweineleber *zhugan fu* 豬肝脯: Wird gedörrte Schweineleber geröstet, ohne daß sie dabei bewegt wird, verursacht ihr Verzehr Durchfall.[592] (ebd.)

25 [313] Goldkarpfen *jiyu* 鯽魚 *(Carassius auratus)*: Goldkarpfen darf nicht zusammen mit Schweineleber verzehrt werden.[593] (29b; S. 506)

26. [314] Tintenfisch *wuzei yu* 烏賊魚 *(Sepiella maindroni)*: Geschmacksrichtung salzig, Temperaturausstrahlung warm; sein Verzehr ist weder von Nachteil noch von Nutzen.[594] (32a; ebd.)

27. [315] Garnele *xia* 蝦 *(Macrobrachium nipponense)*: Fehlen der Garnele die Fühler *(bin)* und besitzt sie zudem eine durchgehende schwarze Färbung am Bauch, so ist ihr Verzehr tödlich.[595] (36a; S. 508)

28. [316] Werden Garnelen gekocht, so sollen sie sich rötlich färben; werden sie dagegen weiß, dann verzehre man sie nicht, denn sie verursachen Parasiten. (ebd.)
(Krabbe *xie (Eriocheir sinensis)* Im *Yangsheng yaochao* heißt es: „Sind die Augen der Krabbe zueinander gewendet und von roter Färbung und sind außerdem ihre Beine gefleckt, darf man sie nicht verzehren, denn dies wäre tödlich."[596] (36b; ebd.))

---

589 Vgl. ZLBC, 17, S. 448

590 Vgl. die Ausführungen in ZLBC, ebd., S. 447 (Zitat Meng Shen). Zu *lai* („Aussatz") s. ZHDCD, S. 1734 u. ZBYH, Kap. 2, S. 78ff. und 37, S. 1079.

591 Zu Schweineleber s. ZYDCD 4542, II, S. 2190f.

592 *Fu* 脯 wird im *Shuowen* (SWJZ, S. 89) glossiert als 乾肉; im *Shiming* (4, S. 21b) heißt es: 脯, 搏也, 乾燥相搏著也.

593 Als Quelle gibt das ls. hier ein *Yangxing yaoji* an; zu *jiyu*, s. ZYDCD 5510, II, S. 2624f.; ZLBC, 20, S. 499f., wo es in einem Zitat aus dem *Rihua zi* heißt: 不宜與豬肉同食.

594 S. ZLBC, 21, S. 512f. und ZYDCD, 967, I, S. 475. Dort wird auch die Art *Sepia esculenta* Hoyle genannt.

595 ZLBC, S. 530; ZYDCD, 3403, II, S. 1651f.

596 Zu *xie*, s. ZYDCD 5701, II, S. 2721f.; ZLBC, S. 509f., vgl. bes. das Zitat a. d. 食療, S. 510.

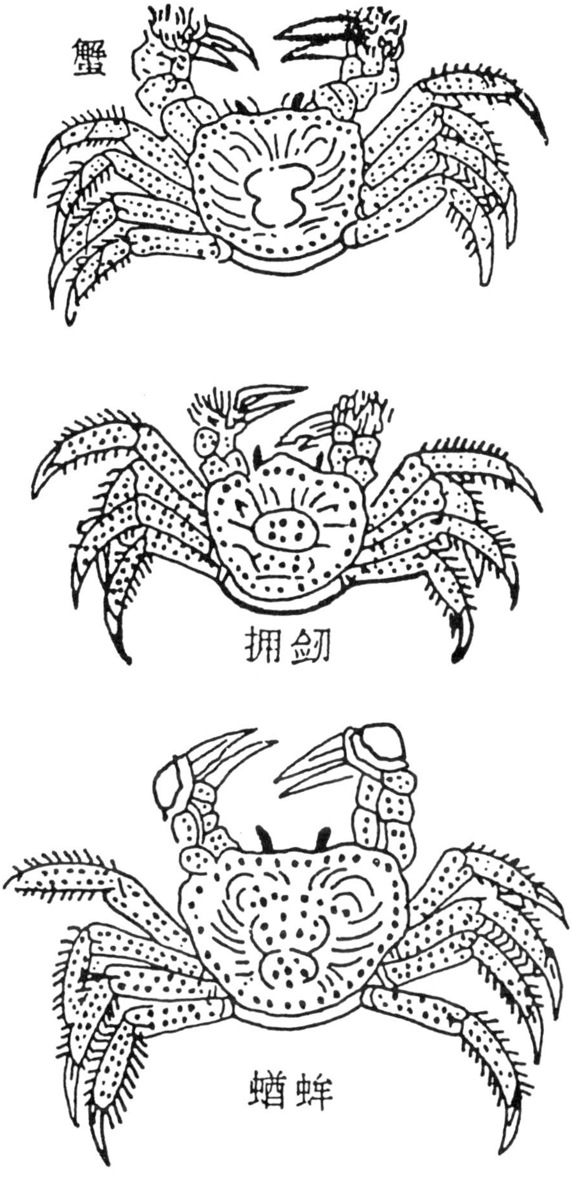

Unterschiedliche Arten von Krabben, aus „Durch Quellen belegte klassifizierte Drogenkunde" *(Zhenglei bencao)*, dat. 11./12. Jh. Darin heißt es: „Krabbe: Geschmack salzig, Temperaturausstrahlung kalt, besitzt starke arzneiliche Wirkkraft. Hauptanwendung bei pathogenem Qi im Brustbereich und durch Hitzeansammlung verursachten Schmerzen. Sie löst Ansammlungen [von Qi] auf und zerstreut Blutstauungen, heilt durch Lack hervorgerufene Entzündungen der Haut, nährt die Sehnen und befördert das Qi."

Die fünf Klassen von Gemüse *(wucai)*

29. [317] Wachskürbis *baigua zi* 白瓜子 *(Benincasa hispida)*: Besitzt das Kürbisgewächs zwei Stempel und zwei Stengel, so ist der Genuß der Kürbisfrucht tödlich.[597] (37b; S. 508)

30. [318] Petunie *longkui* 龍葵 *(Solanum nigrum)*: Die Petunie kräftigt die fünf Speicher, macht den Körper leicht und fördert die Sehkraft.[598] (39a; ebd.)

31. [319] Roher Ingwer *shengjiang* 生薑 *(Zingiber officinale)*: (Temperaturausstrahlung) mäßig warm; sein Verzehr zeitigt besonders gute Wirkungen, doch darf man nicht zuviel davon essen, da er sonst das Herz-Qi schädigt.[599] (30. 4, S. 509; 26, 41a)

32. [320] Wird roher Ingwer auf leeren Magen verzehrt, führt dies leicht zu einer Erektion (揚上 *yangshang*?), bewirkt häufig Dämpfung der Knochen und verursacht zudem Abszesse *(yong)* und Entzündungen *(jie)*.[600] (ebd.)

33. [321] Sellerie *qin* 芹 *(Oenanthe javanica)*: Finden sich an den feinen Blättern des Sellerie feine Härchen, so ist sein Verzehr tödlich.[601] (45a; S. 510)

34. [322] *Mujun* 木菌 : Geschmacksrichtung süß, (Temperaturausstrahlung) ausgeglichen; der Verzehr macht den Körper leicht und wirkt positiv auf die neun Körperöffnungen. (47a; S. 511)

35. [323] *Jun* mit rötlicher Färbung dürfen nicht gegessen werden, da sie der Gesundheit abträglich sind. (47a-b; ebd.)

36. [324] Der Verzehr von *jun* mit kreisförmigen Auswachsungen ist schädlich. Auch solche mit grünbläulicher Färbung dürfen nicht gegessen werden. *Mu'er (Auricularia auricula)*, die eine grünbläuliche Färbung besitzen und nach oben (gestülpt?) wachsen, sollen nicht verzehrt werden, da sie schädlich sind.[602] (ebd.)

37. [325] Der Genuß von *jun*, die auf Ahornbäumen *(fengshu)* wachsen, ruft anhaltendes Lachen hervor. (47b; ebd.)

38. [326] Rezept zur Behandlung von Vergiftungen durch Genuß von *jun*, begleitet von extremen Irritationszuständen: Man bereite durch Kochen einen Sud aus Sojabohnen und trinke diesen. Dies zeitigt eine gute Wirkung, ebenso auch die Einnahme von Brackwasser *(tujiang)*. (ebd.)

---

597 S. ZLBC, 27, S. 608f.

598 S. ZYDCD 1286, I, S. 630 u. ZLBC, S. 613.

599 Zu *shengjiang*, S. ZLBC, 8, S. 213ff.; die schädigende Wirkung wird auch im Zitat von Tao Hongjing angeführt; s.a. ZYDCD 1358, I, S. 655-58.

600 Zu *guzheng*, s. ZBYH 4, 117f.

601 Zu *qin*, s. ZYDCD 2171, I, S. 1065.

602 Zu *mu'er*, s. ZYDCD 701, I, S. 351f.

39. [327] Rinde der Birke *yupi* 榆皮 *(Ulmus pumila)*: Ihr Verzehr verursacht Schläfrigkeit und führt zu Schleimbildung.[603] (ebd.)

40. [328] *Lujiao cai* 鹿角菜 *(Gloiopeltis furcata)*: Geschmacksrichtung salzig, (Temperaturausstrahlung) kalt; der Verzehr führt zu Hustenreiz.[604] (48b; S. 512)

41. [329] Sichuanpfeffer *shujiao* 蜀椒 *(huajiao, Zanthoxylum bungeanum)*: Der Verzehr von nicht geöffneten und weißfarbigen Pfeffernüssen ist tödlich.[605] (50b; ebd.)

Kapitel 10

Diverse Verbote 雜忌

Verbote in der Schwangerschaft

1. [17] Eine Frau soll sich in keinem Stadium der Schwangerschaft an außergewöhnliche Orte begeben, denn dies führt zu einer Steißgeburt, die tödlich verlaufen kann.[606] (18, 13b; 22. 3, S. 358)

2. [18] Sieht eine Frau in der Schwangerschaft einen Hirsch *(mi)*, so wird das Kind, das sie gebärt, vier Augen haben.[607] (ebd.)

3. [19] Im 3. Monat soll sich die Schwangere nicht nach Süden gewendet waschen, denn dadurch wird die Leibesfrucht gefährdet. (ebd.)

4. [20] Während des 3. Monats der Schwangerschaft vermeide die Schwangere es, nach Süden gewendet Wasser zu lassen, denn dies verursacht Stummheit des Kindes. (ebd.)

5. [21] Während des 3. Monats ist zu vermeiden, sich gleichzeitig in zwei Spiegeln zu betrachten, denn dies führt zu einer Steißgeburt. (18, 14a; ebd.)

---

603 ZLBC, S. 351f. (Zitat Tao Hongjing); ZYDCD 5088, II, S. 2438f.

604 S. ZLBC, 29, S. 633; ZYDCD 4655, II, S. 2241f.

605 S. ZLBC, 14, 402f.; ZYDCD 2152, I, S. 1057.

606 Die CSJC-Ausgabe verwendet das Zeichen 任, während sich in der modernen Ausgabe 妊 findet, das im Shuowen mit 孕 glossiert wird. In älteren Quellen wird „ren" mit dem Radikal Mensch auch in der Bedeutung von „schwanger sein" verwendet (s. ZWDCD 1, 449.12, S. 860).

607 Die in Kap. 22 des *Ishimpō* angeführten Zitate aus dem YSYJ verwenden *zi* 子 und *er* 兒, die beide sowohl als Bezeichnung für beide Geschlechter als auch jeweils nur für männliche oder weibliche Nachkommen verwendet werden. Somit stellt sich die Frage, ob die unterschiedliche Verwendung in den einzelnen Zitaten zufällig oder beabsichtigt ist in der Weise, daß entweder von einem Sohn oder einer Tochter die Rede ist. Vom Inhalt her läßt sich meines Erachtens nicht auf einen geschlechtsspezifischen Gebrauch der beiden Zeichen schließen.

6. [101] Im *Shenxian tu* heißt es: [Es ist verboten] die Essenz zu emittieren, denn dies führt zu einem frühen Tod; übermäßige Mahlzeiten einzunehmen, denn dadurch verschließen sich sämtliche Leitbahnen; heftig zu atmen, denn dies bewirkt ein Entweichen von *jing*; lange Zeit zu stehen, was den Geist *(shen)* äußerst ermüdet[608]; sich übermäßiger Wärme auszusetzen, denn diese führt zu Mark- und Knochenschwund; im Übermaß zu trinken, was eine Anspannung der Blase zur Folge hat; lange Zeit zu liegen, denn dadurch werden Essenz und Qi ermüdet; sich extremer Kälte auszusetzen, denn diese schädigt Muskeln und Gewebe; seine Sehkraft übermäßig lange zu gebrauchen, wodurch eine starke Rötung der Augen hervorgerufen wird; lange Zeit zu sprechen, denn dies bewirkt eine starke Austrocknung der Zunge; langes Sitzen, denn dies führt zu gegenläufigen Bewegungen des Qi; Heißes zu essen, denn dies schädigt die fünf Qi; zu husten und auszuspucken, denn dies bedeutet einen Verlust wertvoller Körpersekrete; in Zorn zu geraten, da der Geist dann ohne Freude ist; übermäßiges Schlafen, denn daraus resultiert eine Ungezügeltheit des Geistes; Kaltes zu essen, was Ansammlungen pathogener Agenzien hervorruft; Tränen auszuscheiden, da dies die Augen austrocknet und zu Entzündungen führt; große Freude, denn durch sie wird der Geist aus dem Gleichgewicht gebracht; in die Ferne zu schauen, was das Geist-Qi ermüdet; lange sein Gehör anzustrengen, denn dadurch werden Hör- und Sehkraft blockiert; Rohes zu essen, weil es Darm und Magen schädigt; laut zu schreien, wodurch *hun* und *po* erschreckt werden; weite Reisen zu unternehmen, denn dadurch werden Sehnen und Knochen ermüdet; über lange Zeit etwas zu begehren, da so der Wille *(zhi)* getrübt wird; sich zu betrinken, denn eine Schädigung des vitalen Qi *(shengqi)* ist die Folge; zu weinen, da im Geist Empfindungen der Trauer entstehen; die fünf Geschmäcker [im Übermaß] zu sich zu nehmen, denn dies schadet Darm und Magen; lange zu reiten, da sonst die Leitbahnen Schaden nehmen. Diese achtundzwanzig Verbote sind Tabus, die den Gesetzmäßigkeiten des himmlischen Dao entsprechen. Werden sie nicht beachtet, so bleibt die Praxis des Dao ohne jeden Nutzen. (23, 30b-31a; 27. 11, S. 459)

7. [102] Das *Zhongjing* führt aus: Jagen und Fischen, oberflächliche Freuden und lautes Rufen[609], solche Aktivitäten sind es, die das Qi der Speicher erschöpfen. Während einige Menschen die schädlichen Auswirkungen augenblicklich erfahren, werden andere davon zunächst nichts merken, sondern erst nach ein oder zwei Jahren wird eine Erkrankung zum Ausbruch kommen, die dann selbst ein hervorragender Arzt nicht zu heilen vermag. (23, 31a-b; ebd.)

---

608 綣 = 倦, s. Is. 27. 11, S. 459, Anm. 2.

609 Die Übersetzung folgt hier der Lesart der modernen Ausgabe, die lautet 射獵魚捕敷喜而大喚者... . In Abweichung von der englischen Übersetzung (*Essentials* II, S. 130) nehme ich an, daß neben der Jagd auch auf andere Vergnügungen und Freuden („oberflächliche Freuden und lautes Rufen") verwiesen wird, die der Gesundheit abträglich sein können.

5.2 Die Fragmente des *Yangsheng fang*

[1] Sich im trunkenen Zustand während des Schlafes Wind auszusetzen, führt zu [plötzlichem] Stimmverlust *(yin)*.[610] (1, 8)

[2] Während des nächtlichen Schlafes gilt es, die Ohren zu verschließen und keine Öffnung freizulassen, denn wenn Wind in sie eindringt, verursacht dies leicht eine Verzerrung des Mundes.[611] (1, 12)

[3] Im *Zhengao* heißt es: Das Kämmen des Kopfes und das Ordnen der Haare sollte häufig geschehen, denn es macht die Leitbahnen des Blutes durchlässig und zerstreut Windfeuchtigkeit.[612] (1, 30)

[4] Sich schwitzend ins Wasser zu begeben ruft Knochenschmerzen hervor.[613] (1, 31)

[5] Das Zurückhalten des Harndranges erzeugt Kälte in den Knien und ruft dort Gelenkschmerzen hervor.[614] (ebd.)

[6] Bei heftigem Schwitzen lege man auf keinen Fall einen Teil seiner Kleidung ab, da sonst Windeinflüsse häufig eine halbseitige Lähmung des Körpers hervorrufen.[615] (ebd.)

[7] Die Essenz wird in der Jadekammer gespeichert.[616] Übermäßige sexuelle Vereinigung führt zu einem Verlust der Essenz. Der Verlust von Essenz resultiert in einem Zustand der Niedergeschlagenheit und der Herzschlag ist aufgrund von Furcht häufig beschleunigt.[617] (1, 38f.)

---

610 *Yin*, Verlust der Stimme; dazu heißt es erläuternd in diesem Abschnitt „In allen Fällen [von plötzlichem Stimmverlust] handelt es sich um durch pathogene Windeinflüsse hervorgerufene Schädigungen, weshalb man von Verlust der Stimme aufgrund von Windeinfluß spricht" (ebd.); vgl. auch ZYDCD, S. 425 *(shi yin)*. Die am Schluß jedes Zitates gemachten Angaben zur Kapitel- bzw. Seitenzahl beziehen sich auf die der Übersetzung zugrundegelegten Ausgabe des *Zhubing yuanhou lun*, Peking 1991 (s. Literaturhinweise).

611 Vgl. Is 3, 23a (3. 68), wo es heißt 風入耳口; 喎 = 咼. Ding (1993, 26) glossiert *xi* 喜 als „es tritt leicht eine Veränderung auf".

612 Bei diesem Passus handelt es sich um ein Zitat aus dem Kap. 9 des *Zhengao*, 9, 8a-b.; vgl. Reiter 1990, 170; s.a. das nahezu identische *Zhengao*-Zitat in Is. 27. 3, S. 453, als dessen Quelle ein *Yanshou chishu* 延壽赤書 angegeben wird. *Zhi* 櫛 ist eine allgemeine Bezeichnung fur Kämme; hier fungiert es als Verb, s. ZBYH, ebd., Anm. 4.

613 *Bi* 痹 = 痺. Die als *bi* bezeichnete Erkrankung wird im ZBYH folgendermaßen beschrieben: „Wind, Kälte und Feuchtigkeit, diese drei Qi gelangen vermischt [in den Körper], verbinden sich und führen zu einer Lähmung. Der auftretende Zustand ist derart, daß die Muskeln starr und fest werden und möglicherweise schmerzen. Die Ursache für die Aufnahme pathogener Windeinflüsse ist ein allgemeiner Mangelzustand und die Öffnung der Poren der Haut. Tritt die Erkrankung auf der Yang-Seite auf, spricht man von Wind, auf der Yin-Seite wird sie als *bi* bezeichnet. Sind sowohl Yin- als auch Yang-Seite befallen, so spricht man von *fengbi*" (1, 30). Vgl. den ähnlich lautenden Passus in YYML, 2. 4, S. 15a.

614 Im YYML 2. 4, S.15a findet sich ein ähnlicher Passus, der am Schluß eine Textabweichung aufweist.

615 Vgl. den ähnlichen Passus in YYML, 2. 4, 15a.

616 *Yufang* („Jadekammer") ist eine Bezeichnung für das Dantian, s. ZBYH, ebd., S. 39, Anm. 2.

[8] Kommt man mit Kälte in Berührung und verzehrt anschließend heiße Speisen, noch bevor die Kälte [im Körper] sich zerstreut hat, so entsteht ein stechender Wind *(cifeng)*.[618] (2, 42)

[9] Schläft man nach einer Mahlzeit in Rückenlage, so kommt es nach längerer Zeit zu Qi-Erkrankungen und Kopfschmerzen *(toufeng)*.[619] (2, 52)

[10] Das Waschen der Haare unmittelbar nach Beendigung eines Mahles ruft Kopfschmerzen hervor.[620] (ebd.)

[11] Im Sommer soll man nicht mit entblößtem Gesicht (im Freien?) schlafen, denn Tau, der darauf fällt, verursacht eine Verdickung der Gesichtshaut und es kommt leicht zu einer Flechte *(xian)*. Einer anderen Aussage zufolge ruft dies Windheteropathien im Gesichtsbereich hervor.[621] (ebd.)

---

[617] Das Zitat ist in dem Abschnitt über „Furcht hervorgerufen durch Windeinfluß" *(feng jing)* enthalten, doch wird Wind an keiner Stelle erwähnt. Furcht und Niedegeschlagenheit werden vielmehr als Folge von Essenzverlust aufgrund übermäßiger sexueller Aktivität beschrieben, den zu meiden ein zentrales Thema der Sexualhygiene *(fangzhong shu)* darstellt.

[618] Vgl. auch YYML, 1. 2, S. 13a und QJYF 27. 2. *Cifeng* wird im ZBYH folgendermaßen beschrieben: „Stechender Wind rührt von einer Leere im Körper und einer Öffnung der Poren her, so daß Wind einzudringen vermag. Der Verlauf ist derart, daß die Windheteropathie den gesamten Körper durchzieht" (ebd.).

[619] Vgl. Is. 3. 17b (3. 66). Kopfschmerzen *toufeng*, wörtl. „Windheteropathien im Bereich des Kopfes"; es handelt sich dabei um eine Bezeichnung für chronische Kopfschmerzen (ZHDCD, S. 463). Zur Symptomatik des *toufeng* s. ZBYH, 2, 51ff. *(Toumian feng)*. Das gesamte 3. Kapitel des *Ishimpō* ist im wesentlichen der Behandlung von Wind-induzierten Erkrankungen gewidmet. Das Kapitel zitiert zu Beginn zwei allgemeine Aussagen zur pathogenen Wirkung des Windes aus dem *Huangdi neijing*. Die erste stammt aus dem *Huangdi [neijing] taisu jing*, in dem es heißt: „Der Wind führt zur Entstehung vieler (wörtl.: hundert) Krankheiten; wenn es dazu kommt, daß er sich verändert und andere Erkrankungen hervorruft, so gibt es für diese keine allgemein gebräuchlichen Heilrezepte" (Is. 3. 61; s.a. die sich anschließenden Anmerkungen von Yang Shangshan). Der nachfolgend zitierte Passus aus dem *Suwen* führt aus: „Für sämtliche Erkrankungen (wörtl.: tausend und zehntausend) gilt, daß sie durch Wind [verursacht sind]" (ebd.). Zur Windpathologie s. das *Zhubing yuanhou lun* (1, 2) das im 3. Kapitel des *Ishimpō* extensiv zitiert wird. Es heißt dort: „Vom Wind-Getroffensein bedeutet, daß Wind-Qi *(fengqi)* einen Menschen getroffen hat. Der Wind ist das Qi der vier Jahreszeiten; er verteilt sich in alle acht Himmelsrichtungen. Der Wind ist verantwortlich für das Wachstum und das Nähren aller Dinge. Kommt der Wind aus der angemessenen Richtung, so werden die Menschen, die er trifft, nur selten tödliche Erkrankungen erleiden. Kommt er dagegen aus einer unangemessenen Richtung, dann werden die Menschen, die er trifft, vielfach tödliche Erkrankungen erleiden. Die durch den Einfluß des Windes auf den Körper hervorgerufenen Erkrankungen sind solche, bei denen der Wind in der Haut gespeichert wird, so daß keine (anderen Einflüsse) mehr nach innen eindringen und von innen ausfließen können. Dringt er in die Leitbahnen und Gefäße, so wandert er zu den fünf Speichern und ruft in den jeweiligen Speichern und Palästen entsprechende Erkrankungen hervor" (Übers. folgt mit einigen Änderungen der von Unschuld 1980, 236).

[620] Vgl. Is 3. 17b (3. 66), wo anstelle der Haarwäsche das Baden *(muyu)* genannt wird; s.a. YYML, 1.2, S. 14a.

[621] Vgl. Fragment 114, ZBYH 35, S. 995, wo der letzte Satz fehlt, und Is. 14, 7b-8a (17, 283). Dort lautet der erste Teil des Satzes 夏不用屋而露面臥..., was übersetzt lauten würde: „Schläft man im Sommer im Freien und läßt dabei das Gesicht unbedeckt ...". Zu *xian*, s. ZBYH, ebd., S. 994.

[12] Mahlzeiten sollten nach Sonnenuntergang immer bereits eingenommen sein; nach Beendigung der Mahlzeit vermeide man den Genuß von Alkohol. Wer so verfährt, der wird bis ans Lebensende kein trockenes Erbrechen kennen. (ebd.)

[13] Nach dem Verzehr warmer Speisen und fettiger Lebensmittel trinke man keinen kalten Essig, denn dies führt leicht zum Verlust der Stimme und zu Schluckbeschwerden. (ebd.)

[14] Benutzt man nach dem Verzehr heißer Speisen während des Schlafes den Arm als Kissen, so ruft dies nach längerer Zeit Kopfschmerzen und Trockenheit der Augen hervor.[622] (ebd.)

[15] Sieht man in einer Entfernung von zehn Schritten eine gerade Mauer, dann vermeide man es, sich in deren Verlaufsrichtung zum Schlafe niederzulegen, denn man ist dort einem scharfen Wind ausgesetzt, der notwendig Epilepsie *(dianxian)* und Schweregefühl im Körper hervorruft.[623] (2, 58)

[16] Im Frühling und Sommer schläft man nach Osten, im Herbst und Winter nach Westen hin ausgerichtet. Dies ist die allgemeine Regel. (ebd.)

[17] In den „Lehrformeln des Wahrhaftmenschen der höchsten Klarheit" *(Shangqing zhenren jue)* heißt es: Des nachts knirsche man häufig mit den Zähnen, denn dadurch werden dämonische Einflüsse beseitigt.[624] (2, 66)

[18] Feng Junda ritt häufig auf einem blaugrünen Ochsen, Lu Nusheng ritt häufig auf einem gescheckten Ochsen, Meng Zichuo ritt häufig auf einem gescheckten Pferd und Yin Gongdu ritt häufig auf einem blaugrünen Esel. Von den Zeitgenossen wußte freilich keiner ihre Namen, und so hieß es: Wer Unsterblichkeit erreichen will, der frage den Daoisten auf dem blaugrünen Ochsen. Will man diese Farbe erlangen, dann ist der gescheckte Ochse am besten, gefolgt von dem blaugrünen Ochsen und dem gescheckten Pferd. Diese drei Farben stellen das lebensgemäße Qi dar. Der blaugrüne Ochse ist die Essenz der Zypresse, der gescheckte Ochse ist der Vorfahre der Gottheiten und das gescheckte Pferd ist der Ahn des göttlichen Drachen. Die Daoisten reiten auf diesen Tieren des Weges und so werden die üblen Essenzen der hundert Wesen und die Plagegeister des epidemischen Qi von ihnen dauerhaft in Furcht versetzt.[625] (2, 66f.)

---

622 Die Fragmente 12, 13 und 14 werden im ZBYH als ein Zitat wiedergegeben. Die Aufteilung von Ding (1993, 79) in drei Abschnitte erscheint inhaltlich gerechtfertigt.

623 Vgl. YYML, 1. 3, 15b. Dort ist von „Sitzen und Schlafen" die Rede, die „Körperschwere" wird nicht erwähnt.

624 Nach Ding (1993, 98, Anm. 11) handelt es sich bei dem erwähnten Werk um das *Shangqing zhenren feng yanshou koujue*, das im *Zhengao* 10, 7b zitiert wird; (vgl. Reiter 1990, 166). Einen ähnlichen Passus enthält das *Dengzhen yinjue* (ebd., Anm. 12).

625 In dem identischen Zitat in Kap. 10, S. 335 findet sich 揖 anstelle von 攝, das hier die Bedeutung von 懾 hat, s. ZBYH, 2, 69, Anm. 21.

[19] Während man schwitzt, darf man weder unbedeckt schlafen noch ein Bad nehmen, da dies ein Zittern am ganzen Körper, Wechsel von Hitze und Kälte und Wind-Pusteln *(fengzhen)* verursacht. (2, 75)

[20] Man trachte danach, still das Qi zu regulieren und den Geist zu nähren, das Qi solange wie möglich zurückzuhalten und es auf feine Weise auszustoßen. Des weiteren enthalte man sich übermäßigen Sprechens und lauten Rufens, denn dies ermüdet und schädigt den Geist.[626] (3, 89f.)

[21] Auch heißt es: Man darf weder Tränen noch viel Schleim abgeben. Dadurch werden die *ye*-Körperflüssigkeiten vermindert und die *jin*-Säfte entweichen, so daß der Rachen austrocknet und großer Durst die Folge ist.[627] (3, 90)

[22] Zur Zeit des ersten Hahnenschreies klappere man sechsunddreißigmal mit den Zähnen, lecke mit der Zunge die Lippen und spüle den Mund mit Speichel; anschließend führe man die Zunge über die Vorderseite der oberen Zähne und schlucke dreimal den Speichel. Auf diese Weise werden Parasiten beseitigt, Stärkung bei Mangel und Erschöpfung und allgemeine Kräftigung werden erreicht. (ebd.)

[23] Jeden Morgen nehme man die Jadequelle *(yuquan)* auf [und klappere mit den Zähnen], denn hierdurch wird der Leib gekräftigt, das Gesicht erhält Farbe, Parasiten werden beseitigt und die Zähne gefestigt. Jadequelle bezeichnet den Speichel im Mund. Am Morgen vor dem Aufstehen spüle man den Mund mit dem Speichel und schlucke diesen herunter, wenn er den ganzen Mund erfüllt, und klappere anschließend siebenundzwanzigmal mit den Zähnen. In dieser Weise verfahre man dreimal und halte dann inne; dies wird bezeichnet als das „Raffinieren der Essenz" *(lianjing)*.[628] (3, 95)

[24] [Den Speichel] dreimal schlucken und dann innehalten. Dies bewirkt eine Stärkung bei Mangel- und Erschöpfungszuständen und führt zu einer allgemeinen Kräftigung. (ebd.)

[25] Quecksilber darf nicht in die Nähe der Genitalien gebracht werden, denn es führt zu einem Schwund des Jadestengels *(yujing)*.[629] (4, 137)

---

626 Ding glossiert *hei* als *jing* 靜 bzw *mo* 默 (1993, 105, Anm. 18). Vgl. *Zhengao*, Kap. 10, 16a, das diesen Passus als Zitat aus dem *Shangqing zhenren Feng yanshou koujue* ausweist (Ding, ebd.). Der Text wird dort eingeleitet mit „Wer das Studium des Dao betreibt..." (夫學道) und endet mit der Bemerkung „Ein Studium auf diese Weise entspricht nicht der Kultivierung des Lebens" (如此以學皆非養生也).

627 Der Passus stammt ebenfalls aus dem *Zhengao* 10, 16b; dort wird er durch die Bemerkung ergänzt „..., weshalb die Wahrhaftmenschen und Daoisten häufig [Atemtechniken] tuna und das Schlucken der Geschmäcker [des Speichels?] praktizieren, um die sechs *ye*-Sekrete zu harmonisieren".

628 Vgl. YSF 80 (29, S. 826); die Reihenfolge der Beschreibung scheint dort logischer zu sein.

629 Zu den gesundheitsschädlichen Wirkungen des Quecksilbers s.a. YSF 78 in Kap. 29, S. 824 (identisch mit dem YSF-Zitat in ls. 5, S. 113). Der Ausdruck „Jadestengel" *(yujing)* bezeichnet das Membrum.

[26] Nach Beendigung einer Mahlzeit lege man sich nicht unmittelbar zum Schlafen nieder, denn verfährt man solcherart über einen längeren Zeitraum, so ruft dies Qi-Erkrankungen hervor und führt zu Schmerzen im Lendenbereich.[630] (5, 144)

[27] Beim Stuhlgang vermeide man starke Kraftanstrengung, denn diese ruft Schmerzen im Lendenbereich und Trockenheit der Augen hervor. (ebd.)

[28] Übermäßiges Lachen verursacht eine Drehung der Nieren und führt zu Hüftschmerzen.[631] (ebd.)

[29] Während man schwitzt, lasse man nicht die Beine vom Bett herabbaumeln, denn langfristig führt dies zur Entstehung einer Störung des Blutes *(xuebi)* und ruft Schwere der Füße und Lendenschmerzen hervor.[632] (ebd.)

[30] Man vermeide mit offenem Mund zu schlafen, da dies nach längerer Zeit verzehrenden Durst *(xiaoke)* verursacht und zum Verlust der Gesichtsfarbe *(xuese)* führt.[633] (5, 156)

[31] Im 3. Monat verzehre man kein altes eingelegtes Gemüse oder Fleisch, da einen sonst unweigerlich eine Hitzeerkrankung *(rebing)* befällt.[634] (9, 305)

[32] Identisch mit YSF 18. (10, 335)

[33] Beim Trinken von Wasser vermeide man hastiges Schlucken, da es langfristig Qi-Erkrankungen verursacht.[635] (13, 392)

[34] Für Weinen hervorgerufen durch Trauer gilt, daß man nicht unmittelbar essen darf, nachdem man aufgehört hat zu weinen, denn dies führt nach längerer Zeit zu Qi-Erkrankungen.[636] (13, 399)

[35] Die drei Monate des Frühlings: dies ist die Zeit der Entwicklung und Öffnung. Himmel und Erde bringen gemeinsam hervor, und die zehntausend Wesen blühen und gedeihen. Man geht spät zu Bett, erhebt sich früh und durchmißt mit langen Schritten die Räume des Hauses. Das Haar wird gelöst und die Gestalt kann sich erholen, und so läßt man sich den Willen des Frühlings entfalten. Hervorbringen und nicht töten, geben und nicht wegnehmen, belohnen und nicht strafen, auf diese Weise bringt man sich in Übereinstimmung mit dem Qi des Frühlings. Darin besteht der Weg, das Leben zu nähren. Wer dem zuwiderhandelt, der erfährt Schädigung in der Leber, die sich im Sommer zu einer Kälteschädigung wandelt, und so bleibt nurmehr wenig für das Wachstum.[637] (15, 460f.)

---

630 Vgl. Is 6, S. 122 (6. 12a); dort findet sich 飲食 anstelle von 飯了. Eine ähnliche Aussage enthält das YSF-Zitat in Is. 3, S. 66 (3. 17b).

631 Vgl. das identische Zitat in Is. 6, 122 (6. 12a).

632 Zu *xuebi* 血痺, s. ZBYH 1, 36.

633 Zu *xiaoke*, s. ZBYH 5, S. 155f.

634 Vgl. YSYJ 121 (Is 29, S. 482). Zu Hitzeerkrankungen *(rebing)* s. ZBYH 9, S. 303f.

635 Vgl. YYML 1. 2, 13a und das YSF-Zitat in ZBYH 20, S. 608 Zu „Qibing" s. ZBYH, S. 389.

636 Ding glossiert *lai* 來 als *ai* 哀, s. S. 399, Anm. 1.

637 Dieses sowie die nachfolgenden Zitate zu Sommer, Herbst und Winter stammen aus SW 2 *(Siqi tiaoshen dalun)*, I, 15ff. zur Übers., vgl. Unschuld 1980, 222f.

[36] Die drei Monate des Sommers: dies ist die Zeit des reichen Gedeihens. Das Qi von Himmel und Erde vermischt sich, und die zehntausend Wesen blühen und reifen. Man geht spät zu Bett und erhebt sich früh, man vermeide des Tags Unzufriedenheit und enthalte sich der Gefühle des Zorns. Man läßt den Geist sich entfalten und das Qi nach außen entweichen, so als befände sich das, was man liebt, außerhalb von einem selbst. Auf diese Weise entsteht Übereinstimmung mit dem Qi des Sommers. Darin besteht der Weg des Nährens und Förderns. Wer dem zuwiderhandelt, erfährt Schädigung am Herzen, und im Herbst stellt sich eine malariaähnliche Erkrankung *(jienue)* ein. (15, 467)

[37] Die Folge häufigen Sprechens ist ein Widerstreit *(zheng)* des Qi, aufgrund dessen die Lunge anschwillt und der Mund austrocknet. (15, 477)

[38] Die drei Monate des Herbstes: dies ist die Zeit der Reifung und Ernte. Das Qi des Himmels ist stürmisch, das Qi der Erde klar. Man geht früh zu Bett und steht früh auf, das heißt man erhebt sich mit den Hühnern. Man sorgt für eine ruhige Ausgeglichenheit des Geistes, um so die zerstörenden Einflüsse des Herbstes abzumildern. Durch ein Zurückhalten des Geist-Qi sorgt man für eine Ausgewogenheit des herbstlichen Qi. Den Geist richte man nicht auf äußere Dinge und kläre das Qi der Lunge. Auf diese Weise bringt man sich in Übereinstimmung mit dem Qi des Herbstes. Darin besteht der Weg des Nährens und Sammelns. Wer dem zuwiderhandelt, der fügt der Lunge Schädigung zu, die im Winter zu übermäßigem Abfließen führen wird.[638] (ebd.)

[39] Die drei Monate des Winters: dies ist die Zeit des Verschließens und Speicherns. Das Wasser gefriert und die Erde bricht auf. Man vermeide es, das Yang in Unruhe zu versetzen. Man geht früh zu Bett und erhebt sich spät, das heißt man wartet damit bis zu den ersten Strahlen der Sonne. Den Geist halte man im Innern verborgen, so als würde man selbstische Intentionen bergen und hätte bereits das Erstrebte erlangt. Man meide die Kälte und suche die Wärme, und sorge dafür, daß nichts über die Haut abfließen kann und so häufig Qi verloren geht. Derart erlangt man Übereinstimmung mit dem Qi des Winters. Darin besteht der Weg des Nährens und Speicherns. Ihm zuwiderzuhandeln bewirkt eine Schädigung der Nieren, die im Frühjahr zu mangelnder Virilität führt. (15, 481)

[40] Identisch mit YSF 38. (15, 477)

[41] Im 5. Monat vermeide man den Verzehr von unreifem Kernobst wie z.B. Pfirsichen und Jujuben, denn es ruft Abszesse *(yong)* und Furunkel *(jie)* hervor. In anderen Fällen kommt es zu Kälte-Hitze-Empfindungen, es entwickelt sich Gelbsucht *(huangdan)* und man bekommt Durchfall.[639] (17, 523)

[42] Schnelles Gehen nach einer Mahlzeit schädigt Magen und Darm und ruft langfristig Verdichtungen *(zheng)* und Zusammenballungen *(jia)* hervor, die

638 Dasselbe Zitat wird noch einmal in Kap. 17, 523 zitiert.

639 Vgl. Fragm. 91, S. 898. S. Is. 15, 265 (12. 24a), wo nur der erste Satz wiedergegeben wird, und 29, 483, YSYJ Fragm. 124.

häufig Schmerzen verursachen.[640] (19, 579)

[43] Im 6. Monat soll man kein brackiges Wasser aus Sümpfen trinken, denn es verursacht schildkrötenförmige geschwulstartige Zusammenballungen *(jia)*.[641] (19, 586)

[44] Wird Fisch mit roten Augen zerkleinert *(kuai)* und verzehrt, so entstehen Zusammenballungen.[642] (19, 587)

[45] Wird Trockenfleisch durch Trocknung in der Sonne und nicht durch Hitzetrocknung hergestellt, so führt sein Verzehr zu Schmerzen *(shan)* und zu Zusammenballungen.[643] (20, 597)

[46] Wacht man aus dem Schlafe auf, vermeide man es, Wasser zu trinken und sich dann erneut niederzulegen, denn dies läßt Wasseransammlungen *(shuipi)* entstehen.[644] (20, 608)

[47] Beim Trinken von Wasser vermeide man hastiges Schlucken, denn es ruft langfristig Wasseransammlungen hervor.[645] (ebd.)

[48] Im 8. Monat esse man keinen Ingwer. (21, 627)

[49] Es heißt: [Im 9. Monat verzehre man keine] Melonen, die von Tau bedeckt wurden, denn sonst brechen zum Winter hin Kälte-Hitze und Wärme-Erkrankungen aus. Ihr Verzehr führt zu Brechreiz, bisweilen staut sich im Herzen Wasser, das nicht verschwindet oder es kommt zu Magen-Rückfluß.[646] (ebd.)

[50] Im 11. Monat verzehre man kein getrocknetes Fleisch von verendeten Tieren, das den Sommer über aufbewahrt wurde, da es Bewegung in den Nieren verursacht und es leicht zu Wasser-Erkrankungen kommt.[647] (21, 635)

[51] Während des Schlafes soll man die Füße nicht von einer Erhöhung herunterhängen lassen, denn dies führt rasch zu einer Wasseransammlung in den Nieren. (ebd., 636)

[52] Der Verzehr von Honig im 7. Monat führt zu heftigem Durchfall und ruft starke Darmbeschwerden *(huoluan)* hervor.[648] (22, 649)

---

640 Zu *zheng* und *jia*, s. ZBYH 19, S. 577ff.

641 Vgl. YSYJ 128, Is. 29, S. 483; der Passus ist dort ausführlicher. Zu *biejia* s. ZBYH, S. 585.

642 Vgl. Is. 10, 176 (8. 19b).

643 Zu *shan* 疝, s. ZBYH 20, 590f.

644 Vgl. YSYJ 193, Is. 29, S. 458. Zu *pi*, s. ZBYH, ebd., speziell zu *shuipi*, Kap. 21, S. 647.

645 Vgl. YSF 33 und YSYJ 190, Is. 29, S. 485.

646 Zur Emendation auf der Grundlage des QJYF 26. 3, s. Ding 1993, 247; vgl. YSYJ 133, Is. 29, S. 483.

647 Vgl. YSYJ 139, Is. 29, S. 483.

648 Vgl. Is. 11, 186 (9. 2b-3a) und 29, 483, Fragm. 130 des YSYJ, das vor dem Verzehr von Honig (生蜜) warnt. *Huoluan*, „heftige Darmbeschwerden", zur Ätiologie s. die Ausführungen im ZBYH, ebd. und den Passus aus dem *Qianjin yaofang*, den das *Ishimpō* im Anschluß an das obige Zitat anführt.

[53] Wenn jemand während eines Alptraumes laut ruft oder stöhnt und dann laut angerufen wird, so wird er zweifellos sterben. Besser ist es, ihn mit gedämpfter Stimme zu wecken. Man sollte dies aus der Entfernung tun und nicht hastig aus der Nähe rufen, denn dann kann es leicht zum Verlust der *hun* und *po* kommen.[649] (23, 676)

[54] Der Genuß flüssiger Lebensmittel, in denen keine Spiegelungen erkennbar sind, führt zu plötzlich auftretenden Infektionen *(zhu)*.[650] (24, 693)

[55] Lehnt man sich mit verschwitztem Rücken an eine Mauer, so entsteht eine chronische Infektion.[651] (24, 705)

[56] Fleisch von Huhn und Otter ruft, wird es zusammen verspeist, eine chronische Infektion hervor. (ebd.)

[57] Der Verzehr von süßem Reisgebäck und süßer dickflüssiger Suppe *(zhou)* führt zu einer wandernden Infektion *(zouzhu)* in den Flanken. (ebd., 706)

[58] Nachdenklichkeit *(silü)* schädigt das Herz; ist das Herz geschädigt, führt dies zu Erbrechen und Nasenbluten und ruft eine Austrocknung der Haare hervor.[652] (27, 756)

[59] Ißt man süßen Joghurt, so vermeide man den Verzehr von Essig, denn dies verursacht blutigen Urin.[653] (27, 761)

[60] Tritt beim Verzehr heißer Speisen Schweiß auf, dann vermeide man Schädigungen durch Wind, denn diese führen zu Haarausfall. (27, 763)

[61] Will man die Haare ordnen, so wende man sich nach Osten [654], klappere zu Beginn des Kämmens neun Zyklen lang mit den Zähnen und spreche lautlos

---

649 Vgl. YYML, Ding 1993, 267f.

650 Zu *zhu*, s. ZBYH, S. 690f., wo es heißt: „Zhu 注 (Infektion) ist synonym mit zhu 住 (verbleiben). Dieser Zustand ist dadurch gekennzeichnet, daß pathogenes Qi im Inneren des Körpers verbleibt. Verursacht wird er dadurch, daß Yin und Yang ihrer Regelmäßigkeit verlustig gehen, Leitbahnen und Netzbahnen leer sind und von Erschöpfung, Wind, Kälte und extremer Hitze befallen werden. Wird ein Kältebefall durch unangemessenes Schwitzen behandelt oder zeitigt das Schwitzen keine therapeutische Wirkung, dann überträgt sich die Erkrankung von den drei Yang auf die drei Yin, dringt in die fünf Speicher und stagniert, wenn sie nicht rechtzeitig behandelt wird. Entweder wird die aufgenommene Nahrung nicht transportiert, zwischen Hitze und Kälte besteht keine Ausgewogenheit und das pathogene Qi verbleibt im Körper und zirkuliert darin. Oder der Erkrankte wird von schlechtem vitalen und letalem Qi beeinflußt, und er ist plötzlichen Angriffen dämonischer Essenzen ausgesetzt. All dies sind Faktoren, die diese Erkrankung verursachen können."

651 Zu *dunzhu* heißt es in ZBYH, S. 705: „Aufgrund eines Mangelzustandes des Organismus dringt pathogenes schädliches Qi ein und stagniert in den Leitbahnen und den Speichern und Palästen. Im akuten Zustand führt es zu Gliederschwere und stechendem Schmerz im Unterbauch; akute Störungen treten unregelmäßig auf und so läßt sich diese Erkrankung nicht eindeutig diagnostizieren. Aufgrund der Stagnation [des Qi], das sich nicht vertreiben läßt, spricht man von einer stagnierenden-chronischen Infektion."

652 Vgl. YSF 75, S. 803, dort fehlt der letzte Teil des Satzes.

653 Vgl. Is. 12, S. 211 (10. 24a).

folgenden Spruch *(zhou)*[655]: „Der Himmelsahn streut seine Wirkkraft, die 5 Alten kehren zum Wahrhaften zurück, im *niwan* ist die 'Dunkle Pracht', das Bewahren der Essenz führt zu langem Leben. Links den verborgenen Mond umfangen, rechts die Wurzel der Sonne heranziehen; alle sechs Weltgegenden sind klar und geläutert und die hundert Gottheiten empfangen die Gnade.“ Nach der Rezitation dieses Spruches schlucke man dreimal den Speichel. Vermag man dies regelmäßig auszuführen, so verhindert man Haarausfall und die Haare wachsen üppig.[656] (ebd.)

[62] Es ist angebracht, sich oft die Haare zu kämmen, doch auch bei intensivem Kämmen soll sich kein Schmerz einstellen. Man kann sich auch von einem Diener die Haare kämmen lassen. Intensives Kämmen verhindert Stagnationen in den Gefäßen und die Haarwurzeln werden dauerhaft gefestigt.[657] (ebd.)

[63] Das Waschen der Haare am 10. des 1. Monats läßt ergrautes Haar wieder schwarz werden. (27, 765)

[64] Tausendmaliges Kämmen der Haare verhindert ihr Ergrauen. (ebd.)

[65] Am 1. des 1. Monats pflücke man *Mosla soochouensis (wu xiang)* und koche es zu einem Sud, der, wenn man sich damit den Kopf wäscht, das Ergrauen verhindert.[658] (ebd.)

[66] Das Baden am 14. Tag des Monats beugt dem Ergrauen vor. (ebd.)

[67] Nimmt man am 14. ein Bad, so festigt dies die Zähne und verhindert das Ergrauen. (ebd.)

[68] Identisch mit YSF 61. (ebd., 765f.)

[69] Im Zustand der Trunkenheit vermeide man es, unbedeckt zu schlafen, denn dies ruft im Gesicht Entzündungen *(chuang)* und Pusteln *(pao)* hervor.[659] (27, 774)

---

654 *Wangdi* 王地, wird im ZBYH, S. 764, Anm. 2 als 王氣 erläutert, das den Osten bezeichnet. In dem nahezu identischen YSF-Zitat 68 (ebd., 765f.) steht statt dessen *benming ri* 本命日, d.h. man wendet sich der Himmelsrichtung zu, der das Zykluszeichen des eigenen Geburtstages entspricht (ebd., 766, Anm. 5).

655 Ich folge hier der Version YSF 68, in der sich *yin* 陰 („lautlos“) anstelle von *wei* 微 („leise“) findet, ebd., S. 765.

656 In YSF 68 (ZBYH, S. 765) lautet der Schlußsatz. „Vermag man dies mehrfach auszuführen, so ist man frei von Zahnschmerzen, die Haare sind fest und ergrauen nicht. Auch heißt es, hierdurch werden Kopfschmerzen verhindert“. Das Zitat stammt aus *Zhengao* 9, 8b (vgl. Reiter 1990, 170); als Quelle wird dort ein *Taiji yuan [lü] jing* angegeben.

657 Vgl. auch YSF 3, 1, S. 30, wo ebenfalls die positiven Wirkungen des Haarekämmens beschrieben werden. Das Zitat stammt aus *Zhengao* 9, 8b; derselbe Passus wird im Yangsheng-Kapitel des *Ishimpō* im Abschnitt über die „Kultivierung des Körpers“ als Zitat aus einem *Da[Tai]ji jing* 大極經 angeführt, das im *Yanshou chishu* 延壽赤書 enthalten ist.

658 *Wuxiang*, i.e. *wuxiang cao* 五香草, s. ZYDCD 775, I, S. 390.

659 *Pao*, s. die Erläuterung in ZBYH, ebd., S. 773: „Von Pusteln im Bereich des Gesichtes *(mianpao)* spricht man, wenn im Gesicht pathogene Windagenzien oder heißes Qi Pusteln erzeugen, die entweder die Größe eines Reiskorns oder Getreidekorns haben und von weißer Färbung sind.“

[70] Hat sich die aufgrund von Alkoholgenuß entstandene Hitze noch nicht zerstreut, und wäscht man sich dann das Gesicht mit kaltem Wasser, so ruft dies im Gesicht Entzündungen hervor und führt in leichten Fällen zu Hautausschlag *(zha)*.[660] (ebd.)

[71] Nach einer Mahlzeit sitzend (untätig zu sein) und keinen Spaziergang zu unternehmen oder sich seinen Aufgaben zu widmen, ist nicht allein ohne Nutzen [für den Körper], sondern ruft gar Qi-Stauungen *(jiju)* und Verdauungsstörungen hervor, führt zu Lähmungserscheinungen in Armen und Beinen *(bijue)* und verursacht dunkelgelbe Verfärbungen im Gesichtsbereich *(ligan)*.[661] (27, 774f.)

[72] Ungehemmt dem Vergnügen zu frönen schädigt die hun: hun steht in Verbindung mit den Augen. Die Schädigung der Leber verursacht eine Trübung der Sehkraft.[662] (28, 785)

[73] Alte Brunnen und Wassergräben sollen nicht zugeschüttet werden, denn dies verursacht beim Menschen Taubheit und Blindheit.[663] (ebd., 787)

[74] Das Baden am 8. des 1. Monats beseitigt Trübungen der Sehkraft. (ebd.)

[75] Identisch mit YSF 58. (29, 803)

[76] Identisch mit YSF 73. (ebd., 812)

[77] identisch mit YSF 68. (29, 822)

[78] Quecksilber darf nicht in die Nähe der Zähne gelangen, denn es ruft eine Schwellung des Zahnfleisches hervor und es kommt leicht zu Zahnausfall.[664] (ebd., 824)

[79] Zur Zeit des ersten Hahnenschreies klappere man regelmäßig sechsunddreißigmal mit den Zähnen; wird dies über einen längeren Zeitraum praktiziert, bilden sich in den Zähnen keine *du*-Parasiten und die Zähne werden gefestigt. (ebd., 826)

[80] Am Morgen vor dem Aufstehen spüle man den Mund mit dem Speichel und schlucke diesen herunter, wenn er den ganzen Mund erfüllt, und klappere anschließend siebenundzwanzigmal mit den Zähnen. In dieser Weise verfahre man dreimal und halte dann inne; dies wird bezeichnet als das „Raffinieren der Essenz". Hierdurch wird der Leib gekräftigt, das Gesicht erhält Farbe, Parasiten werden beseitigt und die Zähne gefestigt. (ebd.)

---

660 Vgl. das identische YSF-Zitat 110 in ZBYH 35, S. 991; vgl. auch Is. 17, 285 (14. 14b) und YSYJ 9 (Is 4, S. 82). Zu *zha*, s. ZBYH, S. 774, Anm. 3.

661 Vgl. das nahezu identische, aber ausführlichere YSYJ-Zitat 149, Is. 29, S. 484, das Qingniu daoshi (Feng Junda) zugeschrieben ist.

662 S. Is. 5, S. 94 (5, 9b). Zur Beziehung Leber-*hun*-Augen s. beisp. *Lingshu* 8, *(Benshen)*.

663 Identisch mit YSF 78, 29, S. 812.

664 Vgl. Is. 5, S. 113 (5. 47b).

[81] Vermag man dauerhaft die Jadequelle aufzunehmen, so wird dies unbedingt zu einer allgemeinen Kräftigung und äußerlichen Verschönerung führen, Parasiten werden beseitigt und die Zähne gefestigt. Jadequelle bezeichnet den Speichel im Mund.[665] (ebd.)

[82] Durch kauende-klappernde Bewegungen der Zähne wird Zahnausfall vermieden.[666] (ebd., 827)

[83] Nach einer Mahlzeit gilt es, sich regelmäßig den Mund mehrmals auszuspülen. Geschieht dies nicht, so erkrankt man an Zahnverfall.[667] (ebd.)

[84] Mit leerem Bauch soll man keine verwesende Leiche betrachten, denn [übelriechendes] Qi dringt in die Milz [Nase], auf der Zunge entstehen weiße und gelbe Verfärbungen und im Mund bildet sich häufig Übelgeruch.[668] (30, 837)

[85] Gefühle des Zorns und der Entrüstung schädigen den Geist; dieser steht in Verbindung mit der Zunge. Wird das Herz geschädigt, so ruft dies Stottern *(jianji)* hervor.[669] (30, 839)

[86] Mit dem rechten Fuß auf den linken treten: auf diese Weise lassen sich Stauungen in der Brust und Erbrechen nach dem Verzehr warmer Speisen beseitigen. (ebd., 849)

[87] In Landschaften, wo aus dunklem Erdreich eine Quelle entspringt, darf man nicht für lange Zeit leben, denn trinkt man dieses Wasser häufig, so führt es zur Entstehung eines Kropfes und das agierte Qi *(dongqi)* verursacht eine Intensivierung des Leidens.[670] (31, 857)

[88] Der Ehemann sollte nicht mit dem Kopf nach Norden hin ausgerichtet schlafen, denn dies bewirkt eine Unruhe von Geist und *hun* und ruft vielfach Bedrückung und Vergeßlichkeit hervor. (ebd., 863)

[89] Mit der Hand Mund und Nase bedecken, den Blick nach unten wenden und fein atmen; nach einer geraumen Weile bildet sich in der Hand Flüssigkeit, woraufhin man geschwind mit der Hand über Gesicht und Augen reibt. Häufig ausgeführt bewirkt dies einen Wohlgeruch des Körpers. (ebd., 866)

[90] Tropft menschlicher Schweiß in Speisen, so ruft deren Genuß gewürznelkenförmige Entzündungen *(dingchuang)* hervor.[671] (ebd., 886)

---

665 Vgl. YSF 23 (3, 95), wo der Begriff *yuquan* („Jadequelle") ebenfalls erklärt wird.
666 S. Is. 5, S. 112 (5. 45).
667 S. Is. 5, S. 112 (5. 45a). Im QJYF, Kap. 27. 2, S. 381 (Daolin yangxing) heißt es: „Hierdurch wird Zahnverfall vermieden und es entsteht Wohlgeruch im Mund".
668 Identisch mit Is. 5, S. 109 (5. 40b). Die Fassung im QJYF (Kap. 27. 7) weicht von der hier gegebenen ab. Es heißt dort: 凡人空腹不用見尸，臭氣入鼻．舌上黑白起，口常臭．Zur Entstehung des Mundgeruchs, s. ZBYH, S. 836.
669 Zur Entstehung des Stotterns, s. ZBYH, S. 838f.
670 Vgl. Is. 16S. 273 (13. 14b). Zum Begriff *dongqi* s. ZHDCD, S. 491.
671 Vgl. Is. 16, S. 265 (13, 2b) und Fragm. 92, S. 898. Zu *dingchuang*, s. ZBYH, 31, S. 885f.

[91] Identisch mit YSF 41. (32, 898)

[92] Tropft menschlicher Schweiß in Speisen, so ruft deren Genuß gewürznelkenförmige Entzündungen, Abszesse und Furunkel hervor. (ebd.)

[93] Werden Speisen mit Kupfergeschirr bedeckt, so daß Kondenswasser in sie gelangt, ruft ihr Verzehr bösartige Entzündungen und im Körperinneren lokalisierte flache Abszesse *(ju)* hervor.[672] (ebd., 926)

[94] Zerkleinertes vom Goldkarpfen *(Carassius auratus L.)* zusammen mit Leber und Lunge vom Schwein verzehrt ruft flache Abszesse hervor. (ebd., 927)

[95] Schwarzhuhn in Verbindung mit Karpfen verzehrt ruft flache Abszesse hervor. (ebd.)

[96] Findet sich im Bauch eines Fisches eine weißliche ölartige Substanz und wird dieser dann zusammen mit Fleisch vom Schwarzhuhn gegessen, so ruft dies ebenfalls flache Abszesse hervor. (ebd.)

[97] Besitzt ein Fisch keine vollständigen Kiemen, so führt sein Verzehr zur Entstehung von flachen Abszessen.[673] (ebd.)

[98] Sich im trunkenen Zustand zu einer Mahlzeit zu zwingen, ruft flache Abszesse hervor. (ebd.)

[99] Bei starkem Schweißausbruch soll der Körper gepudert werden; läßt man den Schweiß von selbst trocknen, so entstehen Wind-Abszesse. (33, 934)

[100] Von den sechs Arten von Haustieren, die plötzlich an einer Seuche sterben oder im Sommer erkranken, darf das Gehirn nicht verzehrt werden, denn dies ruft häufig Abszesse in den Gedärmen hervor. (ebd., 952)

[101] Im 4. Monat esse man kein getrocknetes Hühnerfleisch, denn es ruft innere Abszesse hervor und unterhalb der Brust bilden sich Fisteln.[674] (ebd., 954)

[102] Identisch mit YSF 90, 92. (ebd., 958)

[103] Identisch mit dem ersten Teil von YSF 41. (ebd.)

[104] Im 6. Monat vermeide man es, die 5 Sorten von Früchten zu essen[675], nachdem sie zu Boden gefallen sind und bereits von Ameisen, Maulwurfsgrillen und Mistkäfern befallen wurden, denn es kommt sonst leicht zur Entstehung der neun Arten von Fisteln.[676] (34, 963)

---

672 Identisch mit Fragm. 108, S. 991, Is. 17, S. 285 (14, 14b) und YSYJ-Fragm. 275, Is. 29, S. 488.
673 Zur Emendation dieses Zitats auf der Grundlage des QJYF, s. ZBYH, S. 927, Anm. 2.
674 Zu *lou*, s. ZBYH 34, 961ff.
675 Es sind dies: Birnen, Aprikosen, Datteln, Pfirsiche und Weichkastanien.
676 Vgl. Is. 16, S. 275 (13, 19a-b) und YSYJ-Fragment 129, Is. 29, S. 483.

[105] Im 12. Monat esse man kein Fleisch, das bereits von Hunden oder Ratten angefressen wurde (?), denn es läßt Geschwüre und Fisteln entstehen, die sich am Hals (Genick) und im Mundinnern zeigen, aber auch im Rachen auftreten. (ebd.)

[106] Im ersten Monat verzehre man keine Nahrungsmittel, die von Ratten angefressen wurden, denn dies führt augenblicklich zur Entstehung von Ratten-Fisteln, die auf dem Scheitel ausbrechen. Bisweilen dringt das Gift in den Bauch und die Milz, so daß dauerhafter blutiger Ausfluß resultiert; oder es bilden sich Entzündungen im Mund, die in ihrer Form Insektenfraß gleichen.[677] (ebd., 967)

[107] Das Zurückhalten des Stuhls verursacht langfristig Hämorrhoiden *(qizhi)*.[678] (ebd., 985)

[108] Identisch mit YSF 93. (35, 991)

[109] Geschlechtliche Vereinigung im Rausch kann bösartige Entzündungen hervorrufen.[679] (ebd.)

[110] Identisch mit YSF 70. (ebd.)

[111] Am 5. des 5. Monats pflücke man drei *sheng* Jujubablätter, die man zerstampft und den Saft mit Brunnenwasser mischt. Wird diese Lösung zum Baden verwendet, verhindert dies für immer die Entstehung bösartiger Entzündungen. (ebd.)

[112] Werden die Füße mit Brunnenwasser, dem Pulver beigegeben ist, gewaschen, erkrankt man nicht an bösartigen Entzündungen.[680] (ebd.)

[113] Das Baden am 1. des 5. Monats, am 2. des 8., am 9. des 9., am 7. des 10., am 4. des 11. und am 13. des 12. Monats beseitigt bösartige Entzündungen.[681] (ebd.)

[114] Identisch mit YSF 11. (ebd., 995)

[115] Leidet jemand an Kummer, Zorn und häufigem Weinen, so daß es zu Disharmonie in der Vereinigung von Yin und Yang kommt, dann führt dies zu unregelmäßiger, mal starker und mal schwacher Monatsblutung, es entsteht innere Hitze und starker Durst, die Gesichtsfarbe ist schlecht, die Muskeln trocknen aus und der Körper wird schwer. (37, 1083)

[116] Hat die Schwangerschaft das Ende des 3. Monats noch nicht erreicht und ist durch die Einnahme von Heilmitteln eine Schädigung in Form von Unterleibsblutungen vorhanden, so ruft sexuelle Aktivität vor dem Abklingen der Blutung

---

677 Vgl. YSYJ 118, Is. 29, S. 482.
678 Vgl. Is. 7, S. 139 (6. 16b).
679 Vgl. Is. 17, S. 285.
680 Vgl. ebd.
681 Vgl. die ähnlichen kalendarischen Anweisungen in YSYJ 66, Is. 27, S. 453f.

eine Konglomeration von pathogenem Qi hervor, aufgrund derer es zum Austritt von Blut kommt[682], das verdorbenem Fleisch ähnelt; das pathogene Qi sammelt sich in der Gebärmutter und ruft einen inneren Mangelzustand hervor. (38, 1098)

[117] Wenn sich Mann und Frau streiten und die Frau, ohne daß der Streit beigelegt worden wäre, zur sexuellen Vereinigung gezwungen wird, so führt dies zu einem Verschluß der Gebärmutter, in der sich eine pathogene Konglomeration bildet. Diese verursacht Ausfluß, der eine schmalzähnliche gelblich-weiße Färbung hat. (ebd., 1100)

[118] Wenn ein junges Mädchen oder eine Frau gleich nach der Geburt den Leib zu fest einschnürt oder schwere Dinge hebt, wobei der Unterkörper gerade gestreckt oder aber schräg gebeugt wird, so führt dies dazu, daß die Monatsblutung nicht abfließt, im Unterleib heftige Schmerzen auftreten und eine Kälteschädigung wirksam wird, die zur Unfruchtbarkeit führt. (39, 1127)

[119] Übt man sexuelle Vereinigung, bevor die Monatsblutung beendet ist, so dringt Essenz-Qi ins Innere und führt zu unmäßigen Blutungen, im Inneren entstehen Qi-Stauungen *(jiju)* und Unfruchtbarkeit ist die Folge. (ebd., 1129)

[120] Beginnt [eine Frau] beim Essen heißer Speisen zu schwitzen und entblößt dann ihre Brust, so daß es zu einer Schädigung durch Wind kommt, dann entstehen leicht Schwellungen der Brust und es bilden sich infolge davon leicht Abszesse.[683] (40, 1169)

[121] Eine Schwangere begebe sich zur Verrichtung ihres Geschäftes nicht an außergewöhnliche Orte, denn dies führt unbedingt zu einer tödlich verlaufenden Steißgeburt.[684] (43, 1229)

---

682 Zu *loutai*, s. ZBYH, ebd., S. 1099, Anm. 6.
683 Vgl. Is. 21, S. 344 (17, 5a-b).
684 Identisch mit YSYJ 17, Is. 22, S. 358.

Schlußbetrachtung

Mit dem *Yangsheng yaoji* von Zhang Zhan haben wir das erste bekannte, wenn auch nur fragmentarisch erhaltene Kompendium zur Kultivierung des Lebens vor uns, das auf einem sehr weit gefaßten Konzept des Yangsheng gründet. Dieser Entwurf der Lebenspflege, mit dem Zhang seine Kompilation strukturiert, beschränkt sich nicht auf die Übungen des Daoyin, die Techniken der Atmung und Methoden der Sexualhygiene; vielmehr erfaßt er sämtliche Aspekte der Lebenswirklichkeit und schenkt so auch den banalsten Verrichtungen im Rahmen einer Lebensordnung Beachtung, die nicht wie im Konfuzianismus auf eine Ritualisierung der Lebensweise, eingebunden in die Hierarchie der familiären und gemeinschaftlichen Strukturen hinzielt, sondern mehr auf eine Rhythmisierung des Daseins im Sinne einer Abstimmung auf die Zyklen der Natur ausgerichtet ist. Der Mensch bildet einen Mikrokosmos, dessen Funktionen denselben Gesetzmäßigkeiten gehorchen wie die natürliche Ordnung, mit der er durch ein Gefüge von Korrelationen in Beziehung gesetzt wird. Der Organismus ist kein geschlossenes System, sondern befindet sich in stetem Austausch mit seiner Lebenswelt, die ihn in Form des Qi, mittels der Atmung und durch die Ernährung, durchdringt. „Er lebt inmitten des Qi", so formuliert es Ge Hong, „wie der Fisch im Wasser", so heißt es in einem Zitat des *Yangsheng yaoji*. Und so kommt den Qi-Techniken innerhalb der Methoden des Yangsheng eine wesentliche Bedeutung zu. In der methodischen Komplexheit des „Aufnehmens und Ausstoßens", des „Führens und Verschließens" findet das Bestreben nach Harmonisierung der vitalen Rhythmen von Mikro- und Makrokosmos exemplarischen Ausdruck.

Zhang Zhan war wohl kein Anhänger des Unsterblichkeitsglaubens; dies unterscheidet ihn von Ge Hong, dessen Werk er offensichtlich kannte, da er einmal aus ihm zitiert. In seinem *Baopuzi* differenziert Ge Hong zwischen jenen Praktiken der Lebenspflege, die der Gesundheit und Langlebigkeit förderlich sind, und den Techniken der Unsterblichkeit, die der Adept letztlich nur durch Einnahme der „großen alchemistischen Medizin" zu erlangen vermag. Methoden der Meditation (das „Bewahren des Einen", *shouyi)* und vor allem auch ein moralisch-gesunder Lebenswandel sind komplementäre Maßnahmen. Hiermit sind bereits die wesentlichen Differenzen beschrieben, die sich meiner Ansicht nach aus der Unterschiedlichkeit der Zielsetzung ergeben und erklären lassen. Alchemie, Meditation und Moral finden in Zhangs „Kompendium", zumindest in den erhaltenen Teilen, an keiner Stelle Erwähnung. Wohl enthalten einige der Fragmente Hinweise auf lebensverlängernde Wirkungen der dargelegten Methoden, doch scheinen sie weniger die Intention des Werkes widerzuspiegeln als der Gesamtentwurf. Eine Trennung in einem strengen Sinn wird man freilich nicht vornehmen können, denn zwischen den allgemeinen Gesundheitstechniken und den in den religiösen Kontext integrierten Praktiken, die selbst nicht religiöser Natur sind, gab es beträchtliche Überschneidungen; sowohl der Heil-

kunde als auch dem Daoismus gemeinsam ist die Sorge um den Leib. Auf die Bedeutung der Medizin innerhalb der Praxis des dao verweist ja bereits Ge Hong, der mit seiner Kompilation rezeptkundlicher Werke deutlich macht, daß heilkundliche Kenntnisse zum allgemeinen Wissensfundus des Gelehrten gehörten, sei es, daß dieser sich als Adept der Unsterblichkeit verstand oder „nurmehr" ein Anhänger der Lebenspflege war. Vor allem an diese scheint sich Zhang, der, soweit dies in den wenigen biographischen Quellen erkennbar ist, über medizinisches Wissen verfügte, mit seinem Werk zu wenden. In den Prolegomena zum „Kompendium" finden sich wichtige Hinweise zum Verständnis seines Werkes; Zhang betont vor allem die Praktikabilität („ohne Aufwand viel erreichen") und „Lebensnähe" („es verwirft nicht die Genüsse von Auge und Ohr") der von ihm versammelten Methoden und Praktiken. Das Streben nach angemessener Hygiene und Lebenspflege war jedoch, so wurde bereits bemerkt, nicht auf bestimmte Kreise beschränkt.
Das *Yangsheng yaoji* und die „Aufzeichnungen über die Kultivierung der natürlichen Anlagen und die Lebensverlängerung" sind wichtige Quellen zur frühen Tradition der Lebenspflege in einem Stadium, das der Integration des Yangsheng in den religiösen Daoismus vorausgeht bzw. parallel zu ihr verläuft. Die in ihnen gebündelten Überlieferungsstränge sind Ausdruck der „individualistischen" Tradition der *fangshi*, auf die sich auch Ge Hong bezieht; sie findet eine prägnante Formulierung in dem Diktum „Mein Schicksal liegt bei mir, nicht beim Himmel", das dem Unsterblichkeitsglauben des *Baopu zi* zugrunde liegt und auch in Zhangs „Kompendium" in abgewandelter Form anklingt. Die Erkenntnis, daß die Lebensdauer von Faktoren abhängig ist, auf die der einzelne Einfluß zu nehmen vermag, begründet das diätetische Handeln als ordnendes Gestalten aller wichtigen Lebensbereiche. Der Gedanke der Vorrangigkeit eines vorbeugenden Eingreifens und Regulierens unterliegt ja bereits dem in der „Schrift über das Leiten und Dehnen" entworfenen *Regimen sanitatis*, das präventive und kurative Maßnahmen verbindet. Während das Bestreben des *Yinshu* daraufhin ausgerichtet ist, dem Leib zu nutzen *(lishen)* und so ein „Freisein von Krankheit" *(wubing)* zu erreichen, sind in den Mawangdui-Manuskripten Elemente der shenxian-Tradition erkennbar, beispielsweise die „Abstinenz von Getreide", die Eingang in die nach-hanzeitlichen Schulen des Daoismus gefunden haben.
Die Bedeutung des *Yangsheng yaoji* läßt sich zum einen an der „Bearbeitung" in Form des *Yangxing yanming lu* erkennen, deren möglicher Autor Tao Hongjing eine bedeutende Figur des Shangqing-Daoismus war. Deutlicher aber kommt sie in der Äußerung des *Taishang yangsheng taixi qijing* zum Ausdruck, dergemäß die Vertreibung von Erkrankungen und Erlangung der Unsterblichkeit auf dem *Daode jing*, dem „*Klassiker der Gelben Halle*" und Zhang Zhans „Kompendium" basiert. Die Integration der Techniken des Yangsheng vollzieht sich wesentlich in der Shangqing-Schule; ihre Relevanz innerhalb des daoistisch-religiösen Kontextes ergibt sich aus der Unabdingbarkeit körperlichen Gesundheit als Voraussetzung jeder weiterführenden religiösen Praxis: „Werden nicht

zuerst die Krankheiten geheilt, dann bleiben die Einnahme von Drogen und das Zirkulieren des Qi ohne jeden Nutzen für den Körper", heißt es dazu in den „Offenbarungen der Wahrhaftmenschen" *(Zhengao)*. Die Eingliederung bestimmter Techniken, die auch das *Yangsheng yaoji* beschreibt, geht mit einer Hierarchisierung einher, in der die Einnahme von Heilmitteln und Qi-Techniken gegenüber religiösen Praktiken wie der Rezitation des *Dadong zhenjing* eine eher untergeordnete Rolle spielen. Darin, Gesundheit als einen Wert anzusehen, besteht Übereinstimmung zwischen Daoismus und Heilkunde. Während das medizinische Streben in der Heilung des Menschen ihren Zweck sieht, gilt sie im Daoismus nurmehr als Ausgang für das weitere, auf die Erlangung der Unsterblichkeit hin ausgerichtete religiöse Heilsstreben.

Anhang 1

Tabelle der identischen und parallelen Textstellen in YSYJ, YYML und YSF (zit. im ZBYH)

YSYJ	YYML*	YSF
9, 160	1.2, 13b/10-14a/1	70/27,774; 110/35, 991
10	1.3, 16b /1-2	
17		121/43, 1229
43	1.1, 6b/7-9	
44	1.1, 6a/1-4	
45	1.1, 5b/4-6a/1	
46	2.6, 8b/6-9	
47	1.1, 10b/9-11a/6	
49	1.1, 4b/3-6	
50	1.1, 6a/4-10	
52	1.1, 10a/1-7	
53	1.3, 18b/7-9	
54		*Yangshengjing yaoji*, 1, 31
56	1.3, 18b/5-6	
57	1.3, 18b/5-6	
58		83/29, 827
59		78/29, 824
60	1.3, 18b/5-7	
69	1.3, 18b/9-19a/4	
72	1.1, 10b/3-6	
73	2.4, 2a/9-2b/9	
74	2.4, 3a/7-8	
75	2.4, 2a/1-6	
76	2.4, 1a/4-7	
77	1.1, 6b/3-7	
78	2.5, 4b/3-5	

* Die letzte Zahl gibt die Zeilen nach der Daozang-Ausgabe des YYML an.

YSYJ	YYML	YSF
79	2.4, 2a/6-9	
83	2.4, 3a/8-9	
84	2.4, 1b/8-10	
91	2.5, 4b/7-5a/1	
94	2.5, 5a/9-10	
95	2.5, 5b/5-6	
96	2.5, 5b/6-8	
100	1.1, 4b/6-8	
103	2.6, 11b/9-12a/1	
104	2.6, 12b/3-9	
109	1.1, 8b/9-9a/2	
111	1.2, 12a/6-9	
112	1.2, 13a/5-6	
	1.2, 14a/1-2	10, 52
	1.3, 15b/2-3	15, 58
	2.4, 15b/4	6, 31
	2.4, 15/7-8	4, 30
118		106/34, 967
	2.4, 15a/8-9	31/9, 305
124		41/17, 523; 103/33, 958
128		43/19, 586
129		104/34, 963
130		52/22, 649
139		50/21, 635
140		105/34, 963
149		71/27, 774
156		98/32, 927
158	1.2, 13a/10	1/1, 8
160		70/27, 774; 110/35, 991
190		33/; 47/20, 608
193		46/ebd.
196		13/2, 52
255		59
276		93

Anhang 2

Index der im *Yangsheng yaoji* erwähnten Heil- und Nahrungsmittel [1]

bashi	茇實 (236) = 菝 ?	Frucht von *Smilax china*, Chinesische Stechwinde
bai guazi	白瓜子 (317)	Benincasa hispida (Thunb. ex Murr.), Wachskürbis
baimi	白蜜, *mi* (12, 208, 210, 232, 235, 251-254, 293)	Honig
baixian	白莧 (236)	*Amaranthus viridis* L., weißer Amaranth (Fuchsschwanz)
beichi(beizi)	貝齒 (289, 291)	*Monetaria moneta* (L.),
bie	鱉 (128)	Amyda sinensis (Wiegmann), Weichschildkröte
chi	豉 (29)	fermentierte Bohnen
chi xiaodou	赤小豆 (287, 297)	*Phaseolus calcaratus* Roxb., Azukibohnen
cong	蔥 (207-213, 233, 253-4, 267) s.a. *shengcong*	*Allium fistulosum* L., Zwiebel
cu	酢 (3), *dacu* 大酢 (255)	Essig
cujiang	酢漿 (196, 197)	Essig, hergestellt aus Hirse
dadou	大豆 (39)	*Glycine max* (L.) Merr., Sojabohne
dadou jiang	大豆醬 (32), 大豆汁 (326)	Sojapaste, -sauce
dasuan	大蒜 *suan* (122, 168, 169, 205)	*Allium sativum* L., Knoblauch
feng	蜯 (138, 139)	Muschel
gancao	甘草 (29, 224, 291)	*Glyzyrrhiza uralensis* Fisch, Süßholz

[1] Die Identifikation der lateinisch-deutschen Entsprechungen der chinesischen Namen basiert vor allem auf *Zhongyi dacidian* und Engelhardt, Hempen (1997). Die Zahlen hinter den chinesischen Bezeichnungen verweisen auf das Fragment, in dem der Begriff erscheint. Zur Nummerierung der Fragmente des *Yangsheng yaoji*, s. Anhang 3.

ganjiang	乾薑 (29, 223)	getrockneter Ingwer, s. *shengjiang*
gegen	葛根 (288)	Wurzel von *Pueraria lobata* (Willd.) Ohwi, Kopoubohne
geli	蛤蜊 (238-240)	*Mactra quadrangularis* Deshayes, Auster
geng	羹 (15, 250, 261, 278)	dickflüssige Brühe
gengmi	粳米 (286)	*Oryza sativa japonica*, Rundkorn-Reis
gugen	菰根 (305)	Wurzel des Haferreises (s. *gumi)*
gumi	菰米 (14, 203, 235, 305)	*Zizania caduciflora* (Turez), Haferreis
gui	桂 (29, 209)	*Cinnamonum cassia* Bl., Zimtkassie
hu	瓠 s. *paohu*	
huma	胡麻 (294)	*Sesamum indicum* DC., Sesam
husuan	葫蒜 (4) s. *dasuan*	
huxi	胡枲 (174) = 枲耳	*Xanthium strumdrium*
huangjing	黃精 (7)	*Polygantum sibiricum*, Weißwurz
ji	雞, 雞子 (25, 41, 207)	*Gallus gallus domesticus* Brisson, Huhn, Hühnerei
ji	齏 (121)	allgem. Bezeichnung für eingelegtes Gemüse und Fleisch
jiyu	鯽魚 (242, 243, 313)	*Carassius auratus* L., Goldkarpfen (Karausche)
jiang	漿 (30, 40) s.a. *shuijiang*	allgem. Bez. für Getränke; klare Reissuppe
jiang	薑 (134, 167, 198)	s. *shengjiang*
jiao	椒 (137), *hujiao* 胡椒	*Piper nigrum* L., Pfeffer
jiecai	芥菜 (127, 227, 238, 244)	*Brassica juncea* (L.) Czern et Coss., Sareptasenf
jiu	韭 (253, 290) *jiucai* 韭菜	*Allium tuberosum* Rottler, chin. Lauch
jiu	酒 (33, 153-175, 177, 299)	allgem. Bezeichnung für alkoholische Getränke
ju	菹 (121)	eingelegtes Gemüse
kucai	苦菜 (220)	Sonchus oleraceus L., Gänsedistel

kuai	膾 (4, 27, 256, 283)	gehacktes, zerkleinertes Fleisch/Fisch
kuicai	葵, 葵菜 (214, 216), s. *longkui, shukui*	
laifu	萊菔 (284) *luobo* 蘿卜	*Raphanus sativus* L., Rettich
lao	酪 (255, 256, 259, 307)	Joghurt
li	李 (37, 124, 230, 232, 237, 264)	*Prunus salicina* Lindl., *li*-Pflaume
li	栗 (229)	*Castanea mollissima* Bl., Kastanie
li	梨 (36)	*Pyrus bretschneideri* Rehd., Birne
li	蜊 s. *geli*	
li	鯉 (6, 27, 126, 211, 244)	*Cyprinus carpio* L., Karpfen
li	藜 (220)	*Chenopodium album* L., Weißer Gänsefuß
liao	蓼 (224-226)	*Polygonum hydropiper* L., Knöterich
longkui	龍葵 (318)	*Solanum nigrum* L., Petunie
lu	鹿 (15, 247, 249, 275, 309-10)	*Cervus nippon* Temminck, Hirsch
lu	蘆 (175), s. *laifu*	
lujiao cai	鹿角菜 (328)	*Gloiopeltis furcata* Post et Ropr.
luo	螺 (138, 139)	Schnecke
luosi	螺螄 (238-240)	*Bellamya quadrata* (Benson)
mazi	麻子 (170) s. *huma*	
manjing	蔓菁 (121), s. *wujing*	
mei	梅 s. *wumei*	
mi	穈, s. *shumi*	
mi[lu]	麋[鹿] (18, 37, 237, 248)	*Elaphurus davidianus* Milne-Edwards, Davidshirsch
mu'er	木耳 (324)	*Auricularia auricula-judae* (L. ex Hook), Judasohr
mujun	木菌 (322-326) = *mu'er* ?	
niu	牛 (275)	*Bos taurus damesticus* Gmelin, *Bubalus bubalis* L.; Hausrind, Wasserbüffel
niuru	牛乳 (306), s.a. *ruzhi*	Kuhmilch

niaoluan,-rou	鳥卵, 肉 (260)	Vogelei, -fleisch
nuomi	糯米 (298)	*Oryza sativa* L., Klebreis
paohu	匏瓠 (268), 瓠瓜, 瓠蘆	*Lagenaria siceraria* (Molina) Standl. var. *clavata* Ser., Flaschenkürbis
pu	脯, 脯肉 (5, 139)	getrocknetes Fleisch
qiaomai	喬麥 (205)	*Fagopyrum esculentum* Moench, Buchweizen
qie	茄 (174)	*Solanum melongena* L., Aubergine
qincai	芹菜 (220, 321)	*Oenanthe javanica* Bl., Sellerie
que	雀 (32-36, 229)	*Passer montanus saturatus* Steineger, Sperling
rongkui	戎葵 (222), s. *shukui*	
rulao	乳酪 s. *lao*	
ruzhi	乳汁 (13, 172, 246, 257, 258, 292, 303)	Milch
shanyu	鱔魚 (25)	*Monopterus albus* (Zuiew), Aal
shengcai	生菜 (4, 200, 239, 248)	rohes Gemüse
shengcong	生葱 (119, 207, 210-212)	rohe Zwiebel
shengjiang	生薑 (28, 319, 320)	*Zingiber officinale* Rose, roher Ingwer
shengrou	生肉 (246, 257)	rohes Fleisch
shengyu	生魚 (217, 225, 226, 229, 258)	roher Fisch
shujiao	蜀椒 *(huajiao)* (329)	*Zanthoxylum bungeanum* Maxim., Sichuanpfeffer
shukui	蜀葵 (222)	*Althaea rosea* (L.), Stockrose
shumi	黍米 (216, 251)	*Panicum miliaceum* L., Hirse
shumi	秫米 (201)	*Setaria italica* L., klebrige Kolbenhirse
shuijiang	水漿 (177, 186, 259, 296)	klare Reissuppe
songzhi	松脂 (5)	Kiefernharz
su	酥 (308)	Rahm, Butter
tao	桃 (124, 264)	*Prunus persica* (L.) Batsch, Pfirsich
ti	魚是 (249) = 魚夷	*Parasilurus asotus* (L.), Sardelle

tianmen dong	天門冬 (6)	*Asparagus cochinchinensis* (Lour.) Merr., Spargelwurzel
tujiang	土漿 (326)	Brackwasser
turou	兔肉 (15, 24, 223, 227)	*Lepus tolai* Pallas oder *Oryctolagus cuniculus domesticus* (Gmelin), Hase
woniu	蝸牛 (240)	*Eulota similaris* Ferussac, Schnecke
wujing	蕪菁 (121, 285)	*Brassica rapa* L., Rapsrübe
wumei	烏梅 (7, 37, 231, 237)	*Prunus mume* (Sieb.) Sieb et Zucc., Umeboshi-Pflaume
wuyi	蕪荑 (224)	*Ulmus macrocarpa* Hance
wuyu	烏芋 (304)	*Eleocharis tuberosa*, Schwarzer Taro
wuzei yu	烏賊魚 (314)	*Sepiella maindroni* (de Rochebrune), Tintenfisch
xia	蝦 (219, 237, 247, 248, 315, 316)	*Macrobrachium nipponenese* (de Haan), Garnele
xiangshi	橡實 (300)	*Quercus acutissima* Carr., Frucht der Spitzeiche
xiaodou	小豆 (245)	s. *chi xiaodou*
xiaomai	小麥 (14, 39, 202-204)	*Triticum aestivum* L., Weizen
xiaomi	小米 (285)	*Setaria italica* L., Kolbenhirse
xie	薤 (208, 213, 215, 220, 267)	*Allium macrostemon* Bge., Lauch
xie	蟹 (228)	*Eriocheir sinensis* H. Milne-Edwards, Krabbe
xingzi	杏子 (234, 264)	*Prunus armeniaca* L., Aprikose
xingren	杏仁 (31, 250)	Kern von *Prunus armeniaca* L.
xiongbai	熊白 (261) i.e. *xiongzhi*	Fett von *Selenarctos thibetanus* oder *Ursus arctos* L., Bär
yang	羊 (15, 275)	*Capra hircus* L., Ziege; *Ovis aries* L., Schaf
yi	飴 (31, 198, 204)	Sirup
yixing	飴餳 (205)	Malzsirup
yu	芋 (301, 302)	*Colocasia esculenta* (L.) Schott, Taro

yupi	榆皮 (327)	Rinde von *Ulmus pumila* L., Birke
zao	棗 (212, 233, 252, 264)	*Ziziphus jujuba* Mill. var. *inermis* (Bge.) Rehd., Jujube
zhang	獐 (15)	*Hydropotes inermis* Swinhoe, Wasserreh
zhi	鴙, 雉 (15, 127, 207)	*Phasianus colchious torquatus* Gmelin, Fasan
zhou	粥 (198, 199, 250)	dickflüssige Suppe
zhu	豬 (4, 16, 23, 126, 135, 137, 171, 201, 206, 214, 217, 241-45, 250, 275, 311-313)	*Sus scrofa domestica* Brisson, Schwein
zhugao	豬膏 (231, 234)	Schweineschmalz

Verzeichnis der im *Yangsheng yaoji* verwendeten Krankheitsbezeichnungen [2]

baichuang	白瘡 (140)	weißliche Entzündung, s. *chuang*
baolou	胞漏 (32)	Blutung der Gebärmutter, Blutung während der Schwangerschaft, s. *lou*
bijue	痹蹶 (149)	partielle Lähmung, Gefühlslosigkeit *(bi)*, verursacht durch gegenläufiges Qi *(jue)*
biejia	鱉瘕 (128, 185)	schildkrötenförmige Zusammenballung *(jia)*, s. *jia*
chen	疢 (109)	Hitze-Erkrankung [3]
chong	虫 (203, 246, 248, 256, 257)	Parasit, Wurm, Insekt
chonglai	虫癩 (310)	s. *lai*
chuang	瘡 (27, 118, 121, 160, 262)	Entzündung
dian	癲 (154)	mentale Störung, Wahnsinn
dongshen	動腎 (139)	Bewegung der Nieren
duanqi	短氣 (125)	Kurzatmigkeit

---

[2] Die Angaben basieren, soweit nicht anders vermerkt, auf Wiseman 1996

[3] S. SWJZ, S. 155.

exie bing	惡邪病 (227)	Erkrankung hervorgerufen durch ein „bösartiges" pathogenes Agens
fa huang	發黃 (171)	Gelbverfärbung
fei yangdao	廢陽道 (224)	Impotenz (?)
fuli	腹利(痢) (210, 254)	Ruhr, Durchfall
fuzhang	腹脹 (229)	Schwellung des Abdomens
gan	皯 (149)	Verfärbungen der Haut
gu renbing	痼人病 (237)	schwer zu behandelnde, persistierende Erkrankung
guzheng	骨蒸 (318)	dämpfende Knochen
hanre	寒熱 (133)	Hitze-Kälte, Fieber-Frösteln
huangdan	黃疸 (121, 124, 262)	Gelbsucht
huichong	蛔虫 (41)	
	auch *xin-*, *changchong*	Spulwurm
huoluan	霍亂 (130, 198, 223)	choleraartige Erkrankung, heftige Magen-Darm-Beschwerden
jiju	積聚 (113, 149)	Ansammlung, Stauung von Qi
jia	瘕 (126, 258)	Zusammenballung; vgl. *jiju*
jie	結，痂結 (47)	Koagulation des Qi, s. *qijie bing*
ju	疽 (156)	eitrige Entzündung, flacher Abszess
kesou	咳嗽 (120, 132)	Husten
jie	癤 (124)	*jie*: kleinflächige offene Entzündung *(yang* 瘍: offene Entzündung); kleine oberflächliche schmerzende Entzündung.
jienüe	痎瘧 (132)	malariaforme Erkrankung
lai	癩 (310)	*lai*-Erkrankung
lengbing	冷病 (187)	kälteinduzierte Erkrankung
lengyang	冷陽 (125)	kaltes Yang
ligan	梨皯 (149)	dunkelgelbe Verfärbungen
lou	瘺 (129, 140)	Fistel
louxie	漏血 (230)	tropfende Blutung
muse	目澀 (136)	Trockenheit der Augen
naochong	蟯虫 (131)	Springwurm

nüe	瘧 (120)	malariaforme Erkrankung
pao	疱 (164)	Pustel, blasenbildende Entzündung (paochuang)
pibing	癖病 (150, 152)	Erkrankung verursacht durch Ansammlung von Qi
qijie bing	氣結病 (173)	Koagulation (Verknotung) des Qi
qiwei	氣痿 (137)	Qi-Schwäche
qiyong	氣壅 (210, 225)	Qi-Blockade
qingmang	清(青)盲 (37)	Sehtrübung
quemang	雀盲 (35)	Nachtblindheit
rebing	熱病 (121)	Hitze-Erkrankung
refeng bing	熱風病 (206)	Hitze-Wind-Erkrankung
reqi	熱氣 (189)	heißes Qi
rouju	肉疽 (276)	tiefer Abszess
shan	疝 (47)	Steigen (des Qi); Schmerzen hervorgerufen durch Ansammlung von Yin-Qi.
shulou	鼠瘺 (118)	Fistel
shuibing	水病 (139, 151, 170)	Wasser-Erkrankung
shuijia	水瘕 (190, 192)	Wasser-Ansammlung
shuipi bing	水癖病 (193)	s. *pi*
siyan	嘶咽 (196)	gebrochene, rauhe Stimme
subing	宿病 (119)	chronische Erkrankung
sunxiao	損消 (242)	Schädigung-Schwund
touxuan	頭眩 (139)	Benommenheit
tuxia	吐下 (259)	Erbrechen und Diarrhoe
weifan bing	胃反病 (133)	Magen-Reflux
wenbing	瘟(溫)病 (133, 180)	Wärme-Erkrankung
wennüe	溫瘧 (183)	Wärme-Malaria
xiaoke	消渴 (14, 202)	starker, verzehrender Durst
xieli	泄利[痢] (13, 15, 124)	Diarrhöe
xinji	心疾 (174)	Erkrankung des Herzens
xinjia	心瘕 (152)	s. *jia*
xinmu buming	心目不明 (245)	Sehtrübung

xinnüe	心瘧 (136)	malariaähnliche Erkrankung im Bereich Herz
xintong	心痛 (200, 218, 238-39, 247)	Herzschmerzen
xinxian	心癇 (140)	*xian*, Epilepsie
xueniao	血尿 (255)	blutiger Urin
yaobing	腰病 (172)	Erkrankung des Lenden-Hüftbereiches
yaotong	腰痛 (150)	Schmerzen im Lenden-Hüftbereich
ye	曀 (120)	Schluckbeschwerden
yin	喑 (瘖) (158)	Stimmlosigkeit
yinhe tong	陰核疼 (225)	Schmerzen der Klitoris
ying	癭 (182)	Schwellung im Halsbereich (Kropf)
yingliu	癭瘤 (183)	*liu*: Geschwür im Hals-Nackenbereich
yong	癰 (124, 320)	Furunkel; offener Abszess
yudu	瘀毒 (109)	sich stauendes pathogenes (giftiges) Agens
zhapao	皻(齇)疱 (160)	Pusteln, eitriger Hautausschlag
zhangman	脹滿 (170)	Blähung, Fülle
zhong	腫 (220)	Schwellung

Anhang 3

Fragmente des *Yangsheng yaoji* (YSYJ) im *Ishimpō*

Der Text der YSYJ-Fragmente beruht auf der *Congshu jicheng*-Ausgabe des Ishimpō und der modernen interpunktierten und in Kurzzeichen gesetzten Fassung (Peking 1993). Anmerkungen zu Emendationen und alternativen Lesungen (durch eckige Klammern markiert) finden sich in den Fußnoten des Übersetzungsteils.
Die Fragmente werden in der Reihenfolge ihres Erscheinens im Ishimpō wiedergegeben und sind durchnummeriert. Die Nummerierung entspricht der im Übersetzungsteil verwendeten, so daß von dort ein Auffinden des Originaltextes leicht möglich ist.

[1] 張仲景曰：人體平和，唯好自將養，勿妄服藥。藥勢偏有所助，則令人臟氣不平，易受外患。唯斷谷者可恆將藥耳。

[2] 郗悟論服藥曰：夫欲服食，當尋性理所宜，審冷暖之適，不可見彼得力，我便服之。初御藥，先草，次木，次石，將藥之大較，所謂精粗相代，階粗以至精者也。

[3] 服藥不可食諸滑物，果，實，菜，油，面，生，冷，酢。

[4] 服藥不可多食生葫蒜，雜生菜，豬肉，魚臊膾。

[5] 服藥有松脂，勿食五肉，魚，菜，鹽醬，唯得飲水並小酒脯耳。

[6] 服藥有天門冬，忌鯉魚。

[7] 服藥有黃精，忌食梅。

[8] 四激，破，除，未日時，不中合藥，服藥。

[9] 酒醉熱未解，勿以冷水洗面，發瘡，輕者皻。

[10] 凡遠行途中逢河水，勿洗面，生烏皯如烏卵之色斑也。

[11] 以冷水洗目，引熱氣，令人目早瞑。

[12] 治食酸果齒齼方：含白蜜嚼之，立愈。

[13] 腹中有冷患，飲乳汁，令腹痛泄利。

[14] 小麥合菰米食，復飲酒，令人消渴。

[15] 凡溫病傷寒愈後，但宜食糜粥，唯少少，勿食大飽，引日轉久，可合羊，鹿，雉，兔，獐羹汁少少食之，慎慎，不慎，病復致死。

[16] 凡傷寒毒病愈百日之内，禁食豬肉，腸，血，肥魚，膩干之難消之物。不禁者則令泄利，不可復救也。

[17] 婦人妊身大小，行勿至非常之地，逆產殺人。

[18] 婦孕見麋而生兒，其四目。

[19] 孕婦三月，不得南向洗浴，胎不安。

[20] 婦孕三月，不得南向小便，令兒喑啞。

[21] 婦孕三月，不得兩鏡相照，令兒倒產。

[22] 婦人妊身，不得食六畜肉，令兒不聰明。

[23] 勿食豬肝，令胎不生。

[24] 勿食兔肉，令子唇缺，亦不須見之。

[25] 勿食雞子乾鱔魚，使子多瘡。

[26] 〔勿〕不得食魚頭，胎損。

[27] 食鯉膾，令兒多瘡。

[28] 勿食生姜，令子盈指。

[29] 勿食干姜，桂，甘草，令胎消，胎不安。

[30] 勿飲冰漿，令胎不生。

[31]　勿食杏人及熱飴，破損傷子。

[32]　勿以炙雀並大豆醬食，令胞漏，使兒多奸皰。

[33]　勿飲酒，多食雀肉，使子心淫精亂。

[34]　勿食雀肉，令兒多所欲。

[35]　勿食雀肉並雀腦，令人雀盲。

[36]　勿食雀並梨子，令子短舌。

[37]　糵並梅，李實，食之，使人清盲。

[38]　嬰兒之生，衣之新纊則骨蒸焉，食之魚肉則蟲生。串〔慣〕之逸樂則易傷焉。

[39]　大豆炒小麥，勿與一歲以上，十歲以下小兒，喜氣壅而死也。

[40]　凡男子年十五以下，不得飲冰沉漿，腠理未成，故成病。

[41]　小兒未斷乳，不可啖雞肉，生蛔蟲，亦令體瘦。

[42]　神仙圖云：夫爲長生之術，常當存之行止坐起，飲食臥息，諸便皆思，晝夜不忘保全精，氣，神，不離身則長生。

[43]　中經云：夫稟五常之氣，有靜躁剛柔之性，不可易也。靜者可令躁，躁者不可令靜，靜躁各有其性，違之則失其分，恣之則害其生。故靜之弊在不開通，躁之弊在不精密。治生之道，順其性，因其分，使拆引隨宜，損益以漸，則各得其適矣。靜者壽，躁者夭。靜而不能養，減壽；躁而能養，延年。然靜易御，躁難將，順養之宜者，靜亦可養，躁亦可養也。

[44]　大計奢嫩者壽，慳勤者夭，放散劬肴之異也。佃夫壽，膏粱夭，嗜欲少多之驗也。處士少疾，游子多患，事務煩簡之殊也。故俗人竟利，道人罕榮。

[45]　少有經云：少思，少念，少欲，少事，少語，少笑，少愁，少樂，少喜，少怒，少好，少惡，行此十二少，養生之

都契也。多思即〔則〕神殆，多念則志散，多欲則損智，多事則形疲，多語則氣爭，多笑則傷臟，多愁則心攝〔懾〕，多樂則意溢，多喜則忘錯昏亂，多怒則百脈不定，多好則專迷不治，多惡則焦煎〔樵悴〕無歡。此十二多不除，喪生之本，無少無多者，幾於眞人也。

[46] 彭祖曰：養壽之法，但莫傷之而已。夫冬溫夏涼，不失四時之和，所以適身也。美色升姿，幽閑娛樂，不致思欲之感，所以通神也。車馬威儀，知足無求，所以一志也。八音五色，以玩視聽之歡，所以導心也。凡此皆所以養壽而不能斟酌之者，反以迷患。故至人恐流遁不反，乃絕其源，故言：上士別床，中士別被，服藥百裹，不如獨臥。色使目盲，聲使耳聾，味令口爽之。苟能節宣其適，折揚其通塞者，不以減耳，而得其益。

[47] 彭祖曰：重衣厚褥，體不堪苦，以致風寒之疾，厚味脯腊，醉飽厭飯，以致疝結之病。美色妖麗，媚妻盈房，以致虛損之禍。淫聲裊音，移心悅耳，以致荒恥之惑。馳騁游觀，戈獵原野，以致發狂之失。謀得戰勝，乘弱取亂，以致驕逸之敗。蓋賢聖戒失其理者也，然此養生之具，譬猶水火，不可失適，反爲害耳。

[48] 仲長統曰：北方寒而其人壽；南方暑而其人夭。此寒暑之方驗於人也。均之蠶也，寒而饑之則引日多；溫而飽之則用日少。此寒暑饑飽爲修短驗乎物者也。嬰兒之生，衣之新纊則骨蒸焉，食之魚肉則蟲生焉，串〔慣〕之逸樂則易傷焉。此寒苦動移之使乎性也。

[49] 道機曰：人生而命有長短者，非自然也，皆又將身不慎，飲食過差，淫泆無度，忤逆陰陽，魂魄神散，精竭命衰，百病萌生，故不終其壽也。

[50] 穎川胡照(昭)孔明云：目不欲視不正色，耳不欲聽醜穢聲，鼻不欲擅(嗅)腥氣，口不欲嘗毒刺味，心不欲謀欺詐事，此辱神損壽。又居常而嘆息，晨夜吟嘯於正來邪矣。夫常人不得無欲，又復不得無事，但常和心約念靜身損物，先去亂神犯性者，此即嗇神之一術也。

[51] 鉅鹿張存子明曰：思念不欲專，亦不欲散，專則愚惑，散則佚蕩。又讀書致思，損性尤深。不能不讀，但讀己所解者，己所不解而思之不已，非但損壽，或中戇疣失志，或悵恍不治，甚者失性，世謂之經逸。

[52] 青牛道士云：人不欲使樂，樂人不壽。但當莫強健爲其氣力所不任，舉重引強掘地，若作倦而不息，以致筋骨疲竭耳。然過于勞苦，遠勝過于逸樂也。能從朝至暮常有所爲，使足不息乃快。但覺極當息，息復爲，乃與導引無異也。夫流水不垢，戶樞不腐者，以其勞動之數故也。

[53] 中經曰：人常欲數照鏡，謂之存形。形與神相存，此照鏡也。若務容色自愛翫，不如勿照也。

[54] 大汗出，急敷粉。著汗濕衣，令人得瘡，大小便不利。

[55] 中經云：以冷水洗目，引熱氣，令人目早瞑。

[56] 中經曰：髮，血之窮也。千過梳髮，髮不白。

[57] 中經曰：齒，骨之窮也。朝夕啄齒，齒不齲。

[58] 食畢當嗽〔漱〕口數過，不爾令人病齒齲。

[59] 水銀近牙齒，發齦腫，喜落齒。

[60] 中經曰：爪，筋之窮也。爪不數截，筋不替。

[61] 中經曰：人不欲數沐浴，數沐浴動血脈，引外氣。

[62] 飽食即沐髮者，作頭風病。

[63] 青牛道士曰：汗出不露臥及澡浴，使人身振及寒熱，或作風疹。

[64] 新沐頭未乾不可以臥，使人頭重身熱，及得頭風煩滿。

[65] 抱朴子云：月宿東井日可沐浴，令人長生無病。

[66] 正月十日人定時，二月八日黃昏時，三月六日日入時，四月七日日紘時，五月一日日中時，六月二十七日日食時，

七月二十五日小食時，八月二十五日日出時，九月二十日雞三鳴時，十月十八日雞始鳴時，十一月十五日過夜〔半〕時，十二月十三日夜半時，閏月視日入中時，可沐浴，得神明恩，除百病。

[67] 道士齋戒，沐浴蘭菊花湯，令人老壽。

[68] 常以春三月旦沐更生，夏三月旦沐周盈，秋三月旦沐日精，冬三月旦沐長生。常用陰日沐浴之，增壽三百年，謂不服但沐浴也。服之者，延壽無已。

[69] 凡人常以正月二日，二月三日，三月六日，四月八日，五月一日，六月二十一日，七月七日，八月八日，九月二十日，十月八日，十一月二十日，十二月三十日取枸杞煮湯沐浴，益人光色，八九十顏色如年少之時，不老不病。

[70] 凡遠行途中，逢河水勿洗面，生爲皯。

[71] 卤公云：人在氣中，如魚在水，水濁則魚瘦，氣昏則人疾。濁者非獨天氣昏濁，但思慮繁心，得失交喪，引兼蹇，亦名爲濁也。

[72] 彭祖云：人之愛氣雖不知方術，但養之得宜〔理〕，常壽百四十〔二十〕歲。不得此者，皆傷之也。小復曉道，可得二百四十歲，復能〔微〕加之〔藥物〕，可至〔得〕四百八十歲。

[73] 服氣經云：道者氣也，寶〔保〕氣則得道，得道則長存。神者精也，寶〔保〕精則神明，神明則長生。精者，血脈之川流，守骨〔之〕靈神也。精去則骨枯，骨枯則死矣。是以爲道者務寶其精。從夜半至日中爲生氣，從日中至夜半爲死氣，常以生氣時正偃臥，瞑目握固，握固者，如嬰兒之方卷手，〔以四指押母指也，〕閉氣不息，於心中數至二百乃口吐氣，出之，日增息，如此，身神具，五臟安，能閉氣。數至二百五十，華蓋美〔明〕，華蓋者，眉也，耳目聰明，舉身無病，邪不干人也。

[74] 行氣者，先除鼻中毛，所謂通神路，常人又利喘也。

[75] 行氣，閉氣雖是治身之要，然當先達解其理〔空〕，又宜〔空〕虛，不可飽滿。若氣有結滯，不得宣〔空〕流，或致發瘡，譬如泉源，不可壅遏不通。若食生魚，生蟲，生菜，肥肉，及喜怒憂恚不除而〔以〕行氣，令人發上氣。凡欲修〔學〕此〔行氣〕，皆〔當〕以漸。

[76] 元陽經云：常以鼻納氣，含而嗽滿〔漱滿〕，舌〔料〕脣齒，咽之。一日一夜得千咽甚良〔佳〕。當少飲食，〔飲〕食多氣逆，百脈閉，閉則氣不行，氣不行則生病也。

[77] 老子尹氏内解曰：唾者，湊爲醴泉，聚爲玉漿，流爲華池，散爲精液，降爲甘露，故口爲華池，中有醴泉，嗽而咽之，漑臟潤身，流利百脈，化養萬神，支節毛髮，宗之而生也。

[78] 養生内解云：人能終日不唾，含棗而咽之，令人愛氣生津液，此大要也。

[79] 劉君安曰：食生吐死，可以長存。謂鼻納氣爲生，口吐氣爲死。凡人不能服氣，從朝至暮，常習不息，修〔徐〕而舒之。

[80] 常令鼻納口吐，所謂吐故納新也。現世人有能以鼻吹笙，以鼻飲酒者，積習所能，則鼻能爲口，之所爲者，今習以口吐鼻納，尤易鼻吹鼻飲也，但人不能習，習不能久耳。

[81] 彭祖曰：和神導氣之道，當得密室閑房，安床暖席，枕高二寸五分，正身偃臥眠目閉，氣息於胸隔，以鴻毛著鼻口上而鴻毛不動，經三百息，耳無所聞，目無所見，心無所思，寒暑不能害，蜂蠆不能毒，壽三百六十，此眞人也。若不能〔元〕無思慮，當以漸除之耳。不能猥閉之，稍稍學之，起於三息五息七息九息而一舒氣，尋復吸之，能十而息不舒，是小通也，百二十息，是大通也。

[82] 當以夜半之後，生氣之時閉氣，以心中數，數令間不容間，恐有誤亂，可並以手下籌。能至千則去仙不遠矣。吐氣令入多出少，常以鼻取之，口吐之。

[83] 若天霧，惡風，猛寒，大熱，無取氣，但閉之而已。微吐尋復閉之。

[84] 行氣欲除百病，隨病所有念之。頭痛念頭，足痛念足，使其愈和，氣往攻之。從時至時，便自消矣。此養生大要也。

[85] 寧先生導引經云：所以導引，令人肢體骨節中諸惡氣皆去，正氣存處矣。

[86] 率導引常候天陽和溫，日月清靜時，可入室。甚寒，甚暑，不可以導引。

[87] 導引經云：凡導引調氣養生，宜日別三時爲之。謂卯，午，酉時，臨欲導引，宜先潔清。

[88] 道人劉京云：人當朝朝服玉泉，使人丁壯，有顏色，去蟲而堅齒。玉泉者，口中唾也。朝未起，早嗽〔漱〕漏〔液〕之，滿口乃呑之，輒輒喙〔啄〕齒二七過，如此者二乃止，名曰練〔煉〕精。

[89] 養生内解云：常以向晨摩指，少陽令熱，以熨目，滿二七止。

[90] 常以黃昏指目四眥，名曰存神光滿。

[91] 拘魂門，制魄戶，名曰握固，令人魂魄安。魂門魄戶者，兩手大母指本内近爪甲也。此固精，明目，留年，還白之法。若能終日握之，邪氣百毒不得入。握固法：屈大母指，著四小指内抱之。積習不止，眠中亦不復開。一說云：令人不厭魅。

[92] 常以向晨摩目畢，喙啄齒三十六下，以舌熟米二七過，嗽漏口中津液，滿口咽之，三過止，亦可二七喙〔啄〕齒，一喙〔啄〕一咽，滿三止。

[93] 旦起東向坐，以兩手相摩令熱，以手摩額上至頂上，滿二

九止，名曰存泥丸。

[94] 清旦初起，以兩手叉兩耳，極上下之，二七之〔止〕，令人耳不聾。

[95] 摩手令熱，以摩面，從上下，止邪氣，令面有光。

[96] 令人摩手令熱，當摩身體，從上至下，名曰乾浴，令人勝風寒時氣熱頭痛疾皆除。

[97] 内解曰：臥當正偃正四肢，自安無側，無伏，無劬，無傾，常思五臟内外昭明。欲臥，無以人定時加亥，是時天地人萬物皆臥爲一死，與鬼路通，人皆死，吾獨生矣。欲臥，常以夜半時加子，是時天地人萬物皆臥臒，爲一生生氣出還，不與人同臥息。常隨四時八節。春夏蚤〔早〕起，與雞俱興，秋冬晏起，必得日光。無逆之，逆之則傷。

[98] 中經曰：人語笑欲令少，不欲令聲高，聲高由于論義理，辯是非相嘲調說穢慢。每至此會，當虛心下氣，與人不競。若過語過笑，損肺傷腎，精神不定。

[99] 青牛道士曰：春天天氣雖陽暖，勿薄衣也。常令身輒輒微汗乃快耳。

[100] 河圖帝視萌〔明〕曰：違天地者凶，順天時者吉。春夏樂山高處，秋冬居卑深藏，吉利，多福，老壽無窮。

[101] 神仙圖云：禁無施精，命夭；禁無大食，百脈閉；禁無大息，精漏泄；禁無久立，神綣〔倦〕極；禁無大溫，消髓骨；禁無大飲，膀胱急；禁無久臥，精氣厭；禁無大寒，傷肌肉；禁無久視，令目䁾；禁無久語，舌枯竭；禁無久坐，令氣逆；禁無熱食，傷五氣；禁無咳唾，失肥汁；禁無恚怒，神不樂；禁無多眠，神放逸；禁無寒食，生病結；禁無出涕，令溼潰；禁無大喜，神越出；禁無遠視，勞神氣；禁無久聽，聰明閉；禁無食生，害腸胃；禁無嗽呼，驚魂魄；禁無遠行，勞筋骨；禁無久念，志恍惚；禁無酒醉，傷生氣；禁無哭泣，神悲感；禁無五味，傷腸胃；禁無久騎，傷經絡。二十八禁，天道之忌，不避此忌，行

道無益。

[102] 中經云：射獵魚捕數喜而大喚者，絕臟氣，或有即惡者，復令當時未覺，一年二年後發病，良醫所不治。

[103] 道人劉京云：春天三日一施精，夏及秋一月再施精，冬當閉精無施。夫天道，冬藏其陽，人能法之，故得長生。冬一施當春百。

[104] 房中禁忌：日月晦朔，上下弦望，六丁六丙日，破日，月二十八日，月蝕，大風甚〔惡〕雨，地動，雷電霹靂，大寒大暑，春秋冬夏〔春夏秋冬〕節變之日，送迎五日之中，不行陰陽。本命行年〔月日忌禁之尤重〕禁之。重者夏至後丙子丁己，冬至後庚申辛酉及新沐頭，新遠行疲倦，大喜怒者，不可合陰陽。至丈夫衰忌之年，不可〔忌〕忘施精。

[105] 安平崔寔子眞四民月令曰：五月〔是日〕仲夏是月也，至之日，陰陽爭，血氣散，先後日至各五日，寢別内外。十一月仲冬是月也，至之日也，陰陽爭，血氣散，先後至日各五日，寢別内外。

[106] 交接尤禁醉飽，大忌也，損人百倍。醉而交接，或至惡瘡，或至上氣。欲小便〔倍而〕忍之以交接，使人得淋〔病〕，或小便難，莖中澀〔痛〕，小腹強。大喜怒之後不可以交接，發癰疽。

[107] 卜先生云：婦人月事未盡而與交接，旣病。女人生子，或面上有赤色凝如手者，或合在身體。又男子得白駁病。

[108] 已醉勿房，已房勿醉，已飽勿房，已房勿飽，已勞勿房，已房勿勞，已餓勿房，已房勿餓。

[109] 頻穎川陳紀萬云：百病橫生，年命橫夭，多由飲食。飲食之患，過於聲色。聲色可絕之俞〔愈〕年，飲食不可廢一日。當時可益，亦交爲患，亦切美物，非一滋味百品，或氣勢相伐，觸其禁忌成瘀毒，緩者積而成疢，急者交患暴至，飲酒啖棗，令人昏悶，此其驗也。

[110] 已勞勿食，已食勿動，已汗勿飲，已汗勿食，已怒勿食，已食勿怒，已悲勿食，已食勿悲。

[111] 青牛道士言：食不欲過飽，故道士先飢而食也。飲不欲過多，故道士先渴而飲也。食已畢，起行數百步中益人多也。墓食畢，步行五里乃臥，便無百病。

[112] 青牛道士云：食恆將熱，宜人易消，勝於習冷也。

[113] 郜仲堪曰：堅細物多燥澀。若不能不啖，當吐去滓，萬不一消生積聚；柔脆物無貞涠，常啖令人骨髓不充實。

[114] 魚，肉諸冷之物多損人，斷之爲善，不能不食，務節之。

[115] 神仙圖曰：禁勿大食，百脈閉；禁勿大飲，膀胱急；禁勿熱食，傷五氣；禁勿寒食，生病結；禁勿食生，害腸胃；禁勿酒醉，傷生氣。

[116] 高本王溉升和日夏至迄秋分，節食肥膩餅臛之屬，此物與酒水瓜果相妨，當時不必皆病，入秋子變陽消陰息，氣棇至，輒多諸暴卒病癘。由於此涉夏取冷大過，飲食不節故也。而或人以病至之日便謂是受病之始，不知其由來者漸也。

[117] 南陽張衡平子云：冬至陽氣歸內，腹中熱，物入胃易消化，夏至陰氣潛內，腹中冷，物入胃難消化。距四時不欲食迎節之物，所謂不時傷性損年也。

[118] 正月勿食鼠殘食，立作鼠瘻，發出於頭頂。或毒入腹脾，下血不止；或口中生瘡，如月蝕，如豆許。

[119] 不食生蔥，發宿病。

[120] 二月行久，遠行途中勿飲陰地流泉水。復發瘧久，喜作噎，損脾，令人咳嗽少氣，不能息。

[121] 三月勿食陳齏，一夏必遭熱病，發惡瘡，得黃疸，口中饒唾，齏者，蔓菁菹之屬。

[122] 四月不食大蒜，傷人五內。

[123] 四月八日，勿食百草菜肉。

[124] 五月勿食不成〔核〕果及桃李，發癰癤，不爾，夜寒極，作黃疸，下爲泄利。

[125] 五月五日，食諸菜至月盡，令冷陽，令人短氣。

[126] 五月五日，豬肝不可合食鯉子，鯉子不化成瘕。

[127] 五月五日不可食芥菜及雉肉。

[128] 六月勿飲澤中停水，喜食鱉肉，成鱉瘕。

[129] 不得食自落地五果，經宿者蚍蜉，螻蛄，蜣螂游上，喜爲漏。

[130] 七月勿食生蜜，令人暴夏〔下〕發霍亂。

[131] 不食生麥，變爲蟯蟲。

[132] 八月勿食豬肺及胎胙〔酢〕，至冬定發咳。若飲陰地水，定作痎瘧。

[133] 九月勿食被霜草，向冬發寒熱及溫病。食欲吐，或心中停水不得消，或爲胃反病。

[134] 不食薑，令人魂病。

[135] 勿食豬肉。

[136] 十月勿食被霜生菜，面無光澤，令目澀，發心痛腰疼，或至心瘧，手足清。

[137] 不食椒，令人氣痿。

[138] 禁螺蜂豬肉。

[139] 十一月勿食經夏臭肉，脯肉。動於腎，喜作水病及頭眩，不食螺蜂著用〔甲〕之物。

[140] 十二月不食狗鼠殘之物，變成心癇及漏。若小兒食之，咽中生白瘡，死。

[141] 正月二月水王，勿食其肝。食肝傷其魂，魂傷狂妄。

[142] 凡六甲月勿食黑獸。

[143] 壬子日勿食諸五臟。

[144] 凡人夜食傷飽，夜飲大醉，夏日醉飽，流汗來唏冷水洗漬，特〔持〕扇引風，當風露臥，因醉媾精，或和冰和食，不待消釋，以塊呑之，是以飲食男女，最爲百痾之本焉。

[145] 夜食恆不飽滿，令人無病。此是養性之要術也。

[146] 夜食夜醉，皆生百病，但解此慎之。

[147] 夜食飽訖，不用即脾眠〔眠脾〕，不轉食不消，令人成百病。

[148] 青牛道士云：飽食不可疾走，使人後日食入口則欲如廁。

[149] 青牛道士云：飽食而坐，乃不以行步及有所作務，不但無益而已，乃使人得積聚不消之病及手足痺蹶，面目梨皯，損賊年壽也。若不得常有所爲又不能食畢行者，但可止家中大小流逝如手博舞戲狀，使身中小汗乃傅粉而止，延年之要也。

[150] 飽食及飲水，谷氣即散，成癖病腰病。

[151] 飽食及浸水兩腳，腎脹成水病。

[152] 傷饑，卒飽食，久久成心瘕及食癖病。

[153] 頻〔穎〕川韓元長曰：酒者，五谷之華，味之至也，故能益人，亦能損人。節其分劑而飲之，宣和百脈，消邪去冷也。若升量轉久，飲之失度，體氣使弱，精神侵昏物之交〔效〕驗，無過於酒也。宜慎無失節度。

[154] 飽食酒醉，酒食未散以仍構精，皆成百病，一日令兒癲瘕病。

[155] 飽食夜醉，皆生百病。但能慎此，養生之妙也。

[156] 酒已醉，勿強飽食之，不幸則發疽。

[157] 大醉不可安臥而止，當令人數搖動反側之，不爾成病。

[158] 酒醉不可當風，當風使人發喑不能言。

[159] 飲酒醉，炙頭殺人。

[160] 酒醉熱未解，勿以冷水洗面，發瘡，輕者皻

[161] 酒醉眠黍穰上，汗出，眉發交落，久還生。

[162] 大飲酒，飽，不可大呼喚及大怒，奔車走馬跳距，使人五臟顛倒，或致斷絕殺人

[163] 夏日飲酒大醉流汗，不得以水洗潑及持扇引風，成病。

[164] 醉不可露臥，使人面發，不幸生癲（癩）。

[165] 凡祭酒，自動自竭，并不可飲傷人。

[166] 祭酒肉雰，回有氣，勿飲〔食〕之，棄去江河中。

[167] 錫〔餳〕薑多食飲，酒醉殺人。

[168] 蒜與食飽，飲酒醉，不起步，死。

[169] 飲酒醉，合食蒜，令人傷心至死。

[170] 食麻子飲酒，令人脹滿，爲水病。

[171] 食豬肉飲酒，臥秫稻穰中見星者，使人發黃。

[172] 飲酒不得用合食諸獸腎，令人腰病。

[173] 飲酒不用飲乳汁，令人氣結病也。

[174] 飲酒不用食生胡臯，令人心疾。

[175] 茄蘆合，多食飲酒殺人。

[176] 凡煮水飲之，衆病無緣得生也。

[177] 酒水漿不見影者，不可飲，飲之殺人。

[178] 凡井水無何沸，勿飲，殺人。

[179] 井水無故變急者不可飲之，傷人。

[180] 井水陰日涌者，其月勿飲之，令人得溫病。

[181] 夜勿飲新汲井水，呑龍子，殺人。

[182] 烏〔土〕中出泉流水，不久居，常作癭。

[183] 山水其強寒，飲之皆令人利溫虐，癭瘤腫。

[184] 夏月勿飲山中陰下泉水，得病。

[185] 夏月不得飲田中聚水，令人成鱉瘕。

[186] 凡立秋後不得飲水漿，不利人。

[187] 凡夏天用水正可隱映飲食之，令人得冷病。

[188] 凡冰不得打研，著飲食中食之，雖復當蹔快，久皆必成病。

[189] 凡奔行及馬走喘，不得飲冷水之日〔因〕，上氣發熱氣。

[190] 凡飲水勿急咽之，亦成氣及水瘕。

[191] 凡取水無故因〔自〕動者，此水煮吃食者，殺人。

[192] 凡所欲水，在於胸膈中動作水聲者，服藥吐出之，不吐者亦成水瘕，難瘥。

[193] 凡人睡臥急覺，勿即飲水，更眠，令人作水癖病。

[194] 高本王灑升和日〔曰〕：食不欲雜，雜則或有犯者，當時或無交患，積久爲人作疾。

[195] 飲食冷熱，不可合食，傷人氣。

[196] 食熱膩物，勿飲冷酢漿，喜失聲嘶咽。

[197] 食熱訖，勿以冷酢漿嗽〔漱〕口，令人口內齒臭。

[198] 食甜粥訖，勿食薑。食少許即卒吐，或爲霍亂。

[199] 置飴粥中食之，殺人。

[200] 膳有甘味，三日勿食生菜，令人心痛。

[201] 干秫米合豬，肥食，使人終年不化。

[202] 小麥合菰食，復飲酒，令人消渴。

[203] 小麥合菰米（菜）食，腹中生蟲。

[204] 小麥不可合菰首，傷人。

[205] 蒜勿合飴餳，食之傷人。

[206] 食喬麥合豬肉，不過三日成熱風病。

[207] 生蔥合雞雄鴂食之，使人大竅，終年流血，殺人。

[208] 蔥薤不可合白蜜，傷人五臟。

[209] 蔥桂不可合，傷人。

[210] 食生蔥啖蜜，變作腹痢，氣壅如死。

[211] 生蔥不可合食鯉魚，成病。

[212] 生蔥食不得食棗，病人。

[213] 〔忘〕啖陳薤并之，殺人。

[214] 葵菜不可合食豬肉，奪人氣成病。

[215] 陳薤，新薤并食之，傷人。

[216] 葵不可合食黍，成病。

[217] 五辛不合豬肉，生魚食之，殺人。

[218] 凡辛物不可合食，使人心疼。

[219] 諸刺菜不可合食麋肉及蝦，傷人。

[220] 梨〔藜〕苦菜合生薤食，身體腫。

[221] 芹菜合食生豬肝，令人腹中終年雷鳴。

[222] 戎葵合食鳥子，令面失色。

[223] 干薑勿合食兔，發霍亂。

[224] 食甘草勿食無〔蕪荑〕及蓼交，令人廢其陽道。

[225] 食蓼啖生魚，令氣壅或令陰核疼至死。

[226] 蓼葉合食生魚，使人肌中生蟲。

[227] 芥菜不可共兔肉食，成惡邪病。

[228] 生菜不可合食蟹足，傷人。

[229] 栗合生魚食之，令人腸〔腹〕脹。

[230] 李實合雀肉食，令大行漏血。

[231] 烏梅不可合豬膏食之，傷人。

[232] 李實不可合食蜜合食，傷五內。

[233] 棗實不得食生蔥，痛病人。

[234] 杏子合生豬膏，食之，殺人。

[235] 菰首不可雜白蜜，食之令腹中生蟲。

[236] 芰實合白莧食之，腹中生蟲。

[237] 蝦不可合食麋肉及梅，李，生菜，皆痼人病。

[238] 諸螺蜊與芥合食之，使人心痛，三月一動。

[239] 諸果合諸螺蜊食，令人心痛，三日一發。

[240] 諸菜合煮螺蜊蝸，食之皆不利人。

[241] 豬肉合魚食，不利人。

[242] 豬肝脾鯽魚合食，令人發損消。

[243] 豬肝不可合鯽魚子卵，食之傷人。

[244] 豬肝合鯉子及芥菜，食之傷人。

[245] 凡豬肝合小豆食之，傷人，心目不明。

[246] 凡食生肉合飲乳汁，腹中生蟲。

[247] 生鹿肉合食蝦汁，使人心痛。

[248] 麋鹿肉不可雜蝦及諸刺生菜食之，腹中生蟲，不出三年死。

[249] 鹿肉合食鯷魚之，殺人。

[250] 凡銅器盛豬肉汁，經宿津入肉中，仍以羹作食杏人粥，必殺人。

[251] 白蜜合白黍食之，傷五内，令不流。

[252] 白蜜合食棗，傷人五内。

[253] 白蜜不可合蔥韭食之，傷人五臟。

[254] 食蜜并啖生蔥，反作腹痢。

[255] 食甜酪勿食大酢，變爲血尿。

[256] 乳酪不可合食魚膾，腸中生蟲。

[257] 乳汁不可合飲生肉，生腸中蟲。

[258] 乳汁不可合食生魚，及〔反〕成瘕。

[259] 乳酪不可雜水漿食之，令人吐下。

[260] 諸鳥肉及卵和合食，傷人。

[261] 凡飲食相和失味者，雖云無損，不如不犯。膳有熊白，不

宜以魚羹送之，失味。

[262] 凡諸果非時，未成核，不可食，令人生瘡，或發黃疸。

[263] 凡諸果物生兩甲，皆有毒，不可食，害人。

[264] 凡棗桃杏李之輩，若有兩核者，食之傷人。

[265] 凡諸果停久，食之發病。

[266] 凡果墮地三重，食之殺人。

[267] 葱薤牙生不可食，傷人心氣。

[268] 苦瓟瓠不以久盛食之，有毒，殺人。

[269] 臭〔自死〕畜口不閉，食之傷人。

[270] 凡臭〔自死〕獸伏地，食之殺人。

[271] 癸〔祭〕肉自動，不可食之。

[272] 凡禽獸肝臟有光者不可食，殺人。

[273] 凡脯置于米盆中不可食，殺人。

[274] 脯勿置黍甕中，食之閉氣傷人。

[275] 凡豬羊牛鹿諸肉，皆不可以偲木，棗木爲劃炙食之，入腸里成蟲，傷人。

[276] 銅器蓋熱害〔肉〕汁入食中食之，發惡瘡肉疽。

[277] 凡生肉五臟等，著草中自搖動及得酢鹹不及〔反〕色。隨〔墮〕地不污，與犬，犬不食者，皆有毒，食之殺人。

[278] 凡膩羹肉汁在釜中掩覆，若經宿，又在盆器中熱，蓋氣不泄者皆殺人。

[279] 脯炙之不動，得水復動，食之殺人。

[280] 凡肉作脯，不肯燥食之，殺人。

[281] 穢飯膢肉，食之不利人，成病。

[282] 茅屋脯名漏脯，藏脯蜜器中名鬱脯，并不可食之。

[283] 凡夫〔天〕陰積日及連兩〔雨〕蟲宿生魚生肉膾等，不食，不利人。

[284] 凡人飲食過度方：可生嚼萊菔根，咽之即消。又研汁服之。

[285] 治大醉煩毒不可堪方：蕪菁菜并小米，以水煮令熟，去滓，冷飲之則解，此方最良。

[286] 又方：以粳米作粥取汁飲之，良。

[287] 又方：赤小豆以水煮取汁一升，冷飲之即解。

[288] 又云：生葛根，搗絞取汁，飲之。

[289] 治食諸餅臑百物中毒方：取貝齒一枚，含之須臾，吐所食物，良。

[290] 又方：搗韭汁飲之，良。

[291] 凡治一切果物食不消化方：甘草，貝齒，粉，凡三物，分等作末，以水服，良。

[292] 又方：以小兒乳汁二升服之，良。

[293] 又方：含白蜜嚼之，立愈。

[294] 搗胡麻，以水服二合。

[295] 治食野菜誤食蛭，蛭在胃中及諸臟間食人血，令人消瘦欲死方：可飲新刺牛血一升許。停一宿，煩〔暖〕，豬膏一升飲之。蛭便從大孔出。已用有驗，所刺牛不殺，但取血。

[296] 食肥肉，飲水漿咽喉中妨悶以〔似〕有物狀方：取生薑汁一合，和豉粥食，立愈。

[297] 赤小豆：味苦溫，久食逐津液，令人枯燥。

[298] 糯米：味甘平，雖食亦不宜久食。

[299] 酒：酒者，五谷之華，味之至也。故能益人，亦能損人。節其分劑而飲之，宣和百脈，消邪去冷也。若升量轉久，飲之失度，體氣使弱，精神侵昏，物之交驗，無過於酒也。宜慎，無失節度。

[300] 養性要集云：啖像爲勝，無氣而受氣，無味而受味，消食而止利，令人強健。

[301] 芋：芋種三年不收成，野芋，食之殺人。

[302] 治野芋中毒方：煮大豆汁，冷飲汁。

[303] 又方：土漿飲之。

[304] 烏芋：味苦，微寒，食之除熱。所謂凫茈者是也。爲粉食之，其色如玉。久食益人，兼名菀云，一名火芋，一名玉銀。

[305] 菰根：味甘平，除胸中煩，解酒消食。

[306] 牛乳：腹中有冷患，飲乳汁，令腹痛泄利。

[307] 酪：腹中小有不佳，不當啖酪，令不消。

[308] 酥：甘道人云：乳酪酥髓，常食令人有筋力，膽悍，肌體潤澤。卒食令人臚脹泄利，漸漸自己。

[309] 鹿肉：鹿有豹文不可食，殺人。

[310] 鹿茸，鹿角皆不中嗅，角中有細蟲，似白粟，入咽令人蟲癩，萬術不能治。

[311] 豬肉：豬肝落地，土不著者，食殺人。

[312] 豬肝脯火燒不動者，食之畢泄利。

[313] 養性要集云：鯽魚不可合豬肝食之。

[314]　烏賊魚：味鹹，溫，食之無損益。

[315]　蝦：蝦無鬚，又亦腹下通黑，食之殺人。

[316]　蝦煮當赤而反白者，勿食之，腹中生蟲。

[317]　白瓜子：瓜二蒂及二莖，食之殺人。

[318]　龍葵：補五臟，輕身明目。

[319]　生薑：微溫，食之尤良。然不可過多爾，傷心氣。

[320]　空腹食，喜令揚上，善爲骨蒸及作癰癤。

[321]　芹：芹菜細葉有毛，食之殺人。

[322]　木菌：木菌味甘，溫平，食之輕身，利久竅。

[323]　菌赤色，不可食，害人。

[324]　菌生卷者，食之傷人。青色者亦不可食。木耳色青及仰生者不可食，傷人。

[325]　楓樹所生菌，食之令人笑不止。

[326]　治食菌中毒，煩亂欲死方：煮大豆汁，飲之良。又：土漿，飲之良。

[327]　楡皮：多睡，發痰。

[328]　鹿角菜：味鹹，冷利，食之動嗽。

[329]　蜀椒：椒，閉口及色白者，食蒸殺人。

Anhang 4

Fragmente des *Yangsheng fang* im *Zhubing yuanhou lun*

[1] 醉臥當風，使人發瘖。

[2] 夜臥，當耳勿令有孔，風入耳中，喜令口喎。

[3] 養生方《眞誥》云：櫛頭理髮，欲得多過，通流血脈，散風濕。數易櫛，更番用之。

[4] 因汗入水，即成骨痺。

[5] 忍尿不便，膝冷成痺。

[6] 大汗勿偏脫衣，喜偏風半身不隨。

[7] 精藏於玉房，交接太數則失精。失精者，令人悵悵，心常驚悸。

[8] 觸寒來者，寒未解，食熱物，亦成刺風。

[9] 飽食仰臥，久成氣病頭風。

[10] 飽食沐髮，作頭風。

[11] 夏不用露面臥，露下墮面上，令面皮厚，喜成癬。一云作面風。

[12] 人常須日已沒食訖，食訖即更不須飲酒，終天不乾嘔。

[13] 諸熱食膩物，不飲冷醋漿，喜失聲失咽。

[14] 熱食枕手臥，久成頭風目澀。

[15] 夫人見十步直墻，勿順墻而臥，風利吹人，必發癲癇及體重。

[16] 人臥春夏向東，秋冬向西，此是常法。

[17] 《上清眞人訣》曰：夜行常琢齒，殺鬼邪。

[18] 封君達常乘青牛，魯女生常乘駁牛，孟子綽常乘駁馬，尹公度常乘青騾。時人莫知其名字爲誰，故曰：欲得不死，當問青牛道士。欲得此色，駁牛爲上，青牛次之，駁馬又次之，三色者，順生之氣也。故云青牛者，乃柏木之精；駁牛者，古之神亓之先；駁馬者，乃神龍之祖也。云道士乘此以行於路，百物之惡精，疫氣之癘鬼，長攝之焉。

[19] 汗出不可露臥及浴，使人身振，寒熱，風軫。

[20] 唯欲嘿氣養神，閉氣使極，吐氣使微。又不得多言語，大呼喚，令神勞損。

[21] 亦云：不可泣淚，及多唾涕。此皆爲損液漏津，使喉澀大渴。

[22] 雞鳴時，叩齒三十六通訖，舐脣漱口，舌聊上齒表，咽之三過。殺蟲，補虛勞，令人強壯。

[23] 朝朝服玉泉〔琢齒〕，使人丁壯，有顏色，去蟲而牢齒也。玉泉，口中唾也。朝未起，早漱口中唾，滿口乃吞之，輒琢齒二七過，如此者三乃止，名曰練精。

[24] 咽之三過乃止。補養虛勞，令人強壯。

[25] 水銀不得近陰，令玉莖消縮。

[26] 飯了勿即臥，久成氣病，令腰疼痛。

[27] 大便勿強努，令人腰疼目澀。

[28] 笑多，即腎轉腰痛。

[29] 人汗次，勿企床懸腳，久成血痺，兩足重及腰痛。

[30] 人睡臥，勿張口，久成消渴及失血色。

[31] 三月勿食陳齏，必遭熱病。

[32] 封君達常乘青牛，魯女生常乘駁牛，孟子綽常乘駁馬，尹

公度常乘青騾。時人莫知其名字爲誰，故曰：欲得不死，當問青牛道士。欲得此色，駁牛爲上，青牛次之，駁馬又次之。三色者，順生之氣也。云古青牛者，乃柏木之精也；駁牛者，古之神宗之先也；駁馬者，乃神龍之祖也。云道士乘此以行於路，百物之惡精，疫氣之癘鬼，將長揖之焉。

[33] 飲水勿急咽，久成氣病。

[34] 哭泣悲來，新哭訖，不用即食，久成氣病。

[35] 春三月，此謂發陳，天地俱生，萬物以榮。夜臥早起，闊步於庭，被髮緩形，以使春志生。生而勿殺，與而勿奪，賞而勿罰，此春氣之應也，養生之道也。逆之則傷於肝，夏變爲寒，則奉長生者少。

[36] 夏三月，此謂蕃莠，天地氣交，萬物英實。夜臥早起，無厭於日。使志無怒，使華英成秀，使氣得泄，若所愛在外。此夏氣之應，養長之道也。逆之則傷心，秋爲痎瘧。

[37] 多語則氣爭，肺脹口燥。

[38] 秋三月，此爲容平。天氣以急，地氣以明。早臥早起，與雞俱興。使志安寧，以緩秋形。收斂神氣，使秋氣平。無外其志，使肺氣清。此秋氣之應也，養收之道也。逆之則傷肺，冬爲飧泄。

[39] 冬三月，此爲閉藏。水冰地坼，無擾乎陽。早臥晚起，必待日光。使志若伏匿，若有私意，若已有得。去寒就溫，無泄皮膚，使氣亟奪。此冬氣之應也，養藏之道也。逆之則傷腎，春爲萎厥。

[40] 秋三月，此爲容平。天氣以急，地氣以明。早臥早起，與雞俱興。使志安寧，以緩秋刑。收斂神氣，使秋氣平。無外其志，使肺氣清。此秋氣之應也，養收之道也。逆之則傷肺，冬爲飧泄。

[41] 五月勿食未成核果及桃棗，發癰癤。不爾，發寒熱，變黃疸，又爲泄痢。

[42] 飲食大走，腸胃傷，久成癥瘕，時時結痛。

[43] 六月勿食澤中水，令人成鼈瘕也。

[44] 魚赤目，作鱠食之，生瘕。

[45] 乾脯曝之不燥者，食之成疝瘕。

[46] 臥覺，勿飲水更眠，令人作水癖。

[47] 飲水勿急咽，久成水癖。

[48] 八月勿食薑。

[49] 一云：被霜瓜，向冬發寒熱及瘟病，食欲吐，或心中停飲不消，或爲反胃。

[50] 十一月勿食經夏自死肉脯，内動於腎，喜成水病。

[51] 人臥，勿以腳懸蹻高處，不久遂致成腎水也。

[52] 七月食蜜，令人暴下，發霍亂。

[53] 人魘，忽然明喚之，魘死不疑。闇喚之好。唯得遠喚，亦不得近而急喚，亦喜失魂魄也。

[54] 諸濕食不見影，食之成卒注。

[55] 背汗倚壁，成遁注。

[56] 又雞肉合獺肉食之，令人病成遁注。

[57] 食米甘甜粥，變成走注。又兩脅也。

[58] 思慮傷心，心傷則吐衄，發則髮焦也。

[59] 人食甜酪，勿食大酢，必變爲尿血。

[60] 熱食汗出，勿傷風，令髮墮落。

[61] 欲理髮，向王地，既櫛髮之始，叩齒九通，而微呪曰：太帝散靈，五老反眞，泥丸玄華，保精長存。左拘隱月，右引日根，六合清煉，百神受恩。呪畢，嚥唾三過。能常行

之，髮不落而生。

[62] 當數易櫛，櫛之取多，不得使痛，亦可令侍者櫛。取多，血液不滯，髮根常牢。

[63] 正月十日沐髮，髮白更黑。

[64] 千過梳頭，頭不白。

[65] 正月一日，取五香煮作湯，沐頭不白。

[66] 十日沐浴，頭不白。

[67] 十四日沐浴，令齒牢髮黑。

[68] 常向本命日，櫛髮之始，叩齒九通，陰呪曰：太帝散靈，五老反眞，泥丸玄華，保精長存。左拘隱月，右引日根，六合清煉，百神受恩。呪畢，咽唾三過。常數行之，使人齒不痛，髮牢不白。一云頭腦不痛。

[69] 醉不可露臥，令人面發瘡皰。

[70] 飲酒熱未解，以冷水洗面，令人面發瘡，輕者皻皰。

[71] 飽食而坐，不行步，有所作務，不但無益，乃使人得積聚不消之病，及手足痺，面目梨皯。

[72] 恣樂傷魂，魂通於目，損於肝則目暗。

[73] 勿塞故井及水瀆，令人耳聾目盲。

[74] 正月八日沐浴，除目盲。

[75] 思慮則傷心，心傷則吐，衄血。

[76] 勿塞故井及水瀆，令人耳聾目盲。

[77] 常向本命日，櫛髮之始，叩齒九通，陰呪曰：太帝散靈，五老反眞，泥丸玄華，保精長存。左拘隱月，右引日根，六合清練，百神受恩。呪畢，咽唾三過。常數行之，使齒不痛，髮牢不白，頭腦不痛。

[78] 水銀不得近牙齒，發齦腫，善落齒。

[79] 雞鳴時，常叩齒三十六下。長行之，齒不蠹蟲，令人齒牢。

[80] 朝未起，早漱口中唾，滿口乃吞之，輒琢齒二七過。如此者三，乃止，名曰煉精。使人丁壯有顏色，去蟲而牢齒。

[81] 人能恆服玉泉，必可丁壯妍悅，去蟲牢齒。玉泉謂口中唾也。

[82] 朝夕琢齒，齒不齲。

[83] 食畢，常漱口數過。不爾，使人病齲齒。

[84] 空腹不用見臭尸，氣入脾，舌上白黃起，口常臭也。

[85] 憤滿傷神，神通於舌，損心則謇吃。

[86] 以右足踐左足上，除胸痺，食熱嘔。

[87] 諸山水黑土中出泉流者，不可久居，常食令人作癭病，動氣增患。

[88] 丈夫頭勿北首臥，神魂不安，多愁忘。

[89] 以手掩口鼻，臨目微氣，久許時，手中生液，速以手摩面目。常行之，使人體香。

[90] 人汗入諸食內，食之作丁瘡。

[91] 五月勿食不成核果及桃，棗，發癰癤，不爾發寒熱，變爲黃疸，又爲泄利。

[92] 人汗入諸食中，食之則作丁瘡，癰，癤等。

[93] 銅器蓋食，汗入食，食之令人發惡瘡，內疽。

[94] 鯽魚膾合豬肝肺，食之發疽。

[95] 烏雞肉合鯉魚肉食，發疽。

[96] 魚腹內有白如膏，合烏雞肉食之，亦發疽也。

[97] 魚金鰓，食發疽也。

[98] 已醉，強飽食，不幸發疽。

[99] 大解汗，當以粉粉身，若令自乾者，成風疽也。

[100] 六畜卒疫死，及夏病者，腦不中食，喜生腸癰也。

[101] 四月勿食暴雞肉，作內癰，在胸掖下，出瘻孔。

[102] 人汗入諸食中，食之作癰癤。

[103] 五月勿食不成核果及桃，棗，發癰癤。

[104] 六月勿食自落地五果。經宿蚍蜉，螻蛄，蜣螂游上，喜為九瘻。

[105] 十二月勿食狗，鼠殘肉，生瘡及瘺，出頸項及口裏，或生咽內。

[106] 正月勿食鼠殘食，作鼠瘻，發於頸頂；或毒入腹，下血不止；或口生瘡，如有蟲食。

[107] 忍大便不出，久作氣痔。

[108] 銅器蓋食，汗入食，發惡瘡，內疽也。

[109] 醉而交接，或致惡瘡。

[110] 飲酒熱未解，以冷水洗面，令人面發惡瘡；輕者皻皰。

[111] 五月五日，取棗葉三升，井華水擣取汁，浴，永不生惡瘡。

[112] 井華水和粉洗足，不病惡瘡。

[113] 五月一日，八月二日，九月九日，十月七日，十一月四日，十二月十三日沐浴，除惡瘡。

[114] 夏勿露面臥，露下墜面上，令面皮厚，及喜成癬。

[115] 病憂恚泣哭，以令陰陽結氣不和，故令月水時少時多，內熱苦渴，色惡，體肌枯，身重。

[116] 懷娠未滿三月，服藥自傷下血，下血未止而合陰陽，邪氣結，因漏胎不止，狀如腐肉，在於子臟，令內虛。

[117] 夫婦自共諍訟，訟意未和平，強從子臟閉塞，留結爲病，遂成漏下黃白如膏。

[118] 少時，若新產後，急帶舉重，子陰挺出或傾邪，月水不瀉，陰中激痛，下塞，令人無子。

[119] 月水未絕，以合陰陽，精氣入內，令月水不節，內生積聚，令絕子，不復產乳。

[120] 熱食汗出，露乳傷風，喜發乳腫，名吹乳，因喜作癰。

[121] 妊娠大小便，勿至非常之去處，必逆產殺人。

Literaturverzeichnis

Verzeichnis der in den Anmerkungen und in den Literaturhinweisen benutzten Abkürzungen

BPZ	Baopuzi
DZ	Daozang
HS	Hanshu
HHS	Hou Hanshu
HJAS	Harvard Journal of Asiatic Studies
Is	Ishimpō
JKYL	Jinkui yaolue
LS	(Huangdi neijing) Lingshu
LSCQ	Lüshi chunqiu
QJIF	Qianjin yifang
QJYF	Qianjin yaofang
SBBY	Sibu beiyao
SJ	Shiji
SW	(Huangdi neijing) Suwen
SWJZ	Shuowen jiezi
WW	Wenwu
YJQQ	Yunji qiqian
YSF	Yangsheng fang
YSYJ	Yangsheng yaoji
YYML	Yangxing yanming lu
ZBYH	Zhubing yuanhou lun
ZHDCD	Zhongyi dacidian
ZYDCD	Zhongyao dacidian
ZZJC	Zhuzi jicheng

A. Quellen

Baopuzi 抱朴子, von Ge Hong 葛洪, ed. *Baopuzi neipian jiaoshi* 抱朴子内篇校釋, hg. von Wang Ming 王明, Peking, 1985

Chongxiu Zhenghe jingshi zhenglei beiyong bencao 重修政和經史證類備用本草, Tang Shenwei 唐慎微 (Komp.), ed. Peking 1993

Chunqiu fanlu 春秋繁露, von Dong Zhongshu 董仲舒, ed. SBBY

Hanfei zi 韓非子, ed. ZZJC

Hanshu 漢書, ed. Zhonghua shuju, Peking

Huainan zi 淮南子, ed. ZZJC

Huangdi neijing lingshu 黃帝内經靈樞, ed. *Huangdi neijing lingshu jiaozhu yuyi* 黃帝内經靈樞校注語譯, hg. von Guo Aichun 郭靄春, Tianjin 1989

Huangdi neijing suwen 黃帝内經素問, ed. *Huangdi neijing suwen jiaoshi* 黃帝内經素問校釋, 2 Bde, Peking 1992

Huangdi neijing taisu 黃帝内經太素, ed. Tainan 1995

Ishimpō 醫心方, Tamba Yasuyori (Komp.) 丹波康賴,
1. ed. *Congshu jicheng* 叢書集成
2. ed. Renmin weisheng cbs, Peking 1955
3. Zhai Shuangqing 翟雙慶 u. Zhang Ruixian 張瑞賢 (Red. u. Annot.), Peking 1993

Jinkui yaolue 金匱要略, von Zhang Ji 張幾, ed. *Jinkui yaolue jiangyi* 金匱要略講義, hg. von Su Baogang 蘇寶剛, Peking 1995
Kongzi jiayu 孔子家語, von Wang Su 王肅, ed. Peking 1925
Laozi 老子, ed. *Laozi shiyi* 老子釋譯, Taibei 1983
Liezu 列子, ed. *Liezi jishi* 列子集釋, hg. von Yang Bojun 楊伯峻, (Ausg.) Taibei 1987
Lunheng 論衡, von Wang Chong 王充, ed. ZZJC
Lunyu 論語. ed. *Lunyu zhengyi* 論語正義, ed. ZZJC
Lüshi chunqiu 呂氏春秋, ed. *Lüshi chunqiu jiaoshi* 呂氏春秋校釋, hg. von Chen Qiyou 陳奇猷, Shanghai 1984
Mengzi 孟子, ed. *Mengzi zhengyi* 孟子正義, ed. ZZJC
Qianfu lun 潛夫論, von Wang Fu 王符, ed. ZZJC
Qianjin fang 千金方 (enthält QJYF und QJIF), von Sun Simiao 孫思邈, ed. Peking 1994
Sandong zhunang 三洞朱囊, ed. DZ 1139, Fasz. 780-782
Shenxian shiqi jingui miaolu 神仙食氣金櫃妙錄, ed. DZ 836, Fasz. 571
Shenjian 申鑒, von Xun Yue 荀悅, ed. ZZJC
Shenxian zhuan 神仙傳, von Ge Hong 葛洪, ed. *Zhuzi baijia congshu* 諸子百家叢書, Shanghai 1990
Shesheng zuanlu 攝生纂錄, ed. DZ 578, Fasz. 321
Shiji 史記, ed. Zhonghua shuju, Peking
Shiming 釋名, von Liu Xi, 劉熙, ed. *Shiming shuzheng bu* 釋名疏證補, Wang Xianqian 王先謙, Shanghai 1984
Shuowen jiezi 說文解字, Xu Shen 許慎, ed. Peking 1986
Suishu 隋書, ed. Zhonghua shuju, Peking
Taiqing Daolin shesheng lun 太清道林攝生論, ed. DZ 1427, Fasz. 1055
Taiqing daoyin yangsheng jing 太清導引養生經, ed. DZ 818, Fasz. 568
Taishang yangsheng taixi qijing 太上養生胎息氣經, ed. DZ 819, Fasz. 568
Xunzi 荀子, ed. ZZJC
Yangxing yanming lu 養性延命錄, Tao Hongjing 陶弘景 oder Sun Simiao 孫思邈 zugeschrieben, ed. DZ 838, Fasz. 572
Yunji qiqian 雲笈七籤, komp. von Zhang Junfang 張君房, ed. *Daozang jinghua* 道藏精華, Taibei ⁴1984
Zhengao 眞誥, komp. von Tao Hongjing 陶弘景, ed. DZ 1016, Fasz. 637-640
Zhuangzi 莊子, ed. *Zhuangzi jinzhu jinyi* 莊子今注今譯, hg. von Chen Guying 陳鼓應, Peking 1983
Zhubing yuanhou lun 諸病源候論, von Chao Yuanfang 巢元方, ed. *Zhubing yuanhou lun jiaozhu* 諸病源候論校注, hg. von Ding Guangdi 丁光迪, Peking 1991

B. Kritische Literatur

Ames, Roger T. (1993), „The Meaning of Body in Classical Chinese Philosophy", in Thomas P. Kasulis (Hg.), *Self as Body in Asian Theory and Practice*. Albany, 157-177.

Anderson, E. N. (1988), The Food of China. New Haven, London.

Balazs, Etienne (1964), Chinese Civilisation and Bureaucracy. New Haven, London.

Barrett, T. H. (1980), „On the Transmission of the Shen Tzu and of the Yang-sheng yao-chi", *Journal of the Royal Asiatic Society*, 2, 168-176.

Ders. (1982), „Taoist and Buddhist Mysteries in the Interpretation of the Tao-Te Ching", in ebd., 1, 35-43.

Bauer, Wolfgang (1996), „Das Stirnrunzeln des Totenkopfes. Über die Paradoxie des Todes in der frühen chinesischen Philosophie", in Constantin von Barloewen (Hg.), *Der Tod in den Weltkulturen und Weltreligionen*. München, 247-281.

Birnbaum Raoul (1982), *Der heilende Buddha* (orig. The Healing Buddha, 1979). Bern, München.

Ders. (1985), „Seeking Longevity in Chinese Buddhism: Long Life Deities and Their Symbolism", in *Journal of Chinese Religion*, 13/14, 143-176.

Boltz, Judith M. (1987), *A Survey of Taoist Literature, Tenth to Seventeenth Centuries*. Berkeley.

Chan, Wing-Tsit (1963), *A Source Book in Chinese Philosophy*. Princeton, N. J.

Chao, Shulian 超書廉 (1992), *Wei Jin xuanxue tanwei* 魏晉玄學探微. Anyang.

Ch'en, Ch'i-yun (1980), *Hsun Yueh and the Mind of Late Han China: A Translation of the* Shen-chien *with Introduction and Annotations*. Princeton.

Creel, Herlee G. (1970), *What is Taoism*. Chicago, London.

Despeux, Catherine (1987), *Prescriptions d'acuponcture valant mille onces d' or. Traité d'acuponcture de Sun Simiao du VIIe siècle*. Paris.

Dies. (1988), *La Moelle du Phénix Rouge. Santé et longue vie dans la Chine du XVI^è siècle*. Paris. (dt. *Das Mark des Roten Phönix*. Uelzen 1995)

Dies. (1989), „Gymnastics: The Ancient Tradition", in Livia Kohn (Hg.), 1989, 225-261.

Dies. (1990), *Immortelles de la Chine Ancienne. Taoïsme et alchimie féminine*. Puiseaux.

Dies. (1995), „L'expiration des six souffles d'après les sources du Canon taoïque. Un procédé classique du Qigong", in Jean-Pierre Diény (Hg.), *Hommage à Kwong Hing Foon. Études d'histoire culturelle de la Chine*. Paris, 129-163.

DeWoskin, Kenneth J. (1983), *Doctors, Diviners and Magicians of Ancient China: Biographies of Fang-shih*. New York.

Ding, Guangdi 丁光迪 (1993), *Zhubing yuanhou lun 'Yangshengfang daoyinfa' yanjiu* 諸病源候論養生方導引法研究. Peking.

Duan, Yishan 段逸山 (Hg.) (1986), *Yi guwen* 醫古文. Peking.

Eberhard, Wolfram (1987), *Lexikon chinesischer Symbole*. Köln.

Eliade, Mircea (Hg.) (1987), *Encyclopedia of Religion*. New York, London.

Endres, Franz Carl, Annemarie Schimmel (1995), *Das Mysterium der Zahl. Zahlensymbolik im Kulturvergleich*. München.

Engelhardt, Ute (1987), *Die klassische Tradition der Qi-Übungen (Qigong). Eine Darstellung anhand des Tang-zeitlichen Textes* Fuqi jingyi lun *von Sima Chengzhen*. Stuttgart.

Dies. u. Carl-Hermann Hempen (1997), *Chinesische Diätetik*. München, Wien, Baltimore.

Eskildsen, Stephen E. (1994), „Severe Ascetism in Early Daoist Religion". Dissertation, University of British Columbia, Vancouver, Ann Arbor (UMI).

Forke, Alfred (1962), *Lun-Heng. Philosophical Essays of Wang Ch'ung, Part I*. New York.

Franke, Herbert, Rolf Trauzettel (1968), *Das chinesische Kaiserreich*. Frankfurt/Main.

Fung Yu-lan (Verf.), Derk Bodde (Übers.) (1952), *A History of Chinese Philosophy*, Vol. 1. Princeton.

Ge, Zhaoguang 葛兆光 (1989), *Daojiao yu Zhongguo wenhua* 道教與中國文化. Taibei.

Graham, Angus C. (1960), „The Date and Composition of the Liehtzyy", in *Asia Major* 8, 139-198.

Ders. (1981), *Chuang-tzu. The Seven Inner Chapters and Other Writings from the Book Chuang-tzu*. London, Boston, Sydney.

Ders., (1989), *Disputers of the Tao. Philosophical Argument in Ancient China*. La Salle.

Gulik, Robert van (1974), *Sexual Life in Ancient China*. Leiden.

Guo, Moruo 郭末若(1954), *Tiandi xuanhuang* 天地玄黃. Shanghai.

Harig, Georg (1976), „Die Diätetik der römischen Enzyklopädisten", *NTM-Schriftenr. Gesch., Naturwiss., Technik, Med.*, Leipzig 8. 2, 14-23.

Harig, Georg u. Jutta Kollesch (1971), „Gesellschaftliche Aspekte der antiken Diätetik", *NTM-Schriftenr. Gesch., Naturwiss., Technik, Med.*, Leipzig 13. 1, 1-15.

Harper, Donald (1982), „The 'Wu Shih Erh Ping Fang': Translation and Prolegomena." Dissertation, University of California, Ann Arbor (UMI).

Ders. (1985), „A Chinese Demonography of the Third Century B. C.", in HJAS 45. 2, 459-498.

Ders. (1987), „The Sexual Arts of Ancient China as Described in a Manuscript of the Second Century B. C.", in HJAS 47. 2, 539-593.

Ders. (1990), „The Conception of Illness in Early Chinese Medicine as Documented in Newly Discovered 3rd and 2nd Century B. C. Manuscripts, Part 1", in *Sudhoffs Archiv* 74. 2, 210-235.

Henricks, Robert G. (1983), *Philosophy and Argumentation in Third Century China. The Essays of Hsi K'ang*. Princeton, N. J.

Ders. (1989), *Lao-Tzu Te-Tao Ching. A new translation based on the recently discovered Ma-wang-tui texts*. New York.

Holzman, Donald (1956), „Les Sept Sages de la Forêt des Bambous et la Société des Leur Temps", *T'oung Pao* 44, 317-346.

Ders. (1957), *La vie et la pensée de Hi K'ang* (223-262 ap. J.-C.). Leiden.

Ders. (1976), *Poetry and Politics. The Life and Works of Juan Chi, A.D. 210-263.* Cambridge usw.

Homann, Rolf (1971), *Die wichtigsten Körpergottheiten im Huang-t'ing ching.* Göttingen.

Hou, Wailu 侯外盧 (1956), *Zhongguo sixiang tongshi* 中國思想通史. Bd. 1. Peking.

Hsia, Emil C. H., Ilza Veith u. Robert H. Geertsma (1986), *The Essentials of Medicine in Ancient China and Japan. Yasuyori Tamba's Ishimpō* 醫心方. 2 Bde., Leiden.

Hsu, Cho-yun (1980), *Han Agriculture. The Formation of Early Chinese Agrarian Economy* (206 B. C-A. D. 220). Seattle, London.

Hu, Fuchen 胡孚琛(1992), *Wei Jin shenxian daojia. Baopuzi neipian yanjiu* 魏晉神仙道教·抱朴子内篇研究.(Peking 1989) Taibei.

Jiangling Zhangjia shan Hanjian zhengli xiaozu 江陵張家山漢簡整理小組(1989), „Jiangling Zhangjia shan Hanjian 'Moshu' shiwen" 江陵張家山漢簡脈書釋文, in WW 7, 72-74.

Jingzhou diqu bowuguan 荆州地區博物館(1985), „Jiangling Zhangjiashan sanzuo Hanmu chutu dapi zhujian" 江陵張家山三座漢墓出土大批竹簡, WW 1, 1-8.

Kaltenmark, Max (1953), *Le Lie-sien Tchouan.* Peking.

Ders. (1979), „The Ideology of the T'ai-p'ing ching", in Holmes Welch, Anna Seidel (Hg.), *Facets of Taoism*, New Haven, London, 19-52.

Kandel, Barbara (1974), *Wen Tzu. Ein Beitrag zur Problematik und zum Verständnis eines taoistischen Textes.* Frankfurt/Main.

Kollesch, Jutta u. Diethard Nickel (Hg.), *Antike Medizin.* Stuttgart.

Kohn, Livia (Hg.) (1989), *Taoist Meditation and Longevity Techniques.* Ann Arbor.

Dies. (1991), „Taoist Visions of the Body", in *Journal of Chinese Philosophy* 18. 2, 227-252.

Dies. (1991a), *Taoist Mystical Philosophy. The Scripture of Western Ascension.* Albany.

Dies. (1992), *Early Chinese Mysticism. Philosophy and Soteriology in the Taoist Tradition.* Princeton, N. J.

Köster, Hermann (1967), *Hsun Tzu.* Kaldenkirchen.

Kramers, R. P. (1950), *K'ung Tzu Chia Yu. The School Sayings of Confuzius.* Leiden.

Kubny, Manfred (1995), *Qi, Lebenskraftkonzepte in China. Definitionen, Theorien und Grundlagen.* Heidelberg.

Larre, Claude, Isabelle Robinet, Elisabeth Rochat de la Vallée (1993), *Les grands traités du Huainan zi.* Paris.

Lau, D.C. (1979), *Mencius.* 2 Bde, Kong Kong.

Legge, James (1971), *The Chinese Classics, Vol III: The Shoo King.* (Nachdruck) Taibei.

Des. (1983), *The Chinese Classics, Vol I: Confucian Analects, The Great Learning, Doctrine of the Mean.* (Nachdruck) Taibei.

Lévy, Jean (1983), „L'Abstinence des Céréales chez les Taoïstes", in *Études Chinoises*, 3-47.

Li, Fengmao 李豐楙 (1993), „Ge Hong 'Baopuzi' neipian qi, qi xueshuo" 葛洪抱朴子内篇氣炁學說, in Yang Rubin 楊儒賓 (Hg.), *Zhongguo gudai sixiang zhong de qilun ji shenti guan* 中國古代思想中的氣論及身體觀. Taibei, 517-539.

Li, Liangsong, Guo Hongtao 李良松, 郭洪濤 (1990), *Zhongguo chuantong wenhua yu yixue* 中國傳統文化與醫學. Xiamen.

Li, Ling u. Keith McMahon (1992), „The Contents and Terminology of the Mawangdui Texts on the Arts of the Bedchamber", in *Early China* 17, 145-185.

Lian, Shaoming (1989), Jiangling Zhangjiashan Hanjian 'Moshu' chutan 江陵張家山漢簡脈書初探, in WW 7, 75-81.

Liao, Guo 廖果 (1993), *Ziyang zhi dao. Zhongguo gudai geti chayi yangsheng xueshuo* 自養之道. 中國古代個體差異養生學說. Taibei.

Liu, Yanchi (1988), *The Essential Book of Traditional Chinese Medicine. Vol. I: Theory.* New York.

Loewe, Michael (1979), *Ways to Paradise. The Chinese Quest for Immortality.* London.

Ders. (1982), *Chinese Ideas of Life and Death. Faith, Myth and Reason in the Han Period (202 BC-AD 220).* London.

Luo, Xiwen (1993), *Treatise on febrile diseases caused by cold with 500 cases.* Peking.

Ma, Jixing 馬繼興 (1992), *Mawangdui gu yishu kaoshi* 馬王堆古醫書考釋. Peking.

Malek, Roman (1985), *Das Chai-chieh lu. Materialien zur Liturgie im Taoismus.* Frankfurt/Main, Bern, New York.

Maspero, Henri (1971), *Le Taoïsme et les religions chinoises*. Paris.

Mather, Richard B. (1976), *Shih-shuo Hsin-yu. A New Account of Tales of the New World by Liu I-ch'ing, with a commentary by Liu Chün.* Minneapolis.

Moritz, Ralf (1983), *Konfuzius, Gespräche (Lun-yu).* Frankfurt/Main.

Mugitani, Kunio 麥谷邦夫 (Hg.) (1987), *Yōsei enmei roku kunchō* 養性延命錄訓註. Tokyo.

Needham, Joseph (1956), *Science and Civisation in China, Vol. 2, History of Scientific Thought.* Cambridge.

Ders. (1970), „Hygiene and Preventive Medicine in Ancient China", in ders., *Clerks and Craftsmen in China and the West.* Cambridge, 340-378.

Ders. (1974), *Science and Civilisation in China, Vol. V. 2, Spagyrical Discovery and Invention: Magisteries of Gold and Immortality.* Cambridge.

Ders. (1983), *Science and Civilisation in China, Vol V. 5, Spagyrical Discovery and Invention: Physiological Alchemy.* Cambridge.

Ngo Van Xuyet (1976), *Divianation, Magie et Politique dans la Chine Ancienne.* Paris.

Okanishi, Tameto 岡西爲人 (1969), *Song yiqian yiji kao* 宋以前醫籍考, Taibei.

Peng, Hao 彭浩 (1990), „Zhangjia shan Hanjian 'Yinshu'chutan" 張家山漢簡引書初探, in WW 10, 87-91.

Porkert, Manfred (1972), „Hua T'uo" in *Die Großen der Weltgeschichte.* Zürich, Bd. 2, 519-529.

Ders. (1991), Die theoretischen Grundlagen der chinesischen Medizin (3. Aufl.). Basel

Reiter, Florian C. (1990), *Der Perlenbeutel aus den Drei Höhlen* (San-tung chu-nang). *Arbeitsmaterialien zum Taoismus der Frühen T'ang-Zeit.* Wiesbaden.

Ren, Jiyu 任繼愈 (Hg.) (1991), *Daozang tiyao* 道藏提要. Peking.

Rickett, W. Allyn (1965), *Kuan Tzu.* Hong Kong.

Robinet, Isabelle (1977), *Les commentaires du Tao To King jusqu'au VIIe siècle.* Paris.

Dies. (1979), *Méditation taoïste.* Paris.

Dies. (1983), „Chuang Tzu et le taoïsme 'religieux'", in *Journal of Chinese Religions* 11, 59-105.

Dies. (1984), *La Révélation du Shangqing dans l'Histoire du Taoïsme.* 2 Bde, Paris.

Dies. (1988), „Sexualité et Taoïsme" in Marcel Bernos (Hg.), *Sexualité et Religions*, Paris, 51-79.

Dies. (1991), *Histoire du Taoïsme des Origines au XIVe siècle.* Paris. (dt. *Geschichte des Taoismus.* München 1995)

Roetz, Heiner (1992), *Die chinesische Ethik der Achsenzeit.* Frankfurt/Main.

Rong, Zhaozu 容肇祖 (1995), „Wei Jin de ziran zhuyi" 魏晉的自然主義, in *Wei Jin sixiang* 魏晉思想. Taibei, Bd. 2, 1-148.

Roth, Harold D. (1991), „Psychology and Self-Cultivation in Early Taoistic Thought", in HJAS 51. 1, 599-650.

Ders. (1991a), „Who compiled the *Chang Tzu*?", in Henry Rosemont, Jr. (Hg.), *Chinese Texts and Philosophical Contexts. Essays dedicated to Angus C. Graham.* La Salle, 79-128.

Ders. (1996), „The Inner Cultivation Tradition of Early Daoism", in Donald S. Lopez, Jr. (Hg.), *Religions of China in Practice.* Princeton, New Jersey, 123-148.

Sailey, Jay (1978), *The Master Who Embraces Simplicity. A Study of the Phliosopher Ko Hung, A.D. 283-343.* San Francisco.

Sakade, Yoshinobu 坂出祥伸 (1983), „Chōsei jitsu" 長生術, in Fukui Kojun 祥井康順 (Hg.), *Dōkyō* 道教, Tokyo, Bd. 1, 241-284.

Ders. (1986), „Chō Tan 'Yōsei yōshū' itsubun to sono shisō" 張湛の養生要集佚文とその思想, in *Tōhō shūkyō* 東方宗教 68, 1-24.

Ders. (1988) (Hg.), *Chūgoku kodai yōsei shisōno sōgōteki kenkyō* 中國古代の養生思想總合的研究. Tokyo.

Ders. (1989), „Longevity Techniques in Japan: Ancient Sources and Contemporary Studies", in L. Kohn (Hg.), 1989, 1-40.

Schipper, Kristofer (1982), *Le corps taoïste, corps physique - corps social.* Paris.

Schipperges, Heinrich (1970), *Moderne Medizin im Spiegel der Geschichte.* Stuttgart.

Ders. (1990), Der Garten der Gesundheit. Medizin im Mittelalter. München.

Schmidt-Glintzer, Helwig (1990), *Geschichte der chinesischen Literatur.* Bern, München, Wien.

Schneck, Peter (1994), „Galens diätetisches Leitbild", in Peter Kemper (Hg.), *Die Geheimnisse der Gesundheit*, Frankfurt/Main, München, 115-126.

Schwartz, Benjamin I. (1985), *The World of Thought in Ancient China*. Cambridge, Mass., London.

Schwarz, Ernst (1980), *Laode Dadedsching*. München.

Seidel, Anna (1985), „Geleitbrief an die Unterwelt. Jenseitsvorstellungen in den Graburkunden der Späten Hanzeit", in G. Naundorf u.a. (Hg.), *Religion und Philosophie in Ostasien. Festschrift für Hans Steininger*. Würzburg, 161-183.

Dies. (1995), „Taoïsme - Religion non-officielle de la Chine", in *Cahiers d'Extrême-Asie*, 8, 1-39.

Simoons, Frederick J. (1991), *Food in China. A Cultural and Historical Inquiry*. Boca Raton, Ann Arbor, Boston.

Sivin, Nathan (1968), *Chineses Alchemy: Preliminary Studies*. Cambridge, Mass.

Ders. (1978), „On the Word 'Taoist' as a Source of Perplexity. With Special Reference to the Relations of Science and Religion in Traditional China", in *History of Religions* 17. 3/4, 303-329.

Ders. (1987), *Traditional Medicine in Contemporary China*. Ann Arbor.

Ders. (1993), „Huangti neiching", in Michael Loewe (Hg.), *Early Chinese Texts: A Bibliographical Guide*. Berkeley, L.A., 196-215.

Ders. (1995), *Medicine, Philosophy and Religion in Ancient China*. Aldershot, Brookfield.

Ders. (1995a), „State, Cosmos, and Body in the Last Three Centuries B.C.", in HJAS 55. 1, 5-37.

Song, Shugong 宋書功 (1992), *Zhongguo gudai fangshi yangsheng jiyao* 中國古代房室養生集要. Taibei.

Strickmann, Michel (1979), „On the Alchemy of T'ao Hung-ching", in Holmes Welch, Anna Seidel (Hg.), *Facets of Taoism. Essays in Chinese Religion*. New Haven, London, 123-192.

Tang, Lan u.a. 唐蘭 (1979), *Daoyintu lunwen ji* 導引圖論文集. Peking.

Tang, Yijie 湯一介(1991), *Wei Jin Nanbei chao shiqi de daojiao* 魏晉南北朝時期的道教. Taibei.

Thompson, P. M. (1979), *The Shen Tzu fragments*. Oxford.

Trauzettel, Rolf (1977), „Individuum und Heteronomie. Historische Aspekte des Verhältnisses von Individuum und Gesellschaft in China", in *Saeculum* 27. 3, 340-364.

Twitchett, Denis, Michael Loewe (Hg.) (1986), *The Cambridge History of China, Vol. 1: The Ch'in and Han Empires 221 B.C-A.D. 220*. Cambridge.

Unschuld, Paul U. (1973), *Pen-Ts'ao. 2000 Jahre traditionelle pharmazeutische Literatur Chinas*. München.

Ders. (1980), *Medizin in China. Eine Ideengeschichte*. München.

Ders. (1982), „Der Wind als Ursache des Krankseins. Einige Gedanken zu Yamada Keijis Analyse der Shao-shih Texte des Huang-ti nei-ching", in *T'oung Pao*, 1-3, 90-131.

Ders. (1983), „Die Bedeutung der Ma-wang-tui Funde für die chinesische Medizin- und Pharmaziegeschichte", in Peter Dilg u.a. (Hg.), *Perspektiven der Pharmaziegeschichte. Festschrift für Rudolf Schmitz zum 65. Geburtstag*. Graz, 389-409.

Ders., (1986), *Medicine in China. A History of Pharmaceutics*. Berkeley, Los Angeles, London.

Ders. (1995), *Huichun. Rückkehr in den Frühling. Chinesische Heilkunde in historischen Objekten und Bildern*. München, New York.

Ders. (1997), *Chinesische Medizin*. München.

Wagner, Rudolf G. (1973), „Lebensstil und Drogen im chinesischen Mittelalter", in *T'oung Pao* 49, 79-178.

Wang, Maohe 汪茂和 (1991), *Zhongguo yangsheng baodian* 中國養生寶典. 2 Bde, Peking.

Wang, Suyen, Hsu Yong-yen (1983), *Chin Kuei yao Lueh. Prescriptions from the Golden Chamber*. (Ausgabe) Taibei.

Wang, Yunkai 王云凱(1993), *Zhongguo mingyi mingzhu mingfang* 中國名醫名著名方. Shijiazhuang.

Ware, James R. (1966), *Alchemy, Medicine, Religion in the China of A. D. 320: The Nei P'ien of Ko Hung (Pao-p'u tzu)*. Cambridge, Mass., London.

Watson, Burton (1968), *The complete works of Chuang Tzu*. New York.

Wei, Chengshu 魏成蜀 (1995), *Tianxia diyi qishu - Yinshu* 天下第一奇書-引書. Chengdu.

Wei, Qipeng, Hu Xianghua 魏啓鵬, 胡翔驊(1992), *Mawangdui Hanmu yishu jiaoshi* 馬王堆漢墓醫書校釋. Chengdu.

Wei, Zixiao 魏子孝, Nie Lifang 聶莉芳 (1994), *Zhongyi zhongyao shi* 中醫中藥史. Taibei.

Wile, Douglas (1992), *Art of the Bedchamber. The Chinese Sexual Yoga Classics including Women's Solo Meditation Texts*. Albany.

Wilhelm, Hellmut (1948), „Eine Chou-Inschrift über Atemtechnik", in *Monumenta Serica*, 13, 385-389.

Wilhelm, Richard (1979), *Frühling und Herbst des Lü Bu We*. Düsseldorf, Köln.

Ders. (1981), *Li Gi. Das Buch der Riten, Sitten und Gebräuche*. Düsseldorf, Köln.

Ders. (1982), *Dschuang Dsi. Das wahre Buch vom südlichen Blütenland*. Düsseldorf, Köln.

Ders. (1983), *I Ging. Text und Materialien*. Köln.

Ders. (1992), *Liä Dsi*. München (4. Aufl.).

Winter, Irene (Hg.) (1968), *Geschichte der Medizin. Einführung in ihre Grundzüge*. Berlin.

Wiseman, Nigel (1996), *English-Chinese. Chinese-English Dictionary of Chinese Medicine*. Changsha.

Wiseman, Nigel u. Andrew Ellis (1996), *Fundamentals of Chinese Medicine*. Brookline, Mass.

Wu, Jing-nuan (1993), *Ling Shu or the Spiritual Pivot*. Washington, D. C.

Xin, Qi 辛旗 (1993), *Zhongguo lidai sixiang shi* 中國歷代思想史. Bd. 3: Wei- bis Tang-zeit. Taibei.

Xu, Dishan 許地山 (1987), *Daojiao shi* 道教史. Taibei.

Yamada, Keiji (1979), „The Formation of the Huang-ti Nei-ching“, in *Acta Asiatica*, 36, 67-89.

Yao, Weijun 姚偉鈞 (1995), *Zhonghua yangsheng shu* 中華養生術. Taibei.

Yoshimoto, Shōji 吉元昭治(Verf.), Yang Yu 楊宇(Übers.) (1996), *Zhongguo yangsheng waishi* 中國養生外史. Taibei.

Yu, Tong 宇同 (1987), *Zhongguo zhexue wenti shi* 中國哲學問題史. Taibei.

Yu, Ying-shih (1964), „Life and Immortality in the Mind of Han China“, in HJAS 25, 80-122.

Zhangjia shan Hanjian zhenglizu 張家山漢簡整理組 (1990), „Zhangjia shan Hanjian 'Yinshu' shiwen“ 張家山漢簡 引書 » 釋文, in WW 10, 82-86.

Zhang, Rongming 張榮明(1992), *Zhongguo gudai qigong yu xian Qin zhexue* 中國古代氣功與先秦哲學. Taibei.

Zhongguo yixue dacidian (1988) 中國醫學大辭典. 4 Bde, Taibei (16. Aufl.).

Zhongyao dacidian 中藥大辭典, Jiangsu xin yixue yuan 江蘇新醫學院 (Komp.). 2 Bde, Shanghai.

Zhongyi dacidian 中醫大辭典(1995), Zhongguo zhongyi yanjiu yuan 中國中醫研究院 u. Guangzhou zhongyi xueyuan 廣州中醫學院 (Hg.), Peking.

Zhou, Yimou, Xiao Zuotao 周一謀, 蕭佐桃(1989), *Mawangdui yishu kaozhu* 馬王堆醫書考注. (Tianjin) Taibei.

Zhu, Yueli 朱越利 (1986), „Yangxing yanminglu kao“ 養性延命錄考, in *Shijie zongjiao yanjiu* 世界宗教研究, 1, 101-115.

Zürcher, Erik (1959), *The Buddhist Conquest of China*. Leiden.

Index

Die in Klammern gesetzten Zahlen verweisen auf Fußnoten. Für die nicht in den Index aufgenommenen Namen der Heil- und Nahrungsmittel sowie die Bezeichnungen für Krankheiten sei auf den Anhang 2, S. 253, verwiesen.

A

B

C

D

I

J

K

N

O

P

Q

R

S

T

U

V

W

X

Y

Z